第一辑

中華老學

主编 詹石窗 谢清果

九州出版社 全国百佳图书出版单位
JIUZHOUPRESS

图书在版编目（CIP）数据

中华老学. 第一辑 / 詹石窗，谢清果主编. -- 北京：
九州出版社，2019.4
ISBN 978-7-5108-8055-1

Ⅰ．①中… Ⅱ．①詹… ②谢… Ⅲ．①道家②《道德
经》－研究 Ⅳ．①B223.15

中国版本图书馆CIP数据核字(2019)第089203号

中华老学·第一辑

作　　者	詹石窗　谢清果　主编
出版发行	九州出版社
地　　址	北京市西城区阜外大街甲 35 号（100037）
发行电话	(010)68992190/3/5/6
网　　址	www.jiuzhoupress.com
电子信箱	jiuzhou@jiuzhoupress.com
印　　刷	北京九州迅驰传媒文化有限公司
开　　本	720 毫米 ×1020 毫米　16 开
印　　张	26.25
字　　数	490 千字
版　　次	2019 年 6 月第 1 版
印　　次	2019 年 6 月第 1 次印刷
书　　号	ISBN 978-7-5108-8055-1
定　　价	68.00 元

上善若水
水善利万物而
不争

贺中华老学创刊

二〇一七年六月二日 许抗生题

许抗生贺辞

詹石窗书"中华老学"

中华老学编委会

卷首语

老子，何人？司马迁在《史记·老子列传》中说："老子者，楚苦县厉乡曲仁里人也，姓李氏，名耳，字聃。"他清晰地指出老子的籍贯及其姓氏。虽然后世对此的学术论争至今没有停息，但是，这不妨碍老子成为道家学派的创始人，甚至成为道教推崇的道祖，并被尊称为"太上老君"，如今"老子"已然成为中华优秀传统文化的杰出代表，其所著《道德经》，成为世代相传的中华元典，进而发展成为蔚为壮观的一门专门学问——老学。

老子，何为？司马迁明确告诉我们，老子当时所任官职为"周守藏室之史"。既然老子是史官，那他自然掌握当时天下诸侯国的状况以及夏商时期，乃至远古伏羲、黄帝时期的文献史料，因此，《道德经》中引述有作为黄帝六铭之一的《金人铭》中的"天道无亲，常与善人"的名句，就在情理之中了。宋代的朱熹也曾评论道："盖老聃，周之史官，掌国之典籍，三皇五帝之书，故能述古事而倍好之。如五千言，亦或古有是语而老子传之，未可知也。"

《道德经》，何书？司马迁对老子与《道德经》的关系有严谨的表述："老子修道德，其学以自隐无名为务。居周久之，见周之衰，乃遂去。至关，关令尹喜曰：'子将隐矣，强为我著书'。于是，老子乃著书上下篇，言道德之意五千余言而去，莫知其所终。"这里面包含以下几层含义：其一，老子亲自修撰了《道德经》，并分为上下篇：《道经》与《德经》，总字数在五千字以上；其二，老子著书的历史情境是他在周朝的国都为官很久后，亲身感受到了当时朝廷的衰弱，领悟了"祸福成败得失古今之道"，于是在特殊的历史境遇下，即《庄子》中所言王子朝兵变失败，"奉周之典籍以奔楚"，在此情况下，老子"免而归居"，并择机隐居于秦国。其三，《道德经》是在关令尹喜的恳请下撰写的，因此，《道德经》的面世是在两位忧国忧民的圣贤在秦岭深山中心灵激荡的产物，是一次纵论古今，继往开来的历史哲学的书写行动。其四，《道德经》乃是围绕"道"与"德"这两个核心命题来展开论述的，换言之，道乃天道，德乃人道，从这个意义上讲，《道德经》乃阐扬"天人合一"要旨，为人类的安身立命寻找到了根本范式——"尊道贵德"。如果要展开来说明，《道德经》的核心思想可以归结为"李耳无为自化，清静自正"。无为自化，强调的是天道自然，"无为而无不为"；人道清静，"清静可以为天下正"。而天道与人道的根本关系是"人法地，地法天，天法道，道法自然"，即人是通过法天象地而获得诗意栖息于天地间的伟大精灵。总之，《道德经》是老子反思历史、反省人类文明的思想结晶，它是属于中国，更是属于世界的；它是属于过去的和现在的，更是属于未来的。因为它为人类开创了文明自我批判与校正的思想武器，那就是"反者，道之动"，人类要在反思中自我否定与超越，否则，必将付出巨大的代价。同时，它还为人类谦卑在共同生存于世界上，提出了最精炼的忠告"弱者，道之用"，柔弱是生命富有生机活力的本质，守柔方是真正的强者；丛林原则根本上不适合于人类，人类的高贵处在于持守"三宝"（"慈""俭""不敢为天下先"），而其内在原则是在"惟道是从"与"唯施是畏"之间保持必要的张力，"执古之道以御今之有"，坚持在走古道正道的基础上，开创新的道路，这便成为中华民族乃至全人类共同的"道纪"即"道统"，害道败德，人类只有自取灭亡。

历史呼唤高度，人类需要老子。当今的世界，表面上繁花似锦，而背后却是暗流涌动，要驾驶人类的航船劈波斩浪，胜利到达"人类命运共同体"的彼岸，我们需要老子的智慧以及全世界其他文明用它们自己方式表达出来的同等价值的智慧，这也就是文明交流互鉴的意义所在，更是老子"修之于天下，其德乃普"和"以天下观天下"的胸襟与睿智的内在之意。

铁肩担道义，妙手著文章。回应时代的深层心声，是我们的期许，也是我们的初心。《中华老学》意在聚焦老子《道德经》思想的研究与传播，让老子智慧的甘霖降临人类充满焦虑不安的心灵，从而携手走上一条"致虚极，守静笃"的"大道"之路。

与读者共勉！

詹石窗　谢清果
2019 年元旦

目　录

特　稿

论老子的"虚己运夷"思想

詹石窗 *

内容提要：按照河上公的理解，《道德经》第九章讲的就是人生的道路方向问题，即人生价值观与社会价值观的问题。该章连续用了两个"不"字，还有一个"莫"字。这个"莫"也是"不"的意思，因此可以看作"三不"，如此构成了强烈的否定态势，就是要让人们形成一个鲜明的印象：太过于执迷自我，反而会损害自我。老子从天地日月等大自然现象，讲到人间社会的物质财富问题，其目的是什么呢？就是要让人们明白：一切都在变化之中，唯有"与时消息，知所进退"才能合于天道。

关键词：老子 虚己运夷 功遂身退

中国道教有三大形态，即：原初道教、古典道教、制度道教。原初道教发端将近八千年前的伏羲氏，以八卦的发明为源头；肇始于将近五千年前，以黄帝拜广成子为师、铸鼎荆山为标志。古典道教诞生于春秋时期，以老子为代表，以《道德经》的诞生为标志[①]。制度道教创立于东汉末，以张道陵为宗师，以"正一盟威之道"的兴起为标志，其信仰组织延续至今，绵延不断。三大形态代表了不同历史时期的不同表现状况，但又前后联通，具有自己的一贯信仰，这就是尊道贵德、益寿延年；修炼成仙，济世度人。为了实现其信仰的愿景，道教不懈努力，经过漫长的实践，而形成富有特色的"身心灵修养理论"。其中，非常有启示意义的就是"虚己运夷"的思想，这种思想比较集中地体现在老子《道德经》第九章中。老子这种思想经过历代宗师的演绎、解读、发挥，而成为道教修己、成人、济世

---

　　* 詹石窗（1954—）男，福建厦门人，四川大学老子研究院院长，四川大学道教与宗教文化研究所教授，研究方向：中国哲学、宗教学、中国古代文学。

　　① 长期以来，学术界往往将东汉末诞生的制度道教与先秦时期的道家分开。笔者认为，"道家"与"道教"的区分只是相对的。从学理角度看，可以称作"道家"，从信仰角度看，又可以称作"道教"。老子《道德经》早有"教"的观念，例如"人之所教，我亦教之。强梁者不得其死，吾将以为教父"，不仅讲"教"，而且提出了"教父"的概念，这是值得深思的。

的信条。理解这一思想，对于修身养性、确保平安、治国理政颇有意义。

为了解读老子的这一思想，我们先引述一下《道德经》第九章：

持而盈之，
不如其已。
揣而锐之，
不可常保。
金玉满堂，
莫之能守。
富贵而骄，
自遗其咎。
功遂身退，
天之道也。

这一章在不同注本中，其章名是有较大差别的。检索起来，比较多的是采用第一句作为章名；但汉代的《河上公章句》所用的却是"运夷"两个字。为什么称作"运夷"呢？这是不是概括了本章的主题思想呢？我们先来考察一下字义。

在甲骨文里，"夷"的字形有如一个人躬着腰的样子，有学者认为那是"尸体"的形状。因此，最初的"夷"有消灭、死亡的意思。后来，"夷"的写法复杂化了，在"人"字形状中，加上一条弯弯曲曲的绳索，像用绳子把人捆绑起来。从这个情况看，"夷"也就具有把人俘虏，乃至消灭的意涵。人体被消灭，当然不是什么好事，所以古代中原人称东方边远地区的人为"东夷"，带有鄙视的意味。很显然，这样的意思与老子《道德经》第九章的思想理趣相去甚远。既然如此，河上公为什么挑出这样的"字"做章名呢？

经过一番揣摩，我以为河上公是从引申义上来使用"夷"这个字的。大家想一想，把敌人消灭了，是不是万事大吉了呢？当然不是。尸体随便堆着，那是要腐烂发臭的，必须处理。如何处理呢？就是把他们埋到地下。这时候什么都看不见了，也就平静、安宁了，所以许慎《说文解字》称"夷"为"平"。把这个字用到山丘处理上，将山丘铲平，就称作"夷为平地"。于是，"夷"字就有"平坦"的意义。什么东西平坦了呢？大地平坦了。由此延伸到人走的道路，好走的路称作平路，不好走的路称作陡坡路、羊肠小道等等。这样看来，"夷"也就代表着平坦的路。《道德经》第五十三章有一句话叫作"大道甚夷，而民好径"。意思是讲，宽阔的路是很平坦的，但人们却喜欢走快捷方式。说到这里，我们就明白了，"夷"

乃是大道的基本特征，代表平坦、宽广、好走；而"运"就是运输、运动、行进。两个字合起来，"运夷"就是在大道上行进，乘车也好，步行也好，都应该走大道。按照河上公的理解，《道德经》第九章讲的就是关于人生的道路方向。这实际上触及了人生价值观与社会价值观问题。

人生在世，该秉持什么价值观呢？再具体一点讲，应该有什么样的财富观、名利观呢？宋常星在《道德经讲义》中对这一章是这样概括的。他说：

> 恭闻尧帝，不以有天下为贵，故授之于舜。舜亦不以得天下为乐，故授之于禹。天下尚有何物，足累吾心乎？今之人认虚幻之名位为久，取不实之财势为常。得之为乐，失之为忧，此正是持盈，而不知身退之义。①

这段话分为两个层次。第一层次，以"尧、舜、禹"三个帝王为例，说明人生在世如何摆脱"心累"，也就是不要让自己的心灵负担过重而拖累了。所谓尧"不以有天下为贵"，表明"天下"这东西在尧的心目中并不是贵重的。"天下"是什么？就是最大的物质形态，它包括了人们赖以生存的一切自然物品与一切人工创造的物品，可以说是包罗万象的。尧对天下况且都能够放下不要它，说明他追求的并非物质性的东西。尧把天下授予舜，舜有没有接受呢？没有！最终，舜又把天下拱手交给了大禹。舜为什么这样做呢？因为他认为占有天下并不会给自己带来快乐。宋常星是从道家立场出发，来解读圣人的财富观、价值观的。从中我们可以看出，道家心目中的圣人并不以个人占有天下财富为目的，而是以消除心累、回归生命本真为旨归。第二层次，批判人世间以占有社会财富、自然财富为目的的价值取向。为什么要对这种价值取向给予批判呢？因为那是不符合大道精神的。概括起来，老子这一章就是在劝说人们走光明的大道或者说走一条真正有利于身心放松的道路。河上公用"运夷"两个字总括这一章，应该说还是抓住了精神实质的。如何"运夷"呢？下面，我们从三个方面来阐述。

一、涵容不盈

老子《道德经》第九章一开始，通过模拟，来劝告人们：必须树立符合天道的财富观。他说：

持而盈之，

---

① 宋常星．道德经讲义（卷上）[M]．台南：和裕出版社，2009．第38—39页。

不如其已。

这里的"持"是拿着的意思；而"盈"则表示"满"了。在甲骨文里，"盈"这个字"𥁋"属上下结构，上部像水流，下部是一个器皿的样子，用器皿接水，其水往下冲击，如果持续接水而没有停止，那个器皿就一定会满出来。比喻财富积累多了，随之而来就会出现各种各样的问题。例如引发外界关注，盗贼就会光顾，遭受抢劫，你要是反抗，可能还会有生命危险。可见"持盈"是有很大害处的。所以，老子告诫人们"不如其已"。这里的"已"表示事态终了而停止，意即要及时刹车，懂得停止。把整个句子连起来："持而盈之，不如其已"，用现代汉语来说就是：与其把持着器皿不停地接水以至于流溢一地，不如适时停止要安全得多。

为什么要停止呢？老子摆出两个事实。第一个事实是：

揣而锐之，
不可常保。

这里的"揣"是针对制作利刃而言的。为了使得刀具锋利无比，匠人会采取先进的办法进行加工，直到可以吹毛断发。然而，这种锋芒毕露的锐利，是不可能永久保持的，甚至会有危险发生。一不小心可能造成自我伤害；再说，太过锐利了，拿去伤害他人，就会引起他人的报复。例如说韩国极力地搞什么"萨德"防御系统，这东西太敏感，太有攻击性，结果中国与俄罗斯都觉得是危及国家安全，采取许多防治措施，结果使得韩国陷入了困境。可见锋芒毕露，最终的结果是不好的，也难于保持其永久的锐利气势，这就叫作"不可常保"。

紧接着，老子又列出了第二个事实：

金玉满堂，
莫之能守。

大家知道，经商的人，在商言商，总是希望能够盈利，尽最大的可能赚取最大的财富。他们起早贪黑，努力拼搏，获得成功。从经营角度看，这是无可厚非的，因为这是在创造财富。就个人的生活来讲，一定的财富乃是生活之所需；对于一个社会的维持和发展来说，财富当然是不可缺少的。我们经常听到这样一句话："财富不是万能的，但没有财富是万万不能的。"这说明财富无论对于个人还是社会来讲都很重要。因此，努力工作，创造财富，这是符合天道的，也是社会发展的一个标志。但是，如何看待财富？这是需要认真思考的。有的人把获取财富作为人生的目的，把占有社会财富当作基本的追求，这就有问题了。为了一己之利益而拼命追求财富，势必投机钻营，甚至违背公共道德与社会法规，不择手段地牟取利益，包括谋财害命，问题便十分严重了。因此，那种为财损德，不要友情、不要法规的人生活动在老子看来是十分要不得的。为了让人们有所醒悟，老子《道德经》第九章用"莫之能守"四个字展示了财富最终流向。为什么说"莫之能守"呢？因为在茫茫宇宙之中，人只是沧海一粟，生命是有限的，即便是活了一百岁、两百岁、三百岁，最终总是要离开人世。当一个人的生命终结时，那财富就不属于自己了。从这个角度看，敛财是没有意义的。这就需要有"舍得"的精神。有了财富，在维持自身生命的前提下，应该将多余财富奉献出来，这反而能够使自己快乐，因为你资助了别人，别人感恩、赞美，你也就快乐了。

应该特别指出的是，《道德经》第九章这几句话，连续用了两个"不"字，还有一个"莫"字。这个"莫"也是"不"的意思，因此可以看作"三不"，如此构成了强烈的否定态势，就是要让人们形成一个鲜明的印象：太过于执迷自我，反而会损害自我。老子这种思考不是偶然的，而是一种深刻的社会反省的表现。

从文化渊源上看，老子这种思想与《易经》的《谦》卦精神旨趣是一脉相承的。《谦》是《易经》的第十五卦，其卦象下艮上坤。上卦"坤"，三爻都是阴爻，中间空虚；下卦艮，两条阴爻一条阳爻。"坤"代表地，暗示人生在世应该像大地那样宽厚；"艮"代表山，其精神旨趣为"止"，表示遇山而知止。

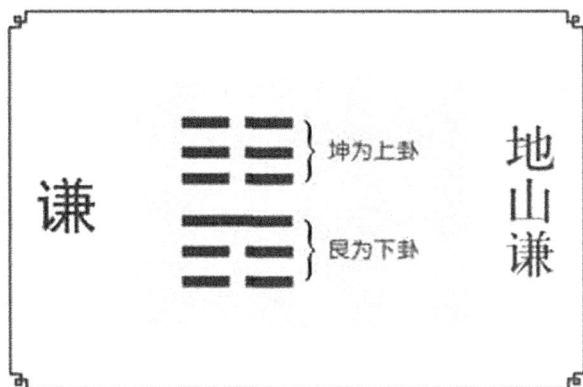

《易经》的《谦》卦六爻，有五条爻辞都叙说谦德的好处。初六爻辞，叫作"谦谦君子，用涉大川，吉"。谦而又谦的君子，有利于越过大河巨流，其结果是吉祥的。六二爻辞说："鸣谦，贞吉。"表示谦虚的名声为外界所知晓，能够固守本份，就是吉祥。九三爻辞说："劳谦，君子有终，吉。"勤劳而又谦虚，这样的人自始至终都是吉利的。六四爻辞说："无不利，撝谦。"表示事态发展顺利，应该保持谦虚的态度。上六爻辞说："鸣谦，利用行师、征邑国。"表示谦虚的名声远播四方，利于带兵作战、征讨相邻那些搅起动乱的小国邦邑。在这一卦里，唯有第五爻没有出现"谦"字，但其判断用语"无不利"也意味着吉祥。由此可见，《谦》卦六爻都是吉利的，体现了《易经》卦爻辞作者对"谦"的品德是高度肯定赞赏的。

汉代史学家班固在《汉书·艺文志》中说："《易》之嗛嗛，一谦而四益，此其所长也。"这里的"一谦而四益"指的是《周易·谦》卦之《彖传》所讲的四句话：

天道亏盈而益谦，地道变盈而流谦，鬼神害盈而福谦，人道恶盈而好谦。

所谓"天道"就是天体运行的规律，譬如太阳的转动，由东向西，到中午十二点的时候，人所映照的影子刚好在我们的脚下，过了十二点，影子就开始偏了；再如月亮的运动，初一、十五，由晦而明，由缺而圆，再由圆而缺，循环往复、变化无穷；这就叫作"天道亏盈而益谦"，有亏有盈，以益补亏。所谓"地道"指的是大地的变化规律。大地并不是一成不变的，而是不断发生变化的，这种变化最为明显的就是地质结构变化，水土沙石的流迁，譬如高岸变成了深谷，深谷变为丘陵等。所谓"鬼神"在《易经》世界里就是暗地里主宰命运的那种超越社会、超越自然的存在。《周易》认为：冥冥之中，鬼神在监督着人的行为。骄横者，会被鬼神所戕害；谦虚者，会被鬼神所保佑。所谓"人道"就是人间社会运行的规律。集中到一点来讲，"满招损，谦受益"，这就是最直接而基本的人道。

《彖传》这四句话可以说很好地总结了《易经》的《谦卦》思想旨趣。对照一下《谦卦》，我们不难看出，老子的《道德经》第九章讲的"虚己不盈"显然是对《易经》"以谦为用"思想的引申和发挥。

如何以谦为用呢？我们接下来讲第二部分。

二、戒骄防咎

《道德经》第九章接着说：

富贵而骄，
自遗其咎。

　　什么叫作"富贵"？"富"与"贵"本是两个概念。"富"最早见于金文""，上下结构。上面是秃宝盖，代表房屋；下面是酒坛的样子，表示家境宽裕，有余粮来酿酒。古时候，粮食相对匮乏，酒品也比较稀少，所以家中有多余的粮食来酿酒，那是高人一等了。到了篆书里，"富"字的写法发生变化，秃宝盖上面加了一点，变成宝盖头了，好像一只秃头的鸟突然长毛了，一下子亮丽了；而宝盖头下面的酒坛子也发生变化，被写成一横、一口、一田。一横，表示有了基本的生活必需品；一口，表示有人口；一田，表示有土地田产。篆书这种改变反映了先民对拥有土地的看重。许慎《说文解字》称："富，备也。"也就是说家庭维持与发展的物资都具备了，这就是"富"。

　　我们再来看"贵"字。在甲骨文中，"贵"字有多种写法，最有代表性的写法""，画着一双手，捧着一个匣子，下面是泥土，表示将萌生万物的泥土加以珍藏。先民们最初为什么把"贵"与泥土联系在一起呢？因为植物是从土里长出来的，对于生命的维护来讲，土地特别重要，所以要珍惜土地。后来，字形又演变，一中贯地，地下有"贝"，这个"贝"就是货币，可以用来交换物品，手头掌握了相当数量的货币，那身份就非同一般了。

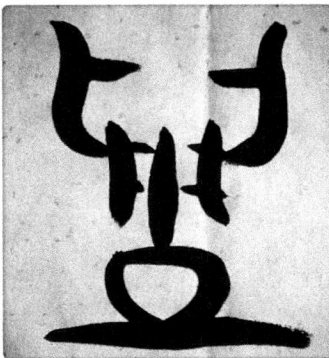

　　"富"与"贵"两者既有联系又有区别。两者的联系体现在最初都与一定的财

产有关；至于区别则体现在：“富”侧重表示物质的占有量；而“贵”则侧重表示身份地位。“富贵”构成一词，代表了既有钱财，又有地位。

一个人在社会上占有更多财富，或者比他人具有较高的社会地位，都可能造成洋洋得意，骄傲起来。什么叫作“骄”？这个字由“马”字旁与“乔”构成。“乔”是高大的意思。把“乔”字放在“马”旁，表示一个人骑着高头大马，好像身在巅峰，一览众山小，所以就很可能形成心高气盛的精神状态，这就叫作“骄傲”。

在老子看来，拥有富裕家产和社会地位，如果骄傲起来，就会“自遗其咎”，意思就是自己给自己造成咎害。什么叫作“遗”？这是个多义字，最重要的意义有二，一是表示丢失，二是表示留下来。老子这句话的“遗”表示留下；“咎”表示灾祸。因此，所谓“自遗其咎”就是自己给自己造成灾祸，通常所谓“咎由自取”就是这个意思。

在历史上，“富贵而骄”的事例相当不少。唐人传奇《玄怪录》讲述了这样一个故事：

南北朝至隋朝期间，有个人叫杜子春。他在少年时代放浪不羁，没心思积累家业，可是心志却很高。每天，他纵酒闲游。如此数年把家产都花光了，只好去投奔亲友。但是，亲友们都以为他不是个正经人，拒绝收留他。当时已是冬天时节，他衣衫褴褛，饥肠辘辘，徒步在长安街上游荡。一直到天快黑了，还没能吃上饭，徘徊着不知该去哪里。他从东街走到西街，又从西街走到东街，来来回回，不知何去何从，饥寒交迫，孤苦无靠，不由得仰天长叹。

这时有位老人拄着拐杖来到他面前，问他为什么这样叹息？杜子春就说了他的处境和心情，怨恨亲友们不肯帮助，无情无义，他越说越激动，一股怒火在心里燃烧，十分愤慨。老人问他：“你需要多少钱才够花呢？”杜子春说：“如果三五万钱，我就能够维持生活了。”老人说：“恐怕不够吧，你再多说一些！”杜子春瞪大眼睛，惊异地说：“十万！”老人看了看杜子春，说：“还不够吧！”那语气显得平静却很有力量。杜子春在老人提示下，把要的金额加码：“那就一百万吧。”老人还说不够。杜子春眨眨眼说：“那就三百万！”那声调提高了好多。老人笑笑地说：“这还差不多。”其语气依然平静。老人说罢，从袖子里掏出一串钱说：“今晚先给你这些，明天中午我在西街的波斯宅院等你，记住，你可别来晚了。”

第二天中午，杜子春如期前往，老人果然给了他三百万钱，没留姓名就走了。杜子春有了这么多钱，就故态复萌，自以为好生了得，不把他人放在眼里，又浪荡起来。自认为有这么多钱，一生也不会受穷了。从此，他乘肥马，穿轻裘，每天和狐朋狗友们狂欢不已，叫来乐队给他奏乐开心，到花街柳巷鬼混，从来不把以后的生计放在心上。就这样，只过了一二年的工夫，老人给他的钱就挥霍个精光了。无奈之下，杜子春只好穿着很便宜的衣服，把马换成驴，后来驴也没有了，只好徒步行走。转眼间，又像他刚到长安时那个样子，成了穷光蛋。末路穷途，境况比从前更加糟糕，又仰天长叹起来。

以上这个故事是《玄怪录》中的一个片段。它首先印证了老子所讲的"金玉满堂，莫之能守"的道理。一个人如果不发奋努力，就是给你一座金山银山，也会化为乌有的。杜子春为什么敢于那样挥霍无度，那是他的品性有问题，一朝富贵了，就骄横起来，所以"自遗其咎"了。

老子从天地日月等大自然现象，讲到人间社会的物质财富问题，其目的是什么呢？就是要让人们明白：一切都在变化之中，唯有"与时消息，知所进退"才能合于天道。怎样合于天道呢？下面我们来讲第三部分。

三、全身而退的生命哲学

《道德经》第九章最后两句是从前面的人生教训中自然得出来的。他告诫说：

功遂身退，
天之道也。

这两句，有的版本作"功成名遂，身退，天之道"，也就是成就功名了，就得及时退隐。

对于老子讲的这两句话，以往一些人往往将之戴上"不思进取、消极、落后"的帽子。这其实是很大的误解。老子是不是单纯地只讲退而不进呢？当然不是。

我们应该看到：老子讲"身退"的前提是"功遂"。什么是"功遂"？就是实现了人生的建功立业目标。所谓"遂"在这里是称心如意、得到满足的意思。什么东西能够使自己称心如意呢？在什么状态下人可以满足呢？当然是实现了建功立业目标了。由此看来，老子并没有否定积极作为。但是，老子又很有针对性地提出"身退"问题。"身退"既是一种状态描述，也是一种告诫。之所以是状态描述，是因为历史上本来就有许多人是功遂身退的；之所以说是告诫，是因为有些人想不明白，到人老眼花头昏了，却不知道身退，还要继续瞎指挥，乱决定，最终把社会搞乱，自己的名声也坏了，给人留下不好的印象。

有鉴于此，历史上那些领悟了老子教导的高级官员往往会在恰当时机从高位上退下来，张良就是典型的代表。

张良，字子房，为西汉开国功臣，与萧何、韩信并称"汉初三杰"，被誉为"元勋之首冠也"！汉高祖曾言：运筹帷帐之中，决胜千里之外，"吾不如子房"。张良不仅是一代名臣、谋士，还与道教有着密切关系。根据《汉天师世家》记载，创立"正一盟威之道"的第一代天师张道陵系张良的八世孙。另据《仙传拾遗》记载："汉相张良，避世登真，位号太玄童子。"

张良之所以能够取得传世功业，跟他深明黄老之道、通达"身国同治"之旨有着密切关系。纵观张良一生，他迈入修道治国的境地，有赖于黄石公的教诲。张良早年矢志复国，曾与大力士在古博浪沙行刺秦始皇。历代对此均有所称颂："博浪椎车击暴秦，先生高义薄层云。""沧海得壮士，椎秦博浪沙。报韩虽不成，天地皆振动。""不道珠江行役苦，只忧博浪锥难铸。"苏轼在其所作《留侯论》中说：

子房以盖世之才，不为伊尹、太公之谋，而特出于荆轲、聂政之计，以侥幸于不死，此圯上老人所为深惜者也。

这里的"圯上老人"指的就是神仙人物黄石公。为了点化张良，黄石公故意把鞋脱落桥下，让张良去捡。捡到之后，黄石公又让张良为他穿鞋。张良忍住了愤怒，耐心完成了黄石公的要求。黄石公又三次约张良在桥上见面。经过前两次的失败，张良终于在第三次会面时受到肯定，被认为孺子可教，得授《太公兵法》！正所谓"圯桥履进谦恭"，张良借此机缘迈入新的境界！

张良潜心研读《太公兵法》的岁月，既是修身之途，也是治国本领提升的阶段。当他出山与刘邦相遇之后，正是贤臣遇明主、大才逢其时，从此风虎云龙，于中国历史上书写下壮丽诗篇。在灭暴秦、鸿门宴、楚汉争霸、劝都关中、封赏功臣、守卫太子等历史事件中，张良均扮演了非常重要的角色。

张良虽然功高盖世，却不贪恋权位。汉朝建立之后，在群臣争功的情况下，他"不敢当三万户"，数次拒绝汉高祖刘邦的封赏。张良更主动疏远朝堂，称病杜门不出，行"道引轻身"之术，声称"愿弃人间事，欲从赤松子游"。张良可以说很好地实践了老子《道德经》"功遂身退"的生命哲学。其中所谓"道引轻身"之术也就是辟谷食气的道门方术。今陕西留坝紫柏山中有张良庙，据说就是张良修道辟谷之地。晚年的张良到底隐居在何处，目前是有争议的，但他实践老子《道德经》的修身法门，不持盈，虚己应物，这是可以肯定的。

有趣的是，在张良之后，老子《道德经》第九章这种虚己养性精神进一步发展为具体的炼气方术，也就是内丹行气术。这一点在元代全真道士邓锜的《道德真经三解》里就有所表现。邓锜说：

> 精气为物，游魂为变，是故知鬼神之情状，载营魄持盈之道也。十四、十五、十六，月盈于甲，日月相望，持守之时也，过则消矣，故曰盈则戾，月盈则食，天地盈虚，与时消息。

邓锜诠释《道德经》第九章引入了《周易》学说的许多概念，例如引文首句"精气为物，游魂为变"就是出自《周易·系辞传》。汉代郑康成曾对此解读。他指出：

> 精气谓七八也，游魂谓九六也。七八木火之数，九六金水之数。木火用事而物生，故曰精气为物。金水用事而物变，故曰游魂为变。游魂谓之鬼，物终所归；精气谓之神，物生所信也。①

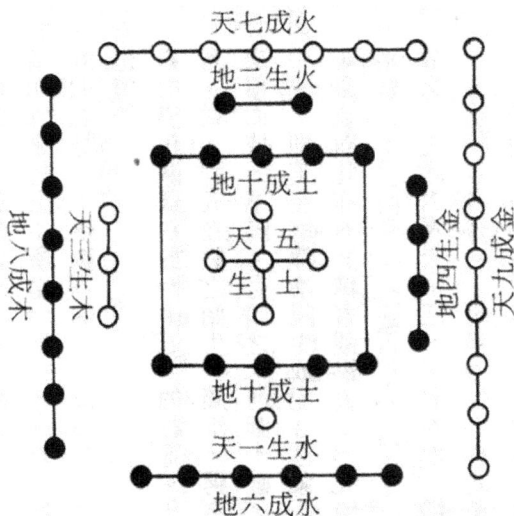

天七成火
地二生火
地十成土
天五生土
天三生木
地八成木
地四生金
天九成金
地十成土
天一生水
地六成水

郑康成所讲的"七八九六"在《周易》中称作"四营之数"，所谓"四营"就是卜卦演算的四大步骤，象征春夏秋冬。配合"易学"的河图数理就比较能够明白。根据这个图，我们可以看到，"一"至"十"的自然数分布于东西南北中五方，

---

① 〔宋〕王应麟编．周易、郑康成注 [A]．文渊阁四库全书 [C].

配以木火土金水五行，代表春夏秋冬的季节变化，象征元气的阴阳进退。由八到七，就是春夏之来，木火用事，阳气盛；由九到六，就是秋冬之转，金水用事，阴气盛。为什么说"游魂谓之鬼"呢？因为由九到六，即是秋转为冬，阴气渐强；为什么说"精气谓之神"呢？因为由八到七，即是春转为夏，阳气渐强。弄清楚郑康成这段话，再看看邓锜所谓"是故知鬼神之情状，载营魄持盈之道也"，就不难明白其精神内涵了。

　　另外，邓锜在讲了"持盈之道"之后，紧接着列了十四、十五、十六三个日子，来阐述"持守"的时刻，这是引入易学中的"月体纳甲法"的符号模式，以表征内丹修炼的操作程序。所谓"月体纳甲法"，这是汉代易学名家京房首创的一种诠释《周易》卦象法度的理论模式。其要领是把《易经》的乾坤、坎离、震巽、艮兑八卦与甲乙丙丁戊己庚辛壬癸这十个天干配合起来，再配上月亮的晦朔弦望变化周期，以彰显天地阴阳的往来进退。东汉丹道理论家魏伯阳把月体纳甲法引入了《周易参同契》这本书中，用以表示人体元气的阴阳进退，指导内丹修炼。邓锜的《道德真经三解》又把魏伯阳的内丹易学理论模式拿来解读老子《道德经》第九章的"持盈守退"法度。在邓锜看来，老子《道德经》第九章讲的"持而盈之"以及"功遂身退"恰好符合内丹修炼的"意守丹田、进火得药、持守采药，退阴丹成"的操作法度。虽然我们从《道德经》第九章中看不到内丹学的术语，但老子的"持盈"与"退身"说法却可以成为内丹学修炼的指导原则。从某种意义上看，国家社会就是一个宏大的炼丹炉。人体就像国家，国家也像人体。所以，依照内丹学的法度来看待国家社会管理，也能够得到特有的启发。对于人生而言，唯有效法日月往来、阴阳进退，才能够善终其功、善全其名，实现人生境界的精神升华！

图 2-8　月相盈亏图

新老学与老子"配天"思想的当代阐扬

谢清果 *

内容提要： 新老学是老学的当代发展形态，其内涵是尊《道德经》为核心思想依据，以传承至今的注疏和各类研究成果为依托，以探讨中国社会永续发展和世界和平安宁为问题意识，从而将老学的尊道贵德、清静柔弱、自然无为、不争善胜、爱民治国等思想，进行当代的创造性诠释，既发扬优势，克服弱点，又兼容并包，采阴阳儒墨等诸子之善，取中外文化之长，在修身治世这两大永恒主题上，做出新的回答的理论结晶。本文从《道德经》中提炼的"配天"观念入手，指出"配天"是中国先人安顿自我身心，处理自我与社会等有关系的基本原则。相比较而言，儒家强调"以德配天"，而道家强调"以人法天"，儒家强调的是对天命的归依，而道家强调的是对天道的运用。就《道德经》的"配天"思想而言，它彰显了老子"惟道是从"与"唯施是畏"的思想自觉，在春秋末期具有革命性意义，体现了老子治国的民本情怀。而"新老学"则应当将此"配天"思想在当代重新发扬光大，使之成为华夏文明行稳致远和世界文明和平共存的道家式方案，从而使老学跨越时代迈新步。

关键词： 老子 配天 天命 天道

"新老学"是基于 2017 年 10 月我与方勇教授在台湾中国文化大学召开的"第五届新子学国际研讨会"期间闲聊时提出的。当时的想法是，既然提"新子学"，自然包括新老学，新庄学等新的诸子学，就像新儒家、新道家、新法家的提法一样，"新老学"是基于新时代，重新发掘老学精神，并阐发其时代价值而成的当代老学。如同元代的杜道坚所揭示的历史上的老学流变规律："道与世降，时有不同，

---
* 谢清果（1975—）男，福建莆田人，哲学博士，历史学博士后，厦门大学新闻传播学院教授，博士生导师，厦门大学传播研究所所长，华夏传播研究会会长，《中华文化与传播研究》《华夏传播研究》主编。

注者多随时代所尚，各自其成心而师之。故汉人注者为汉老子，晋人注者为晋老子，唐人宋人注者为唐老子宋老子。"（《玄经原旨发挥》卷下）这也如同熊铁基所提出的"秦汉新道家"的观念一样。因此，"新老学"应当是《道德经》行世以后，一代代士人不断发掘时代新意，无论是考证，评介，还是注疏，凡与《道德经》相关的学问都是一代代的"新老学"，由此而论，其实是"新老学""新新老学"……如此延续，而"新老学"便成为一个统称了。不过，如此这般，都是"新老学"了，似乎就掩盖了其"新"。就当下的"新老学"而言，应当强调的"新"在于在秉承子学精神的基础上，发扬子学的思想体系及其历史流迁的思想积淀，重新以开放多元的姿态因应中国社会和国际社会面临的问题，顺着子学的思路，给出有当代话语特色与时代特征的理论阐述，而且这种阐述中有着中国自身尤其是子学自身的文化印迹，更有对其他国家，尤其是西方国家思想文化的回应而激发出来的带有原创性和民族性的深刻思考。而这样的思考，才使我们有底气将之称为引领世界文明走向和平共存的"中国方案"，笔者将之提炼为华夏文明的"共生交往观"。

值得注意的是，今年有学者邰谧侠发表了篇论文《〈老子〉的全球化和新老学的成立》（《中国哲学史》2018年第2期）也提出了"新老学"概念。文中说"新老学"这个概念的使用是他与中国社会科学院语言研究所王伟先生交流中由王先生首先提出的，此概念"它强调《老子》目前的全球化、跨文化、跨语言研究趋势"。在我与王伟先生的进一步交流中，他更细致地表述了其对"新老学"这一建设性概念的诠释：

传统老学多年积淀的解读和理路是"体"，虽然也是多种多样、流派纷呈的，但是一个"思想池"（Thought Pool），新老学是在这个基础上的"用"，也就是把多种异质文化与语言与老子文本的相遇当成一个以比较方法更好地理解中国文化和其他文化之间异同的机会。

如果说，传统老学是对老子文本的解读，新老学某种程度上是对这些解读的比较重读（Comparative Re-interpreting）。在传统老学那里，老子是目标文本，在新老学那里，传统老学的解读以及各个异质语言、文化的翻译、阐释，都是目标文本。这样，实际上是承认了所有的翻译、阐释、解读都是有价值的，这个价值的大小不再是取决于这些翻译、阐释、解读在多大程度上接近老子的"原意"，而是他们在不同程度和角度展示了这些文化自己的样貌。

在新老学那里，老子文本是一个"文化机会"，是我们得以在经典阐释这个文化行动中去理解不同的文化，尤其是与中华文化互为"他者"（Other）的关系中，观照中华文化和世界其他文化，在这个意义上，这实现了真正的跨语言性和跨文化性，是一种"全球化"的探索，这在以前的经典研究中，尤其是在中华文化经典研究中，是前所未有的。

　　在全球化与中国走向世界舞台中央的历史性进程中，中华文化，尤其是轴心时代的诸子文化是我们走向世界、走向未来的重要思想资源。在当代重新发扬子学精神，开创新子学新境界是新时代对我们的要求，也是我们学人的责任。子学与新子学博大精深，本文仅以老学的当代新形态——新老学为研究对象，探讨作为华夏文明的核心文化基因之一的道家经典——《道德经》及其历经历代演绎而成的老学这一独特学问，研究如何将发扬《道德经》的精神，创造性转化为当代话语，从而实现创新性发展，即将《道德经》对人类文明延续的根本思考转化为当代华夏文明与世界文明对话的重要思想资源，从而以"新老学"的姿态，将老学推向新的高度，从而为"人类命运共同体"的建构提供"道家式方案"。笔者心目中的"新老学"是尊《道德经》为核心思想依据，以传承至今的注疏和各类研究成果为依托，以探讨中国社会永续发展和世界和平安宁为问题意识，从而将老学的尊道贵德、清静柔弱、自然无为、不争善胜、爱民治国等思想，进行当代的创造性诠释，既发扬优势，克服弱点，又兼容并包，采阴阳儒墨等诸子之善，取中外文化之长，在修身治世这两大永恒主题上，做出新的回答。尤其是在人类"文明生活"与"文明交往"方面，形成具有老学气派、老学风格，老学话语的理论表述。当然，《道德经》虽只有五千余言，但其内涵十分丰富，本文仅以其中的"配天"观念入手来进行探讨。

　　"配天"这一观念虽小，但其背后承载的意涵却足以使它成为中华文化的核心概念之一。"配天"思想是中华先民思想早熟的标志性成果，它体现了先民养成了安顿自身性灵和处理自身与周遭关系的基本行为方式，并在长期实践上强化了这种认知与实践诉求。"配天"的思想是一种思想意识与行为取向，是贯通思想与行动的思维方式和行为方式。以配天的方式来行动，以行动来彰显"配天"取向，从而使自己的言行获得了正当性与合理性，乃至合法性。"配天"是一种中华民族的生存之道，也是交往之道。正是这种思想是促使我们的文明和文化能够绵延五千年而不至于中断的原则。因为"配天"的思想意识中既有对个人的能动性的尊重，也有对人类与各种关系的互动规则的遵循，说到底其实质内涵正是以人道合天道，以天道关照人道，从而使有限的人道实践在无限的天道规则下获得可久可大的成长之道。从这个意义上讲，"配天"是老子继承前人思想从而打造出的道家式解决人类共生交往问题的方案，值得深入探讨。

一、以道统天的符号革命：老子"配天"观念的时代强音

春秋战国时期是中国思想摆脱鬼神迷雾而高扬理性的时期，无论是孔子的"敬鬼神而远之"，还是老子的"道莅天下，其鬼不神"，以及道在"象帝之先"，这些论述都体现了当时先贤在努力彰显人掌握自己命运的能动性与创造性。老子甚至直接提出了人为"四大"之一，与道，天、地并列。而"人"作为"四大"之一的理由便是人能够"法"，法天，法地，法道，法自然，从根本上说是懂得"辅万物之自然而不敢为"，人能够自觉地摆正自身与周遭事物间的关系。因此，我们从先秦诸子的文本分析，就不难看出那个轴心时代或哲学突破时代的特质，相当程度上就体现在对"帝"（天帝），对"命"的质疑，而转向对"德"，对"人"的关注。纣王的呐喊正是这种转变的挽歌。他说，"我生不有命在天乎！"[①] 他不听祖尹的劝谏而认为其权力是天授予的，是不可动摇的。国外学者吉德炜（DavidKeightley）曾精辟论述，他说："殷人认为上帝这一高级神可以授予丰硕的收获，并在战争中给以神灵的保佑。认为王能够与其祖先沟通，其祖先能够代为请求帝的降福。因此对商王祖先的崇拜可以为商王的政治统治心理上的和思想上在提供强有力的支持。上帝、祖先的意愿通过占卦、祈祷和牺牲影响王的才能，使其政治权利合法化。所有的权利皆来自神。通过王的牺牲、祭祀和占卜，王给臣民带来了丰硕的收获和尽可能的胜利。这样，王的宗教活动使他的政治权利更强更为巩固。"[②] 然而，武王伐纣这一历史性事件，就亟须对周虽小邦，却取代了商这一颠覆以往君王神授的国家治理理念情况做出新的理论诠释，于是周公制礼作乐，以高扬人之德以彰显天的光辉。正所谓"周人尊礼尚施，事鬼敬神而远之"以取代"殷人尊神，率民以事神，先鬼而后礼。"（《礼记·表记》）尊礼的周人其背后是对人自身行动的警觉，如纣王虽有天命，而不修德性，依然也会失去天命。天命本身是流转的，而流转的动力与依据正是"德"。《尚书·大禹谟》："惟德动天，无远弗届。"德具有"动天"的功能，而"动天"的内涵正是"天视自我民视，天听自我民听"（《尚书·泰誓中》）。天虽无言，但可以通过"民"来检视君王的德行。《尚书·蔡仲之命》："皇天无亲，惟德是辅，民心无常，惟惠之怀。"因此，德的最本质内涵是君王的爱民品德。唯有爱民，方可得天之辅。而爱民就是要给民以实惠。因此，儒家突出了"以德配天"的思想，这里的"天"依然是"天命"的成分更多，只是强调了天命在哪，是以德来显现的。而道家则从老子继承了"配天"思想，但其内涵似乎更为强调人的能动性，也更强调天的自然性。值得我们注意的

---

① 司马迁.史记 [M].北京：中华书局，1982.第107页。
② 张光直，毛小雨译.商代文明 [M].北京：北京工艺美术出版社，1999.第185页。

是，固然"天"或"配天"的观念可以说是中国人一以贯之的观念与符号表征。但是在同一符号之下，意义却在发生转变，或者说置换。在纣王看来，"天"就是天命，是不可改变的；而在武王、周公看来，"天"依然还是那个"天"，但"天命"却不是固定不变的，而是"惟德是辅"。这正如詹姆斯·凯瑞所言："符号既是现实的表征（of），又为现实提供表征（for）。我们先是用符号创造了世界，然后又居住在我所创造的世界里。"①符号创造了世界，说的是符号建构了关系，传达了意义。然而，符号是人造的，符号的使用既有稳定的一面，又有变化的一面。有些符号会被别的符号所取代，或者部分取代，或者成为新符号的符号。这就好比，老子用"道"这个元符号一定程度上超越了天的意义，乃至在其之前，至高无上的"天"，在老子的视域中，亦成为道之子。这样，"天"或"天之道"只是老子思想体系中"道"的重要方面，而不是全部。从这个意义上讲，老子用"道"这个新符号革命了"天"这一传统符号，从而为人类社会秩序的重构找到了新的话语叙事，即以"道"的无为来化解人间社会的"有为"之害，从而要求君王当以"为无为"的方式为乱世找到治理的终极依据。对此郑开的分析精辟："殷人迷信天命，以为天命不可移易，而与人事无关；相反，周人把'德'的观念引入天命论之中，认为天命随着德的盛衰而转移，所谓'敬德'尤其重视人世间的政治表现，因而'德'的观念与话语里面隐含着人道主义、人文理性的萌动和崛起。"②姚锦云博士认为"所谓的'沟通与交往'，未必是看人们是通过什么媒介，而是看人们是否通过'某个东西'将人与人的关系朝着共同体方向前进的。"③在笔者看来，"某个东西"不一定是个实物，也可以是某种观念，只不过，这种观念因为是一个族群或国家共识，就自然而然会通过制度和个体的行动来体现出来。从这个意义上讲，这种"观念"就充当了媒介，发挥着建构共同体的功能。用吉登斯的话说："每一个（健全的）社会成员都是一个实践的社会理论家；在保持任何一种日常接触的过程中，他或她通常都以一种自然而然的、习以为常的方式利用社会知识和理论，而且这些实践资源的使用恰好就是产生日常接触的条件。"④人们在"日常接触"中总体上是借用符号（主要是语言文字）以及承载符号的载体，来交流意义，分享意义，协调行动的。符号是显在的，而观念是隐在的。符号在随着人体的流

① [美]詹姆斯·凯瑞.作为文化的传播[M].丁未译.北京：华夏出版社，2005.第17页。
② 郑开.德礼之间——前诸子时期的思想史[M].北京：生活·读书·新知三联书店，2009.第4页。
③ 姚锦云.沟通的演化：春秋释《易》与德性交施观的形成[D].浙江大学博士学位论文，2016.第4页。
④ [英]安东尼·吉登斯.社会学方法的新规则——一种对解释社会学的建设性批判[M].田佑中，刘江涛译.北京：社会科学文献出版社，2003.第75页.

动以及人体对符号的运用与创造，将观念扩展，从而使人与人之间，基于共同的观念，尤其是核心观念，如中国坚持的"中"观念，"配天"的观念。因为不"配天"，无以"中"。"中"本身是生存之道，"配天"是"中"的精神的体现。

二、配天，古之极：老子治国安邦思想的内在理路

此外，我们回到《道德经》的原文来探讨老子的"配天"思想。

老子在第六十八章中提出：

善为士者不武，善战者不怒，善胜敌者不与，善用人者为之下。是谓不争之德，是谓用人之力，是谓配天，古之极。

帛书甲乙本均无"之力"，高明先生认为，当以帛书为佳，配天，即"合于天道"。许永璋也认为："极力赞扬不争之德，顺乎自然与天道合一，故能配天。配天是人道之最高准则。"而就王弼本"配天，古之极"句，帛书本"极"后有"也"，甲本脱一"配"字。俞樾以韵为由，"疑'古'字为衍文。是'古谓配天之极'六字为句，与上文'是谓不争之德，是谓用人之力'文法一律。其衍'古'字者，'古'即'天'也"。而马其昶甚至认为此句为"是谓配天极"。高明以帛书为据认为"当读作'是谓配天，古之极也'。[①]徐志钧先生认为第二处"用人"指古时杀人以祭，而"配天"则指祭祀时以祖先配享。[②]《篇海类编》："配，侑也。"配享之意，为祭祀的次要对象。金文《害夫簋》："用配皇天"，正是此意。徐先生把用人解为杀人以牲，虽然在那个时代有这种做法，但老子有慈心济世情怀，用本章既然讲究"善"，讲"不争"，自然断不会赞成这种惨绝人寰的做法。笔者以为"用人"，固然老子的时候有些上古思想的遗存，但总体上，老子都进行了哲学性的升华。所以，此外应当还是指君王无为而让臣有为，此方为用人之道。为君之道在于选贤任能，以能"用人之力"。所以后世加上"之力"并非没有道理。刘笑敢接受高明的观点，"此处帛书本作'用人'是一般的用人、待人之道，但传世本作'用人之力'则意狭窄，变成了仅借用别人之力，又会产生用计谋利用别人的歧义"。[③]

《道德经》唯一一处提到"配天"，纵览其思想的语境，强调的是人的一系列"善行"，即"善行无辙迹"之意。胜赞人的"不争"即能"用人"，实现关系的协

① 高明.帛书老子校注 [M].北京：中华书局，1996.第167—168 页。
② 徐志钧.老子帛书校注 [M].南京：凤凰出版社，2016.第236—237 页
③ 刘笑敢.老子古今 [M].北京：中国社会科学出版社，2006.第661 页。

调，这是"配天"之举，此种举动是上古修身治世的极致，也可以说是保合太和之意。在《道德经》角度看，主要是要配合天道，符合天道。强调"君王之行政施教符合于客观自然的运行规律"。①宋徽宗注曰："无为为之之谓天，不争而用人，故可以配天则至矣，不可以有加矣。故曰：古之极，极至也。"②此种解释体现了道家顺天，辅自然不敢为的谨慎心态。董思靖在《道德真经集解》中："惟其不争而为下，则去智与故，循天之理，乃与天同德。"③

赵汀阳先生注意到"配天"对于中华文明的意义，认为："配天的观念是中国思想的基本原则之一。"④并认为这正是中国人的信仰形式："即人道与天道的相配，所谓配天，凡是达到配天的存在皆为神圣存在，也就成为信仰。中国的精神信仰之所以隐而不显，是因为被默认而不知，……以配天为存在原则的中国就是中国的神圣信念。"⑤

《玉篇》："配，匹也，对也，合也。"本章配天之"配"当为"合"之意。在《道德经》语境中，还可有"法"之意。这一点与《尚书·君奭》："故殷礼陟配天，多历年所"意思相近。蔡沉的《书集传》："故殷先王终以德配天，而享国长久也。"配天意涵是以德配天，要求君王行德政以顺天。那为什么，要配"天"呢？这是因为这里的"天"并不只是自然的"天"，而且是道德的"天"，精神境界的"天"。是如同《易经》所言"天行健，君子以自强不息。地势坤，君子以厚德载物"的天。一定意义上讲，"配天"从完整性而言，当是"配天地"的缩写。对此《中庸》讲得明白："博厚配地，高明配天，悠久无疆。"孔颖达疏："言圣人功业高明，配偶于天，与天同功，能覆物也。"地之载物，与天之覆物，两者匹配，久久为功。只不过，由于天之高，之远，之明为世人所景仰，相对于地之低，之近，之平相比，天无疑更具神圣性，因此，日常中常极言天而隐去地。对此，《中庸》接下来就明确指出"天地之道：博也，厚也，高也，明也，悠也，久也。"而朱熹亦解之曰："言天地之道，诚一不贰，故能各极所盛，而有下物之功。"⑥正所谓独阴不和一，独阳不长，阴阳和合，天地交泰，万物生焉。因此，"配天"从整体上讲，当是法地，法天，法道，法自然思想的代表性表征，其内涵上，当是人与自然的和

① 辛战军.老子译注 [M].北京：中华书局，2008.第266页。
② 赵佶.宋徽宗御解道德真经//熊铁基，陈红星.老子集成：第三卷.北京：宗教文化出版社，2011.第299页。
③ 董思靖.道德真经集解//熊铁基，陈红星.老子集成：第三卷，北京：宗教文化出版社，2011.第388页。
④ 赵汀阳.惠此中国：作为一个神性概念的中国 [M].北京：中信出版社，2016.第12页。
⑤ 赵汀阳.惠此中国：作为一个神性概念的中国 [M].北京：中信出版社，2016.第17页。
⑥ 朱熹.四书章句集注 [M].北京：中华书局，2011.第35页、第35—36页。

谐共处。人唯有"配天"才能长治久安。宋·苏轼《兴龙节功德疏文》之一中有言："伏愿皇帝陛下，配天而治，如日之中，安乐延年。"

值得注意的是，《庄子·天地》："啮缺可以配天乎？"郭象注曰："谓为天子。"当代庄子专家方勇教授注"配天"为"王天下"。[①]后世还有以祖配祭天的做法。如《汉书·郊祀志下》："王者尊其考，欲以配天，缘考之意，欲尊祖，推而上之，遂及始祖。是以周公郊祀后稷以配天。"如此配天，乃是以自己的先祖与天帝同在而获得天帝垂怜的良苦用心。唐玄宗注《道德经》第六十八章曰："善胜是不争之德，为下是用人之力，能如此者，可以配天称帝，是古之极要道也。"显然唐玄宗也是从做天子的角度阐述了天子当具备尚德理事，有善胜以慈，善用人以下，这是自古以来有天下的"要道"。因为"配天"思想的核心意涵是要求君王能够体天道民心，行以道之国，而不以智治国，社会才能富强安康。而要做到这一点，就亟须君王体道，即"惟道是从"作为自己的信仰，同时在实践中做到"唯施是畏"，敬畏害道败德的后果，以敦促自己始终走在康庄大道上。

三、同归而殊途：儒道"配天"思想的差异

《中庸》第三十一章重在阐述了"配天"的内涵：

　　唯天下至圣，为能聪明睿知，足以有临也；宽裕温柔，足以有容也；发强刚毅，足以有执也；齐庄中正，足以有敬也；文理密察，足以有别也。溥博渊泉，而时出之。溥博如天，渊泉如渊。见而民莫不敬，言而民莫不信，行而民莫不说。是以声名洋溢乎中国，施及蛮貊。舟车所至，人力所通，天之所覆，地之所载，日月所照，霜露所队，凡有血气者莫不尊亲，故曰配天。[②]

朱熹认为聪明睿知的至圣方能君临天下，这样的至圣具备仁（宽裕温柔）义（发强刚毅）礼（齐庄中正）知（文理密察）四德。而这四德含蓄充积于内必发之于外，从而产生了民敬，民信，民悦的政治传播效果，这种效果不仅泽被中国，而且延及四夷，乃至天下一切万有，莫不与之"尊亲"，一派天下和谐的气象。总而言之，如此气象称之为"配天"，因此，"配天"总体上是一种施政理念。朱熹释之曰："配天，言其德之及，广大如天也。"配天总体上是强调了集道统与政统于一身的君王对自己行为的谨信，注意将自己施政的理念顺天应人，唯有如此，自身才能获得天命所归。

①　方勇译注. 庄子 [M].北京：北京：商务印书馆，2018. 第202页。
②　朱熹. 四书章句集注 [M].北京：中华书局，2011. 第39页。

值得注意的是范阳张九成对配天的解释颇有特色："……凡有血气，无不尊亲，是与天地并立于两间，而造化天下矣，故曰'配天'。配，非比也，并也。"① 张氏将"配"理解为"并"，突出了一切有情，尤其是人，能与天一同创造了天下。此理解宝贵之处在于强调了中华文化心物相合的理念，并因为道或理的存在而丧失人的能动性与创造性，而是强调人在遵循道与理的前提下，能够创造性地发挥自己的才能，从而与天一同创造了这个天下。自从有了人以后，这个天下就是人与天共同创造的天下，这正是"天人合一"最可宝贵的精神信仰。唯有如此，方能行"中庸"，达天下大治。

总的看来，"配天"是儒道两家共同的观念，尤其在强调政权的合法性与永续性上，只有与天相配的才能获得存在依据，相反则必败。配天的"配"注意的是人的能动性，人要主动去配，而不是天去配人。正所谓"人能弘道，非道弘人"。天作为道的显在者，亦是如此。人可以"观天之道，执天之行"（《阴符经》），这就显示出道家运用自然规律来达到养生治世的豪迈与自信。以至于后世道教提出"人命在我不在天"的生命自主观。

值得注意的是，儒家更强调天命，而道家更强调天道。换个表述来说，儒道注意的是人文理性，突出主观取向，而道家更倾向自然理性，突出客观取向。如《毛公鼎》："丕显文武，……配我有周，膺受天命。"文与武都强调其文治武功，建立道德模范与丰功伟业。而周公制礼作乐而形成的礼乐制度，彰显了人伦关系，从而产生了影响中国文化数千年的礼教文明："礼者别贵贱序尊卑者也"以及"礼之用，和为贵"。从而将"天命"逐渐转向"人文化之"。而道家努力将"天命"转向"天道"，命强调的是令，强调是的以外在的威严而产生的逼迫，使人顺服。而"天道"则强调的是道通为一，万物背后皆有"道"，在人身上都是"性"。人应当保持自己的天性，效法自然之无为自在，人自身也就获得了最大的解放与自由。老子将天与人并举，突出人的尊严。刘绪义说："老子所言之天比孔子要进步得多，不再是春秋观念中的最高范畴，而是实指自然界的广大天空，剔除了天的观念中的神学内涵，具有了科学意味。"② 对天的本来面目的敬畏，是人自己尊严的体现。这一点在《庄子》书中得到更彻底的体现。庄子学派倡导"不以人助天"（《大宗师》）"无以人灭天"（《秋水》）对人自身作为可能给天带来的伤害，当然最终也伤害到人自身，做了清醒的认识，并有了自律意识。

总而言之，本文认为老学的诞生是老子对华夏文明奠基时期总结历史展望未

---

① （宋）卫湜撰，杨少涵校理.中庸集说[M].桂林：漓江出版社，2011.第320—321页。
② 刘绪义.天人视界：先秦诸子发生学研究[M].北京：人民出版社，2009.第100页。

来而提出的文明长存之道，既强调了以"道法自然"的总原则实现天人和谐，又关注人类文明实践中产生的"文明之恶"——失道，即以人道的有为代替天道的无为所埋下的祸根。因此，只有从根本上发扬"尊道贵德"的文明生活方式，人类的文明才能行稳致远。而"新老学"是在当今世界面临脱序的危险，如果人类不能复归"配天"的轨道，而个人和各国都强调自身的"损不足以奉有余"，那必将会给人类文明带来毁灭性打击。因此，新老学追求发扬老学的"行于大道"的高度自觉意识再出发，努力发扬华夏文明在五千年进程中积淀的文明共存之道即"共生交往观"，用老子的表述是"既以为人，己愈有；既以与人，己愈多"（第八十一章）。用孔子的表述是"己欲立而立人，己欲达而达人"（《论语·雍也》），为世界的和平安宁，贡献自己的智慧。

老子生平及其思想研究

周太史考

张彦龙*

内容提要:《史记》对老子隐居原因过于理想化的解释，造成诸如《道德经》作于何时、周太史为何人等重要问题晦暗莫名。周敬王时期，因王子朝之乱，老子于公元前516年被迫辞官归家隐居，行至关令尹喜所在关口时，写下了《道德经》。公元前489年，吴伐陈，楚昭王救陈，军城父而患恶疾，派人往问之周太史正为老子。

关键词：老子 周太史《史记》城父 楚昭王

《史记·楚世家第十》："二十七年春，吴伐陈，楚昭王救之，军城父。十月，昭王病于军中，有赤云如鸟，夹日而蜚。昭王问周太史，太史曰：'是害于楚王，然可移于将相。'将相闻是言，乃请自以身祷于神。"又《左传·哀公六年》记载云："是岁也，有云如众赤鸟，夹日以飞三日。楚子使问诸周大史。周大史曰：'其当王身乎！'若禜之，可移于令尹、司马。"《正义》引服虔云周太史为各国负责周所颁之书籍者，此说杨伯峻已辩其误，无须赘言。则此问，必为昭王派人往问周太史。《说苑·君道》："有云如飞鸟夹日以飞，昭王患之，使人乘驲，东而问诸太史州犁。"《说苑》所载即是乘驿车前往询问，然其所云之"东而问"及周太史为州犁之说皆误，下文辩之。此周太史，不在楚王军营之中必矣。然则此周太史为何人呢？是周王朝的太史吗？抑或另有他人？愚意以为此处出现之周太史正是在周王朝担任过藏书史而此时在家隐居的老子本人。论之如下：

《史记·老子韩非列传》云："老子修道德，其学以自隐无名为务。居周久之，见周之衰，乃遂去。至关，关令尹喜曰：子将隐矣，强为我著书。于是老子乃著书上下篇，言道德之意五千言而去，莫知其所终。"仔细分析司马迁所言，其前云老子修道德等等实是预设，而后之见周衰乃去方为结果，这完全是司马迁的推

---

* 张彦龙（1984—）男，兰州理工大学马克思主义学院讲师，甘肃天水人，兰州大学历史文化学院博士，研究方向为黄老道家。

测语言，不是事实的叙述语句。实质上，老子离周而去的原因可以在王子朝之乱中找到。据阎若璩《四书释地》，周敬王二年（公元前 518 年），孔子在周学礼于老子，孔子是时 34 岁。孔子向老子学礼时，正是王子朝蓄谋夺王位之时。敬王四年（公元前 516 年），王子朝战败，与其党奉周之典籍奔楚。老子作为周的藏室史，主管书籍工作，却被王子朝将周的典籍携带去了楚国，这是官吏失守。因此，老子离开周的原因不是要隐居，也不是周的衰落，而是在王子朝携带周之典籍奔楚时，没有保管好王室的书籍，没有尽到藏室史的职责，遂被敬王免官。《庄子·天道篇》记载说："孔子西藏书于周室，子路谋曰：由闻周之征藏史有老聃者，免而归居，夫子欲藏书，则试往因焉。"此处子路说"免而归居"，清楚地说明老子免官后在家乡居住。关令尹喜所言"子将隐矣"的"隐"是指老子不做官，要回家乡了。公元前 516 年，老子离开周王朝，来到了关令尹喜所在的关口，在尹喜的强求之下写下了《道德经》，公元前 516 年就是《道德经》的成书年代。根据孔子的年龄，可以大致确定老子的年龄范围，公元前 518 年，孔子 34 岁，又古人 70 而致仕，老子是被免官，其年龄必不至 70。则公元前 516 年时，老子的年龄当长于 36 岁，而少于 70 岁（36 岁＜老子年龄＜70 岁）。以孔子问礼于老子而言，老子之年龄似应最少长于孔子 10 岁，则《道德经》是在公元前 516 年，老子 50 岁左右时写成。楚昭王救陈之战在公元前 489 年，上距公元前 516 年有 27 年，则此时老子的年龄应是在 63 岁至 97 岁之间（63 岁＜老子年龄＜97 岁）。王叔岷《列仙传校笺》在"老子"条下引《事文类聚·前集三十四》亦引《列仙传》云："老子，姓李，名耳，字伯阳，其母怀之八十一岁乃生，生时剖其母左胁而生，出而白首，故谓之老子。"又引葛洪《神仙传·老子传》云："或云：母怀之七十二年乃生。生时剖母左腋而出，生而白首，故谓之老子。"上引之文，虽然荒诞不经，但是老子母怀胎 81 年、72 年之说，恐皆系老子寿命之数，所谓生而白首，既是证明。无论老子活了 72 岁还是 81 岁，皆在 63 岁至 97 岁的区间范围内，则可证昭王救陈之时，老子尚在人世。

公元前 489 年，老子尚在人世，亦可由其弟子附证而知之。《艺文志·道家》类下，《涓子》十三篇，班固自注云：名渊，楚人，老子弟子。《淮南子·原道训》"夫临江而钓，旷日而不能盈罗，虽有钩箴芒距，微纶芳饵，加之以詹何、娟嬛之数，犹不能与网罟争得也。"《文选·七发注》引高诱注云"娟嬛，白公胜时人物。"高华平考证此娟嬛与游稷下的环渊非一人，而是班固《艺文志》中《涓子》的作者。公元前 487 年，公子建之子胜称白公。公元前 481 年，白公胜被杀。在此期间，涓子可能是白公胜的门客，涓子所处之时代与老子之时代紧密相接，亦可旁证公元前 489 年，老子尚在人世。

《左传·哀公六年》："庚寅，昭王攻大冥，卒于城父。"杜注："大冥，陈地，吴师所在。"杨伯峻注："大冥，据《汇纂》在今河南周口地区项城县境。"昭王驻扎在城父，《左传·哀公六年》："楚子曰：'吾先君与陈有盟，不可以不救'，乃救陈，师于城父。"杨伯峻注曰：此乃北城父，在今河南宝丰县东，平顶山市西北。李炳海亦云此城父在河南平顶山市附近，谨案杨氏与李氏之说皆误，春秋陈国都城宛丘在今河南周口市睢阳县，吴师所在项城县离睢阳县不到 30 公里，救陈之楚师为何反而安营扎寨在离睢阳将近 150 公里的平顶山？甚至楚军驻地离吴师的距离要比距陈都的距离还远，这种情况如何救陈？此殊不近人情之事，此城父在平顶山附近之说必误。今检谭其骧《中国历史图集·先秦卷》，春秋实有两个城父：一位于今河南平顶山市西北向，《左传·昭公二十年》："费无极言于楚子曰：'晋之伯也，迩于诸夏，而楚辟陋，故弗能与争。若大城城父，而寘大子焉。'"杜注：城父，今襄城城父县，此城父即平顶山西北向之城父；一位于涡河上游，在今亳州市西南处，即春秋许国迁入地。《左传·昭公九年》："二月，庚申，楚公子弃疾迁许于夷，实城父。"杜注："此时改城父为夷，故传实之。城父县属谯郡。"谯郡是曹操在建安末年分沛国设置，治在谯县，即今安徽亳州市。此城父无论距离睢阳抑或项城均比平顶山要近 50 公里左右，楚昭王救陈时所军之城父应即此地。而此地距离老子的家乡苦县（今河南鹿邑县）不到 50 公里，楚昭王有充裕的时间往问老子。在两军对垒的情况下，楚王也不可能舍近在咫尺的老子而去 300 多公里以外的周王朝问一位周太史，则此周太史必为老子可定矣。

最后，据司马迁的记载，老子是周的守藏室之史，是否有资格被称为太史？细揣太史公所言，其所确定者为老子是史官，至于具体为何官，则不知。《索引》云："藏室史，周藏书室之史也。"《索引》所云令人误解为老子在周所居之官是为藏室史，恐非。以《史记》文意理解，老子是周守藏室的一位史官，而非《索引》所云的藏室史，守藏室应是太史管理的藏书之地。据吕思勉《先秦学术概论》与陈桐生《太史考》，太史所管者甚多，包括律令图书、山川形势、天文历法、上古史事、礼仪丧葬、卜筮占梦等。吾窃疑王子朝携带归楚的典籍当以山川形势之类居多，上古帝王之书倒是其次，因楚有霸天下之欲，则可据此而知天下山川形势，关隘守要。《周礼·春官》："大丧，（太史）执法以莅劝防，遣之日，读诔。"有丧葬时，太史的职责就是导引，告诉别人该如何做。防，就是哪些该做哪些不能做。今日农村之丧事，亦有此种人为之导引。又《礼记·曾子问》载："孔子曰：昔者吾从老聃助葬于巷党，及堩，日有食之，老聃曰：'丘，止柩就道右，止哭以听变。'既明反，而后行，曰：'礼也'。"以老聃说话之口吻而言，明为指挥导引丧葬礼仪。则老聃或即为周之太史。《史记》所云老子事，当系老子之弟子所撰，弟子知老聃在周失职而丢典籍之事，故为其讳之，史公不知径取而入之史，而《左传》则直呼为周太史。

综上而言，以老子之年龄，辅楚昭王军队驻扎之地以及太史之名而论，此周太史绝为老子，可定矣。

道法自然

——论老子的美学旨归

刘维邦[*]

内容提要： 以往的老子美学研究常避开其语言观直接论述其道体系以及自然、朴素和恬淡等范畴，忽略了"语言"的前认识的"先在性"以及道、天地、语言、人在存在中的循环关系。本文从老子的语言观出发，分别从语言存在、美的存在方式和日常生活三个方面论述了老子的美学的核心主张"道法自然"，这种对"本真的美"的追求是对"本真的存在"的复归。

关键词： 老子 美学 语言 道法自然

一、信言不美：语言存在的"道法自然"

《老子》一书，辉泽后世两千七百多年，其智慧之光芒，至今都在启迪着我们对宇宙、人生和历史的思考。在这洋洋洒洒五千言中，老子对世界、人生的根本问题基本都发表了精辟的论断，其中，关于"美"的思考很值得我们重视。

老子对"美"的认识深刻根植于其宏阔的语言观的土地之上。他说："信言不美，美言不信。"[①] 表面上看，他着意强调"信"与"美"的对立，意在批评华而不实的语言装扮对于本真存在的遮掩。但是，应该注意到，美与不美所修饰的核心是"言"，换言之，语言的存在是前提，是被预设了的。对于被预设的"语言"的解读，尤其对老子别具一格的语言观的认识，直接关系到对于"美"的认识的合法性问题。

老子的语言观为何？是非常有必要明晰的先在问题。

* 刘维邦（1991—）男，河南淮阳人，四川大学道教与宗教文化研究所博士研究生，研究方向为中国宗教与中国审美文化。

① 饶尚宽．译注．道德经 [M].北京：中华书局.2006.第192页。

首先，老子的语言观绝非日常的"工具论"式的。照日常看法，语言是传播信息、表达情感意志和记录史实的工具。工具从本质上是次生的、被动的，即在人的权杖之下、被人操纵的像器械一样的用具。工具论将语言的指向规定为"用"，"用"意味着"被使用"和从属地位，这样，语言便被动地处于人的权柄之下而不具有能动地塑造人的作用。

其次，老子的语言观是沟通本体和存在的桥梁，具有存在本源性的先在意义和形而下的局限性。老子说："道可道，非常道。名可名，非常名。有，名天地之始；无，名万物之母。"①这说明：从本体论上看，道是万物之本源，言作为为道所生的"人"对道的反思，具有先天不足性，道自在于、超脱于语言能力辖域之外，道的"不可说"将语言排斥在本体被认知之外。换言之，老子认为，就语言层面而言，道是"不可知"的；从认识论上看，万物的被命名、被发现或被纳入人的日常认知范围，来源于"语言"的命名。有和无的分别及其命名预示了道由"混沌"而进入天地澄明的阶段，"无"——万物之诞生地——是作为万物的"母体"而被命名的，"有"——天地万物的初始阶段——是作为天地的明朗而被命名的。以此而言，语言先于万物之前便能命名"天地"甚至更原始的混沌的"万物之母"。可见，"混沌"（即"一"）以上皆不可名，"有物混成，先天地生……吾不知其名，字之曰道，强名之曰大"；②"天地"（即"二"）以下皆可名，天地万物都是在命名中进入世界、被照亮的。因此，命名在人的认识中又具有本源的先在性。

语言的"本源先在性"在于它紧随"道"之后敞开并照亮了天地万物，使天地万物在"名"的光辉之中进入世界。因此，语言虽然面对"庞然大物"的道显得捉襟见肘，但却是"二""三"、"万物"得以显现自身的预设。正是在语言的辖域、光亮中驰骋，万物才成为呈现的万物。但是，老子尽管认识到语言的"局限"，却依然要用局限的语言去命名不可命名的"道"，这种"强名"本身应看作老子为了阐明道而使道与语言达成的一种必要的"妥协"。正是在这个前提下，道才在"语言"中现身，才有了老子对"道"的五千言的阐述。在语言的"局限"和妥协之下的"道之现身"语言中，可以认为，老子有意要语言做出"僭越"，跨出自己的疆域而将疆域之外的"道"纳入进来，但是，道之现身并不是"道本身"的现身，因为道本身是拒绝语言的，毋宁说，道之现身是语言倾尽所能而对道做出的"素描"。但是，这种现身的"素描"是哲学家（老子本人）用语言所做的思考。

于是，在道、天地、人、语言出现了这样一个奇怪的循环：道生天地与人，

---

① 饶尚宽 译注 . 道德经 [M]. 北京：中华书局 .2006. 第 2 页。
② 饶尚宽 译注 . 道德经 [M]. 北京：中华书局 .2006. 第 63 页。

人说语言，被人说的语言在照亮天地万物的同时去言说道。因此，如果没有道，便不会有天地万物的产生，更不会有语言；如果没有人，就不会有语言，也没有对万物与道的命名；如果没有语言，便没有人与万物的明朗，也不会有道的现身。因此道、人、语言在互为前提中同时现身，三方相互成全并达成一个统一的境遇——世界，正是在世界中，三方才同时明朗并现身。但我们又看到，道的现身是一种"素描"即不是全方位的现身，而是有遮蔽成分，而人的现身在语言、道之中对于道的"遮蔽"的不可认知也可看作自身被遮蔽的一种表现，同时，语言自身的"局限"也是自身的遮蔽。这样，三方既相互遮掩又相互成全维持着世界的发生。

很显然，老子认为语言既具有先在性又有局限性，在这两种性质与道、人的三方的"相互遮掩相互成全"中，语言才现身于世界。现在，回到美学问题，所谓"信言不美，美言不信"，寓意何在？

老子说的"信"并非是真理性或和规律性的"真"，而是语言在何种程度上符合实际或表达实际，且这种被表达的实际不仅在表达上是真诚的而又符合本源性的"道"，但在信与美的对立中，信言之特质即"不美"，拒绝雕饰，反过来，即便符合道的语言一旦经过人的虚饰便在虚饰中"脱离"了。老子所用的"美"在这里主要指人为的雕饰，主要是一种修辞意义上的。这种"雕饰"本身是一种有意而为之，是出于人的主观目的，或让语言动听，或显示自身才华，使语言本身超出本真的现身，而在本真的语言之上附着一种"主观意志"。正是这种"主观意志"使语言从本真的现身、从存在的本源先在性向人的意志层面滑落。

因此，老子强调语言的本真性、先在性，并以此"反美"，使语言拒绝"美"，语言对美的拒绝可看作是老子对语言的自然性的维护，是语言的返璞归真，是语言的"道法自然"。其语言观上的"反美"是为了让语言从人的意志下回归为本真的语言，回归为照亮世界的敞开的光亮领域，而日常意义中语言的美是对本真语言的"遮蔽"。

二、居于不居：美的存在方式的"道法自然"

除了语言中的"道法自然"，老子还强调美丑的辩证性，而这种辩证性所具有的内涵尽管是朴素的，但当我们将之与其语言观联系起来时，会发现神奇的效果。

"天下皆知美之为美，斯恶矣"[①] 主要是提出了美与恶的相反相成，正如"有无相生，难易相成，长短相形"[②] 一样，意在强调美或丑的概念是相对标准之下的

---

① 饶尚宽 译注 . 道德经 [M]. 北京：中华书局，2006. 第 5 页。
② 饶尚宽 译注 . 道德经 [M]. 北京：中华书局，2006. 第 5 页。

规定。美，作为感官知觉，是人直接观察事物，引起人的愉悦则美，反之则丑恶。老子很反对这种人为的概念规定，他认为，常人眼中的"美恶"判断停留在事物形式本身的"比较"，是在比较中形成的一种多变的、不稳定的判断。反思这种判断，会发现：现在被我们称为一种美的事物的东西在遭遇到下一个更美的事物时就是"恶的"了，那么判断中得出的美在"比较"中丧失了。以此类推，我们对某个事物美与恶的判断都将会在比较中"流产"。因此，处在"比较概念"中去认知事物、判断事物美丑的人并不知道何谓真正的美，而是被一种比较概念锁住而成为自己判断的囚徒。所以，真正的美在日常的美丑判断中非但没有现身反而丧失掉了。

如果联系我们上节论述的语言观，会发现：真正美的丧失是在语言中的丧失，这种丧失根源于人的认知的相对性、比较性，而活在比较性、相对性语言中的人，当借助这种相对性、比较性语言来表达自身和对世界认知时就陷入了自己不自觉预先设下的陷阱。概念的比较性作为"语言的陷阱"使人丧失对世界、存在的本真认知而沦为语言的囚徒。老子是要人从认知概念、语言的陷阱中跳出来，刺透语言的障蔽而寻求本真语言上概念的意义。

本真的美不在日常的比较概念所称谓的"美"中，难道美是不被认知而现身的吗？老子没有给出答案，倒是其后继者庄子说："天地有大美而不言。"①庄子意义上的大美是一种原天地之美，很显然这种美是源于道、形于万物的一种美，是非认知、非判断并拒绝人的命名的一种美。源于道、拒绝命名显然符合老子本意。在"形于万物"问题上，老子没有确切表明，但依据我们的推断，既然美源于道必然形于道生出的万物身上。然而，在人的存在世界，老子将语言置于本体论的位置这和庄子的"形于万物"是相悖的。虽然老子拒绝通过比较概念去人为分割美丑，但是语言毕竟是命名万物、照亮世界的先在性设置。问题在于，美丑并非实际存在的具体纯然物，而恰恰是人的情感、直观中的一种朦胧的判断，那么人的命名与这种判断在老子的语言观和拒绝比较的概念中便出现了相抵触的情况：美必然是判断，判断必然是被命名的，而美又必须拒绝比较概念。这种抵触并不使我们退缩或武断地下结论说：老子美学具有矛盾性。毋宁说正是这种"抵触"才是老子的美的关键所在。美并非拒斥直观的判断和语言的命名，而是拒斥判断和命名比较意义下的"美"。

美拒斥的是知识、认知中游离在概念中而锁闭在概念中的比较的惯常性的认知，真正的美是从日常的认知锁闭状态中脱离出来而回归到本真的语言状态中的

---

① 郭庆藩.庄子集释[M].北京：中华书局，2006.第735页。

命名，这种命名不是从"区分"、为了区分而存在。但如果没有对物质形式、直观上的区分，"美"的命名如何存在？如果美不存在概念的区分中，它居于何处？老子说："夫唯弗居，是以不去。"① 此"居于不居"是老子的重要逻辑，可以认为，这种"不居而居"的方式是美的本真的存在方式。"居而不居"的"为不为"② 式的辩证法是一种主体性、主动性的自我消解和退守，在退守和消解中圣人法地、法天、法道和法自然。因此，美之存在方式——居而不居——是美存在意义上的一种"道法自然"。美的现身正如同道的现身一样，依赖语言又拒绝比较概念。

因此，美的判断必然依赖感官和判断，必然借助语言来表达，但这种借助也仅仅只是"借助"而已。换言之，被借助者仅仅作为过渡物和桥梁而存在，正是通过语言的桥梁，美从语言的一端飞跃到了另一端，在语言之桥上，一端是比较概念的美，一端是本真的美，美在语言的栖居中现身同时并遮蔽着，这种思想和近代西方海德格尔的存在主义相通，而海德格尔却晚了老子2600多年。真正的美正是在语言中、在遮蔽和现身的争执中实现着，语言通过自身的"反美主义"而在自身内部达到美的本真存在。

三、观复归根：日常生活审美的"道法自然"

美并非只是被言说，也并非只能局限于语言观的前提下才能探讨老子美学，恰恰相反，从语言观长驱直入并非为了将老子美学锁闭于"语言"中，而是从语言出发规定老子美学之必要前提：美的存在就像道的存在一样，是以一种"居而不有"的方式存在着。

无论怎么强调语言在老子美学的优先性和前提下，都不能否认一个基本事实：美必然涉及直观和感官，没有五官的人断然不能凭借语言而直接实现对美的感知。因此，我们有必要讨论老子语言观中的"美"在现实的生活中怎样以"居而不有"的方式继续栖居自身，保持自身的本真性。

常为老子所推崇的而又与直观直接相通的概念有：观复，素朴，大巧若拙，恬淡，味无味。此外，还有审美心境上的"涤除玄鉴"。③

首先，我们先来讨论观复与涤除玄鉴。"万物并作，吾以观复。"观，看也。复，再，又，形容多。观复，强调的是对四季轮回、万物消长的大自然循环生命周期的观察和体悟。它不是审美的而是智性的体悟，"万物芸芸，各归其根"，④ 老

① 饶尚宽 译注. 道德经 [M]. 北京：中华书局，2006. 第 36 页。
② 饶尚宽 译注. 道德经 [M]. 北京：中华书局，2006. 第 8 页。
③ 饶尚宽 译注. 道德经 [M]. 北京：中华书局，2006. 第 24 页。
④ 饶尚宽 译注. 道德经 [M]. 北京：中华书局，2006. 第 40 页。

子将"观复"而来的，物的"归根""静""复命""常"看作道的症候。以此，他要人"知常"，知常即道。可见，观复即观"道"，归根、静和常可看作"反者，道之动""清静为天下正""守中"的另一类表达。这种观复并未涉及我们所要寻找的美的直观，且老子在这种体察万物的方式中直接过滤掉了直观中的杂多和丰富，他本身反对对杂多的过分追求，又"五色令人目盲"。在这个意义上，可以认为，"观复"是视觉—智性体察世界方式的"反美主义"，这种"反美"通过过滤杂多而直至于"道"。如果观复是对外在的过滤，那"涤除玄鉴"就是一种内在过滤。何谓玄？老子说"此两者，同出而异名，同谓之玄"，① 这里的两者是指有和无；"谷神不死，是谓玄牝"，② 这里的玄是指"谷神"的绵绵不息的生命力；"生而不有，为而不恃，长而不宰，是谓玄德。"③ 这里的"玄"就是一种"带来"却不居住、占有的性质。由此，我们可以断定：玄主要是指有与无及其关系。所谓"天下万物生于有，有生于无"，④ 有在作为存有之前一定没有"有"，有在"无"中诞生，在"谷神"的"牝"的虚空中诞生，而有的诞生地诞生了"有"却不将有据为己有，只有"有"复归于它的诞生地——归根。这样一个"观复"的过程所观察的有与无及其转化就是"玄"。"玄鉴"主要是指人对"玄"的观照可将具有观照能力的人称作"玄"的一面镜子，但老子要"涤除玄鉴"并非是要消解人，而是要消解"有无相生"在"比较概念"中对"玄"的语言淹没，将"玄"从语言、比较概念中解救出来，"涤除玄鉴"就是"玄之又玄"，使"玄"从语言、认知和比较概念的层面转向本真的、无为的存在上来。

　　其次，"五色令人目盲，五音令人耳聋，五味令人口爽"，⑤ 色、音与味都涉及人的直接的感官享受和体验，却被老子所否定，老子所否定的不是色味存在的客观性，而是人对色味摄取的杂多性所导致的后果。显然，老子在这里有个先在逻辑：先承认了人对色味享受的狂热追求和色味对人的感官愉悦的巨大满足，但是他否定在这种追求和满足中人的"本真"的丧失。所以针对五色五味的杂多纷乱和人对物欲的过度追求，老子提出了"素朴"和"恬淡"的思想。素朴、恬淡、拙、无味这些是作为"道"的属性而存在的，是作为"本真"的人所应追求的本真的生存方式。老子提出这些范畴本质上是使不可言说的"道"在其外延和范畴中呈现一种可以把握的存在方式，使人们能够通过体悟和某种直觉性来把握"道"，

---

① 饶尚宽 译注. 道德经 [M]. 北京：中华书局，2006. 第 2 页。
② 饶尚宽 译注. 道德经 [M]. 北京：中华书局，2006. 第 16 页。
③ 饶尚宽 译注. 道德经 [M]. 北京：中华书局，2006. 第 24 页。
④ 饶尚宽 译注. 道德经 [M]. 北京：中华书局，2006. 第 10 页. .
⑤ 饶尚宽 译注. 道德经 [M]. 北京：中华书局，2006. 第 29 页。

同时这种提法也是为了拒斥五色、五味甚至仁义道德对本真的道的遮蔽。同时，老子应该意识到，尽管人的本真是拒斥五色、五味的，但是人毕竟是生存在现实中的人，人必然有父母、必然要吃喝拉撒，维持自己的生命，那么人不可避免地要与色味打交道。老子的无味就在味道之中，朴拙就在色彩之中。只是老子认为人们日常的五色、五味遮蔽了它本然的状态，所以我们要在味道、色彩中拒斥并超越日常的追求而抵达本真的追求。这样味道、色彩的本真就是"恬淡"和"素朴"。

老子追求的是"根"与"初"，就是物质及其属性以及人对物质及其属性认知的最初、最本真的状态。因为这种最初的状态具有本源性，"渊兮似万物之宗"，[①]且"绵绵若存，用之不勤"，[②]具有永恒的生命力，就像"婴儿之未孩"一样，是一种非人为雕饰、非遮蔽的本然生存、自然存在。但是生活在世俗中的人只能凭借日常语言、自己的欲求来"驾驭"世界和"驰骋"自己的欲望，真正的"美"就是在语言中、色味中反对日常语言、色味的遮蔽才现身的。因此，美始终处于日常与本真、遮蔽和现身的斗争之中。

此外，"甘其食，美其服，安其居，乐其俗"，[③]本质上可以看作老子美学在本真和日常、遮蔽和现身斗争中的最终调和而达成的本真生存状态是直观反映。

因此，可以说，观复、涤除玄鉴是一种视觉直观、内在心境上的"道法自然"；拒绝色味之杂多、返回根与朴则是日常生活中的"道法自然"。老子对杂多纷繁的物象、语言的陷阱的坚决拒斥显示了他对本真的美的呼吁与维护。

---

① 饶尚宽 译注 . 道德经 [M]. 北京：中华书局，2006. 第 11 页。
② 饶尚宽 译注 . 道德经 [M]. 北京：中华书局，2006. 第 16 页。
③ 饶尚宽 译注 . 道德经 [M]. 北京：中华书局，2006. 第 190 页。

《道德经》生命之"和"韵探赜

曾　勇　谭晓芸[*]

内容提要：道家历来追求生命的绵绵不绝、经久不衰，老子在《道德经》中也为此提供了思考的路径。生命若想久而不衰，就离不开守"道"，"和"是顺"道"而为的内在要求，致"和"便能使生命保持绵延且充满活力。生命之"和"韵，意在使生命处于"和而不同"的状态和过程。实现生命之"和"，首先就要承认生命运动过程中所存在的差异；其次，要把握好生命状态之间转化的尺度；最后通过顺应天道之为、行不争之举、守柔之态达到"和"之境地。

关键词：《道德经》　顺"道"致"和"

老子《道德经》中蕴含着中国古老的辩证法思想，也孕育了一种朴素的生命观。生命之长久在于其符合"道"即自然的运行规律，生命运动所遵循的是"和"的状态，这种"和"是顺"道"而行的内在要求。那么，要想达到"和"的境界则需要从生命运动的对立统一关系中寻找突破口。

一、以承认生命之差异为前提

世间万物内部和事物之间都存在着差异，人的生命在运动过程中也存在着差异，正是这种与生俱来的差异为实现生命状态之"和"提供了最初的前提条件，推动生命不断向"和"的状态运动。

（一）生命状态的"和"源于差异

生命状态中的差异是引发"和"与"不和"的原因，而这种差异是必然存在

---

* 曾勇（1971—）男，湖北枣阳人，哲学博士（后），江西师范大学马克思主义学院副教授、硕士生导师，主要研究传统文化及其创新转化。谭晓芸（1993—），女，重庆巫山人，江西师范大学马克思主义学院 2017 级政治学专业硕士研究生，研究方向为政治学基本理论。

的，因而，首先要认识到差异存在的必然性和必要性，正是这种差异为生命走向"和"的状态创造了客观条件。

在老子看来，合"道"即为"和"，逆"道"则为"不和"。"天下皆知美之为美，斯恶已；皆知善之为善，斯不善已"（《道德经》第二章），①"美"与"丑"、"善"与"不善"是生命在运动过程中呈现出的不同表现形式，这种差异是无法避免的。美和丑是从外部条件对生命特质的一种审美判断，这种外部条件在后天的环境下会有一定的改变，但《道德经》中认为只要它们是顺应自然之法，符合"道"的运行规律就达到了生命中"和"的状态。"自然"这一概念在老子《道德经》中的本质的含义，被建构为指称一种非"人为干预"（即指"有为"与"造作"等"乱作为"）的思维模式或曰"人生境界"。老子并不认为为了"美"就要违背个体生命本身的发展规律，机械地将所谓的"丑"转变为所谓的"美"，这样强行的转变忽视了生命运动的自然规律，而强行转化后得到的"美"既是不美的，也是"不和"的。生命所表现出的特质就是不同生命状态之间差异的表现，只要这种状态是顺"道"的，就是生命之"和"所追求的，不同生命状态和而不同的共存于自然界中，这也是符合"道"的要求的。与美或丑这种生命的外在特质不同，"善"与"不善"是对生命内在特质的一种道德价值判断，生命本身所处环境的差异引发了"善"或"不善"的行为表现，因而这种差异是可以弥合的。《三字经》中有"人之初，性本善"之说，认为"善"为人的本性。"善"一方面是符合社会期望并有利于生命状态朝着"和"的方向发展的；另一方面，"善"在成就个体生命的同时也推动了整体和谐环境的建立，因而有助于成就自然界整体意义上的"和"。相对而言"不善"则是有悖于人性或者是会阻碍社会发展的，个体生命状态所表现出的"不善"很容易引起个体生命之间的纷争，从而更有可能导致社会朝着"不和"的方向运动。"善"或"不善"，虽然存有着差异，但二者皆诞生并存于自然界之中，只是从生命的长久性来看，"善"更有利于实现生命之"和"。

（二）生命之"和"与"不和"相伴而生

既然生命之"和"离不开差异，"和"与"不和"都是生命运动过程中可能出现的两种状态，但这两种状态是统一于同一生命体之中的，二者相辅相成，一方的存在以另一方为前提，如果一方消失，那么另一方自然也就不复存在了。如果生命在运动过程中丧失了差异，生命就将失去方向与活力，那么也将难以持久下去。

① 詹石窗.道德经通解 [M].北京：宗教文化出版社,2017.第 6 页。

老子认为"和"是顺"道"而为得到的一种状态，"不和"是逆"道"而行产生的与"和"相对立的一种状态。《道德经》中有"故有无相生，难易相成，长短相形"①（《道德经》第二章）之论，也就是说，"有"的存在是依靠"无"这种看似没有生命迹象的存在来衬托的，"难"之所以难，是与"易"相比较而产生的结果。生命绵延的动力来自于生命不同状态的转化和差异间动态平衡的运动。"将欲歙之，必固张之；将欲弱之，必固强之；将欲废之，必固兴之"（《道德经》第三十六章），老子认为要使其收敛，就要先让其扩张；要想使其变弱，就要先使其足够强大；要想使其荒废，就要先使其足够兴盛。生命中如果没有收敛，扩张则失去了意义，没有弱，强就没有了参照物；没有了荒废的状态，兴盛也就失去了价值。"和"或"不和"的状态犹如这些相对立的特质和表现形式，因而二者是相伴而生的。既然认清了生命"和"与"不和"的状态是相伴而生的，就要意识到，一方面生命运动是一个循序渐进的过程，这也是符合"道"的形成和发展要求的，而这种渐进性所追求的也是顺自然之道、实现生命之"和"；另一方面，生命若失去了差异或者对立，也许会出现暂时"和"的局面，但是这种"和"是难以持久下去的，因此生命状态之间的差异也就成了生命最终走向"和"的动力，也成了生命永保活力的法宝。

（三）化解差异是实现生命之"和"的基本途径

《国语》中曾有"和实生物，同则不继"之言，可见差异是生命进化发展的前提，同时，只有实现"和而不同"的生命状态，生命才具备实现绵延不绝发展的环境。要想实现生命的"和"就必须重视生命状态和表现形式之间的差异，正是差异的不断运动影响着生命运动的方向，因此推动差异或者生命不同表现形式从对立状态走向统一，才能保证生命朝"和"的方向发展。

化解生命表现形式的差异是一个由浅入深的过程。老子云"少则得，多则惑"（《道德经》第二十二章），首先，化解差异要分辨清楚生命之中最本质的东西是什么，老子倡导得到的东西越少反而易于寻找到生命的本真，而所欲求或得到的越多反而容易迷失，迷失就会使生命远离最本质的东西，而"唯有以本质的自我才能把握外物与自我的本质"②，自然也就不会与"和"渐行渐远。其次，化解差异要重视转化。老子创造性地得出辩证法之精髓即"反者道之动"（《道德经》第四十章），"天下万物生于有，有生于无"（《道德经》第四十章），生命的运动和发展

① 江向东."道"、"自然"与"反"——老子《道德经》新诠 [J]. 中国社会科学院研究生院学报 .2017(1)。
② 彭必生 .《道德经》首章的哲学解读 [J]. 老子学刊，2016(1)。

在于"有无""正反"的两极互动，以反求正，以无生有，这就是老子为生命达到"和"的状态提供的一种思考路径，其方法不是对立状态之间的互相消灭，而是一方通过向其对立面的转化来实现的。最后，化解差异必须顺"道"而行。"不自见，故明；不自是，故彰；不自伐，故有功；不自矜，故长"（《道德经》第二十二章），当生命达到一定的高度或取得一些成就时，如果没有遵循"道"而非要强行再继续任其发展，那么也许就会走向反面，甚至使生命走向尽头。所以，化解差异时要把握生命运动的自然趋势，切勿因未能控制好本能的欲望而走上歧路，才能保证最终实现生命的"和"。

生命所追求的"和"既源于差异也始于差异，也是推动生命走向"和"的动力之源。同时，"和"的状态的实现也并非一蹴而就，很少有事物能一步到位就达到或者直线型的达到"和"，大多数都是从对立状态，一步步曲折地走向"和"。《道德经》中老子提倡顺"道"，"道"是走向"和"的指向标，只有坚守"道"才能保证事物之间存在的差异逐渐得以转化，并在转化过程中尽可能走向"和"的最佳状态。

二、以把握生命状态转化的尺度为必要条件

正确对待生命状态中的差异是走向"和"的第一步，就是在认识到差异存在的重要性之后，做到把握好生命状态的转化尺度。"坚持适度的能动性，强调尊重客观基础上发挥主观能动性，进而克服主观主义危险，正是老子思想的伟大之处。"[1]因此，生命状态转化的尺度必须以"道"所倡导自然规律为底线，才能为生命朝着"和"的方向发展提供保障，要通过把握好生命状态转化的尺度才能为实现"和"奠定坚实有力的基础。

（一）推动生命状态性质的转化是实现"和"的必然要求

生命运动过程中的不同状态展现了其不同的性质。生命状态性质的转化意味着一种状态朝着其对立状态的方向进行转变，通过转化达到生命状态的统一，这种统一是遵循其自身发展规律而实现的装填，符合生命之"和"的要求。

所谓"洼则盈，敝则新"（《道德经》第二十二章），老子认为只有不满的状态才能最终实现充盈，足够破旧了才能有崭新的出现。"洼"向对立面"盈"转化最后走向"盈"，"敝"朝着"新"转化发展成为"新"，二者从对立到统一，就是其中一方通过向对立物转化，改变了自身的性质，实现生命"和"的状态。同时，

① 宋思远.《道德经》的逻辑起点、逻辑中介、逻辑终点——老子思想体系的"道—德—势"的逻辑结构分析 [J]. 宁夏社会科学，2018(5)。

"盈""新"都更符合生命不断朝前发展所追求的那"和"的状态，所以这种统一是符合事物向着更好、更高层次发展要求的，自然就实现了"和"。"其政闷闷，其民淳淳。其政察察，其民缺缺"（《道德经》第五十八章），从"闷闷"到"察察"同样是性质发生了变化，但引发的确是"其民缺缺"的后果。究其原因，在于统治者的统治有悖于"道"，表面上做着为人民谋福利之事，实际上却根本未能真正让更多人民得到实惠，既然让众多人民利益受损，自然违背了中国自古以来所遵循的"以民为本"的施政之道。因此，在推动生命状态性质转化的过程中，必须要遵循生命运动的"道"，这也是老子历来所遵奉的。每个生命都有其自身运动和发展的个性化之"道"，若想实现"和"的状态就要朝向符合自身发展之"道"，若背离，那生命运动就必将变得愈加曲折，甚至远离、脱离"和"的轨道。

（二）把握生命转化的尺度是实现"和"的坚实保障

所谓物极必反、盛极必衰，这是通过把握事物发展的必然规律所做出的预测，对于走向人生顶点的人做出的忠告。人的生命运动亦是如此，若未能把握好生命转化的尺度，曲解了"道"的本意，反其"道"而行之，且不说实现"和"，也许连生命本身都将难保。

正所谓"是故甚爱必大费，多藏必厚亡。知足不辱，知止不殆，可以长久"（《道德经》第四十四章），过度的偏爱必然大费智虑，伤神忧心；私藏太多意味着必然也将会失去很多，而在这时只有知止方能长久。"止"就是认识到生命运动至一定程度就已经是其顺自然而动的最佳状态了，也就是已经达到"和"的境界了，若再继续下去就是在违背其发展规律而运动，势必难达"和"。当生命运动的轨迹即将达到其发展的顶点时，也就是处于生命某种状态性质的转化临界点时，老子的建议是避免极限的降临，这种做法就是老子所尊奉的实现生命之久，达到生命之"和"的"道"。如若逆"道"而行，违反了自然规律就极有可能是落得"强梁者不得其死"（《道德经》第四十二章）的下场。实现"和"是为了保持生命长久之状态，生命运动过程中要谨记"功遂身退，天之道"（《道德经》第九章）之理，若不懂得及时损止，则很难长保甚至于丧失生命。只有"知止不殆"方能实现生命的稳定与长久。

（三）防患于未然直至生命"和"之境地

在这之前描述中生命不同状态之间的对立和界限如此清晰，处于对立的状态表现出此消彼长之势，那么防患于未然就是老子所称道的"为之于未有"（《道德经》第六十四章），能做出近乎准确的判断源于坚守自然之"道"。生命运动自有其发展的趋势和规律，只要能把握住其自身前进和发展的规律，自然就能通过无形无名的"道"把握有形有名的"物"，以未然把握已然。

"天下难事，必作于易；天下大事，必作于细。是以圣人终不为大，故能成其大。"（《道德经》第六十三章）老子道出的生命状态的发展是一个从易到难、从小到大的循序渐进的过程，一旦发展到较高层次时再想控制最终的结果就会变得困难。因此，为了保证实现最终的"和"，就要在生命状态发展之初掌控住其未来发展的趋势。"其安易持，其未兆易谋，其脆易泮，其微易散"（《道德经》第六十四章）意味着在生命未成形之前就要掌握其发展的主动权，当生命状态处于萌芽状态时就要做好周密的规划以防将来可能出现的难以控制的局面。孟子也曾言"生于忧患，死于安乐"，这与老子的"为之于未有，治之于未乱"（《道德经》第六十四章）的论断不谋而合。要想实现生命"和"的境地，若在生命孕育之初时就尽可能通过把握住其发展规律来寻求相对的万全之策，那么就为未来朝着"和"的状态运动下去提供了保证。

推动生命不同性质的状态进行转化是化解差异使生命走向"和"的必经之路，把握不同性质的生命状态的转化尺度则是为实现"和"的必要举措，这一转化的尺度则是顺"道"即遵循生命运动的发展规律。不同的生命具有各不相同的发展路径，但都有其自身必须遵守的内在规律，认清生命不同状态发展规律和趋势是精准掌握该生命状态转化尺度的关键所在。因此，可以说把握生命状态的发展尺度在于顺遂生命各自的发展之"道"，顺己发展之"道"自然就能实现生命"和"的状态。

三、行"无为"之为达生命之"和"

认清生命状态差异的必然性是重要前提，顺生命自身之"道"把握好生命转化的尺度，终将通过行"无为"之为达到生命之"和"的大局。老子所指的"无为"实际上是"形式和内容的悖离，即看起来什么事也不做，但实际上却完成了所有要做的事，达到了所有的目标"[①]，《道德经》则指出了可通过顺应天道、行不争之举和处守柔之态的无为之为而实现生命之"和"。

（一）以顺应天道之为守护生命之"和"

老子认为"道"是通过"无"来体现其功能的，顺应天道之为是"无为"的一种外在表现形式。"道常无为，而无不为"（《道德经》第三十七章），"无"比

---

① 刘佳. 无为的实践哲学 [J]. 中国道教，2017(1)。

"有"更为重要。"无为"是顺应天道之为，意为其是以遵守生命运动的自然规律为前提的，"无为"是力求通过遵循天道守护自然之法而达至生命"和"的状态。

"祸兮福之所倚，福兮祸之所伏"（《道德经》第五十八章），老子看出福祸是相依相伴的，虽然眼前遭遇了祸患，但今后也许也可能会因祸得福；而当下喜得福事，以后也许也会因此而招致祸患，那么当生命面临一时的福与祸时，不必大喜或大悲，顺其自然而发展也不失为一种良策。老子所提倡顺应天道之为首先是面对未来可能发生的一切状况要有一种敢于"无为"的心态。在处于祸患之困顿时，能秉持顺"道"而行的理念，遵循事物发展的自然之道，泰然处之而非患得患失。既然处于困境时要顺"道"而行，心中遵从"无为"之理念，那么是不是就真的是无所作为就可以了呢？老子的"无为"并非是完全无所作为，任凭生命肆意发展，而是一种顺应天道之为，在某些时候要从长远的角度来认识生命运动和发展的轨迹，这种"无为"是在审时度势的前提下，不通过刻意的行为去改变现状，所为的是顺自然之天道来保持现状。"为者败之，执者失之。是以圣人无为故无败，无执故无失"（《道德经》第六十四章）老子认为"为"导致"败"，"无为"则"无败"，看似意味着什么事情都不做任生命自我运动才能立于不败之地，其实不然。"为"而致"败"是因为"为"时未能顺天道而为，也许是"为"的时机不恰当，也许是"为"的方式有待改善，因此而失败了。老子所倡导的"无为"绝不是单纯的无视自然之道的毫无作为，而是顺应天道的"有所不为而有所不为"，其最终目的在于实现生命发展达到"道"所倡导的"和"的境界。

（二）以不争之举智取生命之"和"

在老子的世界中，斗争常常是与祸患联系在一起的，争夺极易导致生命状态朝着极端的方向发展使局面难以控制，陷入违"和"之境。为了避免祸患，老子的办法是，凡事别走极端，应留有余地。俗话说"忍一时风平浪静，退一步海阔天空"就是对做事不留余地的善意提醒。从整个自然世界来看，个体生命的运动在于保持其活力与持久性，不争不是不敢争，只是告诫人们不要执着于争名夺利，在现实生活中，为了更好地循自然之法达至"和"的状态，可以采取暂时的退让。

"夫唯不争，故天下莫能与之争"（《道德经》第二十二章）——这是老子的处世态度——己若不争，他人若要争还从何谈起？老子认为，营造不争之局首先要个体生命不去刻意争抢。这样，一方面可以使个体远离祸患，另一方面也从整体上削弱了社会中你争我夺的力量，创造了实现生命之"和"的客观环境。"上善若水。水善利万物而不争"（《道德经》第八章），老子认为水所具有的利万物而不争的品性即为善，既然争夺易致灾祸，而水因为不与万物相争，反而实现了水与万物之间"和"的状态，那么何乐而不为呢，生命的状态也应学习水这种不争之姿。"大小多少，报怨以德"（《道德经》第六十三章），这是人生在世不争之极致，他人给予你怨，而你非但没有以怨还怨，而是报之以德，此乃圣人之境。事实上，当意识到生命实现"和"的状态并非个体生命之事时，就会明白个体之"和"是社会整体之"和"的一部分，如果整个自然世界都处于"不和"状态那么个体生命之"和"不过是无稽之谈而已。"报怨以德"不仅彰显了极高的道德修养，也足以看出能作为个体生命眼界之宽、心胸之阔。而真正使不争之为能智取生命之"和"的关键在于"天之道，利而不害。圣人之道，为而不争"（《道德经》第八十一章），利万物而不害是"天之道"，"为而不争"是圣人的处世之举，而圣人之道亦是遵循了天道。这才是老子不争的真谛所在，不争意味着生命运动是在守"天之道"，是遵循着"道"的要求，通过顺道而行，自然能达"和"之状态。

（三）以守柔之态永葆生命之"和"

《道德经》中老子是将"柔弱"作为"无""虚"这类"道"的特征转移运用到人事之上，而"柔弱"这种特征和状态对实现生命运动之"和"也将发挥十分重要的作用。老子认为"道"源于虚无，无名无形，但却能创造出新的生命。而"柔弱"的特征恰好符合"道"的这一要求。

"天下柔弱莫过于水，而攻坚强者莫之能胜，以其无以易之。弱之胜强，柔之胜刚。"（《道德经》第七十八章）《道德经》中水是"柔弱"在现世生命中遵守自然之道的最佳象征，水之柔弱所以能做到"利万物而不争"，甚至能做到胜刚胜强。"天下之至柔，驰骋天下之至坚。"（《道德经》第四十三章）老子认为至柔之物能够穿梭于至坚之物而保持原状，这是"柔"所具有的是保持自身生命力的能力。那么，看似柔弱之物是如何与至坚之物匹敌而毫发无损呢？老子给出的答案是"弱者道之动"（《道德经》第四十章）。事实上，"柔"是一种看似弱，实则富有韧性的生命状态，"柔弱"能胜刚强不在于其与刚强一样坚不可摧而在于其行守柔之道，处守柔之态；而"弱"能推动"道"动也在于其所具有的包容性和久而不衰的韧劲，这种经久不息的生命状态正是符合自然之法的，也就能推动"道"行，从而实现生命"和"的状态。老子所倡导的正是生命的守柔之态所激发出来的绵绵不息、长久不衰的生命状态，正所谓"强梁者不得其死"（《道德经》第四十二章）就是因为其过于追求刚强的生命状态而未能得以善终。"柔弱胜刚强"（《道德经》第三十六章）也使得生命的守柔之道保持了与刚强的生命状态之间的动态平衡，"弱"的存在成了"强"的掣肘之力，从而实现了生命"和"的状态。因此，可以看出生命如果能保持守柔的姿态就具备了永葆"和"之状态的能力。

"人法地，地法天，天法道。道法自然。"（《道德经》第二十五章）老子所憧憬的是实现万物的自然发展，《道德经》中所体现的"和"是人所追求的理想的生命状态，这种"和"是顺"道"而得之的，也是能使人的生命状态达到历久而弥新的最高境界。在实现生命之"和"的道路上，要辩证地看待"无为"所饱含的深意，能借助不争之为智取"和"，同时具有实现整个自然世界之"和"的大局意识，最重要的是保持守柔的姿态，"揣而锐之，不可常保。"（《道德经》第九章）逞一时之强的生命状态是不符合"道"之运动规律的，是难以长久存续下去的。只有秉着守柔之态，才能使生命实现"和"的状态，使生命绵延不息，焕发出持久的活力。

四、结语

《道德经》认为生命之"和"在于久而不衰、绵而不绝，悖"道"必难久，离"和"则近衰。个体生命要在"道"的引领和带动下追求"和"之境界，若个体能在循序渐进中不断靠近"和"，那么整个社会也将逐步靠近"和"，实现社会和整个自然界的持久发展。纵观人类发展历史，个体生命的"和"是无数个单独生命体所毕生追逐的，同时也为实现整体的"和"贡献自身的力量，但也必须认识到，个体的"和"只有在整体能实现"和"的前提下才能得到充分的保障和发挥。所谓"道生一，一生二，二生三，三生万物"（《道德经》第四十二章），从"道"到万物，从无中生有，若无"道"则物难久存。因此，生命既是单独的个体所拥有的，也是存在于整体中的个体，自身发展之"道"绝不能与整个世界的运行之"道"渐行渐远，只有既致力于守个体之"道"，实现个体生命之"和"，又兼顾宇宙世界运行之"道"，实现世界整体之"和"，才能通过顺"道"抵达"和"的最高境界，实现万事万物之"和"。

老子"生生"思想的内在维度

钟 纯[*]

内容提要："生生"是各种事物的产生与变化，而将"道生万物"作为其根本要义，并以自生、贵生、长生等来阐释"生生"思想的内在维度，这才使得老子的"生生"思想呈现出整体性、系统性。具体而言，以无为自然、柔弱之道来实践自生；以崇尚厚生、尊重生命、有益于生命来实现贵生；以"治人事天莫若啬"的原则来诠释长生。质言之，老子"生生"思想的内在维度就是通过道生、自生、贵生、长生等层面依次展开与呈现，这对于建构道家"生生"思想体系具有理论指导意义。

关键词："生生"思想 道生 自生 贵生 长生

老子，姓李名耳，字聃，春秋末期人，著有《道德经》，是先秦道家学派的创始人。据《史记·老子韩非列传》记载，他是"周守藏室之史也。""孔子适周，将问礼于老子。"他对中国古代哲学和思想文化的发展，做出了重要的贡献。"生生"思想并非儒家所特有，道家也有。作为处理人与人、人与社会、人与经济、人与政治的根本法则，道家哲学须要建构"生生"思想体系。本文认为，所谓"生生"是新事物的产生和产生的变化，且略从道生、自生、贵生、长生等维度对老子"生生"思想进行发微。

一、道生：作为老子"生生"思想的根本要义

道生，是老子"生生"思想的根本要义。所谓"道生"，是指天下万事万物由道产生，即道生万物。正如老子所说："道生一，一生二，二生三，三生万物。"（《道德经》第四十二章，下文仅标章节）又云："道可道，非常道。"（第一章）显然，对于"道"的理解，我们不能从其本义道路、途径、导向出发，而是要依据

---

* 钟纯（1990—），男，湖南醴陵人，南京大学哲学系中国哲学专业博士生，主要从事中国儒学研究。

文本进行理解。所谓"道"即是自然法则，如"道法自然"（第二十五章），老子认为，尽管"道"不可捉摸、不可知，但可以将"道"概括为自然流行规律。所以，"道生一"，即是自然变化生出来的"一"。那为什么"道"能生"一"呢？在万物产生之前，整个宇宙是混沌、无定的状态。正是由于宇宙浑然不可知，万物处于混合的状态，根本无法被人类认识。为了能够方便对宇宙的认识，老子将宇宙混沌的状态归"一"，即"浑然而一"，但将它们归为"一"之前，还有一个根本前提，那便是"道"。所以老子才说："有物混成，先天地生。"（第二十五章）而汉代河上公注曰："谓道无形，混沌而成万物，乃在天地之前。"① 可见，作为万物生成的根本，道即是自然的、无形的。老子又把自然的、无形的道概括为"无"，他说："天下万物生于有，有生于无。"（第四十章）显然，老子这里用的是逆向思维，即"万物—有—无"，"无"成了生成万物的根本。所以，老子的"道"在这个意义上是"无"。因此，老子的"道"又是"无为而无不为"。为了厘清道与万物的关系，可以从以下几个方面去认识：

从本体上言，"道"与"一"实际上是同体异名。"一"指道的本体，因为宇宙是阴阳未分的混沌、自然的状态，需由"一"来统一。所以，《说文解字》言："惟初太始，道立于一，造分天地，化成万物。"《文子·道德》也言："一也者，无适之道也，万物之本也。"这二者都明确地将"一"视为道，视为万物的本体。可见，"道"与"一"是同体异名的体。由此，我们不禁联想到，在古希腊时期哲学家巴门尼德所讨论存在与不存在、"一"与"多"的关系时，也是将存在与"一"视为同体异名的体。简言之，"道 = 存在 = 一"，作为本体而言，"三者"是可以互换的。相较《周易》而言，"道 = 易"，如"一阴一阳之谓道"（《易经·系辞上》），所以桓谭说："伏羲氏谓之易，老子谓之道。"（《新论闵文》）如此，"一生二"便是指道生两仪，即道产生阴阳变化。"二生三"，便是两仪产生的"三才"（天、地、人）。"三生万物"即是万事万物无不在"三才"的变化中产生。质言之，一、二、三并非只是一个数量代词，而是道体自身变化的过程。由于宇宙混沌无定而不可捉摸，老子便用道来表示，所以从这个意义上说，一、二、三仍然是无形、无名的状态，相当于老子所说的"气"。如此可知，"道 = 一 = 二 = 三"，便可得出"道生万物"的结论。

从发用上言，万物与"冲气"互为发用。老子说："万物负阴而抱阳，冲气以为和。"（第四十二章）意思是说，万物由道产生，皆背负（后）着阴，怀抱（前）

---

① ［汉］河上公著，王卡点校．老子道德经河上公章句[M]．北京：中华书局，1993．第 101 页。

着阳①，阴阳相互调和。这里关键是要弄清楚何为"冲气"？尹振环在《帛书老子再疏义》指出："帛书甲本为'中'。范本作'盅'。河、严、王、傅诸本'冲'。《说文》：'冲，气虚也。''冲，涌，摇也。'中，当为冲之借。"②由此可知，冲气即为阴阳中和之气。质言之，"负阴抱阳"意在说明阴阳二气"以为和"，二者相互呼应，而二者相应所产生的、能够显现的结果，便为万物和"冲气"。因此，万物和"冲气"即为形而下之物，呈现在我们面前，以至于更好让人们捕捉"道"体。所以，老子说："道生之，德畜之，物形之，势成之。"（第五十一章）其中，"德畜之，物形之，势成之"就是道体之发用，也就是说，形成什么事物，怎么样去畜养事物，怎么样去成就事物。实际上，老子没有具体说是什么事物，但他却肯定了此事物是一个有机整体，即万物；而"德畜之，物形之，势成之"就是万物动态地生成过程，如何做到？仅需"冲气"即可做到。可见，道之发用即为万物和"冲气"，而二者又互为发用，道作为根本规律、原则，便在万物和"冲气"中互为显现，形成宇宙的有机整体，使浑然、混沌、无序之宇宙便有了可以认识的起点。

概言之，"道生一，一生二，二生三，三生万物"意在说明道作为天下万物的总根源、总根本，它是万物生成、演变、发展过程的依据，是万物生生不息的本源。老子在此处所设的量词一、二、三并没有实际含义，也就是说一、二、三可以代替"道"。如果将"二"理解为阴阳的话，那么阴阳就可以代替道，如"阴阳合万物生"（《淮南子·天文训》）；而"二生三"之三并也没具体指代，但河上公将"三"训为天、地、人。不过这种说法也是符合老子的原意的，因为天、地、人作为一个有机整体，它实际上也是与道共生，如"道冲，而用之或不盈"（第四章）。所以，唐代王真便将老子"道生"思想总结为"生生"，他说："夫元气始生，生生不已，有万物盈乎天地之间。"③相对儒家而言，老子"道生"理念作为其"生生"思想的第一要义，是有别于儒家的"天地之大德曰生，生生之谓易"（《周易·系辞传》），因为儒道两家讲"生生"侧重点不同：道家强调"生生"更多从无为、自然的角度来谈，即所谓"道生"；而儒家则强调"有为"，如"参天地之化育"（《中庸》）。因此，从根本上言，儒道两家之生生都是指天下万物生生不息，

---

① 阴阳：中国古代描述自然规律在矛盾运动中的概念，并以其变化来说明事物对立统一的关系。一般而言，山南水北谓之阳；山北水南谓之阴。但不同的古文献对阴阳却有不同的解释。如《诗经·大雅·公刘》曰："相其阴阳，观其流泉"；又如《史记·天官书》曰："行南北河，以阴阳言，旱水兵丧。"后来，古人以阴阳概念观察自然现象，引申出诸多含义，如天地、日月、昼夜、寒暑、男女、夫妇、父子、君臣、上下、前后等等。所以，这里为了方便对原文意思的理解，将阴阳置换为前后的对立关系。

② 尹振环. 帛书老子再疏义 [M]. 北京：商务印书馆，2007. 第 51 页。

③ [汉] 河上公、[唐] 杜光庭. 道德经集释（上册）[M]. 北京：中国书店，2015. 第 372 页。

只是呈现"生生"方式，或者说侧重点不一样而已。

二、自生：以无为自然、柔弱之道来实践自生

自生，即是自己生成。老子认为，自生就是不要过分使用外力来干涉事物的发展，采用"无为"的办法让其自然而然地生长，遵循事物发展的规律，自化成才。他说："道常无为而无不为，侯王若能守之，万物将自化。"（第三十七章）自化即自生，道作为根本常以无为而无不为的形式出现，换言之，道即自生规律。所以，他又说："其安易持，其未兆易谋。其脆易泮，其微易散。为之于未有，治之于未乱。合抱之木，生于毫末；九层之台，起于累土；千里之行，始于足下。为者败之，执者失之。是以圣人无为故无败；无执故无失。民之从事，常于几成而败之。慎终如始，则无败事，是以圣人欲不欲，不贵难得之货；学不学，复众人之所过，以辅万物之自然，而不敢为。"（第六十四章）在老子看来，自生也是一个由小到大、由弱到强的过程，这就是自生的规律所在。所以，老子从"大生于小"的观点出发，进一步阐释事物自生规律，正如他言"合抱之木""九层之台""千里之行"都无不是从"毫末""累土""足下"等细小的事物开端一样。因此，老子认为大的事物总是始于小事，任何出现的事物，都有自身生成的规律。但是为何"民之从事，常于几成而败之"呢？老子认为，这主要是因为事物要快生成的时候，过于使用外力干预、干涉，以致使"事败"。所以，"慎终如始，则事无败"。换言之，老子对事物发展变化规律的考察，发现只有遵循事物"自生"的规律，才会"无败事"，"圣人欲不欲"也正是这个道理。实际上，这里老子所表达自生的观点，就是依据其"无为"思想。而老子"自生"规律的运用主要体现在两个方面：

对于统治者而言，要让百姓自生。什么意思呢？统治者要有自知之明，不要采用高压政治，不要肆无忌惮地压榨百姓，否则百姓难以自生。他说："民不畏威，则大威至。无狎其所居，无厌其所生。夫唯不厌，是以不厌。是以圣人自知不自见；自爱不自贵。故去彼取此。"（第七十二章）老子认为，老百姓一旦不畏惧统治者的统治，那么百姓"斩木为兵，揭竿为旗"的反抗就很有可能发生。为了防止"大威至"，老子给统治者指明了两条出路：一是不要堵塞百姓的出路，让其安居乐业，让其自生；二是自身不要自高自傲，唯我独尊，而要自知、自爱。所以，高明的统治，就是要让百姓自生，让百姓"无狎其所居，无厌其所生"。实际上，老子在告诫统治者，要"无为而治"，因为统治者一旦"有为"的话，那么他们的"有为"常常以暴力统治、压迫百姓、私欲偏心的形式出现，正如"民不畏死，奈何以死惧之"（第七十四章）。因此，老子其政治主张是反对统治者的压迫，提倡

"无为而治",让老百姓自生。可以说,这就是老子"自生"理念在具体政治领域的运用。

对人生而言,走柔弱之道才能自生。不知柔弱之道,招来灾祸,何来自生?老子说:"人之生也柔弱,其死也坚强。万物草木之生也柔脆,其死也枯槁。故坚强者死之徒,柔弱者生之徒。是以兵强则不胜,木强则兵。强大处下,柔弱处上。"(第七十六章)老子从生活经验出发,看到了人活着的时候身体是柔软的,一旦死后身体就变成僵硬,草木也是如此,这就是柔弱之道。在军事上所谓骄兵必败也亦如此。列子对老子这一军事思想阐释道:"天下有常胜之道,有不常胜之道,常胜之道曰柔,不常胜之道曰强。欲刚,必以柔守攻之;欲强,必以弱保之。积于柔必刚,积于弱必强。"(《列子·黄帝》)这就是说,弱可以胜强、柔可以胜刚,正如"天下莫柔弱水"(第七十八章)一样,柔弱之水可以击穿石头。"水善利万物而不争"(第八章),老子用水之柔弱来阐发柔弱之理,是十分深刻的、丰富的、有洞见的。可见,老子对于社会与人生是有着深刻的洞察,认为凡是坚强者这一类事物都容易消亡;凡是柔弱这一类事物都容易存活。这也是"反者道之动,弱者道之用"(第四十章)的道理。因此,老子认为,人生在世,不要只知执刚逞强,争强好胜,而不知守柔处弱,这样只会招致灾祸自取灭亡。

综上,老子"自生"理念,实际上用来描述自然规律的方式,对统治者而言,民之自生,才是统治之道;对人生处世而言,知柔守弱才是处世修身之道,如"知其雄,守其雌","知其白,守其黑"等等(第二十八章)。这都离不开老子"生生"之"自生"特质。但后来的道家将老子的"自生"理念进一步解释,如西晋裴頠认为:"始生者,自生也。"(《崇有论》)。更有甚者,直接将"生生"释为"自生",如郭象云:"然则生生者谁哉?块然而自生耳。"(《庄子·齐物论注》)可见,老子之"自生"理念为魏晋玄学开辟了广阔的空间。

三、贵生:以崇尚厚生、尊重生命、有益于生命来实现贵生

贵生,即以贵为生,厚养生命,尊重生命。老子云:"人之饥,以其取食税之多也,是以饥。民之难治,以其上有以为也,是以治难。民之轻死,以其求生之厚也,是以轻死。夫唯无以生为者,是贤贵生。"(第七十五章)意思是说,人民的饥馑,是因为统治者过多地征收赋税,所以他们才忍饥挨饿。百姓难以治理,是因为统治者治理社会都是以自己的私心贪欲为准则,不考虑天意、民意,所以百姓难以治理。而百姓之所以对死亡不重视,是因为他们迫切想要生存的愿望得不到满足。只有不以生存为念,不为生存而处心积虑,才能以生为贵,珍惜生命,保护生命。这里,老子实质想告诫统治者不要与民争利,更不要为了一己私利而

过分征收徭役赋税，而是尊重百姓的需求，使百姓"厚生"。河上公在其注中也回答了民为何要轻死的问题，认为问题出在统治者身上，其注曰："贪利以自危。"①所以，他进一步指出只有杜绝私利贪欲，民才能"贵生"，注曰："夫唯独无以生为务，爵禄不干于意，财利不入于身，天子不得臣，诸侯不得使，则贤于贵生也。"②由此可见，我们理解贵生就可以从以下几个方面：

第一，崇尚厚生，重视民本。厚生就是厚养生命，百姓丰衣足食，安居乐业。这实际上也正是儒家所提倡的厚生理念，讲民本，重民生，如《左传·成公十六年》曰："民生厚则德正。"《尚书·大禹谟》曰："正德，利用，厚生惟和。"等等。但如何"厚生"呢？老子从民生的角度要求治理者要与民生息，不与民争利，要无为而治。而唐代孔颖达将"厚生"理解为"薄征赋，轻赋税，不夺农时。令民生计温厚，衣食丰足。"（《尚书正义》）这也正是老子"无为而治"的具体运用与展开。换言之，只有"省苛事，节赋敛，毋夺民时"，才能"治之安"。（《黄帝四经·经法·君正》）相反，如果统治者以暴力来统治，那么不仅会使国家的根基摇摇欲坠，更会促使"民之轻死"。其结果是，民众不顾身家性命，铤而走险，反向而戈。如此，国家就很有可能被颠覆，甚至被下一个皇朝所取代，朝代更替也正是如此。所以，孟子讲"民之为道也，有恒产者有恒心，无恒产者无恒心。苟无恒心，放辟邪侈，无不为已。"（《孟子·滕文公上》）实际上，"民之轻死"既是统治者剥削、压迫的结果，又是民众对生存之愿望的渴望。所以老子所提倡的"厚生"正是解决"民之轻死"的有效办法、途径。从儒家"利用厚生"角度言，其所谓的"厚生"理念在一定程度上又可以说成，老子"是贤于贵生"的表达和再现。

第二，尊重生命，保护生命。老子通过反对战争来凸显对生命的尊重，强调对生命的保护，而战争不仅仅造成天下混乱，而且还民不聊生，使生命毫无价值可言。老子说："以道佐人主者，不以兵强天下。其事好还。师之所处，荆棘生焉。大军之后，必有凶年。善有果而已，不敢以取强。果而勿矜，果而勿伐，果而勿骄。果而不得已，果而勿强。物壮则老，是谓不道，不道早已。"（第三十章）在老子看来，给予生命尊重的最好方式，就是"不以兵强天下"。否则，其结果是"荆棘生有"，"凶年"，让百姓活在水深火热之中，连生存都是个问题，谈何尊重、保护生命呢？从老子生活的时代来看，老子处在社会动荡、战争频发的春秋战国时期，尤其诸侯逐鹿、问鼎中原而发动的战争，不仅给国家带来了严重的破坏，而且给百姓生活造成了巨大的灾难。老子揭示了"师之所处，荆棘生焉。大军之

---

① ［汉］河上公，王卡点校．老子道德经河上公章句[M]．北京：中华书局，1993. 第290页。
② 同上。

后，必有凶年"的道理，他反对战争，也符合了人民的利益和愿望。所以，他认为"夫佳兵者，不详之器"（第三十一章）。此外，面对诸侯争霸、兼并掠夺、战争连年不断的社会，老子明确地分析了引起战争的根源。他说："天下有道，却走马以粪。天下无道，戎马生于郊。祸莫大于不知足；咎莫大于欲得，故知足之足，常足矣。"（第四十六章）可见，老子认为战争产生的根源在于统治者的贪欲太强，不知足。张如松在解读老子时，也得出这样的结论，他说："老子认为战争生由于封建统治者不知足、贪心重所引起的，只要能知足，满足于现状，不贪求什么，就不会发生战争。"①事实上，战争的后果就是对生命的践踏和不尊重。因此，只有从源头上遏制战争的产生，君主以道治国，不要滥用武力肆意征伐，不要过分贪婪，才不会给从事农业生产的百姓带来惨祸、暴行以及灾难。这就是统治者对百姓生命的重视、尊重。

第三，有益于生，自然涵养。老子认为，养生之道在于自然无欲，返回到婴儿的状态，他说："含德之厚，比于赤子。蜂虿虺蛇不螫，猛兽不据，攫鸟不搏。骨弱筋柔而握固。未知牝牡之合而全作，精之至也。终日号而不嗄，和之至也。知和曰常，知常曰明，益生曰祥。心使气曰强。物壮则老，谓之不道，不道早已。"（第五十五章）首先需要指出的是，老子这里所说的"益生曰祥"，并非说延年益寿才是生命的祥兆，关于祥的解释，不妨先看看王弼的解释。关于"益生曰祥"，王弼是最得老子原意，注曰："生不可益，益之则夭也。"②一般而言，古人认为祥有凶吉之意。结合王弼的注释来看，显然老子这里所说的祥即为妖祥、不祥之意。而益生也并非有益于生命，而是表达执着生存，过分地追求生命的长，如吃保健品破坏自然的长寿，反而降低了生命的质量，即"纵欲贪生"之意。所以，老子用赤子来比喻具有深厚修养的人，以至于毒虫、猛兽、攫鸟都不敢靠近，返回到婴儿般纯真柔和的境界，才能"精之至"，"和之至"。换言之，老子主要用这样的办法来阻止物欲对人类自身的各种伤害，因为一旦纵欲贪生就容易使人逞强，这既害人又害己。所以，老子说："物壮则老，谓之不道。"那如何才能真正"益生"呢？无为清静，自然而然，不对生命过分的干预，保持内心的清心寡欲。这实际上与孟子所提倡的养生之道极为相似，"养心莫善于寡欲"（《孟子·尽心下》）。

总之，老子之"生生"的特质，不仅体现在以反对战争来崇尚以贵为生，以厚为生之上，而且还表现为：提倡以自然、无欲无为来涵养生命，这就是老子"贵生"特质之生命力之所在。诚如李承贵教授在论儒家"生生"思想时所指出："所

---

① 张松如.老子校读[M].长春：吉林人民出版社，1981.第270页。

② 楼宇烈.校释.《老子道德经注》，北京：中华书局，2008.第150页。

谓'贵生'，对现有的生命给予尊重，不能践踏生命，应肯定、保护生命权利。"①
因此，在此意义上，儒道两家对生命的态度基本上可以说是较为吻合的，都强调
对生命的尊重与保护。

四、长生：以"治人事天莫若啬"的原则来诠释长生

长生，即是长久存在、长久维持之意，包括以道治国实现长久的稳定和谐和
养护生命，使之自然延年益寿。老子认为若要国家长治久安，就要采用"治人事
天莫若啬"的原则、根本，他说："治人事天莫若啬。夫唯啬，是谓早服；早服谓
之重积德；重积德则无不克；无不克则莫知其极；莫知其极，可以有国；有国之
母，可以长久；是谓深根固柢，长生久视之道。"（第五十九章）老子在将长久治
国与养身之道时，运用了"莫若啬"的方法。何为"啬"？它有三层含义：

第一，爱惜之意。这种意思取自韩非对老子的解释，他言："啬之者，爱其精
神，啬其知识也。"（《韩非子·解老》）意思是说，治理国家和养护身心，没有比
爱惜精神更为重要的了。换言之，老子认为啬就是在精神上注意积蓄、养护、厚
藏根基，培植力量。真正做到精神上的"啬"，就是积累雄厚的德的过程。只有有
了此德，那便接近圣人的治理之道。所以，这里把"重积德"视为实现以"啬"
治国的目的。可见，老子所提出的"啬"的理念不仅生治国之方，而且是养生、
护生之宝。作为爱护、保护之意，"啬"的观念是人修身养性的重要美德。当然，
这种美德是相对精神而言，若对于物质那就另当别论了，因为一般而言，吝啬是
贬义词，含有专门爱惜财物之意。若如此，那显然不是老子本义，因为专门爱惜
财物，会导致人物欲的泛滥，人被物所役，这是不利于"重积德"的。所以，啬
取爱惜精神之意，其目的就是在强调内心的"无为"，要做到"道法自然"。质言
之，只有爱惜精神，无论是治国还是养生，都可以达到长存的目的。

第二，节俭之意。将"啬"理解为节俭也是符合道家思想的，因为老子也把
"俭"当作"三宝"之一，他说："我有三宝，持而保之：一曰慈，二曰俭，三曰不
敢为天下先。"（第六十七章）张如松也认为："啬者，亦俭。"②并且还说，啬与俭
当然符合老子无为而无不为的思想。实际上，张如松的解读颇得老子意旨，因为
老子的核心思想就是"无为""不争""无欲无求"，而老子之所以提出"啬"的原
则、理念，无非就是对"无为而无不为"的延伸与拓展。只有将"啬"治国安邦
之原则落实到整个社会，国家即可实现长存之道。此外，养护身心也亦如此，"重
积德"也在于节俭，节俭在于克制私欲，私欲克制了，也就自然延年益寿了。不

---

① 李承贵.生生：儒家生生思想的内在维度 [J].学术研究，2012（5）.
② 张松如.老子校读 [M].长春：吉林人民出版社，1981.第 331 页.

仅仅是老子对节俭美德的重视，孔子也是非常提倡节俭美德的，他说："礼，与其奢也，宁俭。"（《论语·八佾》）还有其弟子评价孔子时，也强调了节俭的美德，子贡说："夫子温、良、恭、俭、让以得之。"（《论语·学而》）可见，尽管儒家没有提"啬"的理念，但道家将"啬"视为节俭之意，在某种程度上说也是对儒家思想的融合，而"生生"作为儒家思想内在的维度，便通过"节俭"之长生将道家"生生"的特质打通。

第三，务农之意。王弼注曰："啬，农夫。农人之治田，务去其殊类，归于齐一也。"①不仅王弼将"啬"解释为农夫之意，而且《说文解字》也有相同的解释："田夫谓之啬夫。"此外，《尚书·盘庚》也有类似的解释："服田力啬，亦乃有秋。"《字汇补·口部》："啬，与穑同。"可见，啬泛指耕耘收获，当训为务农。那么"治人事天，莫若啬"的原则，我们就可以理解为，治理国家和养护身心在于务农之事。这样理解是没有问题的，因为自古中国就是农业大国，也有农耕文明之称谓，更把农业视为国之根基。所以，老子认为"有国之母，可以长久"，不也是在说明农业对国家的存亡起决定性作用吗？在此意义上说，重农也就意味着积国之德。历史事实也在证明，一个国家把务农看得重，那么这个国家自然就国泰民安、长治而久安，如"开元盛世""康乾盛世"等等。后来，老子将此治国之道再次升华为："治大国，若烹小鲜。"（第六十章）正所谓大道至简，用烹小鲜的方法来治理国家，实际上这是暗喻，其言外之意是不要烦政扰民，折腾百姓，而是与民休养生息，让其自行生产。若明白这个道理，那么"万物得一以生"（第三十九章）。否则，"万物无以生，将恐灭"（第三十九章）。所以，稳固农业之根基，也是一个国家的长存之道。

不难发现，老子在"无为而无不为"的基础提出了"治人事天莫若啬"安邦定国的根本方法、原则，"治人事天"看似要通过"爱惜精神""节俭养德""勤于务农"等"有为"来实现，但实际上老子的智慧在于用"有为"去凸显"无为"，因为在他看来，无论是国家还是个人要达到长存，就必须明白"治大国若烹小鲜"的道理，即统治者要与民休养，不过分地干预，运用"啬"的理念治国。尤其是对个人来说，个人的修养就是要除去私心杂念，切忌过多贪欲，运用"啬"的原则修养，如此，便可长生。所以，"长生"理念是老子"生生"思想特质在治国和修身的发创。

---

① ［魏］王弼注，楼宇烈校释．老子道德经注校释 [M].北京：中华书局，2008.第155页。

五、结语

老子"生生"的思想，说明了万物都是由"道"演变而来的，无论万物如何演化，"道"都是其存在最原始的、最初的根本，所以将"道生"作为其思想的一要义、根本要义是没有疑问的。而自生、贵生、长生等维度都是在"道生"的基础上呈现的，这"一体三用"就构成了老子整个"生生"思想体系。可以说，老子"生生"思想对后世产生了深远的影响。从某种程度上言，儒家所谓"生生"体系，其源头实际上也是从老子那开始的，因为老子提出"道生万物"的观念，所以儒家"生生"思想也受此影响，如儒家将"日新""安性命之自然""德"来解释"生生"。事实上，这些概念都是由"道"演化而来。因此，老子"生生"思想不仅从宇宙观中认识世界，从道德伦理中实践人生，而且更为儒学之"生生"提供了一定的理论依据和指导。

中华民族的最高艺术精神

——论《道德经》的艺术价值

内容摘要：本文认为，《道德经》从哲学的理性认识和艺术的感性认识两个层面，都达到了人类智慧结晶的最高境界。老子本无心艺术，《道德经》也没有使用近代才有的"艺术"概念，但以道为最高境界，以大巧若拙的表现手法，构建出了大美不言的壮丽诗篇、大象无形的理想画卷、大音希声的雄浑乐章，蕴含着中华民族的最高艺术精神，为当代艺术给予超前启迪，具有重要的艺术价值和现实意义。

主题词：艺术，审美，精神，价值。

自古被奉为"百家经典""万经之王"的老子《道德经》，从哲学的理性认识和艺术的感性认识两个层面，都达到了人类智慧结晶的最高境界，犹如璀璨夺目的宝塔明珠，照耀着中华传统文化走向灿烂辉煌，成为中华民族在世界文化激荡中站稳脚跟的坚实根基和精神命脉。哲学是文化的内涵，艺术是人类文化生活中最活跃的因素。但是，在那"独尊儒术"的历朝历代自不必说，即使在当代，无论学术界，还是艺术界，对《道德经》以道为最高境界的艺术精神和艺术价值，似乎也没有引起足够的重视，甚至抱有成见或误解，这就更增加了对此进行深入研究的必要性和紧迫性。本文仅对《道德经》的艺术价值做一尝试性探索，由于没有寻到可资借鉴的同类佳作，疏误之处在所难免，仅此就正于方家。

---

* 魏明生（1942—），笔名魏峡，男，湖北秭归人。四川省老庄学会副会长，四川雅符民俗艺术博物馆理事长兼馆长。多次应邀出席全国和国际学术研讨会并发表论文。荣获国际道德经论坛"清静奖"。

一、《道德经》的文学艺术价值

中国古代，不说儒家总是把老子《道德经》排斥在文学范畴之外，就是道家学者，也没有把《道德经》当作文学作品来看待。原因很简单，老子《道德经》说的是大实话，不是刻意做文章。那么，《道德经》的文学艺术价值究竟表现在哪些方面呢？

（一）私人著述鼻祖，天下第一散文

老子写《道德经》的目的，是阐发以"道"为核心的宇宙生成论和宇宙本体论创世哲理，意境高深莫测，玄之又玄。但在形式上，行文洒脱，不拘一格，结构自由，形散神聚，如蛇之随时屈伸，如龙之应时变化。在修辞手法上，善用排比，如："修之于身，其德乃真；修之于家，其德乃余；修之于乡，其德乃长；修之于邦，其德乃丰；修之于天下，其德乃溥。"（《道德经》第五十四章）① 再如："我无为，而民自化；我好静，而民自正；我无事，而民自富；我无欲，而民自朴。"（《道德经》第五十七章）如此清新隽永、质朴无华的旷世奇文，寓理于物，融情于景，由此及彼，由浅入深，无论用何种文体来衡量，都可说是独门别类。如果勉强划入散文之列，也应属于别具一格的"哲理散文"。正如刘大杰《中国文学发展史》所言："我国的哲理散文，当以老子、论语为最早。此二书出，在中国的文化界，才有近于私人著述的作品。"② 这里，把"老子"（即《道德经》）实事求是地放在《论语》之前，充分说明老子是"私人著述"之鼻祖，《道德经》是最早的"哲理散文"，"在我国哲理散文史上，具有重要地位"③。

（二）散漫抒情的自由诗，回文叠字诗的源头

《道德经》的语言不拘一格，散漫自如，或3字，或4字，或5字，或6字不等。全书以3字、4字、9字句居多，且多用语气词，如"兮""乎""欤"等等，以抒发情感。许多章节设问自答，犹如对歌，不愧是自由诗的千古绝唱。

19世纪初叶，新文化运动蓬勃兴起。鲁迅先生在《汉文学史纲要》中，单列《老庄》一篇，破天荒使《道德经》进入了文学艺术的大雅之堂，并且对《道德经》的语言艺术偏重于诗歌给予了很高的评价。他说：《道德经》"对字协韵，以

---

① 本文所引《道德经》章句，均见黄友敬《老子传真》，[M]，香港，儒商出版社，2003。只作夹注。

② 刘大杰：中国文学发展史（上）[M]，上海，上海古籍出版社，1982，第76页。

③ 同上。

便记诵,与秦汉人所传之黄帝《金人铭》《丹书》等同。"①《金人铭》《丹书》也许是早期口传,秦汉时成书,尚待考究。所谓"对字",是一种早期的文字对仗,为骈体、联语之先,如:"道可道,非恒道也;名可名,非恒名也"(《道德经》第一章)、"大道废焉,有仁义;智慧出焉,有大伪"(《道德经》第十八章)、"合抱之木,生于毫末;九层之台,起于累土;千里之行,始于足下"(《道德经》第六十四章)等等。所谓"协韵",是指诗句的韵脚和谐,如:"敦兮!其若谷!旷兮!其若朴!"(《道德经》第十五章)"谷"和"朴"押"u"韵;"明道若昧,进道若退,夷道若纇"(《道德经》第四十一章),"昧""退""纇"押"ei"韵等等。这些"对字协韵"的语句,在《道德经》中比比皆是。鲁迅把《道德经》同《金人铭》《丹书》相提并论,进一步强调了《道德经》语言艺术的诗歌特点。因为此二书也是"协其音,偶其词,使读者易于上口,则殆其犹古之道也"②。

老子《道德经》不仅具有自由诗的特点,而且不经意地开创了独特的回文诗体。所谓回文诗,即一句话或一首诗,正读、顺读皆可成诗,回环往复,给人以荡气回肠,意兴盎然的美感。《道德经》中给"道"下的定义是:"深根固柢长生久视之道"(《道德经》第五十九章),共10字。从第一字开始,顺着读形成一首五言绝句:

深根固柢长,固柢长生久。
长生久视之,生久视之道。

再从最末的一个"道"字开始,倒着读,也是一首五言绝句:

道之视久生,视久生长柢。
久生长柢固,长柢固根深。

还可读成一首七言绝句:

深根固柢长生久,固柢长生久视之。
道之视久生长柢,久生长柢固根深。

---

① 鲁迅:汉文学史纲(单行本)[M],北京,人民文学出版社,1973,第14页。
② 鲁迅:汉文学史纲(单行本)[M],北京,人民文学出版社,1973,第3页。

10个字，一句话，变成了一首诗，不仅没有改变本意，而且由于字词的重复，更加突出了"长生""久视"两个关键词和"道"的主题。著名书画家何世珍的"红梅冬放香寒风讽阁楼"也是这样一首回文诗，只有10个字，可以读成：

> 红梅冬放香寒风，放香寒风飘阁楼。
> 楼阁飘风寒香放，风寒香放冬梅红。①

回文诗是中国传统文化的一种特殊形式，历代诗家如庾信、白居易、王安石、苏轼、黄庭坚、秦观、高启、汤显祖等，均有回文诗传世。对于回文诗的起源，学者多以西晋初年苏伯玉妻所作《盘中诗》为最早，窦滔妻作《璇玑图》最完备，实不知《道德经》中有回文诗之故。笔者经过反复考察，认为《道德经》是回文诗和叠字诗的源头。

（三）意蕴深厚的特性艺术

语言艺术是一种想象艺术，其艺术魅力在于语言所包含的意蕴。意蕴常常具有多义性、模糊性和朦胧性，体现为一种哲理，神乎其神。黑格尔曾经说过："艺术作品应该具有意蕴"，"意蕴总是比直接显现形象更为深远的一种东西"②，它不是直接作用于人的感官，而是须要读者凭借自身的经验，在阅读过程中通过积极的想象，细心感悟和领会。

《道德经》没有华丽的辞藻，意趣高雅，展示一种质朴美，是一种具有中国特色的特性艺术。德国古典主义代表人物歌德早已指出："特性艺术是唯一真正的艺术"，"真正的和伟大的艺术，常常比美丽的艺术自身更真实更伟大"③。

《道德经》的语言艺术特色，前承卦辞、《诗经》，后启庄、屈，对后世文学艺术的发展产生了重大影响。《道德经》问世之前的文学形式，主要是神话、卜辞、诗歌和散文，其内容主要是记述远古先帝的言行、对神的颂扬和祈求以及先民的生产生活和爱情等等。《周易》阴阳之道和贵生说在《道德经》中得到升华，《诗经》的平民情感在《道德经》中得到延续。卦爻词中包含了许多古代歌谣，和《诗经》的句式大同小异。卦辞歌谣句式多二字、四字句，而诗经则以四字句为主，且带语气词"兮"。《道德经》明显带有卦辞和《诗经》的艺术风格。《道德经》问

---

① 何世珍，重庆云阳县人。诗见四川省新津县纯阳观《四时山水诗碑》。
② （德）黑格尔：《美学》第一卷，[M]，北京：商务印书馆，1979，第25页。
③ （德）约翰·沃尔夫冈·冯·歌德：论德国建筑，[M]，刘述先译，桂林：广西师范大学出版社，2006，第201页。

世之后，庄子侧重于道的理念，延伸了《道德经》文学艺术的意蕴，奠定了中国寓言诗和山水画的理论基石；屈原承继了老子的反天命观的思想内容和"对字协韵"的诗歌特色，勇敢地对天发问，成为楚辞的开路先锋和后代辞赋家之祖。《道德经》哲理与语言艺术的和谐，通过庄子和屈原默默无闻地绵延光大两千多年，成为中国文化的根底，不仅在文学艺术方面，在哲学、政治、军事、经济诸多方面都产生了深远影响。即使在近代，毛泽东、周恩来等一代伟人，对《道德经》的哲理和语言艺术，无论研习还是应用，均高人一筹。据统计，毛泽东的著作中，引用老庄语言竟达100多处。习近平不仅引用老子、庄子的名言佳句论述治国方略，而且号召共产党员学习《道德经》，"以百姓心为心"（《道德经》第四十九章）。"天地有大美而不言"（《庄子·知北游》）的艺术精神，已植根于中国特色社会主义的文化内涵。

二、《道德经》的造型艺术价值

（一）"大象无形"是造型艺术的经典命题

《道德经》的内容是抽象的哲理，而这种抽象来自天地万物和人类社会的客观实在，却又"视之而不见，名之曰夷；听之而不闻，名之曰希；搏之而不得，名之曰微"（《道德经》第十四章），故谓之"大象无形"（《道德经》第四十一章）。大者，道也。这种恍恍惚惚的"无物之象"，"吾不知其名，强字之曰道，强为之名曰大"（《道德经》第二十五章）。象者，"是谓无状之状，无物之象，是谓惚恍。迎之不见其首，随之不见其后"（《道德经》第十四章）。"惚兮恍兮"的"道"，无形胜有形，是属于精神世界的意象，无边无际。造型艺术也是一种视觉艺术，具有无限的想象空间，类似"惚兮恍兮"的"道"，没有边界，没有轮廓，可以透过审美意识感知，却难以言表。

"大象无形"历来成为书法、绘画等多种艺术形式的经典命题，表现为"意象美"。中国传统美学给予"意象"的最一般的规定，就是"情景交融"。即"情"与"景"的交融和畅，一气贯通。美在意象。意象之光，照亮真实的人生世界，这个真实的世界就是"道法自然"。

（二）"惚兮恍兮"的"神韵"是造型艺术活的灵魂

《道德经》用中国文字写成，每一篇章都可成为完整的书法艺术品，这是不言而喻的。《道德经》本身就是主题鲜明的连续画卷，所描绘的天地万物、现实社会、现实人生，大都可以用中国画的艺术形式表现出来的。你看那："道，冲而用之，或不盈也。渊兮！似万物之宗；湛兮！似或存；吾不知其谁之子也，象帝之先。"（《道德经》第四章）如此活灵活现的美景，岂不是一幅完美的山水画！当读到"众人熙熙，如享太牢，如登春台"（《道德经》第二十章）一类诗的语言时，呈现在我们面前的则是春天的美景和喜形于色的人群！尤其是第八十章，我们从中可以看到一幅理想的自然王国的蓝图：天清地宁，阳光和煦，高山流水，湖海湛湛，庄舍在绿林中若隐若现，圣人悠闲于云端，百姓耕作于田间，童稚嬉戏于海滨，牛羊满圈，马放南山，鸡鸣犬吠……现代"逆城市化"趋势跃然纸上！

《道德经》之所以能够把想象中的景象描写得如此逼真，最主要的因素在于自始至终贯穿着"惚兮恍兮"的"神韵"。"执大象，天下往。"（《道德经》第三十五章）无论任何艺术形式，只要具备了"神韵"这个活的灵魂，也就达到了最高艺术境界。决定中国书法和中国画命脉的"气韵生动"即来源于此。

（三）"有物混成"对动漫艺术的启迪

当今科幻动漫艺术方兴未艾，如果下功夫对《道德经》做一番艺术的研究，就会发现，人类艺术史上最先描绘动漫艺术的是中国先哲——老子："有物混成，先天地生。寂兮！寥兮！独立而不改，周行而不殆，可以为天下母。"（《道德经》第二十五章）这是用中国画难以表现出来的，即使采用西方绘画方式，也未见得可以成画。如果用动漫形式来表现，那就大不一样了。再如："道之为物，唯恍唯惚。惚兮恍兮！其中有象；恍兮惚兮！其中有物。窈兮冥兮，其中有精；其精甚真，其中有信。"（《道德经》第二十一章）这是老子道的最高境界，也是艺术美的最高境界。类似这样的情景，可以成为一种漫画，如果再用动漫形式表现出来，岂不是一件独一无二的科幻动漫艺术品！

三、《道德经》的音乐艺术价值

（一）尊道崇母的女性音乐主题

音乐艺术是行"不言之教"的最佳形式，最能体现女性的本质。"女性与音乐，一见谁也相信是接近的。例如自来'女'与'歌'何等关系密切；朱唇与檀板何等联络；soprano（女子唱的最高音部）在合唱中何等重要；总之，女性的优美的性格与音乐的活动的性质何等类似。"[①]符号和文字是记录音乐的主要形式。《道德

---

① 丰子恺：记音乐研究会中所见之二，话说音乐 [M]，成都：四川文艺出版社，2000，第 36 页。

经》以对女性和母爱的颂扬，诠释了"女性是人生的音乐"①，是用文字记录的音乐。

在《道德经》中，道和母"同出而异名"（《道德经》第一章），女性和母爱是最高主题。"无，名万物之始"（《道德经》第一章）。"始者，女之初也"（《说文》），即天真少女，无孕育之形，故称"无"。"有，名万物之母"（《道德经》第一章），"天下有始，以为天下母"（《道德经》第二十五章）。"母者，象怀子之形，一曰象乳子也。"（《说文》）天地万物皆有母有形，故称"有"。母与道同，先天地而生，化生万物，高于一切。明白了女性与母爱这一伟大主题，也就懂得了道的"妙""徼"，找到了进入"玄之又玄"的"众妙之门"（《道德经》第一章）。

纵观《道德经》整个乐章的布局，第一章为序曲，字里行间透出道母伟大而美妙的音乐形象：黑暗之中，音乐由远而近，突然一声炸雷式的巨响，天地开辟，光芒四射，从混沌中降下天地万物之母。此时，没有台上台下之分，没有观众和演员之分的整个大地欢声四起，男女和声伴随着低沉而又庄严雄伟的乐曲，一气呵成第一章歌词。然后低声回旋，以男声女声对唱、重唱上半阕，合唱下半阕，转第二乐章。如今已有作曲家将《道德经》八十一章内容全部谱曲，组织排练演唱，收到了"不言之教"的最佳效果。

（二）"音声相和"的艺术主张

音乐艺术不仅是乐章自身的和谐统一，更重要的是乐与心和、乐与道和、乐与天合。也就是老子所主张的"音声相和"（《道德经》第二章），即：乐器的音与声有机结合，乐曲与歌唱有机结合。要采用七音。因为七音有两个半音，便于表现丰富情感，以弱胜强。而五音没有半音，音律差别较小，"令人耳聋"（《道德经》第十二章），达不到应有的艺术效果。

中国古代先哲，从传说中的伏羲、神农、黄帝到春秋战国时的诸子百家，对于音乐艺术，各有成就。老子身为守藏史官，以收藏和整理周王朝典籍为己任，在音乐艺术方面的造诣，至少不亚于时人。但是，出于对老子的音乐观产生误解，讲到先秦音乐，言必称孔子，而对老子泼污：在老庄那里"音乐自然也就成了残害生灵本性的举措"②。对这种历史的颠倒，理应重新颠倒过来，还其本来面目。

---

① （德）华葛内尔（wagner）：给友人乌利许（Uhlig）的信，转自《话说音乐》，[M]，成都：四川文艺出版社，2000，第42页。

② 林非：话说音乐·序，[M]，成都：四川文艺出版社，2000，第3页。

（三）"大音希声"的音乐命题与"损益法"

老子所谓"大音希声"（《道德经》第四十一章），即合道之天乐。大音者，宇宙之音也，"听之而不闻"，是对声音情感的超越，只能进入道的最高境界，用心感悟。"大音希声"作为音乐艺术的命题和应用，重要的是采用"三分损益法"。

研习《道德经》的人，往往觉得《道德经》的结构模糊无序，不宜把握，甚至怀疑"是出于某种自然的故意或历史的无意识，目的是为了不让后人看得太明白，以免因泄露了天机而遭天谴"①。老子是无神论者，不信天命，在《道德经》中已明明白白的指出："吾言甚易知，甚易行也。"（《道德经》第七十章）"天下莫之能知，莫之能行"（《道德经》第七十章）的根本原因就是没有抓住"损益法"这个关键。

《道德经》中三处提到损益之法：一曰"或损之而益，或益之而损"（《道德经》第四十三章）；二曰"为学日益，为道日损。损之又损，以至于无为，无为而无不为矣！"（《道德经》第四十八章）三曰"有余者损之，不足者补之。天之道，损有余，而补不足。孰能损有余，以奉天下？唯有道者。"（《道德经》第七十七章）足见老子对损益法之看重。损者去也，益者加也，没有止境。从道的观念出发，就是要损去与大道相抵触的不良言行，增加与大道相一致的思想行为。这同英国哲学家罗素所说"科学知识的目的，在于去掉一切个人的因素，说出人类集体的智慧"②，基本上是一致的。在音乐艺术方面，指的是整个乐章的艺术结构与音律。

按照老子所强调的"损益法"，九九81为宫；三分损一得54为徵；三分益一得72为商；三分损一得48为羽；三分益一得64为角。以此类推，共十二律。很明显，《道德经》采用的是三进制，一3得3，三3得9，三九得27，再进3即得81之数。这就从总体结构上体现了"道生一，一生二，二生三，三生万物"（《道德经》第四十二章）的生成规律，即"无极"生成律，是对《易经》的"太极"生成律的超越。

先秦诸子百家，各自成其说，但对老子之道真正有所体悟者鲜焉。而西汉扬雄对老子"损益法"的感悟，可说是第一人。扬雄抛弃"宣夜说"和"盖天说"，承《道德经》"混沌说"创立"浑天说"，成为张衡研制"浑天仪"观测天象的重要理论依据。扬雄作《太玄经》，将天道划分为八十一等分，19年置7闰，做到"损无余"，于老子的天道与乐道，"其和谐若天衣无缝"③。

---

① 江正杰：道德传真，[M]，北京：人民日报出版社，2005，第14页。

② （英）罗素：人类的知识——其范围与限度，转自《艺术中的音乐》，[M]，武汉：长江文艺出版社，2006，第3页。

③ 卿希泰：道教与中国传统文化，[M]，福州：福建人民出版社，1990，第248页。

四、《道德经》的审美艺术价值

（一）"大巧若拙"的审美观

"大巧若拙"（《道德经》第四十五章）本来是一个哲学概念，自古以来，又被引申为艺术概念，成为美学内涵极为丰富的审美观和创作观，对中国美学的影响极为深远。

"大巧若拙"的关键字不在"巧"和"拙"，而在"大"和"若"。大者，道也。前文已明。"若"字在这里应作副词用，解为"好像""似乎"之义。"巧"和"拙"都是道的属性，意思是说：道之"巧"即为"大巧"，看起来似乎粗拙，其实是巧的极点、最高状态。如何看待巧与拙，是区分不同审美观的"试金石"：同一事物，用道的眼光观察，是最高境界的"巧"，用世俗眼光看待，就成了低俗的"拙"。唐代文学家白居易颇得道巧之要，作《大巧若拙赋》说："巧之小者有为，可得而窥；巧之大者无迹，不可得而知。""知大巧之有成，见庶物之无弃。"世俗之巧是小巧，是看得见的，道之大巧无边无际，难以知晓。老子所主张的大巧，本于自然，返纯归朴，看似拙陋，却浑然天成，绝非世俗之雕虫小技。庄子称这种大巧"覆载天地，刻雕众形，而不为巧"（《庄子·大宗师》），反称其为"拙"，意即大道之艺术创造，与世俗之巧不可相提并论。

自从老子《道德经》提出了"大巧若拙"这个概念以来，对中华传统文化，尤其是在艺术领域，产生了极为深远的影响。中国传统审美观认为，审美活动是人的超理性的精神活动，是要在物理世界之外构建一个美好的理想世界。由于美学研究者和艺术实践者所处时代不同，所持立场不同，对道的理解、对巧和拙的理解各有差异，甚至把"大巧若拙"和"绝巧弃利"（《道德经》第十九章）混为一谈，认为"拙"是对"巧"的否定，主张为"拙"不为"巧"。如：宋代黄庭坚在《论书》中说："凡书要拙多于巧"[①]；清人傅山也说"宁拙勿巧，宁丑勿媚，宁支离勿轻滑，宁直率勿安排"[②]。如果他们所说的"拙"就是指的大道之美，也无可非议。但是，把"巧"与"拙"对立起来，把大道之巧拙与世俗之巧拙混为一谈，笼统认为"巧"就是"低俗的欲望呈露"，"拙"就是天工朴素的"高雅情怀的超越"[③]，显然违背了老子关于"大巧若拙"的本意。

①② 转引自陈方既，雷志雄：书法美学思想史，[M]. 郑州：河南美术出版社，1994，第618页。
③ 朱良志：《关于大巧若拙美学观的若干思考》，[J]，北京：北京大学学报·哲学社科版，2006年5月第43卷第3期。

（二）"见素抱朴"的色彩观

艺术，尤其是视觉艺术，离不开颜色。由于人们对万物的颜色，各有好恶，因而持不同的色彩观。老子从宇宙本体论的哲学理念出发，摒弃平庸的华丽色彩观，追求最高境界的原真之美，把察言观色上升到以道治国的顶层设计，真可谓千古奇观。

老子认为：治大国，"绝圣""绝仁""绝巧"是必不可少的，但是，要满足以文教化的需求，"此三者以为文，不足"（《道德经》第十九章）。"故令有所属：见素抱朴，少私寡欲，绝学无忧。"（《道德经》第十九章）"见素抱朴"是目标，"少私寡欲"则是实现这一目标的根本途径。自私自利的欲望是没有止境的，是修道成真的最大障碍。如要舍弃，做到少而寡，必须有持之以恒的修炼功夫。"绝学无忧"的"学"，不是儒家所谓"学而优则仕"的"学"。道家的"学"，就是修炼。学到极致，修成正果，"会当凌绝顶，一览众山小"。于是，排除了私利欲望的干扰，即可"见素抱朴"，"以其终不为大，故能成其大"（《道德经》第三十四章）。

老子何以对素、朴推崇备至？素者，白也；朴者，纯也。纯白如玉，晶莹剔透，没有瑕疵，最能体现道的本质。"知我者希，则我贵矣！是以圣人被褐而怀玉。"（《道德经》第七十章）穿着凡人一样的粗衣，怀揣宝玉，知道的人少，却珍贵无比。白的反面是黑，"知其白，守其黑"，相反相成。懂得什么是白，也就能够分清黑白，明辨是非了。知道什么是真善美，识别假恶丑，也就不难了。

然而老子所说的黑与白，不是作为万物基本元素的黑白，而是指道的本色。白就是道的素淡本质，"道之出言也，曰：淡兮！"（《道德经》第三十五章）"恬淡为上"（《道德经》第三十一章）。黑为玄为水，"上善若水"（《道德经》第八章），水与玄通，"玄之又玄，众妙之门"（《道德经》第一章）。也就是说，白与黑可以通天达地，是进入大道自由王国的重要通道。进入了大道素、朴的最高境界，也就进入了没有任何人为痕迹的本真艺术境界，从而获得最高的艺术审美价值取向。

老子的黑白色彩观对中国美学影响至深，尤其对书法和水墨画的色彩建构具有决定性的意义。"虚实生白。"（《庄子·人间世》）中国书法和水墨画的物质基础，是由纸、笔、墨的发明奠定的。纸静笔墨动，虚空之处即为自然之白。无论书法行文，还是泼墨作画，水墨行处，与纸上的空白浑然天成，恰似大道之"玄"。老庄的朴素审美观和黑白色彩观造就了中国书法和水墨画的独特艺术风格；书法和水墨画的纸上功夫，把虚空的宇宙意识变成了艺术现实，产生了"朴素而天下莫能与之争美"（《庄子·知北游》）的艺术效果。

（三）最高艺术精神的自觉

老子曰："世人皆知美之为美，斯恶矣。"（《道德经》第二章）这里的"知美"指的是对客观存在的美好事物的认知而产生的美感；"为美"则是通过技术刻意追求人的感官刺激，强化人的欲望。欲望不代表希望，单纯感官娱乐不等于精神快乐。"五色使人目盲，五音使人耳聋，五味使人口爽，驰骋畋猎，使人心发狂。"（《道德经》第十二章）因此，对于刺激人们感官的感觉艺术，是绝不可取的。

庄子对于"为美"艺术与技术能力，有一段极为精彩的论述。他说："能有所艺者，技也。技兼于事，事兼于义，义兼于德，德兼于道，道兼于天下。"（《庄子·天地》）这就明白地告诉我们，"艺"是一种能力，属于"技"的范畴，而"技"又是分属于"事""义""德""道"等不同范畴的，"通于一而万事毕，无心得而鬼神服"。（同前）意思是说，作为技术能力的发挥，只有归于道的最高境界，才能得到最佳艺术效果。

老庄在否定感觉艺术的同时，树起了感受艺术的大旗，那就是经由智能形态到达超能形态的最高艺术精神。超能形态下体现的大美，即道美、德美、天美、地美，其形，其音，其妙，超乎一般人的想象。庄子云："天地有大美而不言"（《庄子·知北游》），而能"判天地之美，析万物之理，察古人之全"（《庄子·天下》）。由大美而得大乐，大乐又称天乐，即"与天和者谓之天乐"（《庄子·天道》）。庄子将道称作天，将精神称为神明，所谓"天地并"，"神明往"，即指人与天地精神的交往，是进入道的最高境界感受到的美、乐、巧，即感受艺术。

老庄的感受艺术，以修道成仙长生不死为最高目的，根本途径是"道与人合"，关键在于"人生"二字。庄子曰："不离于宗，谓之天人；不离于精，谓之神人，不离于真，谓之至人。"（《庄子·天下》）《庄子》一书中关于"至人"的论述颇多，并且引用了老子的两段话，其一："夫得是至美至乐也。得至美而游乎至乐者，谓之至人。"（《庄子·田子方》）其二："夫至人者，相与交食乎地，而交乐乎天。"（《庄子·知北游》）这两段话在今本老子《道德经》一书中是没有的，尤其重要。"至人"之"至美"即人性美——德美。何谓德美？即《易经·系辞》所说："天地之大德曰生"。德美来自"至道"，"道生之，德畜之"（《道德经》第五十一章）。据庄子记载，孔子向老子请教"至道"，老子说："有伦生于无形，精神生于道，形本生于精，而万物以形相生。"（《庄子·知北游》）于是，庄子得出结论："德将为汝美，道将为汝居。"（同前）生，对生者、被生者、授生者、养生者、观生者，都会产生至美至乐的感受。但是，这种由生之大德而来的"至美至乐"，只有化而为道才能有所感受，因为"生非汝有，是天地之委和也；性命非汝有，是天地之委顺也；子孙非汝有，是天地之委蜕也。"（同前）至人之大美大乐化而为之大德，

"修之于身，其德乃真"（《道德经》第五十四章），既是养生修道的最高境界和完美人生，也是最完美的艺术精神。

老庄当年提倡的超能艺术精神，是对后世艺术再现主义所主张的感觉艺术的超前否定。现代科学证明，人类只能感知宇宙物质能量的 4%，还有 96% 的暗物质暗能量是不可感知的。因此，人的感觉是有限的，无关紧要的，应当"放入科学的垃圾箱"[1]。而感受是无限的，应当受到更多的关注。世界艺术走过了艺术再现主义和艺术表现主义历程之后，感受艺术已被推进到了当代艺术的最前沿。

五、结语

老子是修炼成真的"至人""神人"，本无心于艺术。《道德经》也没有使用近代才有的"艺术"概念，而以"人法地，地法天，天法道，道法自然"（《道德经》第二十五章）的最高境界，以大巧若拙的艺术手法，谱写出大美不言的壮丽诗篇、大象无形的理想画卷、大音希声的雄浑乐章，蕴含着中华民族追求真善美的最高艺术精神，"实是艺术得以成立的最后依据"[2]。

艺术是民族精神的火炬，是时代前进的号角。鲁迅先生也曾说过："文艺是国民精神所发的火光，同时也是引导国民精神的前途的灯火。"[3] 以道为最高境界的艺术精神，就是这种能够熊熊燃烧的火光，就是中华民族坚持文化自信的最高艺术精神，用以关照人类的审美活动，关照社会现实生活，欢乐着人民的欢乐，忧患着人民的忧患，就会驱散黑暗，看到美好，看到希望。

---

[1]　李远国等：道教养生之至道，道教养生与当代世界国际学术研讨会论文集，[C]，成都：四川大学编印，2005，第 31 页。

[2]　徐复观：中国艺术精神 [M]，上海：华东师范大学出版社，2002，第 30 页。

[3]　鲁迅：《论睁了眼看》[J]，《语丝》周刊，1925 年 8 月 30 日，第 38 期。

"尊道贵德，天下玄同"

——老子的道德玄同论及其人文意蕴探析

李英华[*]

内容提要： 老子哲学之所以在当今世界获得了广泛的传播，《道德经》之所以成为英语世界中最受重视的中国经典，其奥妙就在于老子的"道德玄同"论及其人文意蕴。迫于诸多全球性问题的重大挑战，人类社会需要确立一种新的全球性共识（或全球价值观），这种全球共识或许可以表述为"尊道贵德，天下玄同"。这反映了老子哲学的一种理想和信念，即"道"通天下、"德"化世界。这种全球价值观把人类社会视为一个"命运共同体"，倡导精诚合作，同舟共济；同时顺应自然和保护自然，使人与自然和谐相处。这不仅有利于促进中华民族的伟大复兴，而且有助于推进人类社会迈向一个更加和谐与可持续发展的文明形态。

主题词： 老子 道 德 玄同 命运共同体 人文意蕴

当代世界，各种天灾人祸此起彼伏、动荡不安，任何一个国家都难以独善其身。要想解决好本国问题，必须同时处理好全球问题。西方一位智者讲："在一个拥挤的星球上，所有的人都只有一种未来，或者任何人都没有未来。人类的共同未来不能多样化而没有协调，也不能统一而没有多样性。要建成这样一个世界是对当代人类的挑战，首先是对产生人们的世界观和影响他们的价值观念的文化的挑战。"[①] 因此，世界各国要想在地球村上和平共处、持续发展，就需要形成"命运共同体"意识，确立一个新的全球价值观。

宋元之际道教学者杜道坚说："道与世降，时有不同，注者多随时代所尚，各

---

* 李英华（1970—），男，广东兴宁人，海南大学马克思主义学院教授，博士。主要研究道家道教哲学、古典政教文明、近现代国学复兴思潮。

① （美）欧文·拉兹洛. 多种文化的星球 [M]. 戴侃等译. 北京：社会科学文献出版社，2001. 第232 页。

自其成心而师之。故汉人注者为'汉老子'，晋人注者为'晋老子'，唐人、宋人注者为'唐老子'、'宋老子'。"（杜道坚《玄经原旨发挥》卷下）那么，我们今天对老子的解说和阐发，就可称之为"世界性的老子"或"全球化时代的老子"。这是因为老子哲学在当今世界获得了广泛的传播。《道德经》成为英语世界中最受重视的中国经典。雅斯贝尔斯、罗素、海德格尔、托尔斯泰、爱因斯坦、荣格、李约瑟、汤川秀树、李政道等享誉世界的哲学家、文学家、科学家们都从老子哲学中吸取了有益的思想营养，并予以高度评价，从而使老子哲学成为全人类共同的精神财富。老子哲学何以具有如此神奇的魅力？其奥妙就在于老子的"道德玄同"论及其人文意蕴。

一、"道德玄同"——老子哲学的理论基石

何谓"玄同"？语出《道德经·第五十六章》："知者不言，言者不知。塞其兑，闭其门，挫其锐，解其分，和其光，同其尘，是谓玄同。"意谓尽量消除感性欲望和知见纷争，做到和光同尘、清静自然。这是"玄同"的基本含义。至于其深刻内涵，寄寓于老子所谓"道""德"之中。他说：

> 道可道，非恒道。名可名，非恒名。无名，天地之始；有名，万物之母。故恒无欲也，以观其妙；恒有欲也，以观其徼。此两者同出而异名，同谓之玄。玄之又玄，众妙之门。[①]（《道德经·第一章》）

又云：

> 道生之，德畜之，物形之，器成之。……故生之畜之，长之育之，成之孰之，养之覆之。生而不有，为而不恃，长而不宰。是谓玄德。（《道德经·第五十一章》）

在老子看来，"道"能派生、演化万物，但又玄妙不测、难以言传，故为"众妙之门"。同样，"德"（真正的大德）也是深不可测、难以形容，故为"玄德"。由此推知，老子所谓"玄同"，可能就是指"玄同于道德"。事实上，老子的本意就是如此，他说："故从事于道者同于道，得者同于得，失者同于失。同于得者，道亦得之；同于失者，道亦失之。"（《道德经·第23章》）这表明，"道""德"就

---

① 本文引用《道德经》，以河上公《道德真经章句》本为主，并根据竹简本、帛本书通行本校改，同时参考、吸收学界研究成果择善而从。故断句与字词可能会有差异。由于引用频繁，为省篇幅，只是在文中注明《老子》章数。

是"玄同"的终极根源或本体。换言之，万物根源于、统一于"道""德"。而凡是违背（即所谓"失"）"道""德"的，都不可能存在或必然丧失其存在的根据。

进而言之，如要深刻理解"玄同"内涵，必须确切理解和把握老子所谓"道""德"的性质及其关系。老子讲"道可道，非恒道。名可名，非恒名"，又说"吾不知其名，强字之曰道"（《道德经·第25章》），可见，从形式上看，"道"只是一个勉强表达的符号、一个勉强的表达形式。那么，它的真实内容是什么呢？老子说：

道之为物，惟恍惟惚。惚兮恍兮，其中有象；恍兮惚兮，其中有物。窈兮冥兮，其中有精；其精甚真，其中有信。（《道德经·第21章》）

又言：

视之不见，名曰夷；听之不闻，名曰希；搏之不得，名曰微。此三者不可致诘，故混而为一。其上不皦，其下不昧。绳绳兮不可名，复归于无物。是谓无状之状，无物之象，是谓惚恍。迎之不见其首，随之不见其后。（《道德经·第14章》）

所谓有"象"有"物"、有"精"有"信"，表明"道"是一种客观的、真实的存在；而"无物"与"无状"，又表明"道"是超越感性认识的。值得注意的是，老子之道不是静止的、僵化的，而是"独立而不改，周行而不殆"（《道德经·第25章》）、"反者道之动"（《道德经·第40章》）。可见，"道"是运动的，而且是一种周而复始的近似循环的有规律的运动。并且，"道"的存在及其运行并不依赖于任何其他事物，它只按自身属性运动而且永无休止。这种运动的根本特性是"道法自然"（《道德经·第25章》）和"道常无为而无不为"（《道德经·第37章》）。这两句话，合而言之，即是"自然无为"。"自然无为"就是道的根本特性。[1]

"德"与"道"有着密切关系。老子说"孔德之容，唯道是从"（《道德经·第25章》）。这是说"德"的特征就是遵从"道"，是"道"的体现。唐玄宗《道德真经疏·序》说："道者德之体，德者道之用。"这是用哲学上的体用范畴来说明"道""德"的体用关系。另外，"道"和"德"还存在共性与个性、普遍性与特殊性的关系。《道教义枢·道德义》又讲："道德一体，而其二义，一而不一，二而不

---

[1] 任法融道长进而指出，"道"具有十大特性，包括虚无、自然、无为、清净、纯粹、素朴、平易、恬淡、柔弱、不争。见任法融.道德经释义[M]西安：三秦出版社，1990.第183页。

二。"这是说"道"与"德"的关系是分而有别，合而为一。概而言之，这充分说明了"德"与"道"有着密切关系。

正是由于"德"与"道"之间存在这种密切关系，这样我们可以进而探讨"道""德"与万物的关系。老子说：

> 道生一，一生二，二生三，三生万物。（《道德经·第42章》）
> 万物生于有，有生于无。①（《道德经·第40章》）
> 有无相生。（《道德经·第2章》）
> 道生之，德畜之，物形之，势成之。是以万物尊道而贵德。（《道德经·第51章》）

这几段话表明了"道"所具有的本原和本体意义。② 一方面，"道"派生万物，万物以"道"为根源，又以"德"为依据，故而万物都是尊道贵德；另一方面，由于"道"的运行体现一种"反者道之动"的规律性，表现出"有无相生"的特点，从而使天下万物归虚无，变为一。这就便于宇宙万物融入大化流行之中。

在老子哲学中，"道"与"德"作为一对本体论范畴，实际上也就是人的内在本体和价值根据。"道""德"的本性是"自然"的，所谓"道之尊，德之贵，夫莫之命而常自然"（《道德经·第51章》）。这里所谓"自然"，是指"道之尊""德之贵"这种尊贵地位是自然形成的，这关系到人类生命的实践准则及其价值意义。因为，"道""德"也是人的内在本性和内在根据，这决定了人的本性是善的，所以人也应该遵循"道""德"的这种"自然"特性作为自己的生活方式。所以，老子强调"人法地，地法天，天法道，道法自然"以及"道常无为而无不为"。这里，"道法自然"与"无为而不为"都是描述宇宙大化流行的特性，可以简称为"自然

---

① 此句在简本中作"天下之物生于有、生于无"。陈鼓应先生认为，今本与简本"虽一字之差，但在哲学解释上具有重大的差别意义。因为前者是属于万物生成论问题，而后者则属于本体论范畴"（陈鼓应主编．道家文化研究 [M]．北京：三联书店，1999．第78页）。笔者不同意这种观点。实际上，在老子哲学中，本体论与宇宙生成论之间并不存在截然区别。正如张立文先生所讲，中国传统哲学的"道"范畴具有如下特点：本体论与生成论的统一、本体论与伦理学的统一、本质论与现象论的统一。见张立文主编．中国哲学范畴精粹丛书·道 [M]．北京：中国人民大学出版社，1989．第10—15页。

② 顺便指出，"道"与"万物"之间的内在联系在《庄子·知北游》中也有明确的论述。"东郭子问于庄子曰：'所谓道，恶乎在？'庄子曰：'无所不在。'东郭子曰：'期而后可。'庄子曰：'在蝼蚁。'曰：'何其下邪？'曰：'在稊稗。'曰：'何其愈下邪？'曰：'在瓦甓。'曰：'何其愈甚邪？'曰：'在屎溺。'……物物者与物无际，而物有际者，所谓物际者也。不际之际，际之不际者也。"（《庄子·知北游》）所谓"无所不在""在屎溺"，形象而生动地说明了"道"的存在的真实状况，即寓存于任何一个具体事物之中。"道"本身是绝对的，却又在相对之中；"道"自身是无限的，却又在有限之中；"道"本身是普遍的，却又在特殊之中。总而言之，"道"自身是绝对超越的，但又在具体事物及其关系之中。所谓"物物者与物无际"，说的是"道"与事物是没有界限的，这似乎说明"道"与事物是融为一体的，但"道"又不是任何一个具体事物。因此，"道"就其本性来说，是超越万物的，却又内在于万物。

无为"。在老子看来，人类的生活就应该遵循这种"自然无为"。这就是老子的"道德玄同"论所蕴含的理论价值与实践意义，从而为现代社会的人生修养、治国理政与人类和谐相处提供了一个哲学本体论基础。

二、"修之于身" —— 自然无为的人生修养

老子的"道德玄同"论不仅是一种抽象深奥的哲学理论，更是一种具体实在的修道指南。所以，老子强调"修之于身，其德乃真"（《道德经·第54章》）。

任法融道长在《和谐世界，以道相通》一文中指出，"道"赋予人身为性。不分贤愚与贵贱，是人都有性，有性就有道。"道"之所赋，万物得之。"德"就是万物所固有的本质属性，是道的具体体现。"道"为体，"德"为用。没有"道"，"德"不会存在；没有"德"，"道"亦无从显现。若要明道体道，必先修德。"清静真一"是明道的根本途径。人人可以明道，个个可以得道。从《道德经》中可以概括、提炼出修道的两条基本原则：

人法地，地法天，天法道，道法自然。（《道德经·第25章》）
为学日益，为道日损。损之又损，以至于无为。无为而无不为。（《道德经·第48章》）

所谓"道法自然"，詹石窗先生解释说："实际上，'自然'就是'道'的自性，'道'本来就是自然而然。'道'化生万物没有主观参考价值，体现了本原态势，展示了自然法则，因此不可阻挡。"[①] 所谓"无为无不为"，詹石窗解释说："这个'无为'之中隐藏着深妙的玄机，是动中之静、静中之动的'无为'，是虚中之实、实中之虚的'无为'。[②] 概而言之，这两条修道的基本原则可简称为"自然"与"无为"。它们是一而二、二而一的，可以合称为"自然无为"。在老子看来，既然"自然无为"是"道"的自然本性及存在特性，因此也应该是包括人类在内的天地万物的自然本性及其存在特性。所以，一个人要想"复归其根"、与"道"合一，那么，"自然无为"就是根本途径。由此引申出尊道、贵德、清静、无为、少私、寡

---

① 詹石窗.道德经通解[M].北京：宗教文化出版社，2017.第45页。
② 同上，第83页。

欲、柔弱、不争等一系列原则与规范。① 这里简要阐述如下：

1. 尊道贵德。老子说："万物莫不尊道而贵德。"（《道德经·第 51 章》）尊道贵德是基本原则。这是由老子的道德本体论所决定的。由于"德"与"道"有着密切关系，所以不仅尊道，而且贵德。只有重德、积德，才能真正修道、悟道，所谓"德为道之基"。只有潜心修道才能与道合一，而这正是德的真正体现，所谓"道之在我就是德"。在老子及后来的道家、道教人士看来，"道"就蕴涵在人的生命之中，所谓"道在人中，人在道中"（《西升经》）。道与人的关系就犹如水与鱼的关系，修之则应，弃之则"道去人亡，水干鱼终"。《云笈七签·道性论》说："人能思道，道亦思人。道不负人，人负于道。"物欲横流，利欲熏心，致使道德败坏，人心不古。这在修道人士看来，就是心被欲所牵扰。所以，修道关键在于修心。因此，《内观经》说："道以心得，心以道明。"又说："所以教人修道则修心也，教人修心则修道也。"在修道人士看来，道与心是一种体用关系，所谓"道者心之体，心者道之用"（白玉蟾《道德宝章·玄德章》）。

2. 清静无为。老子说"清静为天下正"（《道德经·第 45 章》），又说"道常无为而无不为"（《道德经·第 37 章》）。《老子想尔注》解释说："道常无欲乐清静，故令天地常正。"老子认为，"清静"是道的一种特性，是自然无为的体现，"道"是无为的，并通过无为的作用而成就万物。所以，"无为"并不是消极不为，而是遵循自然规律。所以"清静"和"无为"可以合称"清静无为"。《清静经》说："夫道者，有清有浊，有动有静。"又说："清者浊之源，动者静之基。"意思是说：清是浊的源头，动是静的基础。修道使人由浊返清，身心清宁，宁静而精生，生命的精气得到宝藏和育养。清静无为就是自然无为，顺应天地自然变化的规律，尊重自然界一切生命的特性。对于人世间的一切东西，不要强求，不要干预，顺

---

① 刘笑敢先生认为，老子之"自然"本质上或其核心意义是"人文自然"，因为老子的自然不是指自然界的自然。道是宇宙万物的总根源和总根据，而道又以"自然"为价值和效法、体现之"对象"。道是老子的终极关切的"象征符号"，而"自然"则是这种终极关切所寄托的"最高价值"。（刘笑敢.老子古今 [M].北京：中国社会科学出版社，2006.第 52 页）笔者认为，"道"（包括德）是宇宙万物的本根，也是万物的价值本体，但"自然"只是"道"的特性、属性，它强调"道"本身的自己如此、自然而然，所谓"莫之命而常自然"，它不是外在于道的"对象"。"道"不仅是一种象征符号，而且是一种真实的存在。在这种意义上，可称之为"道体"。这是为了突出道的客观实在性，但并不意味它是独立于万物之外的一种实体。"自然"（或"人文自然"）的价值是由"道"决定的，因为是"道"的属性（或特性）而拥有价值，这不宜称之为"最高价值"。"道"除了具有"自然"这一特性外，还具有"清静""无为""柔弱""不争"等诸多特性。在众多特性中，"自然"的特性尽管可能是根本属性，但也不宜认为它拥有"最高价值"。"最高价值"应该就是"道"本身。其实，老子《道德经》的核心词汇就是"道（德）"。由"道（德）"可以派生许多特性，但不管是哪种特性，都不能反过来凌驾于"道（德）"之上。否则，就是对"道（德）"的背离。总之，若把"自然"解释为"道"所效法、所体现的"对象"，而具有"最高价值"，这就很容易让人误会"道"之外还有一个更高层次的实体性的存在。

应事物发生发展的自然规律。老子说："圣人处无为之事，行不言之教。"（《道德经·第2章》）。《清静经》说："夫人神好清，而心扰之；人心好静，而欲牵之。"这表明，要想做到清静无为，关键在于少私寡欲，不要热衷于追逐名利，才能避免干扰，身心自然清静。

3. 少私寡欲。老子说："见素抱朴，少私寡欲。"（《道德经·第19章》）所谓"素朴"，就是纯朴纯真，喻指道的特性。学道之人要体现"道"的纯朴纯真特性，就要排除一切私心和嗜欲，淡泊名利，精神不要为外物所累，使生命得到保养。老子还说："罪莫大于可欲，祸莫大于不知足，咎莫大于欲得。"（《道德经·第46章》）意思是说，灾祸的最大根源就在于嗜欲。嗜欲过重不仅有损个人的身心健康，而且危害社会。所以要求"去甚，去奢、去泰"（《道德经·第29章》），也就是要少私寡欲。这就要求人们对世俗的名利、声色、财货的企求要有一个正确的态度，不要有非分的念头和过分的奢求。换句话说，少思寡欲就是要知足、知止、知常，以使心神平和，使生命返回到原初状态，即"返朴归真"。这里的"朴"是指本真，引申为"道"的质朴状态。老子认为，人的本性最初是纯朴和纯真的，近于"道"的本性。但随着年龄的增长，思虑欲念不断萌生，不断地消耗掉人的生命真元，也蒙蔽了原有的纯朴天性。学道修道就是要使心性返回纯朴纯真的状态，使之不为物欲所诱惑，不为私心杂念所困扰。做人淳厚，生活俭朴，使心性逐渐回归到淳朴状态，与道相合。

4. 柔弱不争。老子说"弱者道之用"（《道德经·第40章》），认为"柔弱"是"道"的作用，柔能克刚，弱能胜强，这体现了道的辩证规律。关于"不争"，老子说"上善若水，水善利万物而不争"（《道德经·第8章》），又说"圣人之道，为而不争"（《道德经·第80章》）。老子认为，人的一切作为都应该顺乎自然，而不争强好胜，要做到心胸宽广、甘处卑下、不与人争、善利万物。"柔弱"这个词，从字面上看是脆弱没有精神，这不是老子的本义。其实质内涵有三点：第一，柔弱是生命存在和延续的象征。自然界的各种生物，因为有生命才能表现出各自不同的柔性，人生更是如此，没有生命的东西呈现出僵硬的形态。所以老子说："人之生也柔弱，其死也坚强。"（《道德经·第76章》）老子要求人们重视柔弱的修炼，做到"专气致柔"（《道德经·第10章》）。在平常生活中，保持心态平和安静，不要意气用事，不要太刚强，否则容易先受摧残和夭折。第二，柔弱蕴涵着积极的人生哲理。老子以柔弱为用，主张"上善若水。水善利万物而不争，处众人之所恶，故几于道"（《道德经·第8章》）。第三，柔弱也包含以柔克刚的意思，所谓"天下之至柔莫过于水，而攻坚强者莫之能胜"（《道德经·第78章》）。老子通过对"水"的描述，阐明了"不争"的深刻内涵。水以它特有的柔弱不争的品性，往低处流，随方就圆，无私地浇灌万物，使人和万物得到生长和涵养。学道之人应遵循柔弱不争的教义，不逞强好胜，不争名夺利，做到知足、知止，恬淡无为，清静自然。

三、"修之于邦"——自然无为的治国理政

所谓"自然无为"，不仅是个人修道的基本原则，同时也是治国理政的基本原则。所以，老子强调说："修之于邦，其德乃丰。"（《道德经·第 54 章》）以下几段话体现了"自然无为"在治国理政方面的应用，老子说：

道常无名。朴虽小，天下莫能臣。侯王若能守之，万物将自宾。天地相合，以降甘露，民莫之令而自均。（《道德经·第 32 章》）

道常无为而无不为。侯王若能守之，万物将自化。化而欲作，吾将镇之以无名之朴。镇之以无名之朴，夫将不欲。不欲以静，天下将自正。（《道德经·第 37 章》）

治大国，若烹小鲜。（《道德经·第 60 章》）

正是因为"自然无为"既是修身原则，又是治国原则，所以对统治者提出了较高的要求，吕锡琛先生把它概括为：

1. 遵循政治治理的规律而为，"以辅万物之自然而不敢为"（《道德经·第 64 章》）。

2. 让民众自为。"天下神器，不可为也，不可执也。为者败之，执者失之。是以圣人无为，故无败；无执，故无失。"（《道德经·第 29 章》）

3. 顺应民众之意愿而为，不把自己的主观意志强加于百姓，"圣人常无心，以百姓之心为心"（《道德经·第 49 章》）。

4. 无偏私偏爱而为。"天地不仁，以万物为刍狗；圣人不仁，以百姓为刍狗。"（《道德经·第 5 章》）

5. 不恃己功而为，"太上，不知有之"，"功成事遂，百姓皆谓我自然"（《道德经·第 17 章》）。

6. 不为自己而为。"天地所以能长久者，以其不自生，故能长生"，"生而不有，为而不恃，长而不宰"（《道德经·第 10 章》）。

这些含义的核心在于："淡化专制君主自以为是的主观意志，顺应客观规律，少干扰民众的生活，反映民众的意愿，尊重民众的利益。"①

---

① 吕锡琛 . 道家道教与中国古代政治 [M]. 长沙：湖南人民出版社，2002. 第 51 页。

在老子看来，统治者能在多大程度上做到"自然无为"，就在多大程度上反映了政治境界的高低，由高到低依次为："太上，不知有之；其次，亲而誉之；其次，畏之；其次，侮之。信不足焉，有不信焉。悠兮其贵言。功成事遂，百姓皆谓：'我自然'。"（《道德经·第 17 章》）所谓"百姓皆谓我自然"，河上公解释说："谓天下太平也。百姓不知君上之德淳厚，反以为己自当然也。"① 这是以百姓的自我肯定来反衬圣人的自然无为，深切地表明了"自然无为"的最高境界。

关于老子的政治哲学，长期以来存在以下两点严重误解：其一，所谓"愚民政策"。老子说："古之善为道者，非以明民，将以愚之。民之难治，以其智多，故以智治国，国之贼；以不智治国，国之福。"（《道德经·第 65 章》）很多人批判这是老子的愚民政策。其实《老子》中是不存在所谓愚民政策的，至少不是现代人所理解的专制社会中的愚民政策。贺麟先生指出："我们承认用阴谋权术去解释道家，特别是用之解释老子的趋势，在中国政治策略思想上相当大，一如将道家认作炼丹修仙的趋势相当大一样。阴谋权术与炼丹修仙乃中国政治上、文化上的黑暗方面，是开明时代、民主社会所须扫除廓清的。这似乎均非老庄的真面目，只代表被歪曲、被丑化了的道家，或误解老子所产生的流弊。"② 笔者不太同意所谓"炼丹修仙"是中国文化的黑暗方面，但完全赞同所谓"阴谋权术"乃是误解老子所产生的历史流弊。其二，所谓"欲取故纵"。老子讲："将欲歙之，必故张之；将欲弱之，必故强之；将欲废之，必故兴之；将欲取之，必故与之。是谓微明。柔弱胜刚强。"（《道德经·第 36 章》）很多人把这句话理解为阴谋权术。其实，非也。宋人范应元说："天下之理，有张必有歙，有强必有弱，有兴必有废，有与必有取。此春生夏长，秋敛冬藏，造化消息，盈虚之运固然也。然则张之、强之、兴之、与之之时，已有歙之、弱之、废之、取之之几伏在其中矣。几虽幽微而事已显明也。故曰'是谓微明'。或者以数句为权谋之术，非也。"（范应元《老子道德经古本集注》）即是说，张歙、强弱、兴废、与取，乃是自然之理，而非老子所设的阴谋权术。正如物极必反的道理一样，老子告诫人们应从这些自然之理中得到警醒和觉悟。

老子所处的春秋末期是一个礼乐崩坏、道德沦丧的时代，他批判说："大道废，有仁义；智慧出，有大伪；六亲不和，有孝慈；国家昏乱，有忠臣。"（《道德经·第 18 章》）"绝圣弃智，民利百倍；绝仁弃义，民复孝慈；绝巧弃利，盗贼无有。"（《道德经·第 19 章》）实际上，老子所批判的，是当时作为"口号"或"幌

① 王卡.老子河上公章句 [M].北京：中华书局，1993.第 69 页。
② 贺麟.文化与人生 [M].北京：北京：商务印书馆，1988.第 169 页。

子"的虚伪的仁义道德，而并非根源于自然本性的真仁义。这正如《庄子·骈拇》所说："彼窃钩者诛，窃国者为诸侯，诸侯之门而仁义存焉。"这表明，统治者已把仁义意识形态化，使之变为一种笼络、统治人心的工具。而仁义一旦意识形态化，也就面临着教条化、形式化的危险。在老庄看来，统治阶级的"仁义"只是一个幌子，只是一种虚伪的礼教。① 由统治者所主导、所把持的舆论宣传往往歌功颂德、粉饰太平，表现出"自是""自伐"，老子说："自见者不明，自是者不彰，自伐者无功，自矜者不长。其在道也，曰余食赘行。物或恶之，故有道者不处也。"（《道德经·第 24 章》）同时，统治者私欲极盛、贪得无厌，老子批判说："罪莫重乎贪欲，咎莫憯乎欲得，祸莫大乎不知足。"（《道德经·第 46 章》）由于统治者贪欲熏心，必然导致严酷的剥削行为，老子揭露说：

民之饥，以其上食税之多，是以饥。民之难治，以其上之有为，是以难治。民之轻死，以其上求生之厚，是以轻死。（《道德经·第 75 章》）

民不畏威，则大威至矣。无狎其所居，无厌其所生。"（《道德经·第 72 章》）

民不畏死，奈何以死惧之！（《道德经·第 74 章》）

所谓"食税之多""求生之厚"，所谓"狎其所居""厌其所生"，所谓"以死惧之"等等，这些暴虐统治严重违背了"自然无为"的基本原则。对此，老子给予了严厉批判。

值得一提的是，老子所提倡的"自然无为"，也被西方哲人所认同。比如，罗素认为，老子哲学是一种自由的哲学。每个人都有对于他来说是自然的行为方式，我们应该支持和鼓励这种行为方式，一切政府对自然过程的干预都是不好的。如果一切生命的存在方式都是根据"道"来生活，那么我们这个世界就不会有冲突。② 这没有冲突的世界就是老子所说的"小国寡民"的理想社会："甘其食，美其服，安其居，乐其俗。"（《道德经·第 80 章》）这种理想社会就是由"修之于邦"和

① 需要指出，老子并没有全盘否定"仁"的价值。他不仅讲"心善渊，与善仁"（《道德经·第 8 章》），而且还提出"三宝"说。其中所谓"慈"，诚然包涵仁慈、仁爱之意。所以，正如许抗生先生所说："老子激烈地抨击了礼教的虚伪性，但他并没有完全否认传统文化的作用，不过他只是把礼义仁爱的思想，放到了他的'道德'思想之下，成为次要的东西加以保留。"许抗生.老子评传[M].南宁：广西教育出版社，1996.第 27 页。

② 何兆武主编.世界名人论中国文化[M].桂林：广西师范大学出版社，2001.第 91 页。

"自然无为"所达到的理想境界。这对现代政治仍具有深刻的启迪意义。[①]

四、"修之于天下"——人类和谐的相处之道

老子，一位既潜心修道，又关怀天下的哲人，他不仅提出"修之于身，其德乃真"，进而要求"修之于邦，其德乃丰"，最终做到"修之于天下，其德乃普"（《道德经·第 54 章》）。老子还提出了两个命题，即"知常容，容乃公，公乃王"（《道德经·第 16 章》）与"万物负阴而抱阳，冲气以为和"（《道德经·第 42 章》）。要言之，大道行世，天下和平。

但老子所处的春秋时代，却是霸权迭兴、智谋相竞的动乱年代，正所谓"弑君三十六，亡国五十二，诸侯奔走不得保其社稷者不可胜数"（《史记·太史公自序》）。老子明确反对霸权主义和争霸战争。他告诫说："天下神器，不可为也，为者败之，执者失之。"（《道德经·第 29 章》）意谓。天下是最神圣的东西，不可以夺取它，也不可以占有它。硬要这样做的必败，占有它的必定丧失！如果按老子智慧来环顾今日国际形势，显而易见，不少国家都违背了老子哲学的基本精神。从而导致局部地区的冲突与战争此起彼伏，动荡不安。这确实值得有关国家引以为戒。

老子又提倡"上善若水"，他说："水善利万物而不争，处众人之所恶，故几于道矣。居善地，心善渊，与善仁，言善信，政善治，事善能，动善时。夫唯不争，故无尤。"（《道德经·第 8 章》）为此，他提出了一条处理列国关系的基本准则，他说：

> 大邦者下流，天下之牝，天下之交也。牝常以静胜牡，以静为下。故大邦以下小邦，则取小邦；小邦以下大邦，则取大邦。故或下以取，或下而取。大邦不过欲兼畜人，小邦不过欲入事人。夫两者各得所欲，大者宜为下。（《道德经·第 61 章》）

意思是说，大国要居于江河的下流，处于天下雌柔的位置，这是天下交汇之处。雌性常以静定而胜过雄性，因为静定而又能处下的缘故。所以大国对小国谦下，可以汇聚小国；小国对大国谦下，就可以见容于大国。所以大国谦下就能汇

---

① 对于老子所谓"小国寡民"，我们要理解他的精神实质，而不宜拘泥于过时的形迹。比如，所谓"使有什伯之器而不用，使民重死而不远徙""民至老死，不相往来"（《道德经·第 80 章》），这些观点显然不合时宜了。但"小国寡民"的精神实质在于"甘其食，美其服，安其居，乐其俗"——这在今天看来，隐含了人类文明的多样性与统一性的问题。正如费孝通先生所谓"美美与共，天下大同"。这是值得肯定的。

聚小国，小国谦下就可见容于大国。大国不过是想汇聚小国，小国不过是想求容于大国。所以大国、小国要想实现各自目的而和谐相处，那么，大国尤其应该谦下。

尤其值得称道的是，老子提倡"以天下观天下"（《道德经·第54章》）。这意味着，不以本国利益凌驾于人类整体利益之上，而是着眼于人类整体利益来协调和处理各国之间的纷争和矛盾。这蕴涵了对人类正义原则的肯定。鉴于霸权主义对"正义"原则的滥用，刘笑敢先生提出了"人文自然原则高于正义原则"的命题。他说，人文自然关切的是社会的自然秩序和自然的和谐。要实现这一理想，必须确立两条原则：第一，自然的秩序高于强制的秩序；第二，人文自然的原则高于正义的原则。[①] 刘氏还说，这不是要贬低或废弃正义原则，而是希望在坚持正义原则的同时，看到它在理论上以及现实中的某种不足，故尝试以人文自然的原则去补充正义原则。尽管如此，人文自然原则也是有问题的：政治上的顽固派和既得利益者，可以借口维护秩序而拒绝改革，那么也是符合人文自然原则的。尽管刘氏说人文自然原则的提出不是要废除正义原则，只是正义原则的补充，但由于他又强调了前一原则"高于"后一原则，这就不是"补充"的问题了。另外，刘氏还罗列了古今中外那些打着"正义"幌子却给人类带来深沉灾难的重要历史事件，借以论证正义原则的不足之处。但笔者认为，问题不是出在正义原则本身，而是强权、专制和暴政对正义原则的践踏。他们之所以打着正义的招牌，恰好表明即便是强权和暴政，对正义也有所顾忌，故只好假借"正义"之名而行邪恶之实。总之，刘笑敢先生提出人文自然原则的初衷是好的，但其观点的表述未必精当。

立足于"自然无为"的批判精神，老子对人类早期文明进行深刻反思，他说："天下皆知美之为美，斯恶已；皆知善之为善，斯不善已。"（《道德经·第2章》）又讲："绝圣弃智，民利百倍；绝仁弃义，民复孝慈；绝巧弃利，盗贼无有。此三者以为文不足，故令有所属：见素抱朴，少私寡欲。"（《道德经·第19章》）这些反思和批判无疑具有深刻意义。[②] 李约瑟说："近代科学与技术不论在物理学、化学还是在生物学的领域里，现在每天都在作出各种对人类及其社会有巨大潜在危

---

① 刘笑敢. 老子古今 [M]. 北京：中国社会科学出版社，2006. 第627页。

② 学界有一种观点认为，老子批判否定包括技术在内的一切物质文明。这个观点有失片面。其实，老子对于技术的态度，既有否定的一面，也有肯定的一面，各随其所论述的问题而定。吕思勉先生说得好："道家之所攻击者，全在社会组织之不合理，而不在物质之进步。然其言一若攻击物质文明者，则以物质之进步，与社会之堕落平行。"吕思勉. 先秦学术概论 [M] 上海：东方出版中心，1996. 第32页。

险的科学发现。"①"问题是人类将如何对付科学与技术的潘多拉盒子？我再一次要说：按照东方见解行事。"②所谓"东方见解"，其中就包括了老子的智慧。这是老子哲学的深邃与伟大之处。这种智慧对现代人仍具有深刻意义。立足于当代世界，我们应当着重阐发老子哲学中所蕴含的"道德玄同"的精神风骨，创造性地转化老子的"自然无为"思想，使它能够更好地在现代人生与社会政治中发挥更积极的作用；我们应该使自己的人生和社会各项事业都奠基于"道德本体"。只有以"道"为体、以"德"为本，我们的人生才会有真实的意义，我们的社会才能建设成为一个祥和安康的美好社会；我们应该学习和效法老子那种"以天下观天下"的宽广胸怀，以便能够更好地促进人类社会的和平与发展。

2011 年 10 月 23 日，由中国道教协会、中华宗教文化交流协会共同主办，湖南组委会承办的"国际道教论坛"在湖南省衡阳市南岳衡山隆重开幕。来自大陆内地、港澳台地区和 19 个国家的道教界、政界、学界、商界等有关方面人士参加了论坛开幕式。本次国际道教论坛是对"国际《道德经》论坛"的延续和深化。时任中国道教协会会长的任法融先生在闭幕式致辞上表示，本届论坛以"尊道贵德、和谐共生"为主旨，既契合了道教教义之内核，又顺应了时代之主题，体现了推动世界持久和平与共同繁荣的美好愿望。此次论坛发表了《南岳宣言》。《宣言》"力促天人之和谐，共致世界之和平"。这表明了老子思想在当代社会的生命力。当今世界，不同国家和地区间的联系日益紧密，各种文明相互交融激荡，人类发展面临前所未有的机遇和挑战。我们只有尊重世界文明多样性，倡导不同文明之间的对话与交流，共同遵循"道"的原则，"以天下观天下"，人类社会才能和谐相处，才能实现共同繁荣与发展。

五、结语

自启蒙运动以来，西方社会不断涌现出一些具有全球性影响的思想观念，所谓"人类中心主义""西方中心主义""理性主义""霸权主义"，等等。但这些思想观念具有很大的局限性，乃至成了 20 世纪两次世界大战的催化剂，也是今天造成许多全球性问题的重要思想根源。诸如霸权主义、恐怖主义、极端主义、贫富差距以及全球气候变暖、生态恶化等等，这些都是全球性的重要问题，是全人类都必须共同应对的巨大挑战。

为了解决全球性问题，我们不能纠缠于现实中纷繁复杂的观念冲突与利益之争，而应该使自己"至虚守静"和"归根复命"（《道德经·第 16 章》），做到"玄

① 潘吉星主编 . 李约瑟文集 [M] 沈阳：辽宁科学技术出版社，1986. 第 311 页。
② 潘吉星主编 . 李约瑟文集 [M] 沈阳：辽宁科学技术出版社，1986. 第 341 页。

同于道德"。为此，我们需要确立一种新的全球性共识（或全球价值观）。基于老子的"道德玄同"论及其人文意蕴，我们把这种新的全球价值观概括为"尊道贵德，天下玄同"。放眼世界，不管各国大小如何，彼此地位平等，在处理国际问题时，都应该把"道"与"德"置于优先尊崇和信奉的地位，都为全球性问题而承担各自应有的责任。这样，整个世界就有可能达到一种理想的和谐境界。"尊道贵德，天下玄同"的价值理念把人类社会视为一个"命运共同体"，倡导精诚合作，同舟共济；同时顺应自然和保护自然，使人与自然和谐相处。

老子坚信："执大象，天下往。往而不害，安平太。"（《道德经·第35章》）所谓"大象"，即大道、大德。这句话反映了老子基于"尊道贵德，天下玄同"的一种理想和信念，即"道"通天下、"德"化世界。因此，老子的"尊道贵德，天下玄同"既是中华民族的核心价值理念，也应该是全人类的普世价值理念。老子哲学智慧不仅有利于促进中华民族的伟大复兴，而且有助于推进人类社会迈向一个更加和谐繁荣与可持续发展的文明形态！

《老子》道篇阐释道的三个维度

殷学侃*

内容提要：本文依朱谦之《老子校释》，从无为之道、有为之道、无为无不为之道三个维度来解读老子之道的内涵。无为之道，意思指道是虚无的，道是不为的，道是无主观意识的。有为之道，是说道是客观存在的，是说道的作用是实存的。无为无不为之道，是指道是有为和无为的辩证统一。

主题词：老子 道经 无为 有为 无为无不为

基金项目：福建省教育厅社会科学研究资助重点项目"论文字发展的布林轨道——语音语义对文字的影响"（JAS150334）

引　言

老子之道，"玄之又玄，众妙之门"[①]。又："古之善为士者，微妙玄通，深不可识。"[②] 道，长久以来一直为爱道之人所孜孜以求。道体虚无，所以这个孜孜以求并非是在追求一个实体，而是追求对道的体悟。唯有体悟到了道的玄妙，才可以遵道，才可以"同于道"。老子五千言，文理深奥，各随人解，注疏无数，众说纷纭，尤其在文字的细节上，训解之分歧更多。然而，老子提出老子之道，目的在于提倡一种"道法自然"的"无为"思想。这一观点还是普遍一致的。"无为"是道的一个最为重要的特征，在某种程度上，甚至可以说"无为"就是"道"，但是仅仅把道看作"无为"，却又是远远不够的。想从老子之道中获得对人生有所指导的裨益，那就必须尽可能全面地而不是片面地理解老子之道。《道德经》前三十七章阐"道"，为"道经"，后四十四章述"德"，为"德经"。本文试就"道经"的文字，依《老子校释》文本，从三个维度来阐述笔者对老子之道的一点浅陋的感

---

　　*　殷学侃（1971—），男，侗族，湖南通道人，闽南师范大学外语学院副教授，研究方向：语言哲学研究。

　　① 朱谦之 . 老子校释 [M]. 北京：中华书局，1984. 第 7 页。
　　② 朱谦之 . 老子校释 [M]. 北京：中华书局，1984. 第 57—58 页。

悟和理解，即道是无为、道是有为、道是无为无不为。

一、无为之道

道是无为，一是说道是虚无的，二是说道是不为的。

首先，道是虚无的，是无形无相的。从天地万物来说，道是自然规律，对人类而言，道是一种精神境界，二者都是超形绝象的。因此，道之无为，首先表现为虚无、无形无相。释德清说的"大道体虚，超乎声色名相思议之表"①即是此意。关于这一点，老子在第十四章也说得很清楚：

视之不见，名曰夷；听之不闻，名曰希；搏之不得，名曰微。此三者不可致诘，故混而为一。其上不皦，在下不昧。绳绳不可名，复归于无物。是谓无状之状，无物之象，是谓忽恍。迎不见其首，随不见其后。执古之道，以语今之有。以知古始，是谓道已。②

其中，"不见"即无形，"不闻"即无声，"不得"即无体。道是无形、无声、无体的，即所谓"无状之状，无物之象"，老子称之为"忽恍"。道，不仅无形、无声、无体，而且"不可道，不可名"，即所谓"道，可道，非常道；名，可名，非常名"。③因为一旦有所道，有所言，即落名言形象，即成实体，即是非常名，即与道违，所以老子勉强称之为"忽恍"，也只是为了方便人们体认道而暂时安立的一个假名而已，假名即非常名，与常名相对。另外，老子还说："道出言，淡无味，视不足见，听不足闻，用不可既。"④其中"无味""不足见""不足闻"也都说明了道是无形无相的，是虚无的。

其次，道是不为的，即是说道是无主观意识的，是超越相对性的。

老子从天地万物运行之规律感悟到了大道。天地万物运行的规律是什么，那么道的特征就是什么。老子在第五章说："天地不仁，以万物为刍狗。"⑤王弼将"天地不仁"注为"天地任自然，无为无造，万物自相治理，故不仁也"。⑥陈荣捷先生则说："天地不偏不党，公正无私，毫无人为蓄意之仁爱之意。"⑦所以，道之不

---

① 释德清．道德经解 [M]．上海：华东师范大学出版社，2009．第 52 页。
② 朱谦之．老子校释 [M]．北京：中华书局，1984．第 52-56 页。
③ 朱谦之．老子校释 [M]．北京：中华书局，1984．第 3 页。
④ 朱谦之．老子校释 [M]．北京：中华书局，1984．第 141 页。
⑤ 朱谦之．老子校释 [M]．北京：中华书局，1984．第 22 页。
⑥ 陈鼓应．老子今注今译 [M]．北京：北京：商务印书馆，2003．第 93 页。
⑦ 陈鼓应．老子今注今译 [M]．北京：北京：商务印书馆，2003．第 94 页。

为，第一个特征仿若天地无人格意识的"不仁"。第七章又说："天长地久。天地所以能长久者，以其不自生，故能长久。"①"以其不自生"，释德清解说为："以其不自私其生"。②所以，道之不为的第二个特征仿若天地之"不自生""不自私"。在第八章又说："上善若水。水善利万物，又不争。处众人□所恶，故几于道。"③所以，道之不为的第三个特征仿若水之"不争"。"天地"也好，"水"也好，都是无人格意识的物，老子首先从无人格意识的物，看到了道是无主观意识的。老子在第二十三章则从自然界的"风""雨"等现象来说明道的这一特征，该章说道："希言自然。飘风不终朝，骤雨□终日。孰为此？天地。天地尚不能久，而况于人？"④蒋锡昌注第五章"多言数穷"之"多言"时说："'多言'为'不言'之反，亦为'无为'之反，故'多言'即'有为'也。"⑤所以，第二十三章的"希言""不能久"即是"无为"，即"不为"之意。"飘风""骤雨"比喻为天地的"言"，而"自然"崇尚"希言"，即"无为"。所以，天地运行之"道"令"飘风不终朝，骤雨不终日"。所以，道之不为的第四个特征仿若"飘风""骤雨"之"不能久"，仿若"自然"之"希言"。其实，不仅"不言""希言""不能久"是"无为"之意，而且"不仁""不自生""不争"也都是"无为"之意，这些名词都是老子在阐述"无为"时所立的各种假名而已。假名虽假，仍有助于我们解悟"无为"之深意。

所以说，道是虚无的，是无形无相的，同时道也是不为的。道既然虚无，是无人格意识的，所以道肯定不为，我们合起来说：道是无为。

二、有为之道

道是有为，第一是说道是客观存在，遍布一切空间，是天地万物的根源；第二是说道的作用是无穷无尽的，遍布一切时间。

道虽虚无，无形无相，但它是客观存在，遍布一切空间。"有物混成，先天地生。寂漠！独立不改，周行不殆，可以为天下母。吾不知其名，字之曰道，吾强为之名曰□"。⑥道，在天地生成之前就存在，它运行不止，是天地万物的根源。"道冲，而用之久不盈。深乎！万物宗。""湛常存"。⑦朱谦之注曰："'冲'傅奕本作'盅'，'盅'即'冲'之古文。说文皿部：'盅，器虚也。老子曰："道盅而用

---

① 朱谦之.老子校释 [M].北京：中华书局，1984.第29页。
② 释德清.道德经解 [M].上海：华东师范大学出版社，2009.第43页。
③ 朱谦之.老子校释 [M].北京：中华书局，1984.第31页。
④ 朱谦之.老子校释 [M].北京：中华书局，1984.第94—95页。
⑤ 陈鼓应.老子今注今译 [M].北京：北京：商务印书馆，2003.第95页。
⑥ 朱谦之.老子校释 [M].北京：中华书局，1984.第100—101页。
⑦ 朱谦之.老子校释 [M].北京：中华书局，1984.第18—20页。

之'。"① 可见，道体虽虚，然而其作用却是无穷无尽的，它深远悠长，是万物的祖宗。可见老子的世界观是：万事万物都是道的产物。"大道氾，其可左右。万物恃之以生而不辞，成功不名有，爱养万物不为主。"② 高亨注云："《广雅·释诂》：'氾，博也。'《释言》：'氾，普也。'"③ 该章阐明，道体广大，左之右之，无往不在也，道是天地母，道是万物之宗，所以说，"万物恃之以生"。又言："谷神不死，是谓玄牝。玄牝门，天地根。绵绵若存，用之不勤。"④ 高亨注为："谷神者，道之别名也。勤，尽也。"⑤ 道的作用及其运行是无有穷尽的，所以说"谷神不死"，"用之不勤"，"用之不可既"。又如第二十一章，老子说："道之为物，唯恍唯惚。惚恍中有象；恍惚中有物。窈冥中有精，其精甚真，其中有信。"⑥ 道虽虚无，却恍惚存在。所以说"道之为物、有象、有物、有精、有信"。

由上可知，道是客观存在的，遍布一切空间的，是天地万物的根源；道的作用是无穷无尽的，是遍布一切时间的。天地万物都依赖道而得以生生不息，所以说道是有为的。

然而，一说道是有为的，可能会使人又粘着在道具有主观意识和主观能动性这一思维定式上，这样就可能会把道人格化，以为道也如同上帝那样具有创造万物的主观能动性。所以在《老子》五千言中，不时看到老子反复在无为和有为之间往返进行说明，以期望人们把无为和有为圆满地结合起来，以便能真正了解道。老子在第一章说："常无，欲观其妙；常有，欲观其徼。"⑦ 高亨注曰："因特重常无与常有，故提在句首。此类句法，古书中恒有之。"⑧ 陈鼓应注言："常体'无'，以关照道的奥妙；常体'有'，以关照'道'的边际。"⑨ 又在第十章说："生之畜之，生而不有，为而不恃，长而不宰，是谓玄德。"⑩ 顾本成疏云："故施为利物，亦无思造之可恃也。"⑪ 第十五章说："熟能浊以静之？徐清。安以动之？徐生。"⑫ 吴澄说："浊者，动之时也；……安者，静之时也；……"⑬ 动，即有为，静是无为。这句话

---

① 朱谦之 . 老子校释 [M]. 北京：中华书局，1984. 第 18 页。

② 朱谦之 . 老子校释 [M]. 北京：中华书局，1984. 第 136—137 页。

③ 高亨 . 老子正诂 [M]. 北京：清华大学出版社，2011. 第 55 页。

④ 朱谦之 . 老子校释 [M]. 北京：中华书局，1984. 第 25—27 页。

⑤ 高亨 . 老子正诂 [M]. 北京：清华大学出版社，2011. 第 13—14 页。

⑥ 朱谦之 . 老子校释 [M]. 北京：中华书局，1984. 第 88—89 页。

⑦ 朱谦之 . 老子校释 [M]. 北京：中华书局，1984. 第 6 页。

⑧ 高亨 . 老子正诂 [M]. 北京：清华大学出版社，2011. 第 4 页。

⑨ 陈鼓应 . 老子今注今译 [M]. 北京：北京：商务印书馆，2003. 第 75 页。

⑩ 朱谦之 . 老子校释 [M]. 北京：中华书局，1984. 第 41 页。

⑪ 朱谦之 . 老子校释 [M]. 北京：中华书局，1984. 第 41 页。

⑫ 朱谦之 . 老子校释 [M]. 北京：中华书局，1984. 第 61 页。

⑬ 卢育三 . 老子释义 [M]. 天津：天津古籍出版社，1987. 第 89 页。

是说：浊以静徐清，安以动徐生。可见，任何事物都是有为和无为的辩证统一。

第三十四章："万物恃之以生而不辞，成功不名有，爱养万物不为主。"①"万物恃之以生""爱养万物"是指道的有为，"不名有""不为主"指的是道的无为。

老子阐述无为似乎比较多，但其文字已经表明：无为和有为是一体的。

三、无为无不为之道

道是无为无不为，即是有为和无为的辩证统一。

在老子看来，日常生活中的各类事理都隐含着道的妙用。老子通过类比和隐喻手段一一给揭示了出来，并且将万物背后的道的妙用映射到了人的修养、政治、军事上来，启发人们去感悟人生之道、政治之道、军事之道，并一再告诫我们时刻要守住道、同于道。我们从这些道的妙用之中可以领悟到道的真实内涵。领悟道的真实内涵，会对我们的人生产生积极的指导作用。

老子在第十一章说："三十辐共一毂，当其无有，车之用。埏埴以为器，当其无有，器之用。凿户牖以为室，当其无有，室之用。有之以为利，无之以为用。"②朱谦之云："'埏'，'挻'义通。"河上公曰："挻，和也；埴，土也。和土以为饮食之器。"③此章之"无有"是"车之用""器之用""室之用"的条件，因为车轮若无中空、器皿若无中空、居室若无中空和门窗，就不能成"车之用""器之用""室之用"。不过，"有"，虽是物品成器的前提条件，但是必须和"无"结合才可以。形而下的器物之所以成器是"有"和"无"的辩证统一。上升到形而上的道的层面，道即是"有为"和"无为"的辩证统一。

因为"无为"的妙用更不易为人所知晓，所以老子在阐道时，侧重阐述"无为"。老子第七章载："天长地久。天地所以能长且久者，以其不自生，故能长久。是以圣人后其身而身先，外其身而身存。以其无私，故能成其私。"④"以其不自生"，成玄英疏云："不自营己之生也"。⑤这是"无为"的表现之一，即指没有为自己谋私利的主观意识。天地之所以能长久的道理在于天地"不自生"，即"无为"。圣人法天地，故能做到"后其身""外其身""无私"，这些也都是"无为"的表现，都是在守道、同于道。

第八章云："上善若水。水善利万物，又不争，处众人之所恶，故几于道。"⑥

---

① 朱谦之．老子校释 [M]．北京：中华书局，1984．第137页。
② 朱谦之．老子校释 [M]．北京：中华书局，1984．第43—45页。
③ 朱谦之．老子校释 [M]．北京：中华书局，1984．第44页。
④ 朱谦之．老子校释 [M]．北京：中华书局，1984．第29—30页。
⑤ 陈鼓应．老子今注今译 [M]．北京：北京：商务印书馆，2003．第100页。
⑥ 朱谦之．老子校释 [M]．北京：中华书局，1984．第31页。

此章以水"善利万物""不争""处众人之所恶"的譬喻突显人的修养之道。"不争"即"无为"，上善之圣人效法水之"无为"，故不会因为能"利万物"，能有所作为，而居功自傲，反而会"处众人之所恶"，居下无为。这样，为人处世，待人接物才可以达到"善"的境界，没有瑕疵，没有忧患。

前文说过，道之无为，是指道没有主观意识，是超言绝虑的，是超越相对性的。如第二章说：

天下皆知美之为美，斯恶已；皆知善之为善，斯不善已。故有无相生，难易相成，长短相形，高下相倾，音声相和，前后相随。是以圣人处无为之事，行不言之教。万物作而不辞，生而不有，为而不恃，成功不居。夫唯弗居，是以不去。[①]

这一章向来被理解为其主旨体现了老子对立统一的辩证思想。但是，如果从道的无主观意识，超越相对性的特点来说，这一章其实是从反面来阐述道的。因为，如果知道何为美，那必然就知道何为丑；如果知道何为善，那必然就知道何为不善。那么就证明人们已经囿于自己的主观意识了，有了相对性的概念了，那就与道相违背了。有了相对性的概念之后，就有了有和无，难和易，长和短，高和下，音和声，前和后等等这些相对概念。心中有了这些概念，如果被这些概念的差别所束缚，又怎么做到"生而不有，为而不恃，成功不居"呢？所以，"天下皆知美之为美，斯恶已；皆知善之为善，斯不善已"，可以将其理解为：天下都知道美好的事物是"美"，其实这已是恶了；知道善的事物是"善"，其实这已是不善了。只有心中没有美丑，没有善恶，没有一切概念差别，超越一切相对性，才能做到"生而不有，为而不恃，成功不居"。

虽说道没有主观意识，是超言绝虑的，是超越相对性的，但并不是说圣人真的没有一切概念的差别。事物的差别，在圣者心中是很清晰的，圣人只是不执着概念的差别，不被概念的差别所束缚而已，即圣人可以做到无为无不为。圣人"知其雄，守其雌，为天下蹊。为天下蹊，常德不离，复归于婴儿；知其白，守其黑，为天下式。常德不忒，复归于无极；知其荣，守其辱，为天下谷。为天下谷，常德乃足，复归于朴"[②]。何为雄？何为雌？何为黑？何为白？何为荣？何为辱？圣人是知道的，只不过圣人不会执着于这些概念的差别而背道。"知其雄、知其白、知其荣"是圣人的"有为"，"守其雌、守其黑、守其辱"是圣人的"无为"，圣人契

① 朱谦之 . 老子校释 [M]. 北京：中华书局，1984. 第 9—11 页。
② 朱谦之 . 老子校释 [M]. 北京：中华书局，1984. 第 112—113 页。

道，无为无不为也。

人固然要守道、同于道，但是显然不可能做到没有主观意识，也不能超越相对性。道之无为无不为，只是告诫我们不要过度，不要执着，并不是要我们变成一个没有判断能力、毫无主观意识的人。所以，老子只是告诫我们要"去甚，去奢，去泰"①要"见素抱朴，少私寡欲"。②又第二十二章言："少则得，多则惑""不自见，故明；不自是，故彰；不自伐，故有功；不自矜，故长。"③"多"指过度，而"不自见、不自是、不自伐、不自矜"则是合于道的表现，是为人处事应持有的谦虚谨慎的态度。可见，道之无为无不为，是告诫我们做任何事都不要执着，不要过度，"知止不殆"。④

老子在《道经》中论述人的修养之道颇多，但论及政治之道、军事之道也是有的。如第三十七章："道常无为而无不为。侯王若能守，万物将自化。化而欲作，吾将镇之以无名之朴。无名之朴，亦将无欲。不欲以静，天下将自正。"⑤第三十二章也说："侯王若能守，万物将自宾。"⑥汤漳平和王朝华注："自宾，宾服，服从"。⑦第三十七章是《道经》的最后一章，也是总结性质的一章，提出了"道常无为而无不为"这一结论。这两章显然是告诫统治阶级的，所以说"侯王若能守，万物将自化"，"万物将自宾"。侯王若能守道，无为而无不为，万物将和平安定、不作乱并能归化臣服。若人民有欲，有妄为，则以无欲、无为教导和开化，那么天下将得大定。

《道经》中论及军事之道的，主要体现在第三十章和第三十一章。从这两章的字里行间，可以看出老子是反对战争的。老子劝诫人们对待战争一定要慎重，如果非战不可，不得已而为之，那也一定要适可而止。所以第三十章说："以道作人主者，不以兵强天下"，"故善者果而已，不以取强"。又说："果而勿骄，果而勿矜，果而勿伐。果而不得已，果而勿强。"⑧王弼注："果，犹济也。"⑨战争是人民所厌恶的，是不合道的，所以第三十一章说："夫佳兵者，不祥之器，物或恶之，故

① 朱谦之 . 老子校释 [M]. 北京：中华书局，1984. 第 118 页。
② 朱谦之 . 老子校释 [M]. 北京：中华书局，1984. 第 75 页。
③ 朱谦之 . 老子校释 [M]. 北京：中华书局，1984. 第 92 页。
④ 朱谦之 . 老子校释 [M]. 北京：中华书局，1984. 第 131 页。
⑤ 朱谦之 . 老子校释 [M]. 北京：中华书局，1984. 第 146—147 页。
⑥ 朱谦之 . 老子校释 [M]. 北京：中华书局，1984. 第 130 页。
⑦ 汤漳平，王朝华 . 老子 [M]. 北京：中华书局，2014. 第 122 页。
⑧ 朱谦之 . 老子校释 [M]. 北京：中华书局，1984. 第 119、121、122 页。
⑨ 朱谦之 . 老子校释 [M]. 北京：中华书局，1984. 第 122 页。

有道不处。"① 王念孙说："'佳'当作'隹'，字之误也。'隹'古'唯'字也。"② 对待战争要慎之慎之再慎之，战争不管胜利还是失败都将给人民带来巨大的痛苦。如果因为胜利而欢喜，则是"乐煞人"，"不可得意于天下"，③ 应该因"煞人众多，以悲哀泣之"。④ 在战争中获胜也应该"以哀礼处之"。⑤ 可见，老子尽管强烈反对战争，但对于不得已而战的正义之战，老子似乎并不反对。但是尽管如此，老子仍然一再强调不可过度，要守道。所以说："物牡则老，谓之非道，非道早已"，"不得已而用之"，"恬淡为上"。⑥

四、结语

道，是老子思想体系中的重要概念，对中华文化产生了极其深远的影响。但是，因为《老子》内容深奥，成书年代又久远，文字不易考证，所以各人理解老子的"道"时出现一些分歧也是自然的。尽管如此，大家对老子"无为"思想的看法还是基本一致的。本文从无为之道、有为之道、无为无不为之道三个维度，对道进行了一个浅陋的阐述，敬请方家指正。

---

① 朱谦之 . 老子校释 [M]. 北京：中华书局，1984. 第 123—124 页。
② 卢育三 . 老子释义 [M]. 天津古籍出版社，1987. 第 151 页。
③ 朱谦之 . 老子校释 [M]. 北京：中华书局，1984. 第 126、127 页。
④ 朱谦之 . 老子校释 [M]. 北京：中华书局，1984. 第 127 页。
⑤ 朱谦之 . 老子校释 [M]. 北京：中华书局，1984. 第 128 页。
⑥ 朱谦之 . 老子校释 [M]. 北京：中华书局，1984. 第 122、125、126 页。

《道德经》章句研究

道言超玄——《道德经》第一章的意本论解读

温海明[*]

内容提要:《道德经》出土文本带来了研究的繁荣,但基于出土文本的研究并不足以修正、也不足以改变传统的文本,参照英文翻译可以帮助我们深入思考和厘清相关问题。就《道德经》的出土文献来说,出土的版本并不等于更加古老、更加标准或更有意义的版本,只是为深入研究两千多年的通行本意义系统注入了新的活力而已。《道德经》的研究很多,但真正哲学性的研究很少,本文以第一章为例,从意本论的角度说明其中蕴含着"道言超玄"的意本论哲学,并对如何进行意本论的解读做出方法论和框架性的说明。

关键词:道德经 道 意 意本论

近些年来,由于多本《道德经》出土,相关研究著作和文章可谓汗牛充栋,研究者们多对通行本文字进行修改和考订,很多也确实持之有故,言之成理。很多当代注译《道德经》的作者以新出土本为据,如李零重帛书本[①],黄克剑重帛书乙本[②]。类似的,很多海外译者也以出土版本为参考,如安乐哲(Roger T. Ames)2003 年的《道德经》译文参考刘殿爵 1982 年据马王堆帛书本的翻译,再对文本加以修改作为翻译的基础;[③] 韩禄伯(Robert G. Henricks)1989 年的译文(老子德道经 *Lao Tzu's Te-Tao Ching: A New Translation Based on the Recently Discovered Ma-Wang-Tui Texts*, New York: Ballantine, 1989)根据马王堆帛书本进行翻译,跟

---

[*] 温海明(1973—)男,福建三明人,哲学博士,中国人民大学哲学院教授,研究方向:中国哲学和比较哲学。

① 参李零.人往低处走:《老子》天下第一 [M].北京:三联书店,2014。

② 参黄克剑.老子疏解 [M].北京:中华书局,2017。

③ 参安乐哲,郝大维著,何金俐译.道不远人——比较哲学视域中的《老子》[M].北京:学苑出版社,2004.第 86 页。

刘殿爵 1982 年翻译的帛书本一样，章次按照帛书本的次序。④韩禄伯在 2000 年的时候，又出版了他根据郭店本翻译的《道德经》。②

可见，出土文献造成中外《道德经》研究和翻译一片繁荣昌盛。总的来说，出土文献为确定传世文本有争议的地方提供了参考，为历代争辩不明的字句找到了更加合理的解释，澄清了很多文字学、文献学、学术史、思想史上争论不休的问题，说明出土文献有不可估量的学术价值。不过，在这种盛况背后，能够冷静区分传统文本和出土文献研究的见解乏善可陈，而且多数讨论缺乏慎之又慎的学理态度。不少学者认为，出土的文献版本就等于发现了《道德经》更古老的版本，就应该根据出土文献对通行本做尽可能多的修改，以回到所谓源文本，或者接近所谓的原始版本。以致很多学者认为：不按照出土文献修改通行本，就是完全忽视最新研究成果，没有以更加古老、更加标准、更有意义的版本为准。可是，这样建立所谓原始文本的努力能够实现吗？

首先，出土文献是否等于出土了更加古老的版本？好像是，但却未必。为什么呢？出土的《道德经》版本，可能比王弼注释的版本更古老，甚至比河上公、严遵的注释本更古老，但王弼本，即王弼注释的《道德经》版本，难道就不是一个古老的版本吗？难道王弼本不是从《道德经》作者，如果是老子那里产生出来的吗？即使王弼本也是一个新建构的版本，那么，王弼本也有一个异常复杂的建构史和修改史，可是这已经不可考了，而且王弼或者河上公据以建构他们所有版本的文献可能比今天看到的出土文献更加古老，所以，我们未必有充足理由用当代的出土文献来把王弼本或者河上公本改得面目全非。

其次，出土文献的版本就更加标准吗？这也是似是而非的。目前为止，除了传统的通行本延续千年以上，为历代大多数注释的基础版本，相对可以说较为标准之外，新出土文献的标准性显然是存疑的。在漫长的历史长河中，已经确定的标准版本，虽然不是没有文字上的问题，不是没有可以讨论、检讨与修改的地方，但一直都是大多数学习者和研究者公认的版本。如果今天改以据出土文献为标准，大幅度、大范围地修改通行本《道德经》的文句，这种改动得面目全非的做法基本接近于古史辨派的做法，可是，除了产生一个传统标准版本被修改后得到的古怪奇异的新版本，让作者觉得创造出了一个所谓新版本之外，其合理性和可行性其实都值得反思和推敲。建构的新版本让后来的研究者无所适从，不知道继续研

④　参韩禄伯（Robert G. Henricks），*Lao Tzu's Tao Te Ching: A New Translation Based on the Recently Discovered Ma-Wang-Tui Texts*, New York: Ballantine, 1989, preface, p. 15.

②　参韩禄伯（Robert G. Henricks），*Lao Tzu's Tao Te Ching: A Translation of the Startling New Documents Found at Guodian*, New York: Columbia University Press, 2000.

究应该以通行本还是新版本为据。此外，改出来的新版本不可能有学界公认的新标准版本的参考价值。可是，我们看到学界关于《道德经》的奇异版本越来越多，《道德经》至此已被改得面目全非，还有很多稀奇古怪的新本正在制造之中，连带国内外翻译界也不断制造出很多新奇的译本，好像学界研究《道德经》者尽以稀奇为务，而不去理解《道德经》的义理本旨。

再次，出土文献是更有意义的版本吗？或者出土文献可以帮助我们建构更有意义的《道德经》版本吗？这也未必见得。出土文献固然有参考价值，但据出土文献改出来的奇异版本，对于《道德经》既已存在的义理系统和意义世界，如果不能说完全没有增加的话，说增加甚少绝不为过。[1] 很多时候，出土文献改出来的奇字怪句，似乎激发了学术研究的繁荣，却无疑造成了中文《道德经》义理世界的衰弱，以致研究文字学的专家，认为不以古字为准，就是不识字，就不可以对《道德经》的义理做出正确的理解。这种压力之下，很多研究解释《道德经》字句的学者皆要把出土文献的文字先过一遍，好像这样就建构了更有意义的版本一般。这种做法其实大有问题。有时候细致的考辨，尤其是引导修改通行本的考证，基本上无关宏旨，越说越繁，甚至故作惊人之语，其实结论可谓离题万里，不但没有建构出更有意义的版本，反而大大消解了传统版本的意义，使得《道德经》的哲理变得一头雾水。另外借助出土文献修改通行本的所谓学术工作，也为随意裁剪文字而强加己意大开方便之门，使得《道德经》之为经典本身的意义世界变得更加扑朔迷离。

可见，基于出土文献的学术研究工作，虽然为建构更为古老、更为标准、更有意义的新版本提供了可能性，但过度依赖出土文献版本，甚至进而否定通行本价值的研究倾向，在某种程度上说，已经有点适得其反，与学术研究的初衷背道而驰。这一问题在汉语学界因为版本的文字差异不太大，所以很难讨论明白，反而借鉴英语学界的《道德经》翻译工作，可以帮助我们反思通行本与出土文献新建构的版本之间的距离，远比通常理解的要大。比如，1963 年，刘殿爵基于通行本翻译的《道德经》由企鹅出版公司（Penguin Books）出版了。1973 年 12 月，马王堆汉墓出土了帛书甲乙本，时间是西汉早期。1980 年，香港中文大学出版社希望他基于帛书本修改之前出版的《道德经》译文，但是，刘殿爵认为，这件事是不可行的，他建议出版社应该同意他出版甲乙本合并的全新译文。出版社同意

---

[1] 韩禄伯（Robert G. Henricks）在翻译序言中明确指出，除了一些微妙的差异，帛书本其实并没有新内容，哲学理解上更不可能有新意。参韩禄伯（Robert G. Henricks），*Lao Tzu's Te-Tao Ching: A New Translation Based on the Recently Discovered Ma-Wang-Tui Texts*, New York: Ballantine, 1989, preface, p. 15.

之后，他于 1982 年出版了双语版，仍把 1963 年基于通行本的翻译作为第一部分。刘殿爵意识到，要想翻译新的《道德经》版本，不可能只对之前基于通行本的译文做出适当修改就完事，而必须彻底重新翻译。他的翻译经历说明，通行本和出土文献其实是不同的文本系统，它们虽然有相互比较、彼此借鉴的价值，但不可以用出土文献考订的字词来否定通行本的字词，更不能彻底改写。诚如刘殿爵指出的，王弼本已经通行了一千多年，基于王弼本的翻译和理解不仅对于学习《道德经》有价值，而且对于研究《道德经》文本也有重大价值。至于根据马王堆帛书有限证据加以推测的结果，看起来似乎很有道理，其实并不总是安全可靠的，因为字句的修改毫无疑问是非常危险的工作。因此，他宁可重新翻译帛书本，也要保持 1963 年译文不动，根本就不愿意修改之前的译文，做目前很多研究者们做的工作——基于帛书本和郭店本等出土文献修改之前的版本。[①] 可惜，今天很多习惯于释读文字的专家们，不仅认为改了文字就有重大发现，而且可以进而扮演释读句意甚至重新解释经典哲学思想的工作，丝毫意识不到随意修改经典文字背后蕴含的巨大问题和价值真空，不仅类似于古史辨派对传统圣人文意的不敬，更是对千百年来既已积淀的先人智慧的不恭。虽然刘殿爵不认为历史上老子实有其人，[②] 但他在 1989 年版彻底修改之前的帛书本译文的同时，对 1963 年的通行本译文只字不改，也从一个侧面说明，基于出土文献的翻译和解释其实并不都是可靠的，既然需要随时修改修订，那么只有基于通行本的译文，才可以保持其穿越时空的稳定性。

由于汉语学界通常不把出土文献的解释和通行本的解释分开，既然都是对类似文字的考订和解释，好像确实很难分开，但刘殿爵的翻译经历明确说明，如果通行本和出土文献不分开，就无法理解通行本和出土文献版本解释之间的关系。在汉语学界，可以说通行本的某些文字，应该改成出土文献的某些字更有道理，可是在英语学界，通行本的解释和出土文献的解释不可以简单地混为一谈，因为英语世界缺乏对通行本文字的通俗或基本理解，所以不是在英文翻译中指出某些传统翻译应该改成另一些切近出土文献的翻译就万事大吉了。这说明，在英语学界，通行本解释学和出土文献解释学可以说是两个系统。在汉语学界，通行本的和出土文献的《道德经》义理世界，又何尝不是两个义理解释的世界呢？正如陈汉生（Chad Hansen）所指出的，所有解释《道德经》的人，都试图在追寻最为古

①　参刘殿爵（D. C. Lau），*Tao Te Ching*, Hong Kong: Chinese University of Hong Kong Press, 2001, Note to Revised Edition.

②　刘殿爵（D. C. Lau），*Tao Te Ching*, Hong Kong: Chinese University of Hong Kong Press, 2001, 王弼本译者序言，第 7 页。

老的标准版本，难道王弼当年就没有同样的追求了吗？所有追求所谓原初版本的努力，其实是徒劳和无意义的（pointless），因为绝不可能找到和重建所谓可靠的原初版本。①

无独有偶，刘殿爵也认为，在汉代早期，可能存在不同文献传统的多个《道德经》文本，所以帛书甲乙本不足以证明已经离所谓《道德经》原本非常接近。即使出土文献的版本年代确实更早，也不足以作为对传世本文本多有改动的充足理由。② 今天我们讨论的所谓《道德经》原本，即使曾经存在，也是无法考证清楚的事情，所以不可以试图建构所谓的《道德经》原初版本。当代人基于出土文献的修改，大部分可能只是一场主观臆断的汇集，缺乏对经典文本通行本本身负责任的解释，而对相关学术问题真正有效的研究和推动仍有待来日。

《道德经》注释虽然很多，但真正哲学性的理解和诠释很少。虽然大部分人都认为《道德经》是道家哲学的经典著作，可是真正通过注释《道德经》来阐发其哲学蕴涵的译释本少之又少，大部分《道德经》注释基本上都停留在版本校勘、文字训诂、注释翻译，最多加上稍许解释，还有一些《道德经》著作抒发人生感悟和哲理，但真正哲学义理的阐发与建构性的著作相对来说比例很小。

本文试图对《道德经》做"自然之意"的哲学重构。以下是对《道德经》第一章的意本论解读。

　　道可道①，非常道②；名可名③，非常名④。
　　无⑤，名天地之始⑥；有，名万物之母⑦。
　　故常无，欲以观其妙⑧；常有，欲以观其徼（jiào）⑨。
　　此两者，同出而异名，同谓之玄⑩。玄之又玄⑪，众妙之门⑫。

【译】
可以用言语表达的"道"，就不是永恒普遍的"道"；可以用文辞去命名的"名"，就不是永恒普遍的"名"。

"无"（或"无名"状态）是天地的创始；"有"（或"有名"状态）是万物（对人来说）生发的母体。③

---

① Chad, Hansen（陈汉生）: Daodejing: On the Art of Harmony, New York: Shelter Harbor Press, 2017, Introduction, p. 10.

② 刘殿爵（D. C. Lau）, *Tao Te Ching*, Hong Kong: Chinese University of Hong Kong Press, 2001, p. 184.

③ 原文断"无""有"更合适，注释有说明。但译文保持"无名""有名"断法的合理性。

所以要常常体悟虚无的境界，以观照"道"的幽微冥妙；又要常常体会实有的境遇，来观察"道"的运化边际。

虚无和实有①都是大道所化生出来，只是名称不同②，但都可以称作玄妙。道在实有的幽玄与虚无的玄虚之间相互转化，这就是认识道的众多奥妙变化的路径。

【注】

① 第一个"道"是名词，指代宇宙之道，是天地之间一切现象如此展现的根据，即哲学所谓实体、本原、真理和规律等，在本文的解读中，基本上等同于"自然之意"。历来理解有："无限的真实存在实体"（方东美）；"万物之所以生的总原理"（冯友兰）；"创生宇宙万物的一种基本动力"（徐复观）；"万有之规律"（劳思光）；"形上实体与宇宙发生论的第一因、自然哲学的必然律则的综合"（唐君毅）；"主观心境"（牟宗三）等③，其中以牟宗三的理解至为独特。刘笑敢认为，学术界关于老子"道"的解释可分四类：胡适和冯友兰代表的本体或原理类，占大部分；方东美代表的综合解说类；牟宗三的主观境界类；袁宝新和他的贯通解释类。④他认为，"道"哲学是"超二元的一元论"。⑤任法融认为"道"是"阴阳未判之前的混元无极。宇宙之起源，天地之本始，万物之根蒂，造化之枢机。"⑥第二个"道"是动词，指代用言语表达、言说、可以被言语实化和表述出来的状态。"道"由"首"和"走"组成，是人走的道路，"首"是人有眼光照亮的能力，赋予脚下道路以光明，光在人与世界之间阐明、延伸，而形成了"道"（路）；即使在彻底的黑暗中，也要人的意来照明，让脚在世间伸展开来，而摸索出道路。"道"非常难翻译，英译中现多用拼音"Dao"或"Tao"，属于只可意会不可言传的词汇，所以基本不用意译，如"way"。虽然"道"无法言说，但既然老子写了五千言，那么他就没有完全排斥"道说"的可能性，后来庄子也有类似的说法，否则哲人就不可能传达其所领悟的大道了。"道说"的困境在于，虽然无法言说，但只有通过言说才能表达"道说"的意境。类似的，希腊语的 logos 既是宇宙的本原，又有不得不言说的意思。《约翰福音》开篇："太初有道，道与神同在，道就是神"（In the beginning was the Word, and the Word was with God, and the Word was God），道不

---

① 无论是无名还是有名的状态。

② 以有为名，或者以无为名。

③ 赖贤宗.道家诠释学 [M].北京：北京大学出版社，2010.第46—47页。

④ 刘笑敢.老子之道：关于世界之统一性的解释——兼论"道"在可惜与宗教之间的位置与意义 [A].陈鼓应.道家文化研究（第十五辑）[C].北京：三联书店，1999.第85—86页。

⑤ 同上，第92页。

⑥ 任法融.道德经释义 [M].北京：东方出版社，2017.第12页。

得不言，而道言即成神。在《圣经》中，只有上帝可以"道言"，而人只能从人的角度言说（人言）。但老子开启的中国哲学传统中，哲人的"道言"有代天立言的意味，即哲人之心意发动，皆顺从天地自然之意而言，故为道言。正是在这个意义上，东西方哲人可谓殊途同归，如叔本华说："世界是我的表象"①，《奥义书》认为，"神"破世界原始的"金胎"而出并发动这样的意念："让我有一个自我"，环顾四周，没有除"自我"之外的任何东西。叔本华的意志和《奥义书》的"自我"意念，都不是个人的起心动念，而是天地自然之意，是世界无始以来原生本有的、在一切当下现象中存续的自然意志，本文称为"自然之意"。老子的道言是从此"自然之意"出发而言。也就是说，老子本人对于天地自然之意有非常深沉入微的体悟，在体道功夫已达炉火纯青的状态之时，受命写下了五千言《道德经》，可以说是如何得道的箴言，所以我们需要透过其文字的表面，去体会其对道——天地自然之意的体悟状态。

② 常：永远，普遍，恒常，真常。永恒普遍的真常大道根本就是超言绝相的，不可能落入言诠，所以一切进入言语表达的对道的言说，不过是对道的描述，好比是指月的手指，永远不可能是月亮本身。所以老子开篇就讲透了一切哲学言说的真理，都在言说之外，无论言语的逻辑如何严密，表述如何清晰，都是盲人摸象，不可能真正达到事物存在的实相本身。在本文中，这种老子要表达的作为宇宙大道的真常大道本身，是"自然之意"，即天道自然生发而有其意。

③ 第一个"名"是名词，指"道"的形态。第二个"名"是动词，用文辞命名、说明，用言语表达，意即立"道"为名。"名"的英译一般是 name，但动名词化的"naming"② 可能更可以体现"名"不仅仅是名称，而且还是命名，是对于之前尚未赋义的对象如"道"不得不给出意义的过程。"名"通常理解是对"实"的赋义，不过胡适认为，事物的类名超越事物个体之生死存灭而永存。③ 这种对名的永存性的理解没有意识到"名"的存在是依赖于人的意识的，如果人没有来对"名"的意识，"名"是无法存续下去的。曹峰同意徐复观关于"命名"类的语言带有神奇魔力的观点④。

④ 常名：永恒普遍的名，也带有准确表达言说对象的属性和特性之意。其实，一切言说对象的属性不可能一成不变，所以很难用言语描述和把握。英文通常译

① 叔本华，石冲白译.作为意志和表象的世界 [M].北京：商务印书馆，2009.第25页。
② 安乐哲，郝大维著，何金俐译.道不远人——比较哲学视域中的《老子》[M].北京：学苑出版社，2004.第87页。
③ 胡适.中国哲学史大纲 [M].北京：东方出版社，1996.第49—50页。
④ 曹峰.中国古代"名"的政治思想研究 [M].上海：上海古籍出版社，2017.第45页。

成 enduring（持久），unchanging（不变），eternal（永恒）或 constant（恒常）。物本无名，甚至无相，因人之意会而有相，因其相而有名。所以物之"常名"无法究诘，无从谈论其本来永恒的常相和常名。所以，一切用言语表达出来的名，都是虚名和假名，都是权变说法，都是为了意念沟通和交流方便的暂时工具。"名"是对事物的澄明，让事物因"名"而明；可是，有"名"也是对事物的限定，也是对物之存在的遮蔽，这说明意念既能澄明意向之物，又能限定其意识对象，这是意识对物之间澄明与遮蔽的矛盾体。

　　⑤ 此句有不同断法。一种是"无"和"有"为主，许抗生认为这种解法最初是从王安石开始的，"道"既是"无"又是"有"① 持这种观点的有陈鼓应 ②、杜保瑞 ③ 等；一种是"无名""有名"断开。近人楼宇烈 ④、傅佩荣 ⑤、马恒君 ⑥、董平 ⑦、黄克剑 ⑧、任法融 ⑨、许抗生 ⑩、郑开 ⑪ 等皆认为"无名""有名"有道理，比如"无名"可以理解为：没有名称的状态是人的意识和认识还没有参与天地的状态；"有名"是人的意念参与领会物的生成与存在之后才有名相，才可能产生名声的状态。不过，《道德经》文本内证说明，还是"无""有"更加合理，因为紧接着下一句就有"常无""常有"的说法，说明"无""有"是承接前一句来的，接着又说"此两者"，当是说"无""有"两者。不仅如此，第二章还有"有无相生"的说法，说明"有"与"无"是老子哲学本体论和宇宙论的核心范畴 ⑫，通过前后呼应加以强调。所以，在"无"和"有"最初出现的时候，不加以断开和强调就不合适。另外，从哲理上说，宇宙论、本体论意义上的"无"和"有"的内涵，不仅仅是存在论上的"存在""不存在"，所以要比认识论意义上的、因命名而标签化的"无名""有名"深刻得多。而且，从概念的先后性来说，也应该是先有"无"的概念，

　　① 许抗生.再解《老子》第一章 [A].陈鼓应.道家文化研究（第十五辑）[C].北京：三联书店，1999.第 73 页。
　　② 陈鼓应注译.老子今注今译（参照简帛本最新修订版）[M].北京：北京：商务印书馆，2003.第 75 页。
　　③ 杜保瑞.反者道之动：老子新说 [M].北京：华文出版社，1997.第 65 页。
　　④ 楼宇烈.老子道德经校释 [M].北京：中华书局，2008.第 1 页。
　　⑤ 傅佩荣.傅佩荣译解老子 [M].北京：东方出版社，2012.第 5—6 页。
　　⑥ 马恒君.老子正宗 [M].北京：华夏出版社，2014.第 3 页。
　　⑦ 董平.老子研读 [M].中华书局，2015.第 48 页。
　　⑧ 黄克剑.老子疏解 [M].中华书局，2017.第 47—50 页。
　　⑨ 任法融.道德经释义 [M].北京：东方出版社，2017.第 13 页。
　　⑩ 许抗生.再解《老子》第一章 [A].陈鼓应.道家文化研究（第十五辑）[C].北京：三联书店，1999.第 70—77 页。
　　⑪ 郑开.道家形上学研究（增订版）[M].北京：中国人民大学出版社，2018.第 67 页。
　　⑫ 参陈鼓应注译.老子今注今译（参照简帛本最新修订版）[M].北京：北京：商务印书馆，2003.第 75 页。

才能理解"无名";先理解"有"的概念,才能理解"有名",所以"无名""有名"可以说是次生概念。《道德经》全书都强调大道"无"的状态,而不仅仅强调大道"无名"的维度。而且,大道"无"的状态是本体性的,大道"无名"的维度不过是认识论的。

⑥ 被认识的状态不可能是天地的创始,而必须是纯粹"无"的本体才能是天地的创始。《说文解字》说:"始,女之初也,从女,台声","始"是童女、少女,说明"无"像女性的初始阶段一样,代表天地最初的状态。

⑦ 母:母体,指代本源、根源。"母"字在"女"字上加两点,象征乳房,代表成熟的女性,所以"有"代表少妇"有"生殖的能力。[①]老子多以母性为喻,不仅崇尚阴性的尚柔、居下,还推崇阴性的生殖力和本源力,这是上天赋予阴性神秘莫测、巨大无穷的力量。古印度《梨俱吠陀》中被后人称为《创生歌》或《无有歌》(Nasadiyasukta)如此唱道:"那时既没有存在(有),也没有非存在(无);……在无底之水的深渊之中?那时既没有死,也没有不死。也没有日夜的区分。彼一(tad ekam)靠其自身无息地呼吸着。除此之外,再无任何东西。"[②]可见,在最初面对世界的古人那里,"有"和"无"是用来区分面对存在的原始经验之不得已的说法。

⑧ "常无"指道的抽象存在状态;借以说明道之隐微看不见的微妙,即未发但还没有进入已发的状态,是心物交接瞬间之前的无法言说的状态。"观"不仅是观察,而且是带着体悟性的玄观,那样虚无的境界虽然无法被感知,但可以被体悟到,同样,要观照"道"的幽微冥妙,不可能用描述和科学实验、物理研究、因果推理的方法,所有这些方法都是针对"有"的层面,而不可能达到"无"的本体性层面。"观"不仅仅是老子强调的直面事物本体存在的方法,《易经》有观卦,《易传》有多处关于"观"的说法,"观过"是儒家心法;后来佛教观生前死后,《金刚经》"应作如是观","如是"和"观"都是大有深意的词汇,《心经》"观自在菩萨",都近似老子这种深不可测的玄观,其实是心观,更是"意观",以意观之。《道德经》开启了后世道教之"道观",正是观道之所,如英文 observatory 含义所示。

⑨ "常有"指道的具体存在样态;是道显化为具体事物与事情,即心物交接之后物在心意之中升起并存在起来的状态。"微"的本义为边际和边界,引申为端倪。张祥龙认为:"'有'的根本含义('常有')在于显示一切现成者的界限'微';

① 张其成. 张其成全解道德经 [M]. 北京:华夏出版社,2017. 第33—34页。

② 参张祥龙. 海德格尔思想与中国天道:终极视域的开启与交融(修订第三版)[M]. 中国人民大学出版社,2011. 第162—163页。

而这种界限的充分完整的暴露也就是'无'的显现。"① 关于此句是断为"故常无，欲以观其妙；常有，欲以观其徼"还是"故常无欲，以观其妙；常有欲，以观其徼"，唐代多作"有欲""无欲"；从宋代司马光、王安石开始，作"有""无"断句；明代还是以"有欲""无欲"为主流，但清代之后，"有""无"断句几为定论。其实这是一个义理理解问题，即应该把文本理解为宇宙论还是认识论的问题。② 如李泽厚以非常实用的角度来理解老子的道，认为都是"异常实用的'如何办''如何做'……而无欲（无目的性）才可能客观地观看事理行走的微妙；有欲（有目的性）便可以抓住事物的要害（徼）"③，可以说把这句话做了从功利和实用角度的解读，这种角度可以参考。有欲望和功利心就有边界，即欲望的显化（manifestation）必使其具体化而有边界。有欲想就实化意念，边界也随之显明起来。事情的显现都在人之功利心展开的边界上，也是人心追求外物显化出来的边界上。也有解为：有欲望，但顺道体察物的边界，这样就不改变欲望对象，有心观照欲望的边界，不使其偏离道，而且这样是在有目的的修为中，保持对自身心意的反身观照，进而不断修正改进自己的认知边界。

⑩　玄：本义是深黑色，此处指幽远、玄奥、玄虚、玄妙、玄远之意。五行当中，以水为玄色，即黑色，代表水深湛不测的状态，后世有"玄空"之说，其实是玄即是空，空即是玄，通于《心经》"色即是空，空即是色"之说。

⑪　玄之又玄：实有的幽玄与虚无的玄虚之间。英文常用"mystery""deep"和"profound"来表达，如刘殿爵（D. C. Lau）译为"mystery upon mystery"④；陈荣捷译为"deeper and more profound"⑤；安乐哲译为"the obscurest of the obscure"⑥。玄是玄妙莫测，玄机难言之状。第一个玄是本体，是有与无的道体，根源于玄；第二个玄是意道，是高于道而又源于道的本体之玄。玄即道意，是道交于意之玄妙难测，是宇宙之无极，是生命万化创生之源泉。玄字的甲骨文如数字"8"，而玄之又玄是玄的重叠和循环状态，近似于生命的 DNA 图谱。有无皆根

---

① 张祥龙. 海德格尔思想与中国天道：终极视域的开启与交融（修订第三版）[M]. 中国人民大学出版社，2011. 第 223 页。

② （日）李庆认为，如果老子是人生论就应该断"有欲""无欲"，如果是存在论，那么就是"有""无"。参其：明代的《老子》研究 [A]. 陈鼓应. 道家文化研究（第十五辑）[C]. 北京：三联书店，1999. 第 353 页。

③ 李泽厚. 论语今读 [M]. 安徽文艺出版社，1998. 第 215 页。

④ 刘殿爵（D. C. Lau），Lao Tzu: *Tao Te Ching*, London: Penguin, 1963.

⑤ 陈荣捷 Wing-tsit Chan, A Sourcebook of Chinese Philosophy, Princeton: Princeton University Press, 1963, p.139.

⑥ 安乐哲，郝大维著，何金俐译. 道不远人——比较哲学视域中的《老子》[M]. 北京：学苑出版社，2004. 第 88 页。

于玄，而玄之上还有玄，玄与玄相重，无穷无尽，浑然一体，此或近于后来道家"重玄"学派的意旨。曹峰认为"玄之又玄之"的文本亦可通，将"玄"理解为动词，则此句为修道的功夫论，意为在各个阶段都涤除欲望。[①]

⑫ 门：门径、路径。了解一切奥妙变化都离不开幽玄的实有和玄虚的虚无，也就是一切存在皆在有与无之间，都是意会中的有而为之。所有的存在物都是从无限的虚无情境中显化为有边界的实有。而且，所有的事件都是从无限的时空背景中显现为有限的时空存在，人们意会其边界，让具体的物和事件存续起来。众妙之门即玄门，即玄牝之门，指玄妙的女性生产的门户。犹若深谷，万有皆从中产生，这是对天地拟人化的理解，这种拟人化的比喻贯穿《道德经》全书的始终，可见，老子对于生产的机理有种神圣化的倾向，因为天地产生的玄妙机理实在太不可思议了。老子没有说来自某个确定的造物主，而是说万物来到世间，都必定要经过某个产门，必定要有一个生产的过程和生产的机制，而造物的机理，在产门之后，更是玄之又玄，无法测度了。从修炼的角度说，"玄牝之门"讲的是"深广射入宝瓶宫开启灵性境界的入门之处与精神进程"，即身体中轴线的灵性脉上作为元气（炁）元神的出入之门的关窍。[②]

【明意】

"道"是道意，是道被领会在意念之中。"可道"是表意，是把领会的意念通过语言文字加以表达。道意即自然之意的基本状态，是道必然进入意中，以意的方式行世。离意无道，可以说意在道先，因为有意，所以道显于意中，为意所领会表达，所以无意就无法领会道。从这个角度说，是"意－道"，也就是意为道本，意在道先。意对于道的领会和开显具有核心意味。"意－道"是意对道的领会，是最高、最原初、最本始的状态。

"道－意"是道进入意中的状态。无意则无道。意不是主观的、个体的，而是与道共存的，有道即有意，无意则道不起。但不可理解为，没有我主观的意，就不能够有道，那样道似乎依赖主观之意存在，不是这样。道在，意就在，无意不可能谈道，悟道，这意与道一样，是一种有而无之的结构，如果道为有，意即有而无之状态的那种无，不是纯粹无，是与有同体不分的无。意也是亘古亘今，绵延不绝的，我们所能够领会的，是"道意"，而"道意"的根源，是"意道"。

意会到天地自然之意，即得悟大道，将导人走向道的境界，让一切言说，即

---

① 曹峰．老子永远不老——《老子》研究新解 [M]．北京：中国人民大学出版社，2018．第 7 页。

② 参赖贤宗．道家诠释学 [M]．北京：北京大学出版社，2010．第 206—207 页。

名相的运用过程，成为道说的状态，也就会在天地自然之意的发动状态当中"导"引我们的意念，"导"意念实化于"道"的延伸之中。当下"道"的导向，都在作为言语名相的意念实化的过程之中展开，是一个无中生有的过程。正是在这个意义上，得道的意念实化状态，以天地自然之意为其道路。自然之意即万化之真理，自然之意即事物之生命，这种自然之意三位一体的结构，恰恰说明道说必落言语名相之诠的尴尬处境，即意念实化无法超越其表意的形式，也必因表意的形式而生各种各样的误会。

离道自然也无意。道意必借助名相来开显，但不能说道意即是名相，因为名相有边界，有限；而道即是进入意，成为道意，仍然是无限者，没有边界。"名"是道意的本来面目，"可名"是道意必落于名相之中，无所选择。"无"是道意的本相，即念念领会道意的本来状态称为"无"，"有"是道意之必开显，被领会即"有"，被表达是"有"的进一步展开。

天地开始的状态，是道意本来只可意会不可言传的状态。"有"必然要开显，对万物的领会，就要进入心物一体的状态。① 先把道意领会为"有"的虚无状态，再命名为"有"的实存状态。

道意要常从天地开始之物的状态中去领会，才能融观道意的虚无神妙；道意要常从天地万物被领会的状态中去融观其显现的有的状态，再融观其必落于名相的边界所在。

有与无的状态都是自然道意的显现与表达，都是玄妙的，因而无法落入言说的境域。道意的无境固然难以言说，无法用言语表达；道意的有境，微妙玄通，所以道意的有而无之之境，是万物神妙运化不止的门径与通道。

道意是道的显现，道显现自身于意中，意本身就是道，是道存在的证明，无意即无道。不能于意中领会道，就无法"知－道"。"知－道"是一个特殊的词汇，即知道之必显，是领会意的有而无之状态的重要表达方式。

【意本论解读说明】

司马迁认为，老子"言道德之意"，所以我们把老子看作"自然之意"的领悟者和表述者。表述的文本是一个传述两千年以上的文本，即使这个文本在传述过程当中不断被传抄，修改，引发无数的争议，但这并不能够改变这个文本所讨论的"自然之意"的核心。中国历代哲学的建构和推进，恰恰是通过经典的重新释

① 辜正坤正确地指出，道体是心物一体，既不唯心，也不唯物，而是唯道。参辜正坤译. 道德经：附楚简《道一生水》：The Book of Dao and Deh（with the Bamboo Slip-text: The Great One Begot Water）[M]. 北京：中国出版集团，中国对外翻译出版公司，2006. 第 11—12 页。

读和意义的重新阐发实现的，所以"自然之意"哲学阐发《道德经》的哲学意义，不过是建构中国哲学新"意学"努力的一部分。

本文在翻译《道德经》经文之时，尽量切入老子的道言，将老子"自然之意"的哲学意味表达出来。为了寻找最协调统一的表达，有些地方兼顾不同的断句和不同的意义，认为不同的解读各有其道理，只是侧重点有所不同而已。总之，本文的翻译力图建立一个融贯自然之意的哲学系统。

本文把注释当作老子之道言的延伸，这样注释文句的过程，既是考订文字，推明文意，理顺源流的学术性努力，更是说明和阐发自然之意哲学思想的创发之境。在注释当中，本文比较评估中外相关注释和翻译的得失，参照一些有代表性的版本，对于重要概念的解读，既要说明不同的解释都有其道理，也要给出本文倾向的一些最有哲学意味、前后逻辑相对最连贯的解读。总之，本文认为老子哲学本身就是一个系统化的哲学体系，注释是为了说明把老子的哲学性建构成为相对系统化哲学其实是可能的。

在"明意"部分，本文试图建构"自然之意"意本论，提出"自然之意"为《道德经》哲学体系的中心，通过"意本论"对《道德经》做全面哲学建构，使《道德经》哲学的系统化建构成为可能。这部分用自然之意对道、自然等本体性概念进行哲学改造，尽量做到明白晓畅，首尾一贯。总之，本文基于《道德经》"道"的哲学，建构"自然之意"的哲学系统。

《道德经》的文本特点，注定解读和注释本身就是一种"为自身寻找意义的创造过程"①。安乐哲对《道德经》的比较哲学解读首先确定解读坐标：关联宇宙论（correlative cosmology）是一种"只有'生成'存在（only becomings are）"的宇宙论，"不认为在现象背后存在某种永久的真实、某种不变的机体"②，于是"宇宙（cosmos）"即是"万物（ten thousand things）"，所以是"非宇宙论"的③，尤其与"世界产生于虚无（creatio ex nihilo）"那种"犹太-基督教传统的宇宙起源论（Judeo-Christian cosmology）"有明显的区别④。类似的，《道德经明意》是从比较哲学的解读来建构"意本论"，让"自然之意"是自然而然的创造之意（力），是

① 安乐哲，郝大维著，何金俐译.道不远人——比较哲学视域中的《老子》[M].北京：学苑出版社，2004.第10页；
② 安乐哲，郝大维著，何金俐译.道不远人——比较哲学视域中的《老子》[M].北京：学苑出版社，2004.第17页；
③ 安乐哲，郝大维著，何金俐译.道不远人——比较哲学视域中的《老子》[M].北京：学苑出版社，2004.第18页；
④ 安乐哲，郝大维著，何金俐译.道不远人——比较哲学视域中的《老子》[M].北京：学苑出版社，2004.第20页。

"始于自身（ab initio）"的、情境性的、自发性的创造力，而不是"产生于虚无（ex nihilo）"的、绝对性的神创之力。创生论自然而然新生，注定每一个时空都充满新颖性，是自发的、生机性的活力，如人的意识时刻参与生生不息的新生情境，能够领会"自然之意"，并参与其间，成就自己新生的经验之旅。每一个瞬间，人的意识都在与天地间流动的"自然之意"相交接，从而形成不断新生新成的当下经验，这种经验具有丰富性、整全性和心物融通性。当下的意念通达宇宙万物，意念与万事万物同时升起，共同创造，也就是说，《道德经》包含意识的两个相互加强的层面：焦点意识（focal awareness）和场域意识（field awareness）[①]。正是在这个意义上，本文系统化地建构"意本论"之"自然之意"分论。

---

① 安乐哲，郝大维著，何金俐译. 道不远人——比较哲学视域中的《老子》[M]. 北京：学苑出版社，2004. 第42—43页。

"恒""道恒无名""道恒无为"及其演变

——以楚简《老子》、帛书《老子》甲乙本、河上公本、王弼本为例

陈大明[*]

内容提要: "恒"是老子阐释"道"的内涵和特征时运用的一个极为重要的范畴,"恒道""道恒无名""道恒无为"的命题,在老子以"道""德"理念为核心的思想体系中具有重要地位。楚简帛书《老子》用"恒",自河上公、王弼之后,改"恒"为"常",甚至删"恒",偏离老子本意,导致后世分歧迭出,莫衷一是。本文从释"恒"入手,结合楚简《老子》图版,厘清"恒"之义涵,说明老子用"恒"意旨之所在。指出河上本、王弼本改"恒"为"常"的偏失,以凸显老子文本原貌,更为准确地理解把握老子思想。

关键词: 恒 道 无名 无为 演变

"恒",是楚简《老子》中一个极为重要的范畴,凡七处用它。"恒"与"道""无名""无为"合用,形成"道恒无名"和"道恒无为"的表述,将形上的"道"与形下的治国理世勾连会通,构成了老子体认大化宇宙、茫茫自然以及治理国家和社会完整的逻辑顺序。到汉文帝时,为了避刘恒名讳,人为地把楚简《老子》中即已使用并流传下来的"恒"改为"常","道恒无名""道恒无为"改为"道常无名""道常无为",导致老子使用"恒",做出"道恒无名""道恒无为"论断所要表达的本义产生重大变化以及对老子经由"道恒无名""道恒无为"所揭示的"道"和"无名""无为"内涵体认的偏差。本来老子通过用"恒"已经说明了

---

[*] 陈大明(1957—),男,河南省睢县人,老子道学文化学者。全国老子道学文化研究会常务理事,华夏老子学研究联合会副会长,中国老子文化研究中心执行副主任、秘书长,郑州大学老子学院(研究院)研究员,研究方向:老子思想、道家思想、道教文化。

的含义，由于改"恒"为"常"，改"道恒无名""道恒无为"为"道常无名""道常无为"，人为地产生了歧义，并流传一千八百多年之久。本文即以楚简《老子》为底本，并与帛书《老子》、河上公本《道德经》、王弼本《道德经》① 相对照，对此进行初步探讨，以就教于方家。

一、释"恒"

考中国古文字的源流，"恒"字在先秦有两种形体，一写（刻）作"𠄔"形，从"月"。一写（刻）作"𢛢"形，从"舟"从"心"。"恒"字在先秦时期的两种形体，是形别、音异、义殊的。对此，从古代编撰的《说文解字》《康熙字典》，到近代出版的《辞源》《辞海》等，都有明确的记载和说明。《说文》："恒，常也。从心、从舟，在'二'之间上下，心以舟施，恒也。"又指出："古文恒从月。《诗》曰：如月之恒。"《康熙字典》："恒，《说文》'常也'，胡登切，音恒。"并指出："又去声［转注古音］古邓切，音亘，《诗·小雅》'如月之恒'注：恒，古邓反，弦也，月上弦而就盈，亦作𣊟。"对此，《康熙字典》编者按："此字体制不一，《说文》《集韵》……等书从月从舟，辩驳更改，或省或并，恐属臆断。因去古已远，大篆、小篆已多不合，而况隶楷乎！凡讲字形处概不赘引。"又按："……谓恒从舟亦从月，两存备考可也。"

可见，从许慎撰《说文》起，历代学者对"恒"字的形体究竟是从"月"还是从"舟"从"心"，便存有分歧，莫衷一是。《康熙字典》广集前议，不偏不倚地得出了"两存备考可也"的结论。所以，才形成近代辞书编撰中，"恒"字从"月"亦从"舟"，两体并收的情况。如：《辞源》："恒"胡登切，平，登韵，匣。（一）长久、经常。……（二）gèng《集韵》：居邓切，去，嶝韵。（五）上弦月渐趋盈满……《辞海》：恒（一）héng 长久；固定不变……（二）（gèng）月上弦。谓渐趋圆满。

"恒"字既然存在两种不同的语音和字形，那么，它们之间的关系是什么呢？许慎指出："古文恒从月。"许慎所谓的"古文"，据他的《说文·叙》，就是春秋战国时代群书古籍所使用的文字。"古文恒从月"，也就是说，春秋战国时代"恒"字的形体从月，亦即写（刻）作"𠄔"形。依许慎的这一结论查科学出版社 1998

① 本文使用版本为：
崔仁义.荆门郭店楚简老子研究 [M].北京：科学出版社，1998.
郭沂.郭店竹简与先秦学术思想 [M].上海：上海教育出版社，2001.
高明.帛书老子校注 [M].北京：中华书局，1996.
楼宇烈.老子道德经注校释 [M].北京：中华书局，2008.

年 10 月出版的崔仁义先生的《荆门郭店楚简〈老子〉研究》一书中所附的"荆门郭店楚简《老子》(A)(B)(C)"图版,"恒"字共出现七次,即:

1. 楚简《老子》第一篇第三章:"至虚,恒也;守中,笃也。"
2. 楚简《老子》第二篇第三章:"知足之为足,此恒足矣。"
3. 楚简《老子》第二篇第七章:"道恒无为也。侯王能守之,而万物将自化。"
4. 楚简《老子》第二篇第十章:"道恒无名。朴虽微,天地弗敢臣。侯王如能守之,万物将自宾。"
5. 楚简《老子》第三篇第一章:"重积德,则无不克;无不克,则莫知其恒。"
6. 楚简《老子》第三篇第一章:"莫知其恒,可以有城。"
7. 楚简《老子》第四篇第四章:"人之败也,恒于其且成也败之。"[①]

在七句中,"恒"字均刻作"亙"形,从月。秦始皇统一天下后,书同文,"罢其不与秦文合者","烧灭经书,涤除旧典……而古文由此绝矣"(许慎:《说文·序》)。于是,从"舟"从"心"之秦篆"恒"字成了全国"恒"字的规范,从"月"之古文"亙"字也就成故物而入典了。

从始源、流变考察,中国古文字的形与义总是密切相连的,理清"恒"字的形义关系,就要把"恒"字放到楚简《老子》成书的春秋时代去考察。《诗经》是我国最古的一部诗歌总集,它产生的年代,大约是西周初期到春秋末期,可以作为研究楚简《老子》中古文"恒"字词义的最好旁证材料。《诗经·小雅·天保》有:"如月之恒,如日之升。"参考前人旧注,对上文"恒"字,西汉《毛亨传》:"恒,弦也。"东汉《郑玄笺》:"月上弦而就盈。"唐《孔颖达疏》:"弦有上下,……八日、九日,大率月体正半,昏而中,似弓之张而弦直,谓上弦也。""月体至二十三日、二十四日亦正半,似弓之张而弦直,谓之下弦。"从《诗经》前人旧注中不难看出,"恒"字在上古词义中作"弦"解,月中分谓之弦,弦分上、下。所以"恒"字本身也就具有月上弦和月下弦两种意义,这两种相互对立的词义概念统一于一字,是由"恒"字的形体结构所决定的。据商周时代的甲骨文来看,"恒"字结构乃是"二"中"月"耳,是个合体字,写作"亙",上下两条横线表示月上弦和月下弦,中间的月亮永远在上弦月和下弦月的相互对立而又相互转化中运行着,不会超过这个界限,由此引申出常、永恒的意义。到了两周时代的金文,写作"恒",中间又增加一"心"字,表示"心"也要"恒"。后来又演变为前文提及的从月的"亙"和从"舟"从"心"的秦篆"恒"。由此可见,"恒"最初是古人对

---

① 郭沂.郭店竹简与先秦学术思想 [M].上海:上海教育出版社,2001.第 49—136 页。

月亮盈亏现象的会意记录，它本身就具有月上弦和月下弦两种互相对立的含义。

既然古文"恒"字本义为"弦"，"弦有上下"，"恒"字本身具有月上弦和月下弦两种对立的含义，所以，随着人类认识事物能力的深化，"恒"字开始被古代思想家用来概括自然界和社会生活中上下、阴阳、晦明、高低、奇正、前后、贵贱等一些对立统一的现象，推而言之，这是"恒"字本义的派生引申。楚简《老子》出现于七处的"恒"字，皆有相对的、对立统一的含义，也多同一些两相对立，而又统一的词语、现象联系在一起。

关于"恒"字这种相对的、对立统一的意义，在先秦典籍中也能够找到佐证。如：《国语·越语下》记载范蠡佐勾践灭吴："……时将有反，事将有间，必有以知天地之恒制，乃可以有天下之成利……""四封之外，敌国之制，立断之事，因阴阳之恒，顺天地之常……柔而不屈，强而不刚，德虐之行，因以为常。"《论语·子路》中记载孔子说："南人有言曰：'人而无恒，不可以做巫、医'。"古代楚国巫、医同列，巫治外，医治内。巫和医的内和外的关系，也是"恒"，即相对的、对立统一的关系。

综上所述，由甲骨文的"𝌀"，到金文的"𝌁"，到春秋末年的"亚"，象形的"𝌀"清楚地表明了月上弦、月下弦的圆缺变化，相对相容。老子运用"恒"的这一本义，并赋予其对立统一意涵，用以表达深刻的哲理思辨和辩证法思想。楚简《老子》文本中处处用"恒"，尤其是对重要概念、范畴诸如"道""无名""无为"等的界定时用"恒"，便是老子这一意图的充分表达和体现。正是恰如其分地运用"恒"这一范畴，老子构建起独步古今的思辨大厦，将人类的哲理思辨提升至一个新高度，在人类文明的"轴心时代"，做出了一位东方大圣哲无与伦比的重要贡献！

二、"道恒无名"之"恒道"

楚简《老子》是现能见到的最早的老子著作版本，虽不是足本，但也能部分地见出老子古本的面貌。用表示月上弦、月下弦既对立又统一含义的"亚"界定"无名"，老子意在说明"无名"与"有名"是相对相容，对立统一的。用"恒无名"说"道"，意在表明"道"是"无名"与"有名"的对立统一，而这种对立统一，也是"道"的本质特征。

关于"道恒无名"的论断，楚简《老子》表述为："道恒无名。朴虽微，天地弗敢臣。侯王如能守之，万物将自宾。"

帛书《老子》甲本表述为："道恒无名，朴虽小，而天下弗敢臣。侯王若能守之，万物将自宾。"

"道恒无名，侯王若能守之，万物将自化。化而欲作，吾将镇之以无名之朴。"

帛书《老子》乙本表述为："道恒无名，朴虽小，而天下弗敢臣，侯王若能守之，万物将自宾。"

"道恒无名，侯王若能守之，万物将自化。化而欲作，吾将镇之以无名之朴。"

从上述引文可见，帛书《老子》乙本并没有避汉文帝刘恒讳而改"恒"为"常"，在这一节中，把楚简《老子》中的"朴虽微"改为"朴虽小"；"天地弗敢臣"改为"天下弗敢臣"，所应表达的语意也没有楚简《老子》确切，"微"之于"小"，"天地"之于"天下"，前者的内涵更为深刻，外延更为广大。改作"小""天下"，基本的意涵指向就发生了较大的变化。诸如此类的妄改，传世本《道德经》中还可列举许多。可以说，自河上公、王弼注本起，便以讹传讹了。同时，原来做出的帛书《老子》乙本约抄写于汉文帝时期的判断亦似可推敲。因为真正避汉文帝讳而改"恒"为"常"，是河上公本和王弼本。史载汉文帝好老子言，河上公即授素书《老子道德经章句》二卷。直接将规整、注解了的老子书献给汉文帝，避文帝讳便在情理之中了，故而应是自河上公起，将老子书中的"恒"改为"常"。同时，河上公将老子书由不分章、"德"上"道"下作了分章[①]，并有分章标题，规整为"道"上"德"下，八十一章，"道经"三十七章，"德经"四十四章。名为《道德经》。王弼晚于河上公注释老子书，承继了"道"上"德"下、八十一章的分章，仍沿袭了河上公改"恒"为"常"的做法。故而河上公注本的表述为："道常无名，朴虽小，天下不敢臣。侯王若能守之，万物将自宾"。王弼注本的表述为"道常无名，朴虽小，天下莫能臣也。侯王若能守之，万物将自宾"。当然，河上公为避文帝讳改"恒"为"常"能够理解，而王弼或许没有见到楚简《老子》或更古的老子书，不然，他不会沿袭河上公本改"恒"为"常"的，因为表示月上弦、月下弦既对立又统一意蕴的读如"gèng"的古字"𧹖"，对老子来说太重要了，用它界定"无名""无为"等，能够准确地揭示"道"是"无名"与"有名""无为"与"有为"对立统一的本质特征。而改为"常"，意义尽管有交叉，但准确程度就大打折扣了。

由此出发，进一步体认老子的本义。既然"道"的本质特征是"无名"与"有

---

① 司马迁《史记·老子韩非列传》中言及的"乃著书上下篇，言道德之意"也为帛书《老子》甲、乙本的结构所证实，只是帛书是"德"上而"道"下，与司马迁见到的上、下篇是否一致，尚需进一步探讨。但老子古本未分八十一章，有依文义的分节，系上、下篇可以认定。楚简《老子》系楚太子师教导太子的摘录本，极有可能是从当时流行的分为上、下篇的老子著作中，摘录出他认为最适合太子学习的内容，精心整理而成。

名"的对立统一，那么，也是"无"与"有"的对立统一，表现在下文将要述及的治国理世层面又是"无为"与"有为"的对立统一。在老子看来，"道"其实是"恒道"，"恒道"的概念因楚简《老子》不是足本，未见，但出现于帛书《老子》中，甲、乙本皆有"道，可道也，非恒道也"句。考察由楚简《老子》至帛书《老子》先后的传承关系，楚简《老子》若为足本，内中也会明确提出"恒道"概念的。"恒道"内含着"无名"与"有名"、"无为"与"有为"，二者在对立统一的运动发展中使"道"在自然而然、法尔如是的状态中自生、自化、自给自足，充满了"道生一，一生二，二生三，三生万物"①（《老子道德经注》第四十二章）的化生性；"人法地，地法天，天法道，道法自然"②（《老子道德经注》第二十五章）的规范性；"天下万物生于有，有生于无"③（《老子道德经注》第四十章）、"天道员员，名复其根"④（楚简《老子》第一篇第三章）的循环性；"无为而无不为"⑤（《老子道德经注》第四十八章），"为无为，则无不治"⑥（《老子道德经注》第三章）的关联性；"见素抱朴，少私寡欲"⑦（《老子道德经注》第十九章）、"既以为人，己愈有；既以与人，己愈多"⑧（《老子道德经注》第八十一章）、"生而不有，为而不恃，长而不宰"⑨（《老子道德经注》第五十一章）的无私性；"天之道，利而不害。圣人之道，为而不争"⑩（《老子道德经注》第八十一章）的普世性。如此六性，集中表达了老子仰观俯察，对大化流行、茫茫自然、人类社会、人自身"从哪里来，到哪里去"终极命运的深入观照与思考，表达了对普天之下处于宇观、中观、微观不同层面的客观存在，尤其芸芸众生中作为万物之灵的整个人类的终极关怀和如海洋般宽广博大的悲悯情怀。在老子看来，"道"是"无名"与"有名"、"无为"与"有为"的对立统一体，"道"即"恒道"，她犹如月印万川，功用自现，亘古长存。人类唯有学道悟道体道，遵从"恒道"，践行"恒道"，方能合于大化流行自然规律、人类社会发展规律，方能与天下万物和谐相处，形成命运共同体而各美其美，美美与共，进入和合、和睦、和顺、和美的、天人合一的大同世界。

　　以"道恒无名"作为逻辑起点，老子系统阐释并揭示了"恒道"的基本特征：

---

①　楼宇烈.老子道德经注校释[M].北京：中华书局，2008.第117页。

②　同上，第64页。

③　同上.第110页。

④　郭沂.郭店竹简与先秦学术思想[M].上海：上海教育出版社，2001.第55页。

⑤　楼宇烈.老子道德经校释[M].北京：中华书局，2008.第128页。

⑥　同上，第8页。

⑦　同上，第45页。

⑧　同上，第192页。

⑨　同上，第137页。

⑩　楼宇烈.老子道德经校释[M].北京：中华书局，2008.第192页。

1. "恒道""先天地生，寂兮寥兮，独立不改，周行而不殆，可以为天下母。"① （《老子道德经注》第二十五章）这种先于天地而存在，独立而不受外界支配，可以作为天地根源的"道"，就是独立于主观精神之外的、作为客观存在的遥无际涯的宇宙本体。它的存在和发展，是不以人的主观意志为转移的。老子强调"道"的客观实在性，它不是精神的东西，而是客观的物质的东西。一曰"有状混成"，指出大道乃混沌、恍惚，是天地尚未形成，元气浑然无象，和谐自足的状态。二曰"先天地生"，明确讲出"道"先于天地之形成而早已存在，天地乃道所衍化、生育而出，如此，便规定了"道"具有超越一切可知时空局限的绝对特性。三曰"寂寥，独立，不改"，即"道"是沉静、深远的，具有不假外物，独立自足的永恒品格，它周行不殆，自元气始生，衍化天地万物，又复归于元始，永远循环周流，无尽无休。"道""独立不改"的运行使"道"永远循环周流，永远处于去故更新的独化自成状态中。五曰"为天下母"，现象界一切可知的时空万物皆孕化于"道"之母体，"道"具有永恒的生命创造力。

2. "恒道""大"，且"大曰逝，逝曰远，远曰反"。② （《老子道德经注》第二十五章）说明"道"不是静止不动的，而是表现为大则分，分则离，离则对立的由低级向高级的运动发展进程。这里，老子以"大""逝""远""反"四字概括"道"的客观性质："道"广大无涯，流逝不息，通达深远，复返元始。此为"道"周流复归的永恒运动的特性。

3. "恒道"的运动发展是"天道员员,各复其根"③ （楚简《老子》第一篇第三章）的辩证否定进程。老子认为，达到虚明的极致，就是"恒"，就要迎来新的转化，一直坚守清静的心境而修身养性，就能够向新的境界转变。万物蓬勃生长，能够以此观察它们的循环复归。天道运行就是循环往复的过程，每每都在扬弃旧质，肯定新质，丰富其始源的内蕴。老子这种以"道体圆象"为代表的本体世界运动发展的辩证否定观，在第一篇第六章以"反也者，道动也。弱也者，道之用也。天下之物，生于有，生于无"④ 做了进一步的展开论证："道"的运动不是简单的循环往复，而是"反（返）"，即否定之否定的进程。"反也者"在楚简《老子》中，有逆反与复返两种涵义，老子认为，大道之动是逆向复返的运动。大道之本源为"无"，恍惚混沌的元始精气孕化了初始的有形之物，即"有"，是乃"万物之母"。所以，老子说"有生于无"，无为有之根本。以无为本，反有归无，就是

① 同上，第62—63页。
② 楼宇烈.老子道德经校释 [M].北京：中华书局，2008.第63页。
③ 郭沂.郭店竹简与先秦学术思想 [M].上海：上海教育出版社，2001.第55页。
④ 郭沂.郭店竹简与先秦学术思想 [M].上海：上海教育出版社，2001.第61页。

大道逆向复返的本质特征。复返，还有重复归反的意思，即大道之运动循环归返，周而复始。可见，逆向复返，揭示出自然与社会普遍存在的"物极必反"的辩证法则，一些矛盾的事物，均依一定条件而向它的对立面转化。老子看到了逆向复返即否定之否定的辩证法规律，在理论发展上是非常伟大的贡献。同时，老子所说的逆向复返，目的在反本归无，抱朴守静，居柔用弱，但其本质，并非静止倒退。诸如自然万物的"比于赤子"；社会历史与政治文化的复古返初，以复古为革新，以元始真淳改造现实浇薄、堕落，如杜甫的"致君尧舜上，再使风俗淳"；养生家的"顺则凡，逆则仙"的逆向意念、逆向导引等，都显示出逆向复归的新生再造作用。

4. 天人合一，人法自然的宇宙观。老子认为，道、天、地、人同为域中四大，人居四大之一，确定了人从属于天地、从属于大道的地位，亦即人从属于自然、人道从属于天道的关系。天道自然是人类至高无上的主宰，人类思想行为绝对以天道自然法则为楷模，这是老子开创的以"道法自然"为前提的天人观。道之逝反于自然，人之品性亦应逝，反于自然。由此便顺理成章地形成"人法地，地法天，天法道，道法自然"①（《老子道德经注》第二十五章）的内在逻辑链条，明明白白地告诉人们："道"是"人""地""天"都要效法的自然而然的东西，它既高于"人""地""天"，而又存在于"人""地""天"之中，时时刻刻都在发挥着无尽的功用。

此外，老子揭示的"天道贵弱"②（郭店楚墓竹简六种考释贰《太一生水》考释第二章），"故道之出言，淡呵其无味也。视之不足见，听之不足闻，而不可既也"③（楚简《老子》第四篇第二章），也是"恒道"所固有的特征。

综上所述，"恒道"是"无名"之"道"和"有名"之"道"的对立统一，它是"可以为天下母"的、不以人的主观意志为转移的客观实在，这种客观实在是由低级向高级不断运动发展的，这种运动发展表现为"天道员员，各复其根"④（楚简《老子》第一篇第三章）的辩证否定过程，形成了"人法地，地法天，天法道，道法自然"⑤（《老子道德经注》第二十五章）的内在逻辑链条和物质运动规律，展示出人与茫无际涯的自然界和谐相处、天人合一的美妙图景。

---

① 楼宇烈.老子道德经校释[M].北京：中华书局，2008.第64页。

② 郭沂.郭店竹简与先秦学术思想[M].上海：上海教育出版社，2001.第141页。

③ 同上.第130页。

④ 同上.第55页。

⑤ 楼宇烈.老子道德经校释[M].北京：中华书局，2008.第64页。

三、"道恒无为"之"无为而无不为"

"无为"在楚简《老子》中出现七处（一处为重文），皆与"道"和"圣人"合说，尤以与"圣人"合说为多。在老子那里，"圣人"即得道的、德行高尚、明智通达的理想人君，"圣人"与"无为"合说，可知老子是指肩负着治理国家和社会职责的人君的"无为"。

值得注意的是，楚简《老子》对"无为"有一个原来从未看到的、帛书《老子》和传世本《道德经》都没有的崭新命题，即"道恒无为也"①（楚简《老子》第二篇第七章），这应该是随着楚简《老子》的出土，在老学研究领域带来的意外惊喜和崭新收获，它透露出了以下信息：

1. "道"与"无为"密不可分。遵"道"是达于"无为"的前提，"无为"是遵道、守道的必然结果。"道"为"恒道"，"无为"为"恒无为"，二者都在既对立又统一的大框架内运动、发展，是"圣人"治理国家和社会本领高低的试金石，也是"圣人"治理国家和社会效果好坏的根本衡量标准。

2. "恒"与"无为"紧相联系。用"恒"限定"无为"，形成"恒无为"这样一个偏正词组，意在说明"圣人"的"无为"，并非消极避世的无所作为，而是"无"和"有"的相互转化，是"无为"与"有为"的统一。"恒无为"为准确把握老子"无为"思想的深刻含义提供了崭新的依据。

3. "道恒无为"的命题，在老子思想体系中占有重要地位。以判断句的形式，直接揭示能够遵从道，是"无为""无不为"的前提，找到了把"恒道"与治理国家、社会联系起来的中介，提出了施行"恒道"的基本要求，指出了"圣人"治理国家和社会所应达到的崇高境界。"恒无为"是老子全部哲学思想和治理国家社会政治主张的落脚点。考察老子的论证思路，首先，论"天道"，因为"太一生水"，物质第一，所以"天道贵弱"；其次，论"人道"，因为"道隐亡名"，"恒道"是"无名"之"道"与"有名"之"道"的对立统一，所以欲行"人道"，就必须把握"无名"的宇宙本体和"有名"的物质规律的相对相容，从而进入修道立德的胜境；再次，论"治道"，因为"天道""人道"，是"治道"的前提，所以，欲行"治道"，必须遵从"天道""人道"，弄清"天道员员，各复其根"②（楚简《老子》第一篇第三章）的道理，在治理国家和社会中施行"恒无为"的治理方式和治理方法。如果说"能为道"是治理国家规整社会的基本原则和大方向、最终目标的话，那么，为实现目标就必须运用"恒无为"的治理方式、治理方法。"恒无为"

① 郭沂 . 郭店竹简与先秦学术思想 [M]. 上海：上海教育出版社，2001. 第 82 页
② 郭沂 . 郭店竹简与先秦学术思想 [M]. 上海：上海教育出版社，2001. 第 55 页

是建立在"恒道"基础上的老子治国之道的核心。"圣人"只有达到"恒无为"的治理境界，才是遵从了"天道""人道"，才能把"恒道"的精神落到实处。

4. "恒无为"的基本含义是：在遵从"恒道"，把握"无名"的宇宙本体和"有名"的物质规律相对相容的前提下，有所为，有所不为。符合"恒道"的就为，不符合"恒道"的就不为。"为无为，事无事，味无味"①（楚简《老子》第二篇第八章），"能辅万物之自然，而弗能为"②（楚简《老子》第二篇第六章），最终达于"无为而无不为"③（楚简《老子》第三篇第二章），即相对相容之"恒无为"。

老子从具体层面，对施行"恒无为"的治理之道提出了如下要求：

1. "重积德"。"重积德，则无不克；无不克，则莫知其极；莫知其极，可以有国，有国之母，可以长久。是谓深根固柢之法，长生久视之道也。"④（楚简《老子》第三篇第一章）

2. 重修身。修身非常重要："善建者不拔，善保者不脱，子孙以其祭祀不辍。"⑤（楚简《老子》第三篇第八章）同时，修身又是一个长期的辩证发展过程，表现为"大成若缺"，"大盈若盅"，"大巧若拙，大赢若诎，大直若屈"⑥（楚简《老子》第三篇第六章）。因此，修身要时刻为之，只有达到一定境界，才能由修身逐渐扩展到修天下，德行才能随着修身的扩展而逐渐提高并最终惠及天下，亦即"修之身，其德乃真；修之家，其德有余；修之乡，其德乃长；修之邦，其德乃丰；修之天下，其德乃博"⑦（楚简《老子》第三篇第八章）。

3. "含德之厚"。有德与无德、德厚与德薄是对立统一的。做到"含德之厚"，必须处理好"有"与"无"的关系，充分认识"天下之物生于有，生于无"⑧（楚简《老子》第一篇第六章）。"有"与"无"既相对又相容，因而，"殖而盈之，不若其已。揣而群之，不可长保也。金玉盈室，莫之守也。贵富骄，自遗咎也"。所以必须遵从"天道"，"功遂身退"⑨（楚简《老子》第一篇第七章）。

4. "不争"。"争"与"不争"是相对相容的，人们应该"视素抱朴，少私寡欲"⑩（楚简《老子》第二篇第一章）。"圣人之在民前也，以身后之；其在民上也，

① 郭沂．郭店竹简与先秦学术思想 [M]．上海：上海教育出版社，2001．第 84 页。
② 同上，第 79 页。
③ 同上，第 101—102 页。
④ 同上，第 100 页。
⑤ 同上，第 115 页。
⑥ 同上，第 113 页。
⑦ 同上，第 115—116 页。
⑧ 郭沂．郭店竹简与先秦学术思想 [M]．上海：上海教育出版社，2001．第 61 页。
⑨ 同上，第 62 页。
⑩ 同上，第 64 页。

以言下之。其在民上也，民弗重也；其在民前也，民弗害也"，处理好了"前"与"后"、"上"与"下"的辩证关系，处处显示与百姓"不争"的姿态，就能实现"天下乐进而弗厌。以其不争也，故天下莫能与之争"①（楚简《老子》第二篇第二章）的目标。

5.把握"其无有""其未乱"。"无有"与"有"、"未乱"与"乱"是相对相容的，要认识到"其安也，易持也；其未兆也，易谋也；其脆也，易判也；其几也，易散也"。因此，要"为之于其无有也，治之于其未乱"。因为"合抱之木，生于毫末；九层之台，起于虆土；千里之行，始于足下"②（楚简《老子》第二篇第十二章）。把问题解决在萌芽状态，才不至于酿成祸患，才有利于社会安定。

6."知足"，"知止"。"知足"与"不知足"、"知止"与"不知止"是相对相容的，把握住二者的度非常关键。"罪莫厚乎甚欲，咎莫憯乎欲得，祸莫大乎不知足。知足之为足，此恒足矣。"③（楚简《老子》第二篇第三章）"恒足"，即"知足"与"不知足"的相对相容，"夫亦将知止，知止所以不殆"④（楚简《老子》第二篇第十一章）。"不殆"是"知止"的必然结果。所以，"甚爱必大费，厚藏必多亡。故知足不辱，知止不殆，可以长久"⑤（楚简《老子》第一篇第五章）。"物壮则老，是谓不道"⑥（楚简《老子》第一篇第四章）。"功遂身退，天之道也"⑦（楚简《老子》第一篇第七章）。

综上所述，必须把握"无为"和"无不为"既相对又相容的度，既不超过限度妄有作为，也不一味内敛而不求作为。违背自然、社会规律而"为"，必然"败"和"失"；顺应自然、社会，遵从自然、社会发展规律而"无为"，"无执"，则"无败"，"无失"。所以，要"以正治邦，以奇用兵，以无事取天下"，正如圣人所言："我无事而民自富，我无为而民自化，我好静而民自正，我欲不欲而民自朴。"⑧（楚简《老子》第二篇第十四章）老子的"道恒无为"，是遵从自然、社会发展规律，实现自然、社会和谐发展的大得、大为。他所提倡的"能辅万物之自然而弗敢为"的圣人之为，是一种极高的治理自然、社会的境界，也是遵从"恒道"的必然结果。认清这一点，千百年来围绕"无为"含义所引发的种种争论，也可以

① 同上，第69页。
② 同上，第94页。
③ 郭沂.郭店竹简与先秦学术思想 [M].上海：上海教育出版社，2001.第71页。
④ 同上，第92页。
⑤ 同上，第60页。
⑥ 同上，第58页。
⑦ 同上，第62页。
⑧ 同上，第97页。

迎刃而解了。

四、"恒"由楚简《老子》、帛书《老子》至河上公本、王弼本的演变

"恒"字在楚简《老子》中的运用情况前已述及，其具体的演变情况如下：

之一：

楚简："致虚，恒也；守中，笃也。"

帛书甲本："至（致）虚，极也；守静，表（笃）也。"

帛书乙本："至（致）虚，极也；守静，督（笃）也。"

河上公本："致虚极，守静笃。"

王弼本："致虚极，守静笃。"

帛本改"恒"为"极"，已偏离老子原意，河上公本、王弼本"虚极"合用，已失老子原意。楚简《老子》所言"致虚，恒也"，意为持守虚静，方能达于"虚"与"实"、"静"与"动"既对立，又统一的境界。达致"恒"的"虚"乃"虚"的极致也，系内中蕴含着"实"之"虚"也。帛书所改，强调了"极致"，丢掉了"虚""实"相间、"动""静"若合的蕴涵，故而偏离了老子原意。相比之下，河上公本、王弼本偏离更甚，说已失老子原意似不为过。

之二：

楚简："知足之为足，此恒足矣。"

帛书甲本："故知足之足，恒足矣。"

帛书乙本："故知足之足，恒足矣。"

河上公本："故知足之足，常足矣。"

王弼本："故知足之足，常足矣。"

楚简《老子》的"此恒足矣"，实指"足"与"不足"的对立统一，是承上句"知足之足"得出的结论，即辩证统一的"足"。帛书深知其意，直承简本，删去"此"字，强调"恒足"的语气有所消减，但仍不失老子本意。而河上公本、王弼本改"恒"为"常"，将辩证的、"足"与"不足"对立统一的"恒足"，改为"寻常的、经常的"满足，已失老子本意。

之三：

楚简："道恒无为也。侯王能守之，而万物将自化"。

帛书甲本："道恒无名。侯王若守之，万物将自化。"

帛书乙本："道恒无名。侯王若能守之，万物将自化。"

河上公本："道常无为，而无不为。侯王若能守 [之]，万物将自化。"

王弼本："道常无为而为不为。侯王若能守之，万物将自化。"

　　帛书甲、乙本改"道恒无为"为"道恒无名",与原意相去甚远,"道"的"恒无为"与"恒无名",本来是两个截然不同的论题。河上公本、王弼本改"恒"为"常",又与原意有偏,但加上"而无不为"四字,似乎是对原意的一种补充说明,且颇合原意。因"恒无为"说得便是"无为"与"无不为"的对立统一。

　　之四:

　　楚简:"道恒无名。朴虽微,天地弗敢臣。"

　　帛书甲本:"道恒无名,朴虽小,而天下弗敢臣。"

　　帛书乙本:"道恒无名,朴虽小,而天下弗敢臣"。

　　河上公本:"道常无名,朴虽小,天下不敢臣。"

　　王弼本:"道常无名,朴虽小,天下莫能臣也。"

　　帛书甲、乙本"道恒无名"同楚简,但改"微"为"小",改"天地"为"天下",语意已有出入,"微"尽指"极小",比"小"内涵更为丰富;"天地"指大化流行中的一切,"天下"似乎仅包括人类社会和与人类发生关联的自然界。河上公本、王弼本承接帛书甲、乙本,且改"恒"为"常",偏离老子本意甚远矣。

　　之五:

　　楚简:"重积德,则无不克;无不克,则莫知其恒。"

　　帛书甲本:"重积德,则无不克,无不克则莫知其极。"

　　帛书乙本:"重积德则无不克,无不克则莫知其极。"

　　河上公本:"重积德则无不克,无不克则莫知其极。"

　　王弼本:"重积德则无不克,无不克则莫知其极。"

　　楚简本作:"无不克,则莫知其恒"的表述,意在强调"重积德"与"轻积德"、"克"与"不克"的辩证性,帛书本、河上公本,王弼本改"恒"为"极",较原意有偏。

　　之六:

　　楚简:"莫知其恒,可以有城。"

　　帛书甲本:"莫知其极,可以有国。"

　　帛书乙本:"莫知其极,可以有国。"

　　河上公本:"莫知其极则可以有国。"

　　王弼本:"莫知其极,可以有国。"

　　此句紧接"重积德,则无不克;无不克,则莫知其恒"句而来,意在强调知"恒"、守"恒"的作用。改"恒"为"极"较原意有偏。需要指出的是,有些论者认为楚简《老子》中的表述即为"莫知其极",但细考楚简《老子》图版,这节内容确是刻作 ▨ 即表示月上弦、月下弦对立统一之"恒",故据图版改定。联系上下文意分析，老子是在说明"啬"的重要性，"高亨说：《说文》：'啬，爱啬也，从来从㐭，来者㐭而藏之，故田夫谓之啬夫。'……是'啬'本收藏之义，衍为爱而不用之义。此'啬'字谓收藏其神形而不用，以归无为也"①。老子在这里是从辩证的角度赋予"啬"字"藏"与"不藏"既对立又统一的含义，最后落脚到"无为"治国，其中包含着"无为而无不为"的辩证理念。从这个意义上看，楚简《老子》的"莫知其恒"，显然优于帛书本、河上公本、王弼本的"莫知莫极"。用"恒"，加大了以辩证视角说"啬"的分量，具有"培蓄能量，厚藏根基，充实生命力"②的内在的精、气、神，外化为"无为"治国理世的思路与举措，终将收到"无不为"之成效。

之七：

楚简："人之败也，恒于其且成也败之。"

帛书甲本："民之从事也，恒于几成而败之。"

帛书乙本："民之从事也，恒于几成而败之。"

河上公本："民之从事，常于几成而败之。"

王弼本："民之从事，常于几成而败之。"

帛书甲、乙本沿用"恒"，但将楚简原句改为"民之从事也，恒于几成而败之"，与原意有一定出入。楚简说的是"人之败"，国君、大臣、士子、民皆包括在内，指的是所有人，帛本改为"民之从事"，专指处于被统治地位的"民"的行事，范围缩小了。河上公本、王弼本改"恒"为"常"，大失老子本意。老子在这一章运用辩证思维，列举大量的事例阐释"为之者败之，执之者失之。圣人无为，故无败也；无执，故〔无失也〕"的道理，最后落脚于"是以能辅万物之自然而弗敢为"③（楚简《老子》第四篇第四章）上，通篇充满辩证色彩。用"恒"，无疑加重了这种辩证色彩，增加了说服的力量。

在以上所述基础上，为加深对"恒"字在不同老子版本中演变的认识，不妨以列表法拿帛书《老子》甲、乙本运用"恒"字的情况与河上公本、王弼本再做对照，进一步考察如何表述才最符合老子本意：

---

①　陈鼓应.老子今注今译〔M〕.北京：商务印书馆，2003.第289页。

②　同上，第290页。

③　郭沂.郭店竹简与先秦学术思想[M].上海：上海教育出版社，2001.第135页。

帛书《老子》甲本、乙本与河上公本、王弼本用"恒"对照表

（字下黑点为笔者所加）

帛书甲本	帛书乙本	河上公本	王弼本
罪莫大于可欲，祸莫大于不知足，咎莫憯于欲得。故知足之足，恒足矣。	罪莫大于可欲，祸莫大于不知足，咎莫憯于欲得。故知足之足，恒足矣。	祸莫大于不知足，咎莫大于欲得。故知足之足，常足〔矣〕。（"俭欲"第四十六）	祸莫大于不知足，咎莫大于欲得。故知足之足，常足〔矣〕。（第四十六章）
取天下也，恒无事，及其有事也，不足以取天下。	取天下，恒无事；及其有事也，不足以取天下。	取天下常以无事，及其有事，不足以取天下。（"忘知"第四十八）	取天下常以无事，及其有事，不足以取天下（第四十八章）
圣人恒无心，以百姓心为心。	圣人恒无心，以百姓心为心。	圣人无常心，以百姓心为心。（"任德"第四十九）	圣人无常心，以百姓心为心。（第四十九章）
道之尊，德之贵也，夫莫之爵，而恒自然也。	道之尊也，德之贵也，夫莫之爵也，而恒自然也。	道之尊，德之贵，夫莫之命而常自然。（"养德"第五十一）	道之尊，德之贵，夫莫之命而常自然。（第五十一章）
天下之交也，牝恒以静胜牡。为其静也，故宜为下。	天下之交也，牝恒以静胜牡。为其静也，故宜为下也。	大国者下流，天下之交，天下之牝。牝常以静胜牡，以静为下。（"谦德"第六十一）	大国者下流，天下之交，天下之牝。牝常以静胜牡，以静为下。（第六十一章）
民之从事也，恒于几成而败之，故慎终若始，则无败事矣。	民之从事也，恒于几成而败之，故慎终若始，则无败事矣。	民之从事，常于几成而败之，慎终如始，则无败事。（"守微"第六十四章）	民之从事，常于几成而败也，慎终如始，则无败事。（第六十四章）
恒知此两者，亦稽式也；恒知稽式，此谓玄德。	恒知此两者，亦稽式也；恒知稽式，此谓玄德。	知此两者亦楷式。常知楷式，是谓玄德。（"淳德"第六十五）	知此两者亦稽式。常知稽式，是谓玄德。（第六十五章）
我恒有三宝，持而宝之。	我恒有三宝，持而宝之。	我有三宝，持而保之。（"三宝"第六十七）	我有三宝，持而保之。（第六十七章）

若民恒且不畏死，奈何以杀惧之也？若民恒且畏死，而为奇者吾得而杀之，夫孰敢矣。若民恒且必畏死，则恒有司杀者。	若民恒且不畏死，奈何以杀惧之也？若民恒且畏死，而为奇者吾得而杀之，夫孰敢矣。若民恒且必畏死，则恒有司杀者。	民不畏死，奈何以死惧之？若使民常畏死，而为奇者，吾得执而杀之，孰敢？常有司杀者。（"制惑"第七十四章）	民不畏死，奈何以死惧之？若使民常畏死，而为奇者，吾得执而杀之，孰敢？常有司杀者。（第七十四章）
道，可道也，非恒道也。名，可名也，非恒名也。无名，万物之始也；有名，万物之母也。故恒无欲也，以观其妙；恒有欲也，以观其所徼。	道，可道也，非恒道也。名，可名也，非恒名也。无名，万物之始也；有名，万物之母也。故恒无欲也，以观其妙；恒有欲也，以观其所徼。	道可道，非常道。名可名，非常名。无名，天地之始；有名，万物之母。故常无欲，以观其妙。常有欲，以观其徼。（"体道"第一章）	道可道，非常道。名可名，非常名。无名天地之始，有名万物之母。故常无欲，以观其妙；常有欲，以观其所徼。（第一章）
音声之相和也，先后之相随，恒也。	音声之相和也，先后之相随，恒也。	音声相和，前后相随。是以圣人处无为之事，行不言之教。（"养身"第二）	音声相和，前后相随。是以圣人处无为之事，行不言之教。（第二章）
恒使民无知无欲也，使夫智不敢，弗为而已，则无不治矣。	恒使民无知无欲也，使夫智者不敢，弗为而已，则无不治矣。	常使民无知无欲，使夫智者不敢为也。为无为，则无不治。（"安民"第三）	常使民无知无欲。使夫智者不敢为也。为无为，则无不治。（第三章）
是以圣人恒善救人，而无弃人，物无弃材，是谓袭明。	是以圣人恒善救人，而无弃人，物无弃材，是谓袭明。	是以圣人常善救人，故无弃人；常善救物，故无弃物。（"巧用"第二十七）	是以圣人常善救人，故无弃人；常善救物，故无弃物。（第二十七章）
……为天下溪，恒德不离。恒德不离，复归于婴儿。……恒德乃足，复归于朴。……为天下式，恒德不忒。恒德不忒，复归于无极。	……为天下溪，恒德不离。恒德不离，复归于婴儿。……为天下谷，恒德乃足。恒德乃足，复归于朴。……为天下式，恒德不忒。恒德不忒，复归于无极。	……为天下溪，常德不离。复归于婴儿。……为天下式，常德不忒。……为天下谷，常德乃足，复归于朴。（"反朴"第二十八）	……为天下溪，常德不离，复归于婴儿。……为天下式，常德不忒。……为天下谷，常德乃足，复归于朴。（第二十八章）
道恒无名，朴虽小，而天下弗敢臣。	道恒无名，朴虽小，而天下弗敢臣。	道常无名，朴虽小，天下不敢臣。（"圣德"第三十二）	道常无名，朴虽小，天下莫能臣。（第三十二章）
万物归焉而弗为主，则恒无欲也，可名于小。	万物归焉而弗为主，则恒无欲也，可名于小。	爱养万物而不为主。常无欲，可名于小。（"任成"第三十四。）	衣养万物而不为主。常无欲，可名于小。（第三十四章）

道恒无名，侯王若能守之，万物将自化。	道恒无名，侯王若能守之，万物将自化。	道常无为，而无不为。侯王若能守〔之〕，万物将自化。（"为政"第三十七）	道常无为而无不为。侯王若能守之，万物将自化。（第三十七章）

　　由上表可知，帛书《老子》甲、乙本中，共有十七章用"恒"，"德经"九章，"道经"八章。"恒"字出现凡二十八处"德经"十三处，"道经"十五处。一般是运用"恒"字的本意，表示相对相容，既对立又统一的意思。大多是对具体词语的限定，也有对整章内容做限定的。如："我恒有三宝，持而宝之"；"音声之相和也，先后之相随，恒也"；"是以圣人恒善救人，而无弃人，物无弃材，是谓袭明"等等。演变至河上公本、王弼本，"恒"皆改为"常"，在有些章节中，甚至删去了"恒"，如：帛书本"恒知此两者，亦稽式也"，河上公本、王弼本删"恒"，作"知此两者亦稽式"；帛书本"我恒有三宝，持而宝之"，河上公本、王弼本删"恒"，作"我有三宝，持而保之"；帛书本"若民恒且不畏死，奈何以杀惧之也？"河上公本、王弼本删"恒"，作"民不畏死，奈何以死惧之？"帛书本该章中"若民恒且必畏死"句，河上公本、王弼本皆删去；帛书本"音声之相和也，先后之相随，恒也"，河上公本、王弼本删"恒"，作"音声相和，前后相随。是以圣人处无为之事，行不言之教"等等。这种删改究竟对老子本来意涵的表达造成了哪些影响？以下试做具体分析：

　　1.故知足之足，恒足矣。

　　——了解知足所带来的满足，才是把握住了"知足"与"不知足"相对相容关系的真正的满足。河上公本、王弼本改"恒"为"常"，义有交叉，但表意的深刻程度远不及帛书本。

　　2.取天下也，恒无事。及其有事也，不足以取天下。

　　——治理天下，赢得民心，应把握"无事"与"有事"相对相容的度，过于"有事"妄为，不但扰乱天下，也会失去人心。河上公本、王弼本改"恒"为"常"后，对老子治理天下应处理好"无事"与"有事"辩证关系的本意有所偏离。

　　3.圣人恒无心，以百姓心为心。

　　——肩负治国理世重任的圣人要准确把握"无心"与"有心"、主观意愿与百姓诉求的度，处理好二者间的关系，去除主观意念，服从百姓诉求。河上公本、王弼本改为"圣人无常心"，大失老子本意。

　　4.道之尊，德之贵也，夫莫之爵，而恒自然也。

　　——道的尊严，德的贵重，不是外人加封的什么名号决定的，而是其本来就是"自然"与"不自然"的统一体决定的。在这个统一体中，"不自然"服从于"自然"，也是历来如此，法尔如是的。河上公本、王弼本改"恒"为"常"，无法准确揭示老子对"道""德"特征的界定。

5. 天下之交也，牝恒以静胜牡。

——"牝"把握住了"静"与"动"的相对相容，才能甘居下位并"以静胜牡"。河上公本、王弼本改"恒"为"常"，大异于老子原意。

6. 民之从事也，恒于几成而败之。

——这句中的"恒"，指事情的"成"与"败"是相对相容的，只有不忘初心，"慎终若始"，"则无败事矣"。河上公本、王弼本改"恒"为"常"，则大异其趣了。

7. 恒知此两者，亦稽式也；恒知稽式，此谓玄德。

——老子在这里阐述"以智治国"与"不以智治国"的相对相容，主张弱化"以智治国"，强化"不以智治国"。用"恒"，意在加重对处理好二者关系、张扬"不以智治国"的强调。河上公本、王弼本删去前句中的"恒"字，削弱了这种强调的意义。后句改"恒"为"常"，亦失老子本意。

8. 我恒有三宝，持而宝之。

——"慈""俭""不敢为天下先"是老子倡言的、非常珍惜且"持而宝之"的"三宝"。前边用"恒"，意在说明"三宝"乃"慈"与"不慈"、"俭"与"不俭"、"不敢为天下先"与"敢为天下先"的相对相容。它们既是对立的，又是统一的，"持而宝之"就含有把握住"慈"与"不慈"、"俭"与"不俭"、"不敢为天下先"与"敢为天下先"之度，正确处理二者关系的寓意。河上公本、王弼本删去"恒"，且将"持而宝之"改作"持而保之"，偏离了老子原意，说理的深刻程度不及帛书。

9. 若民恒且不畏死……若民恒且畏死……若民恒且必畏死，则恒有司杀者。

——帛书本节的表述四处用"恒"，主要阐释应当运用相对相容的辩证思维方式治国理世，正确处理朝廷（中央政府）与民众的关系。民众的"畏死"与"不畏死"不是由民众决定的，而是由朝廷（中央政府）决定的。朝廷（中央政府）千万不要做"司杀者"，而应由自然天道做"司杀者"。秉持"恒无为"的理念，引导民众与自然、社会融为一体，生、老、病、死，生产、生活一应自然。弘扬"天之道""视万物为刍狗"的理念，奉行"视百姓为刍狗"的"圣人之道"，让自然天道这位"司杀者"作"杀"与"不杀"的自由裁量，不施任何造作妄为，便能够处理好朝廷（中央政府）与民众之关系，避免"民不畏死"局面的出现。河上公本、王弼本改"恒"为"常"后，上述含义大大淡化。

10. 道，可道也，非恒道也。名，可名也，非恒名也。……故恒无欲也，以观其妙；恒有欲也，以观其所徼。

——这里用"恒"，明确界定"道""名"皆是形下与形上、具体与抽象的相对相容、辩证统一，"无欲"与"有欲"亦如此。正如前文所论，楚简《老子》对"道恒无名""道恒无为"的阐释，已明晰地揭示了"恒道"的本质特征，说明"道"本来就是具体之"道"与抽象之"道"的统一体，只要弄清"恒"之本意，道体自明。而自河上公本、王弼本改"恒道"为"常道"、"恒名"为"常名"、"恒无欲"为"常无欲"、"恒有欲"为"常有欲"后，失其本意，人为的导致对"道""名""无欲""有欲"的歧见，导致对在老子思想体系中起支撑、主导作用的重要概念的认知偏差，竟而至于众说纷纭，莫衷一是，直迄于今。这不能不说是《老子》版本流变中的一大憾事！

11. 音声之相和也，先后之相随，恒也。

——帛书本写得何等好啊！在用两两相对又相容的具体事例说明之后，以"恒"字作结，明确指出凡此种种皆是"恒"的具体表现，天下万事万物皆在既对立又统一的状态中生发运行着，如此才形成大千世界的多姿多彩。河上公本、王弼本将"恒也"删去，老子说事析理的生动性，谋篇布局的自如性，语言表达的流畅性顿失。

12. 恒使民无知无欲也，……

——这里的"恒"是对接下来"使夫智不敢，弗为而已，则无不治矣"的限定，说明"无知无欲"与"有知有欲"，"弗为"与"无不治"是相对相容的矛盾统一体，治国理世者面对这个矛盾统一体时，需要细心体悟，准确把握，"为大于其细"，"治之于未乱"，方可因势利导，达到"无为而治"的目的。河上公本、王弼本改"恒"为"常"，偏离了老子本意。

13. 是以圣人恒善救人，而无弃人。

——圣人奉行"利而不害"的"天之道"，表达的是对普天之下芸芸众生的终极关怀，不分亲疏，无论贵贱，一视同仁。"救"与"不救"、"弃"与"不弃"是相对相容的统一体，一切经过自然如此、法尔如是的选择来决定。河上公本、王弼本改"恒"为"常"，老子的本意有所偏离。

14. 为天下溪，恒德不离。恒德不离，复归于婴儿。……恒德乃足……恒德不忒。恒德不忒，复归于无极。

——老子反复讲"恒德不离"，"恒德乃足"，"恒德不忒"。这里的"恒德"，其实是"上德"与"下德"的辩证统一，这种"恒德"是须臾不可或离的。在学道、悟道、体道的前提下具备了"恒德"的德行，表现为"足"和"不忒"，才能够"复归于婴儿"，"复归于朴"，"复归于无极"。河上公本、王弼本改"恒"为

"常"偏离了老子所要阐释的"上德"与"下德"辩证统一的意涵。

15. 道恒无名，朴虽小，而天下弗敢臣。

——道是"无名"与"有名"的辩证统一体，虽然表现为拙朴的、小而无内的性状，但普天之下没有不对她俯首称臣的。河上公本、王弼本改"恒"为"常"，上述意蕴尽失。

16. 万物归焉而弗为主，则恒无欲也，可名于小。

——万物纷纷归附于它，却不自恃自大借机主导万物，能够做到这一点，关键在于持守着"无欲"与"有欲"、"寡欲"与"多欲"的相对相容，把握住了二者的度。这种状态，可以称作（小而无内的）"小"。河上公本、王弼本改"恒"为"常"，其意涵的表达偏离了老子本意。

17. 道恒无名，侯王若能守之，万物将自化。

——"道"是"无名"与"有名"的辩证统一体，侯王假使能够持守着它，天下万物便能够自然生化，更无须人为干预。河上公本、王弼本改"恒"为"常"，老子所要表达的深刻意涵尽失。

经帛书甲、乙本的用"恒"与河上公本、王弼本改"恒"为"常"抑或删"恒"文本的对照，文本演变过程中所导致的老子本意的偏离甚至缺失，已经非常清楚了。现能见到的楚简《老子》仅为节选本而非足本，从前文所举楚简《老子》七处用"恒"且与帛书甲、乙本契合若节的情况推断，楚简《老子》若为足本，前文所列帛书甲、乙本十七处用"恒"亦应与楚简《老子》用"恒"基本相合。楚简《老子》作为老子离世不足二百年的版本（或系墓主楚太子师不为刊行，只为教导太子而刻意选取的节选本），帛书《老子》甲、乙本作为老子离世二三百年的版本，应是最接近《老子》原作内容的古本。从楚简《老子》与帛书《老子》甲、乙本契合的程度看，二者应属同一个传本系统。

即便将不同的传本系统会导致老子文本内容有不同改变的因素考虑在内，"恒"作为古本《老子》中的重要范畴，是用以阐释"道"的本质特征的，有助于老子对"道""德"理念基本内涵的揭示，或者说是老子专门用来揭示"道"的基本内涵的。那么，可以毫不夸张地说，无论哪个传本系统，除非不是老子书了，断不会弃"恒"而用"常"，或用别的什么词语。当然，这是指汉文帝刘恒前的情况。自河上公避文帝讳，且改"恒"为"常"，改《老子》上、下篇为《道德经》，划分为八十一章，到王弼承之，再到唐、宋之后诸多注家，包括为《道德经》作注的唐玄宗、宋徽宗、明太祖、清世祖亦承之，便有了现如今人们见到的传世本《道德经》。

综上所述，经典的生命力在于代有所注，代有所出。老子涵天覆地的深邃思想就是在先后传承的注释与解说中，打上鲜明的时代烙印，启迪着人们思考和前进的方向。毋庸讳言，经过两千多年的世事沧桑，传世本《道德经》无论重要词语抑或一般表述，皆与楚简《老子》、帛书甲、乙本发生了较大的变异。但"综合也是创造"，通过以上综合分析，不难得出如下结论：为恢复《道德经》的本来面貌，还原老子本意，以求老子文本的准确解读，应据楚简《老子》的七处用"恒"，改"常"为"恒"，改"道常无名""道常无为"为"道恒无名""道恒无为"。因帛书《老子》甲、乙本与楚简《老子》基本是同一传本系统，应以帛书《老子》二十八处用"恒"为依据，将传世本《道德经》中的"常"改为"恒"。在河上公本、王弼本中被人为删去的"恒"，应考虑在原句中添加上去。应该提出的是，本文仅以"恒"字为例做了粗浅分析，其实，楚简《老子》、帛书《老子》与河上公本、王弼本《道德经》的差异绝不仅仅是"恒"与"常"的差异，这种差异以及由此导致的老子本意的偏离或丧失是多方面的，需要方方面面的专家和老学爱好者携起手来，在近年来的勘校、训诂、考据成果基础上，再下一番综合阐释的功夫，理清楚先后传承的脉络。推出一部吸收了近年老学研究成果，最接近老子本意，能够经得起历史检验的《道德经》版本，并着力传播，推广普及，为传承发展中华优秀传统文化，让老子思想造福全人类助力！

《道德经》"其犹橐籥"与
《易经》"阖辟成变"思想比较

贺志韧[*]

内容提要："其犹橐籥"和"阖辟成变"分别是《道德经》和《易经》这两部为中华文化奠定了重要的基础的著作中的两种十分独特的思想。它们的独特性在于它们都引用了一正一反的两个隐喻在其中充当重要的角色，而且同时承担了各自所属经典中的核心概念"道"和"阴阳元气"的本质属性。这两种独特思想在某些方面具有高度一致的相似性，但同时也因各自所属的经典不同而略有一些细微的差异。这些差异看似细微、极不容易被发现，但却反映了二者根本立场上的不同，因此需要极度重视。本文将从字义、词义的训诂以及历史上历代名家对该两种思想的解读来还原二者的真实内涵，并进行相似性和差异性两方面的比较，总结其差异形成的根本原因。

关键词：其犹橐籥 阖辟成变 道 阴阳

　　《道德经》和《易经》是两部为中华文化奠定了重要思想基础的巨著，它们和《庄子》一起被道教人士列为"三玄"。《易经》作为一部儒家著作，之所以能够被道教人士如此重视，以至于与《道德经》相并提，是因为《易经》和《道德经》的内部思想之间有着深切的联系。《道德经》是一部带有朴素的形而上学思想特征的著作，《易经》同样具有这样的性质，而这种带有形而上学思想特征，强调宇宙本体论和生成论的哲学著作在先秦儒家的典籍中并不多见。《道德经》强调"道"是宇宙万物产生、发展的本原和内在规律，人类社会关系中的"德"是对它的效仿；《易经》则认为阴阳二气是宇宙万物产生、发展的本原和内在规律，人类生产活动应当顺应、参照它们的规律。那么《道德经》中的"道"和《易经》中的阴

---

　　* 贺志韧（1986—），男，安徽安庆人，中国人民大学宗教学博士，湖南理工学院政法学院讲师，硕士生导师。

阳二气的内涵和性质方面之间究竟有怎样的异同呢？很巧的是，在《道德经》中有一个词"其犹橐龠"和《易经》中的一个词"阖辟成变"刚好分别反映了"道"和阴阳二气在宇宙之中生化、发展的特点。因此，对这两个词进行内在分析和对比，就可以管中窥豹、以小见大地发现《道德经》的"道"和《易经》的阴阳二气内涵和性质方面之间的相似性和差别性。

一、关于《道德经》"其犹橐龠"思想的考辨

"其犹橐龠"语出《道德经》第五章"天地不仁，以万物为刍狗。圣人不仁，以百姓为刍狗。天地之间，其犹橐龠乎？虚而不出，动而愈出。多言数穷，不如守中。"[①]"橐"在汉典中解释为古代的一种鼓风吹火器，《墨子·备穴》中有"具炉橐，橐以牛皮"一语，意思是说用牛皮做的用来给炉子吹火的鼓风器。许慎在《说文》中将橐解释为囊，并认为小的是囊，大的是橐。《左传·僖公二十八年》中有"宁子职纳橐馈焉"之句，《诗经·大雅·公刘》中有"乃裹糇粮，于橐于囊"之句，《战国策·秦策》中有"负书担橐"，都是将"橐"当作"囊"来解释，即比较大的袋子的意思。由此可以看出"橐"在古文中通常有两种意思，一是给炉子吹火用的鼓风器，即风箱；一是指比较大的袋子，即"囊"。"龠"在汉典中解释为一种古代乐器，形状像笛。考古发现新石器之时就已经出现了骨制的"骨龠"[②]，后又出现了芦苇叶制的"苇龠"。"龠"在甲骨文为 �，金文为 𤩋 表现的是一副由若干像笛子一样的小管子用绳子之类的东西编织在一起的一种乐器，同竽或笙类似。当代学者傅东华、王秉义认为龠就是笙[③]，王辉认为龠是"笙"的初级形态[④]。《尔雅·释乐》中提道："龠，乐之竹管三孔，以和众声也。"《风俗通》中说："龠，乐之器，竹管三孔。"详细说明了龠是一种类似于笛子的竹制三孔乐器。

那么作为风箱或大袋子的"橐"又是如何同像笛子一样的乐器"龠"联系上的呢？王弼认为："橐，俳橐也。龠，乐龠也。橐龠之中空洞，无情无为，故虚而不得穷屈，动而不可竭尽也。"[⑤]在这里，"俳"可能有两种意思，一是指优俳、俳舞、俳乐之"俳"，即由优伶表演的供贵族娱乐的歌舞节目，那么"俳橐"可能就是在进行俳舞或俳乐之时的一种大袋子形状的道具；一是作"排"的通假字，"俳橐"即指用手推动的风箱。总之，按王弼的意思，不管是风箱也好，大袋子也罢，

① 楼宇烈.王弼集校释 [M].中华书局，1980.第13—14 页。
② 刘正国.中国贾湖"骨龠"的出土、仿制与舞台呈现 [J].南京艺术学院学报（音乐与表演），2014（4）.
③ 刘正国.关于"龠"的考证诸家异说辨析 [J].音乐研究，2011（1）.
④ 王辉.再论先秦乐器"龠"为"笙之初形"[J].戏剧丛刊，2013（2）.
⑤ 王弼，楼宇烈校释.王弼集校释 [M].中华书局，1980.第14 页。

还是像笛子一样的乐器也好，它们的形状都有一个共同的特性，即"中空"。王弼认为《道德经》中之所以要引用"橐""龠"这两个词来比喻"道"，意思就是要说明"道"是一种"无情无为"的没有任何生物情感、喜怒哀乐情绪和任何具有人为性质的刻意的行为动作。正因为"道"具有这样的空性，所以它能够"虚而不得穷屈，动而不可竭尽"能够永远保持勃勃的生机。楼宇烈支持清代文人易顺鼎的观点，认为王弼将"橐龠"分开来解释是错误的。楼认为"橐龠"指的是一个东西，就是风箱，他说："'橐龠'，俗称风箱，橐是外椟，龠是内管。"即认为"橐"指的是风箱外面空壳状的木箱子，"龠"指的是风箱里面用来推拉起风的木杆子。陈鼓应的观点与楼宇烈的观点是一致的，陈引用了南宋范应元和元代吴澄的注释来表明自己的观点。范应元说："囊几曰'橐'，竹管曰'龠'。冶炼之处，用龠以接囊橐之风气，吹炉中之火。"[1] 吴澄说："橐龠，冶炼所用，吹风炽火之气也。"[2] 都认为"橐龠"就是冶炼用的风箱。我们抛却楼宇烈和陈鼓应对王弼关于"橐龠"一词具体解释的不同意见，从总体上来看他们对《道德经》本来意思的把握，就会发现楼的立场是赞成王弼的，即认为"道"就像"橐龠"一样，是一种没有情感和故意动作，能够持续运动、永葆生机的神秘而且伟大的存在。吴澄甚至对"橐龠"一词进行了抽象化的延伸，认为"橐"象征太虚，是一种包含万事万物的场的存在；"龠"象征元气，它在太虚这一场中流行、运动，推动了万物的生长、变化[3]。因此可以说"道"同时具有两种含义，一是作为万物生长发育、运动变化的场所，一是指万物生长发育、运动变化的动力因。这两种含义在分类的不同上有差异的，但是在实际存在的状态中却是合而为一的，都只是一个"道"，并不是另有一个太虚和元气两种事物的存在。元气就在太虚之中，太虚就是以元气的形式进行运动、变化。

王弼进一步认为："天地之中，荡然任自然，故不可得而穷，犹若橐龠也。愈为之则愈失之矣。物树其慧，事错其言，不慧不济，不言不理，必穷之数也。橐龠而守数中，则无穷尽。弃己任物，则莫不理。若橐龠有意于为声也，则不足以共吹者之求也。"[4] 对"道"的"无为"性进一步进行阐发，认为越是故意为之越会造成更多的损失，并由此认为任何事物的思维能力和言语表达能力都是极为有限的，如果过分地使用智能和语言，就会到达穷尽的地步；应当要像"橐龠"一样始终保持中空、无为的状态，一切行为随顺自然，抛却掉小我意识，融入天道之

---

① 陈鼓应.老子注译及评介 [M].中华书局，1984.第81页。
② 陈鼓应.老子注译及评介 [M].中华书局，1984.第81页。
③ 吴澄.道德真经吴澄注 [M].华东师范大学出版社，2010.第8页。
④ 楼宇烈.王弼集校释 [M].中华书局，1980.第14页。

中，才能够真正有所作为。可以说，王弼关于这一段章句的解释基本上与老子的思想是想吻合的。在这里有个特别需要注意的地方就是对"守中"这个概念的理解，《道德经》中"守中"的"中"与儒家"中庸"的"中"是不同的，儒家的"中庸"指的是一种不偏不倚、有理有节的为人处世态度。而《道德经》中的"中"指的是一种"中空"的空性存在，即"道"的存在。"守中"即是守"道"，是对"道"的随顺。

汉代的河上公所注的《道德经》是从道家的养生学说来进行注解的，书中对该段章句的解释为"天施地化，不以仁恩，任自然也。天地生万物，人最为贵，天地视之如刍草狗畜，不贵望其报也。天地之间空虚，和气流行，故万物自生。人能除情欲，节滋味，清五脏，则神明居之也。橐钥中空虚，人能有声气。言空虚无有屈竭时，动摇之，益出声气也。多事害神，多言害身，口开舌举，必有祸患。不如守德于中，育养精神，爱气希言。"①认为正是由于天地之间是空虚的，才可以会产生和顺之气的流行，阴阳才能和合，万物才能生长；人应当寡思少欲，少说话，少为外部的事情所困扰，注重自己内心德行的修为，这样才能蓄养精神，避免祸患，才能获得长生。很明显，河上公的解释是一种"六经注我"式的过度解释，虽然与《道德经》原文的思想有相通之处，但总体上已经大不一样了。《道德经》原文中并没有明显地提及关于养生的事，"多言数穷"也并不能当作说多了话就会招引祸患来理解。

综上所述，虽然多家关于《道德经》中"其犹橐籥"思想的观念略有差异，但是其基本精神都是一致的。结合《道德经》原文，我们可以看出，"其犹橐籥"指的是"道"具有空性，即"道"不是作为一种实体的存在，不是显性的，而是隐性的。是一种"视之不见，听之不闻，搏之不得"②的无形无相，但却"大象无形，大音希声"③的无所不往、无处不在的客观存在。"道"正由于其空性，所以能够包容万物，"为天下溪"④。"道"并不是静止不动的，它无时无刻不在按照自己的规律进行循环往复的变化、运动，"独立而不改，周行而不殆"⑤。这种运动同时又无时无刻不在遵循一个基本原则，那就是"守中"，即维持空性，不落实相。因此"其犹橐籥"的思想是蕴含着《道德经》中整个"道"的体、用两方面的内容的。但是单就"其犹橐籥"这一词汇本身而言，按照除王弼以外的一般研究者的理论

① 王卡．老子道德经河上公注 [M]．中华书局，1993．第18页．
② 张立文．中国哲学范畴精粹丛书——道 [M]．中国人民大学出版社，1989．第40页．
③ 楼宇烈．王弼集校释 [M]．中华书局，1980．第33页．
④ 楼宇烈．王弼集校释 [M]．中华书局，1980．第74页．
⑤ 楼宇烈．王弼集校释 [M]．中华书局，1980．第45页．

而言，它更侧重的"道"的用的方面，即"道"的运动、变化、作用是像风箱一样的来回往复、生生不息的。

二、"阖辟成变"思想的含义

"阖辟成变"语出于《易经·系辞上传》"是故阖户谓之坤，辟户谓之乾。一阖一辟谓之变，往来不穷谓之通。"①"阖"是关闭的意思，如成语"关门阖户"；"辟"是打开的意思，如词语"开辟"。为什么说"阖户谓之坤；辟户谓之乾"呢？孔颖达《周易正义》曰："阖户，谓闭藏。万物若室之闭阖其户，故云'阖户谓之坤'也。"②认为"阖户"是关门之象，用来象征关闭、收藏之义，大地是万物的收容、生养之所，所以称为"阖户"。李鼎祚《周易集解》曰："虞翻曰：阖，闭翕也。谓从巽之坤，坤柔象夜，故以闭户者也。辟，开也。谓从震之乾，乾刚象昼，故以开户也。"③即虞翻认为巽卦是风的意思，象征柔弱。巽卦在坤卦之上，象征大地进入夜幕。夜幕降临是关门闭户之时，所以"阖户谓之坤"。震卦是雷电的意思，象征刚强。震卦在乾卦之上，象征天穹刚刚露出阳气，白昼来临。白昼来临是人们开门之时，所以"辟户谓之乾"。可以看出，《周易正义》和《周易集解》中关于这句话的解释是从完全不同的两个角度来考虑的，前者是从大地容纳、生养万物的功能角度来考虑，后者则是从夜晚和白昼降临的时间角度来考虑。二者都有其解释的合理性之所在，如果仅就《周易》文本自身来看，似乎前者的解释更为恰当，后者略存在一些过度解读的嫌疑。

解释完这句话后，紧接着就是要讨论关于本文的主题之一"阖辟成变"的含义了，对这一问题的讨论必须同时结合上文关于"阖户谓之坤；辟户谓之乾"和下文"往来不穷谓之通"的解释。《周易正义》认为："'一阖一辟谓之变'者，开闭相循，阴阳递至，或阳变为阴，或开而更闭，或阴变为阳，或闭而还开，是谓之变也。'往来不穷谓之通'者，须往则变来为往，须来则变往为来，随须改变，不有穷已，恒得通流，是'谓之通'也。"④认为"阖辟成变"的意思就是阴阳之间的相互交融、转换，即阳老则生少阴，阴老则生少阳，认为阴阳转换就是万物生化、发展的根本原因和动力。这种转化并不是随机的、偶然的，而是事物的形态自然发展到了一定的阶段就会自发产生的，是不以人为的意志为转移的。这种转化生生不息、永不停止，所以称为"往来不穷"，因为它使得万物发展自然、顺畅，

① 张文智.周易集解导读[M].齐鲁书社，2005.第380页。
② 孔颖达.周易正义[M].中国致公出版社，2009.第289页。
③ 李鼎祚.周易集解[M].九州出版社，2003.第923页。
④ 孔颖达.周易正义[M].中国致公出版社，2009.第289页。

所以"谓之通"。《周易集解》引用三国时期吴国虞翻的《易注》和东汉时期荀爽的《易传》的意见认为："虞翻曰：阳变阖阴，阴变辟阳，刚柔相推，而生变化也。荀爽曰：谓一冬一夏，阴阳相变易也。十二消息，阴阳往来无穷已，故'通'也。"①可以看出虞翻的观点在这里和孔颖达的观点相一致了，虽然前面二人关于"阖"和"辟"用词的原因是根据天和地的空间视角进行考察还是根据夜幕和白昼降临的时间视角进行考察上有所分歧，但是在"阖辟成变"的问题上都采用了阴阳转化的解释。之所以会产生这样的殊途同归的效果，是因为地和夜幕都是属于阴性，天和白昼都是属于阳性，所以无论"阖"与"辟"对应的是空间上的大地、天空因素还是时间上的夜幕、白昼因素，其在根源上所对应的都分别是阴与阳。孔颖达认为《易经》中之所以要提出"阖辟成变"的概念，其目的是为了"言圣人以利而用，或出或入，使民咸用之"②，即教导人们要向圣人一样能够因势利导地根据天地自然的规律而随时出入变化地机动性地处理事务，使百姓都能够安居乐业。《周易集解》则引用三国时期吴国陆绩的观点，认为"圣人制器以周民用，用之不遗，故曰'利用出入'也。民皆用之，而不知所由来，故谓之'神'也"③。陷入了一种具体的形而下的解释层面，没有孔颖达的解释妥当、贴切。

王弼的观点又有所不同，他认为："夫坤，其静也翕，其动也辟，是以广生焉。翕，敛也。止则翕敛其气，动则辟开以生物也。乾统天首物，为变化之元，通乎形外者也。坤则顺以承阳，功尽于己，用止乎形者也。故乾以专直，言乎其材；坤以翕辟，言乎其形。"将"阖辟成变"转化为"翕辟成变"的概念，并将"翕"与"辟"都对应于"坤"，认为它们都是大地的功能，而不是像孔颖达一样认为"阖"对应的是"坤"的功能，"辟"则对应的是"乾"的功能。王弼的创新之处有两个重要方面：一是将"翕"与"辟"同"静"与"动"的哲学观念对应起来，形成了一种新的思维，动静关系的讨论也由此一度成为魏晋玄学的一个重要讨论范畴；一是将"翕"与"辟"同"材"与"形"这一组哲学命题对应起来，形成了"道"的本体论的建构。

"阖辟成变"的思想发展到近现代之时，被熊十力抬高到了一个非常重要的哲学高度。熊十力认为："翕辟同为纯一之本体所显现之两作用，乃相反相成，相待相涵，而为万化之源。"④熊的观点很明显受王弼的影响很大，形成了他独具特色的"翕辟成变"思想。由于熊"翕辟成变"的思想在王弼魏晋玄学思想影响下又加入

① 李鼎祚.周易集解[M].九州图书出版社，2003.第924页。
② 孔颖达.周易正义[M].中国致公出版社，2009.第290页。
③ 李鼎祚.周易集解[M].九州出版社，2003.第924页。
④ 熊十力.十力语要[M].上海书店出版社，2007.第26页。

了很多的佛学思想内容，离《易经》的本旨相去较远，所以此处仅出于行文周密的原因略为提及，不再详加阐释。

综上所述，《易经》中的"阖辟成变"的思想是关于天地阴阳的运动、变化问题的，认为世间的一切事物的形成和发展的根本运动规律都是阴阳二种基本元气之间的互相交感、转化。"阖"即是阴，"辟"即是阳，"一阖一辟谓之变"就是说阴与阳二种元气同时并存就会产生运动、变化，人们应当按照阴阳元气的变化而按机行事，因时因地地处理事务，这样就能与天地相感应，达到圣人的境界。

三、二者的异同

如上文所述，《道德经》中"其犹橐龠"的思想是一种对"道"的运动形态的描述，是一种形象的譬喻。《易经》中的"阖辟成变"的思想是一种关于阴阳元气生化万物的机制的陈述，也是一种形象的譬喻。这两种譬喻之间存在一些相关的联系，成就了它们之间的相似性和差异性。

（一）相似性

1. 二者都是关于事物起源和发展规律的探讨

"其犹橐龠"说的是事物的运动变化都蕴含在"道"之中，是"道"像风箱一样循环往复的运动变化所产生的。

"阖辟成变"说的是事物的运动变化都是阴阳元气相交相感、相互转化所引起的，就像门的打开和关闭、白天和夜晚的降临一样周而复始、来回不辍。

2. 二者所阐述的终极运动规律都是来回往复式的

"其犹橐龠"就是说"道"的运动规律就是像风箱的抽动一样前后相继、出入不断。

"阖辟成变"就是说阴阳元气的转化规律就像门户的开合、昼夜的转换一样按时交接、永不停歇。

"道"和阴阳元气这种往返式、交互式的变化模式反映出了《道德经》和《易经》的辩证思维特征，也反映出了中华民族内心深处的朴素辩证思维意识。这种意识是建立在对一切事物现象的正反两个方面的全面考察的基础之上的。但是它们都忽略了一个重要的观念，那就是发展，它们只看到事物的此消彼长、循环往复的过程。而没有看到事物在这种此消彼长的过程之中有个逐步积累、逐步变异的发展过程，因此是朴素的。正如马克思主义认为，事物的发展形态应当是曲折前进的，是一种螺旋式上升的过程，而不仅仅是单纯的平面的左右摆动。

3. 二者所阐述的运动的主体都是空性的作为最高本体的存在

"其犹橐籥"的运动本体是"道","道"是一种无形无相的最高的本体，它存在于万物之先，万物因它而生成、发展；它存在于万物之中，是万物生成、发展的根本规律。

"阖辟成变"的运动主体是阴阳元气，阴阳元气也是一种无形无相的最高的本体，是生成万物，并推动万物发展变化的基础，与"道"的性质高度一致。

无论是"道"还是阴阳元气，作为一种最高的宇宙本体，它们必然是具有先天的和超验的属性的，必然具有包容一切、贯穿一切的性质，这是作为形而上的本体的基本要求。否则就不能为万物生成之母和万物运动变化的根本规律。

（二）差异性

1."其犹橐籥"的主体是"道"，"阖辟成变"的主体是阴阳元气

《道德经》中的"道"虽然和《易经》中的阴阳元气有着如上文相似性中第三条所说的诸多相似性，但是在根本上还是有区别的，"道"是一种不可言说的、很难界定其是唯物还是唯心的根本存在。阴阳元气则很明显是一种朴素的唯物论思想，是物质形态的存在。在《道德经》中，阴阳元气并不是作为最高的存在形式出现的，它们只是"道"生化、衍变而出的，是"道"的流用，"道生一，一生二，二生三，三生万物"①。中的"二"指的就是阴阳元气。它附属于"道"，是"道"与万物之间的媒介和过渡阶段。《易经》中则没有作为最高本体存在的"道"这个概念，而是把"元"作为最高本体，"元"就是阴阳二种元气。《易经》是根据太极八卦图而作的，而太极八卦图中最核心的部分就是阴阳二气，是一种二元对立的存在，并不存在一个像"道"一样的绝对一元的存在。

此外，"道"的外在形态是柔性的，"上善若水"，是像水一样的包容万物的、居于万物之下的柔性存在。阴阳元气则是同具柔性与刚性的，阴气属柔，阳气属刚。即虞翻所说的"坤柔象夜"、"乾刚象昼"。

2."其犹橐籥"的运动形态是隐性的，"阖辟成变"的运动形态是显性的

因为"道"是一种不可感知、不可言语、无形无相的隐性存在，所以其运动变化的形态必然也是隐性的，这种变化形态只可凭借纯粹的逻辑推理才能够略微加以把握。阴阳二气则是实实在在的客观存在，虽然它们也无形无相，但是在生活中凭借日升月落、天生地藏等自然现象能够利用感官直接感知，并形成经验性的综合判断。

_____

① 楼宇烈.王弼集校释[M].中华书局，1980.第20页。

3. "其犹橐籥"思想提出的目的和"阖辟成变"思想提出的目的有所差异

"其犹橐籥"思想提出的目的是为了让人学习、仿照"道"的空性特征，做事要以"无情无为"为原则，凡事不可太刻意，要抛却掉小我意识，融入天道自然之中。"阖辟成变"思想提出的目的是为了让人们的行动按照阴阳元气的变化而按机行事，因时因地地处理事务，这样就能与天地相感应，达到圣人的境界。看起来，二者都是讲究随顺自然的，但是前者重在"无情无为"，反对人为造作，并且最终是要将自我完全融入"道"之中；而后者重在见机行事，要求有所作为，最终是要实现自我的成圣成贤。由此可以看出，道家和儒家在价值取向的方面有着根本的不同，道家的是以否定小我而成就大我为宗旨的，具有更强的超脱性；儒家则是以通过小我的最大化而带动大我的一同实现的，具有更强的现实色彩。

小结

"其犹橐籥"和"阖辟成变"共同的独特性在于它们都引用了一正一反的两个隐喻在其中充当重要的角色，而且同时承担了各自所属经典中的核心概念"道"和"阴阳元气"的本质属性。"其犹橐籥"和"阖辟成变"所倾向的哲学特征都在于对作为宇宙的根源及本质的存在之物的动态描绘，这二种动态描绘体现了一种高度一致的特性，那就是它们所要反映的主体都是空性的、无形无相却又无处不在的宇宙最高本体，它们的运动方式都是一种你来我往、循环往复、永不停息的交互式运动。通过对这两者之间的异同性的考察，我们从一个侧面的、生动的角度了解到道家的"道"和儒家的"气"这两种宇宙生成本体及其运营模式的特点，并反映出了道家主柔和儒家主刚的文化性格差异。

《老子》帛本中"恒""常"义辨析

寇 倩[*]

内容提要： 在《老子》马王堆帛本和通行本中，"恒""常"二字存在替换使用的现象：因避汉文帝名讳，前者中的"恒"尽数被替换为"常"。然而，"恒""常"在帛书本中本就有自身的用法，在意涵上有所差别——"常"字在帛本中作为一独立概念出现。避讳导致的替换在一定程度上模糊了、掩盖了二者的区别。本文拟从老子帛本、通行本中的"恒""常"二字及历代注疏对之的解读入手，对此二字的意义和意涵进行厘清（尤以帛本"常"字原义为重点），从而得出明确"恒""常"两概念各自的内容。

关键词： 老子 恒 常 帛书 道德经

因避汉文帝名讳，《老子》在流传过程中将帛本中的"恒"替换为通行本中的"常"，但在下文中我们将看到，帛本中"常"本身也是作为一独立概念出现的，与"恒"字的使用没有直接、必然的联系。据此，本文将通过对相关语句及其注疏的梳理来探究"恒""常"二者含义的区别与联系，揭示为避讳所遮蔽的差异。

一、"恒""常"互换语句整理[①]

《德经》

四十六章

甲本：故知足之足，恒足矣。

---

* 寇倩（1997—），女，陕西榆林人，中央民族大学哲学与宗教学学院 2015 级在读本科生，主要研究方向：先秦道家、魏晋文学。

① 帛本文句据高明《帛书老子校注》整理，王本文句据楼宇烈校释《老子道德经注》整理，兹不一一标注。参见：高明. 帛书老子校注 [M]. 北京：中华书局，1996；王弼著，楼宇烈校释：老子道德经注 [M]. 北京：中华书局，2011。整理顺序依帛本先《德经》再《道经》的顺序。

乙本：故知足之足，恒足矣。
王本：故知足之足，常足矣。

帛书甲、乙本同，"恒"皆用以组成短语"恒足"，与通行本"常足"义同，即"总是足够"；许抗生将"恒足"直接解释为"常足"；黄钊也将其释为"永远"①。则此处"恒"为修饰"足"的时间状语，意为"总是，常常"。

四十八章
甲本：取天下也，恒无事；及其有事也，不足以取天下。
乙本：取天下，恒无事；及其有事也，不足以取天下。
王本：取天下常以无事，及其有事，不足以取天下。

甲本比乙本多了一个"也"字，而通行本是将前两个半句融为一体，句末语气词也有细微变动，但对于"恒""常"二字的理解并没有影响。在这句话中，"恒"修饰"无事"，表示一种持久的状态。许抗生将"恒无事"解释为"就要常无事"，即将"恒"直接解释为"常"，黄钊则将其解释为"永久保持"。

四十九章
甲本：圣人恒无心，以百姓之心为心
乙本：圣人恒无心，以百姓之心为心。
王本：圣人无常心，以百姓心为心。

帛书甲乙本同，通行本的语序有了较大变动，导致"恒""常"的词性有所变化。帛本中"恒无心"构成短语，"恒"作时间状语，用以修饰"无心"，意为"总是"。而通行本中为"无常心"，"常"作形容词，是描述"心"的，意为"固定不变的"。许抗生将"圣人恒无心"直接解释为"圣人常无心"，黄钊将"恒"释为"永远"。刘笑敢②认为该处是校勘者有意改之的可能性大。

五十一章
甲本：道之尊，德之贵也，夫莫之爵，而恒自然也。

① 黄钊与许抗生的解释参见：黄钊.帛书《老子》校注析[M].台北：台湾学生书局,1991；许抗生.帛书《老子》注译与研究[M].杭州：浙江人民出版社，1982。下同。
② 参见刘笑敢.老子古今[M].北京：中国社会科学出版社，2006。下同。

乙本：道之尊也，德之贵也，夫莫之爵也，而恒自然也。
王本：道之尊，德之贵，夫莫之命而常自然。

　　帛书甲乙本和通行本在句读和语气词上有细微差异，但不影响对"恒""常"二字的理解。许抗生将"恒自然"解释为"恒常自然"，"恒"即"恒常"；黄钊将其释为"恒久"。按：此处"恒"作时间状语，同前。

五十二章
甲本：毋遗身殃，是谓袭常。
乙本：毋遗身殃，是谓袭常。
王本：无遗身殃，是为习常。

　　帛书甲乙本同，通行本中将"毋"改为"无"，将"谓"改为"为"，将"袭"改为"习"，相同的是"常"都位于动词后，作名词。许抗生将"袭常"解释为"因袭常道"；黄钊也将"常"释为"常道"。刘笑敢称，"恒"常做修饰语，"常"作名词，只有在句末加语气词使用时才一样。

五十五章
甲本：知曰常，知常曰明，益生曰祥，心使气曰强。
乙本：知和曰常，知常曰明，益生曰祥，心使气曰强。
王本：知和曰常，知常曰明，益生曰祥，心使气曰强。

　　乙本比甲本多了一个"和"字，乙中通行本相同。此处"常"是"知和"的状态，"知常"则是"明"的状态，"知常"构成动宾短语，"常"作名词。许抗生将"常"解释为"常道"；黄钊将"明"解释为"合乎常道"，"常"即"常道"。

六十一章
甲本：大邦者，下流也，天下之牝，天下之交也，牝恒以静胜牡。为其静也，故宜为下。
乙本：大国者，下流也，天下之牝也，天下之交也，牝恒以静胜牡。为其静也，故宜为下也。
王本：大国者下流，天下之交，天下之牝。牝恒以静胜牡，以静为下。

　　甲乙本的不同之处在于"邦"改为"国"，还有两个语气词有所变动，通行本有较大改动，不过对"恒""常"含义的理解无影响。"恒"在此处后接短句，作时间状语，同前。许抗生将"恒"解释为"常"，黄钊将其释为"常常"。

　　六十四章
　　甲本：民之从事也，恒于几成事而败之，故慎终若始，则无败事矣。
　　乙本：民之从事也，恒于几成而败之，故曰：慎终若始，则无败事矣。
　　王本：民之从事，常于几成而败之，慎终若始，则无败事。

　　乙本把甲本中的"几成事"改为"几成"，在"故"后增加了"曰"字，通行本中删掉了句末语气词和"故"。此处"恒"后加短句，作时间状语，同前。许抗生将"恒"解释为"常"，黄钊则释为"常常"。

　　六十五章
　　甲本：恒知此两者，亦稽式也；恒知稽式，此谓玄德。
　　乙本：恒知此两者，亦稽式也；恒知稽式，是谓玄德。
　　王本：知此两者，亦稽式；常知稽式，是谓玄德。

　　帛书甲乙本同，通行本中句首删掉了"恒"，语气词"也"亦被删。此处"恒"后加动词组成短语"恒知"，"恒"作时间状语，同前。许抗生将"恒"解释为"常"，黄钊将其释为"经常"。

　　六十九章
　　甲本：我恒有三宝，之。
　　乙本：我恒有三宝，持而宝之。
　　王本：我有三宝，持而保之。

　　甲本后半句有缺损，通行本删掉了"恒"，把"宝"改为"保"。此处"恒"作时间状语，同前。许抗生将"恒"解释为"经常"，黄钊并没有对此做出解释。

　　七十六章
　　甲本：若民恒且不畏死，奈何以杀惧之也？若民恒是死，则而为者吾将得而杀之，夫孰敢矣。

乙本：若民恒且不畏死，若何以杀惧之也？若民恒且畏死，则而为奇者吾得而杀之，夫孰敢矣。

王本：民不畏死，奈何以死惧之？若使民常畏死，而为奇者吾得执而杀之，孰敢。

甲本：若民恒且必畏死，则恒有司杀者。

乙本：若民恒且必畏死，则恒有司杀者。

王本：常有司杀者杀，夫代司杀者杀，是谓代大匠斫者。

这一章中"恒"多次出现，帛书甲乙本和通行本三者间皆有细微差别，但不影响对"恒""常"含义的分析和对比。此章中"恒"作时间状语，同前。许抗生将"恒"解释为"常，总是"，黄钊将其释为"常，经常"。

八十一章

甲本：夫天道无亲，恒与善人。

乙本：夫天道无亲，恒与善人。

王本：天道无亲，恒与善人。

帛书甲乙本同，通行本中删去了发语词"夫"，其余均相同。"恒"在此处作时间状语，同前。许抗生将"恒与善人"解释为"常助善人"，"恒"即"常"；黄钊将其释为"总是，经常"。

《道经》

一章

甲本：道，可道也，非恒道也。名，可名也，非恒名也。

乙本：道，可道也，非恒道也。名，可名也，非恒名也。

王本：道，可道，非常道。名，可名，非常名。

帛书甲乙本同，通行本中去掉了语气词"也"。此处"恒"后接名词组成了词组"恒道""恒名"，"恒"作形容词，用以修饰"道"和"名"，意为"恒久不变的"。许抗生将"恒"解释为"常"，用以形容"道"；黄钊则认为"恒道""恒名"不同于可言说的道和名。

甲本：故垣无欲也，以观其妙；恒有欲也，以观其所徼。

乙本：故常无欲也，以观其妙；恒有欲也，以观其所徼。

王本：故常无欲，以观其妙；常有欲，以观其徼。

乙本把甲本中的"垣"改为了"常"，通行本去掉了句末语气词。此处"恒"作时间状语，同前。许抗生将"恒"解释为"恒常"，黄钊则释为"经常"。

二章

甲本：有无之相生也，难易之相成也，长短之相形也，高下之相盈也，音声之相和也，先后之相随，恒也。

乙本：有无之相生也，难易之相成也，长短之相形也，高下之相盈也，音声之相和也，先后之相随，恒也。

王本：故有无相生，难易相成，长短相较，高下相倾，音声相和，前后相随。

帛书甲乙本同，通行本中去掉了"之"和"也"，"恒"位于句末，作时间状语，同前。许抗生将"恒"解释为"永远如此"，黄钊将其释为"永恒不变的法则"；刘笑敢称，"恒也"强调事物正反相依相生的普遍性。

三章

甲本：恒使民无知无欲也，使夫智不敢，弗为而已，则无不治矣。

乙本：恒使民无知无欲也，使夫智不敢，弗为而已，则无不治矣。

王本：常使民无知无欲，使夫智者不敢为也，为无为，则无不治。

甲乙本同，通行本有些许变动，不影响理解。此处"恒"位于句首，作时间状语，同前。许抗生将"恒"解释为"常"；黄钊将其释为"经常"，刘笑敢认为，恒常互换是帛书本的惯例，不做解释。

十六章

甲本：归根曰静，静，是谓复命。复命常也，知常明也；不知常，妄，妄作，凶。

乙本：曰静，静，是谓复命。复命常也，知常明也；不知常，妄，妄作，凶。

王本：归根曰静；是谓复命。复命曰常，知常曰明；不知常，妄作，凶。

甲本：知常容，容乃公。

乙本：知常容，容乃公。

王本：知常容，容乃公。

此篇章中三版本差异较大，不过不影响"恒""常"词义的理解。此处"常"位于动词"知"后，作名词。许抗生将"常"解释为"自然的常态"，黄钊将其释为"常道"，刘笑敢称此处是"避讳未周，古本恒常并用，以恒为多"。

二十七章
甲本：是以圣人恒善救人，而无弃人，物无弃材，是谓袭明。
乙本：是以圣人恒善救人，而无弃人，物无弃材，是谓袭明。
王本：是以圣人常善救人，故无弃人；常善救物，故无弃物，是谓袭明。

甲乙本同，通行本对"物无弃材"做了具体的解释。此处"恒"做时间状语，同前。许抗生和黄钊都将"恒"直接解释为"常"。

二十八章
甲本：知其雄，守其雌，为天下溪。为天下溪，恒德不离。恒德不离，复归婴儿。
乙本：知其雄，守其雌，为天下溪，为天下溪，恒德不离。恒德不离，复归于婴儿。
王本：知其雄，守其雌，为天下谿。为天下谿，常德不离，复归于婴儿。
甲本：知其荣，守其辱，为天下谷。为天下谷，恒德乃足。恒德乃足，复归于朴。知其，守其黑，为天下式。为天下式，恒德不忒，恒德不忒，复归于无极。
乙本：知其白，守其辱，为天下谷。为天下谷，恒德乃足。恒德乃足，复归于朴。知其白，守其黑，为天下式。为天下式，恒德不忒。恒德不忒，复归于无极。
王本：知其白，守其黑，为天下式。为天下式，常德不忒，恒德不忒，复归于无极。知其荣，守其辱，为天下谷。为天下谷，常德乃足，复归于朴。

甲本中有部分缺失，三个版本中均有重复现象，不过无碍理解。此处"恒德"作为词组，"恒"作形容词，用以修饰"德"，意为"固定不变的"。许抗生将"恒"解释为"常"，作形容词；黄钊将其解为"常"。

三十二章
甲本：道恒无名，朴唯虽小，而天下弗敢臣。

乙本：道恒无名，朴唯虽小，而天下弗敢臣。

王本：道常无名，朴虽小，天下莫能臣也。

甲乙本同，通行本少了"唯"和"而"。此处"恒"作时间状语，同前。许抗生将"恒"解释为"常"，黄钊认为"恒"是道的属性，指道永远存在。

三十四章

甲本：万物归焉而弗为主，则恒无欲也，可名于小。

乙本：万物归焉而弗为主，则恒无欲也，可名于小。

王本：衣养万物而不为主，常无欲，可名于小。

帛书甲乙本同，通行本改动较大，无碍理解。许抗生将"恒"解释为"永远"，黄钊解为"经常"。按："恒"作时间状语，同前。

三十七章

甲本：道恒无名，侯王若守之，万物将自化。

乙本：道恒无名，侯王若能守之，万物将自化。

王本：道常无为而无不为，侯王若能守之，万物将自化。

乙本比甲本多了一个"能"字，通行本变化较大，无碍理解。此处"恒"作时间状语，同前。许抗生将"恒"解释为"恒常"，黄钊将其释为"永远"。刘笑敢认为"恒""常"替换造成了歧义和混乱，为了突出"无为而无不为"。

二、"恒""常"义辨析：文本与词源学的视角

通过将帛书本和通行本进行对比，笔者发现"恒""常"的替换只在一处有明显不对应，即第四十九章中，帛书本为"圣人恒无心，以百姓之心为心"，"恒"作时间状语，意为"常常，经常，总是，一直"。而通行本是"圣人无常心，以百姓心为心"，"常"为形容词，意为"固定不变的"。这一处两种版本的语序有细微差别，导致二者的词性不同，不过"恒""常"都表示时间性。除此之外，帛书本其他章节的"恒"都与通行本中的"常"相对应，帛书甲、乙本和通行本中有个别删减增添或是语气词的变更的现象，但不影响"恒""常"的对应。帛书中的"恒"主要有以下两种用法。

一是作时间状语，意为"常常，经常，总是，一直"，即表示时间上的持续性状

态。帛本中的"恒"多为此种含义。具体体现在第一章中"恒有（无）欲"，第二章句末的语气词"恒也"，第三章"恒使民无知无欲也"，第二十七章"恒善救人"，第三十二章中"道恒无名"，第三十四章中"恒无欲"、第三十七章中"道恒无名"第四十六章中的"恒（常）足"，第四十八章"恒（常）无事"，第五十一章"恒自然"，第六十一章"牝恒以静胜牡"，第六十四章中"恒于几成事而败之"，第六十五章中"恒知"，第六十九章中"恒有三宝"，第七十六章"若民恒且必畏死，则恒有司杀者"，第八十一章"恒与善人"。在以上列举的这些章节中，"恒（常）"基本都位于动词和形容词前，组成词语"恒有（无）""恒足""恒自然""恒知"。或是位于句末与语气词连用，例如"恒也"以及后接短句。相同的是，在以上这些情况下，"恒"均做状语，来描述动作或是状态的持久性，形容事物或状态有规律性。

二是做形容词，意为"固定不变的"，与"变化的"相对。具体体现在第一章中"道，可道，非常道。名，可名，非常名"和第二十八章中"常德不忒，恒德不忒，复归于无极。知其荣，守其辱，为天下谷。为天下谷，常德乃足，复归于朴"。在这两处中，"恒（常）"都位于名词前，用以修饰名词，形容"道""德"的一种固定不变的状态。

虽然"恒"的两种含义的词性不同，但不管是作形容词还是时间状语，都描述事物在时间上的持续性。通行本中与帛书中的"恒"相对应的"常"的含义与用法同"恒"一致。刘笑敢称："从帛书本文例看，似乎'恒'字只作副词或形容词，即作修饰语用，如'恒道''恒德''恒名''恒善救人'。而'常'字则作名词用，如'知常''袭常'。"意为"恒"做形容词表"固定不变的"和做时间状语表"常常、总是"时都是充当修饰的作用。他提出关键的一点是除了与帛本中的"恒"相对应的具有相同用法的"常"以外，帛本中原本就有三处出现了"常"，分别是第十六章、第五十二章和第五十五章。而此三处"常"皆为名词性。第十六章"复命常也，知常明也；不知常，妄作，凶"，第五十二章"毋遗身殃，是谓袭常"以及第五十五章"知和曰常，知常曰明"中，"常"均位于动词后，组成词组"知常""袭常"，此处"常"显然是名词。"常"的这种名词性含义不同于前文的两种用法：时间状语和形容词。因此在避讳中，把"恒"替换为"常"，模糊了二者本身的区别，下文将重点探讨"常"不同于"恒"的名词性含义。

《说文解字》对"恒"的解释是："常也。从心，从舟。在二之间上下，心以舟施，恒也。"对"常"的解释是："下裙也。从巾，尚声。"即认为"恒"等同于"常"，但对于二者的具体含义和引申义并没有明确的说明。《尔雅·释诂》对"恒"和"常"的解释是："典、彝、法、则、刑、范、矩、庸、恒、律、戛、职、秩，常也。"由此可以得出"恒""常"都有规律性、在时间上具有持续性的特点，是一种相对固定的状态。《玉篇》对"恒"的解释"胡登切，常也，久也"，也是将"恒"等同于"常"，形容一种长期持续性，但对"常"并没有解释。

综上，这几本辞书都将"恒"直接等同于"常"，但对"常"的解释只有其本义或是没有解释，并没有具体说明"常"的引申义，也没有将"常"等同于"恒"，即明确"常"有"经常"的含义。因此在《老子》文本中的"常"字可能不仅表示"恒"，可能还有别的含义及用法。

三、"常"的名词性含义及其问题

通过对于《老子》帛本和通行本中"恒""常"替换语句的整理和分析，我们发现"常"的名词性涵义是帛本中本来就有的且不同于"恒"的含义，因此笔者将在下文重点探讨"常"的名词性含义，通过对流传范围最广且认可度最高的注本——王弼注中相关章节进行分析，来探讨"常"的含义。

在王弼的《老子道德经注》中，"常"的名词性用法在第十六章中首次提出："归根曰静，是谓复命。复命曰常，知常曰明；不知常，妄作，凶。"王弼注："常之为物，不偏不彰，无皦昧之状、温凉之象，故曰'知常曰明'也。唯此复，乃能包通万物，无所不容。失此以往，则邪入乎分，则物离其分，故曰不知常则妄作凶也。"①意为"常"是一种不偏颇、不特意彰显，没有明暗，没有冷热的事物，即"常"是一个没有具体规定性的事物。"复命曰常"，即"复命"是得到"常"的条件，只有得到、获取了"常"，并且进而知道、了解"常"才能"明"。第五十五章中王弼注："不皦不昧，不温不凉，此常也。无形不可得而见，曰明也"，即"复命""常""明"是三个相互关联的状态。"常"是"复命"的结果，是"明"的条件。获取"明"应是最高境界，前提是"知常"，"唯此复，乃能包通万物，无所不容"实质上是描述了"常"的状态："包通万物，无所不容"。从"不知常，妄作，凶"中可以得出"常"是一种类似规律、本质的东西，只有认识到了"常"，才可以达到更高的境界。王弼注："失此以往，则邪入乎分，则物离其分，故曰不知常则妄作凶也。"②在王弼看来"物离其分"即"不知常"，由此可得出"常"即"物合乎其分"，笔者认为此乃物自身的规定。王弼在《老子指略》中说"名必有所分，""有分则有不兼"，"名之者离其真"③。楼宇烈称"常"无分能兼，从而得其真，"物离其分"的意思是物陷于分而不知反"常"。"常"不同于"名"，是超乎具体规定性的存在，"不知常"是指沦陷于具体的条件中以至于不能达到"常"。

① 王弼著，楼宇烈校释：老子道德经注 [M].北京：中华书局，2011.第 39 页。
② 王弼著，楼宇烈校释：老子道德经注 [M].北京：中华书局，2011.第 39 页。
③ 王弼著，楼宇烈校释：老子道德经注 [M].北京：中华书局，2011.第 203 页。

根据王弼的语境，"常"就等同于"道"，即没有具体规定性的至高存在。《老子指略》第一段中由"夫物之所以生，功之所以成，必生乎无形，由乎无名。无形无名者，万物之宗也"① 可以得出这是对"道"的描述。后文有一些对"道"的描述和王弼在老子注对"常"的描述非常相近，例如"不温不凉""不皦不昧"，由此得出"常"是一种无规定性的存在，在这里"常"等同于"道"，即"常"是"道"的别称，目的是突出"道"的某些特性。在这一章的"知常容，容乃公，公乃王，王乃天，天乃道，道乃久"中"常"又是"容"的前提，王弼注"容"即"无所不包通"，注"道乃久"为"穷极虚无，得道之常，则乃至于不穷极也"，注文中的"常"字似乎是"恒定不变的东西"，此外也揭示了"常"和"道"二者之间是有联系的。第五十二章中"无遗身殃，是为袭常"，意为不给自身留下祸患，也就是因袭常道。换言之，因袭常道是保全自身的一种方法。王弼注"道之常也"，意为因袭常道即可避免祸患。在第五十五章中"知和曰常，知常曰明"，王弼注"物以和为常"，即"常"是物的一种"和"的状态，楼宇烈将"和"解释为"和谐，不分不争"②，也就是说物的和谐相处的状态就是"常"。

此外，王弼在第四十七章的注文中提出"道有大常，理有大致。执古之道，可以御今；虽处于今，可以知古始"，楼宇烈将"大常"解读为"永恒不变之道"③，此外，在《老子指略》中有言："虽古今不同，时移俗易，此不变也，所谓'自古及今，其名不去'者也。天不以此，则物不生；治不以此，则功不成。故古今通，终始同，执古可以御今，证今可以知古始，此所谓常。"④ 由此可得出，王弼认为"常"是贯穿古今、通用的、永恒不变的，并且也是万物存在的依据和所要遵循的法则。"常"也就是"道"。

综上所述，在《老子》帛本中，"常"共出现在三个篇章中，全部为名词词性，根据王弼注以及《老子指略》能得出"常"其实是"道"的别称，凸显了"道"的持续性、恒久不变的特征。而因避汉文帝名讳把帛本中的"恒"尽数替换为"常"，模糊了"恒""常"二者的区别。通行本中的"常"和帛本中的"常"的含义是不同的，通行本中的"常"共有三种含义：一、时间状语，"总是、经常、常常"；二，形容词，"恒定不变的"；三，名词，常道。前两种用法是与帛本中的"恒"相对应的，第三种用法则是与帛本中原有的"常"相对应的。因此用"常"替换"恒"这一举措模糊了"恒""常"的区别，结合辞书中对于"恒""常"二

---

① 王弼著，楼宇烈校释：老子道德经注 [M]. 北京：中华书局，2011. 第 202 页。
② 王弼著，楼宇烈校释：老子道德经注 [M]. 北京：中华书局，2011. 第 149—150 页。
③ 王弼著，楼宇烈校释：老子道德经注 [M]. 北京：中华书局，2011. 第 130—131 页。
④ 王弼著，楼宇烈校释：老子道德经注 [M]. 北京：中华书局，2011. 第 203 页。

字的解释，"恒"几乎可以等同于"常"，但是未提及"常"可以等同于"恒"，且在《老子》中的含义都应当是引申义。这种避讳所造成的字义淆乱固然是无心之失，不过我们应当明确"恒""常"二者的区别，不应混为一谈。

还有一个问题亟待解决，即王弼把"常"解释为"道"，但这并不意味着"常"和"道"完全等同，二者侧重不同，"道"更强调其本体地位，"常"更强调恒久不变，即在时间上的持续性。在《老子指略》中有言："夫'道'也者，取乎万物之所由也；'玄'也者，取乎幽冥之所出也；'深'也者，取乎探赜而不可究也；'大'也者，取乎弥纶而不可极也；'远'也者，取乎绵邈而不可及也；'微'也者，取乎幽微而不可睹也。"① 即"道""玄""深""大""远"都是"道"的称谓，每个名字的侧重点不同罢了，"各有其义，未尽其极"。因此，"常"也就是强调时间上的持续性的"道"的别称。换言之，"常"也者，取乎恒久之不易也。

四、历代名家注疏中"常"的名词性含义及其问题

除了王弼以外，历史上有不少名家也对《老子》做了自己的解读。"常"的名词性用法在《老子》中共有三处，分别是第十六章、第五十二章和第五十五章。笔者将选取以上三个章节的历代相关名家注疏来分析"常"的名词性含义。

河上公在《道德真经注》中将第十六章中"复命曰常，知常曰明"解释为"复命使不死，乃道之所常行也。能知道之所常行者，则为明也"②，即他认为"常"即"道之所常行"，意为"常"是"道"运行流转所依据的规律，第五十五章中的"常"同样解释为"道之常（行）"，但在第五十二章中将"是谓习常"解释为"是谓习修常道"③，又把"常"解释为"常道"，有前后不一致之嫌。相比之下，王弼注更为一致，统一将"常"解释为"道"。二者的共同点是将"常"与"道"紧密联系起来。

司马光在《道德真经论》中把第十六章中"复命曰常，知常曰明"解释为"谁能违天，动静不失其时"④，"常"在此似乎是一种"天意"，即一种不可违背的规律。这和河上公是比较一致的，但在其他两章内并没有对"常"的含义明确解释。

苏辙另辟蹊径把"常"解释为"性"，将"复命曰常"解释为"方其作也，虽天地山河之大，未有不变坏。不常者惟复于性，而后湛然常存矣"⑤，"知常曰明"

---

① 王弼著，楼宇烈校释：老子道德经注 [M].北京：中华书局，2011.第 203 页。
② 河上公，杜光庭等 . 道德经集释 [M].北京：中国书店，2015.第 22 页。
③ 河上公，杜光庭等 . 道德经集释 [M].北京：中国书店，2015.第 71 页。
④ 河上公，杜光庭等 . 道德经集释 [M].北京：中国书店，2015.第 174 页。
⑤ 河上公，杜光庭等 . 道德经集释 [M].北京：中国书店，2015.第 295 页。

即"不以复性为明，则皆世俗之智，虽自谓明，而非明也"，"不知常"解释为"不知复性"①。由此可得出在苏辙看来"常"即"性"，此外的其他两章中也如此。综合全文来看，苏辙所说的"性"实质上是指一种与生俱来的内在本质，是事物存在和消亡的根源。

陈景元在《道德真经藏室纂微篇》中把"常"解释为"常道"。在第十六章中，他将"复命曰常"解释为"能悟之者，则行往坐卧不离乎虚静寂寞，而应变不迁，是得常道而复命者也"②，在之后的第五十二和五十五章中也是如此。

综合以上几位注家的观点，对"常"的理解大致可以分为两种：一种是把"常"等同于"道"，另一种则是把"常"看作一种恒定不变的规律。苏辙的观点独树一帜，把"常"理解为"性"，在笔者看来，"性"和"道"存在的差异在于，"道"是外在的依据，而"性"是内在的依据。回到《老子》文本中看，"夫物芸芸，各复归其根。归根曰静，静曰复命。复命曰常，知常曰明"。用逆推法来看，"常"即"复命"，"复命"就是"静"，进而等同于"归根"，因此倘若能明确"根"的含义。则"常"义在此即可溯源而得。对"根"字的直接界定见于《老子》本文第六章，"玄牝之门，是谓天地根"。此处以女性生殖器为喻体，借以说明大道的生养万物之功。王弼注甚得之："处卑而守静，不可得而名，故谓之玄牝。门，玄牝之所由也。本其所由，与太极同体。故谓之天地之根也。"意为有一个外在的本原养育万物，是天地万物存在的依据。由此可见，"天地之根"指向道，那么"各归其根"也宜理解为万物生于道又复归于道之中。因此，在由归根、复命一直推到"常"义的推论序列中，笔者以为，显然追随王弼等人将"常"释为"道"要优于后起的"性"的解释。

结语

通过对帛书和通行本中"恒""常"相关语句的梳理和比较以及对历代名家注疏的参考，本文大致清理了《老子》帛本中"恒"和"常"二语各自的含义和用法。"恒"主要做修饰语，有形容词和时间状语两种用法，用以形容时间上的持续性。而"常"除了这两种用法外还有名词性用法，而针对"常"的具体含义众说纷纭，主要分为三类：道、规律和性。通过对注疏的分析，笔者认为（理由如前所述）"常"实为"道"之别称。因此，避讳掩盖了"恒""常"二者的区别，这个后果是无心之失，而学界不能忽视这个区别而混淆二者的用法。

① 河上公，杜光庭等 . 道德经集释 [M]. 北京：中国书店，2015. 第 6 页。
② 河上公，杜光庭等 . 道德经集释 [M]. 北京：中国书店，2015. 第 425 页。

论《老子》道生篇的纵向宇宙生化模式

周　赟*

内容提要：在《道德经》的章句中，"道生一，一生二，二生三，三生万物"一句的解释非常多，然而有的解释过于抽象，有的解释过于模糊，也有的解释把"道生一"的"生"与"一生二"及以下的"生"区别对待。总之，对该句再进一步的解释还有很大的空间。本文尝试选取新的视角，从纵向宇宙生化模式的角度来思考道生的哲学。

关键词：道生　宇宙生化　逻辑顺序　纵向维度

一、问题的提出

对"道生一，一生二，二生三，三生万物"一句的理解，历代诠释者主要围绕这样几个问题，即道是怎样的？一二三是什么？生的过程是如何的？这三个问题构成了对这句话的根本理解。

其实前两个问题已基本有答案了。关于"道"的性质，一般认为，就是无形无象的，是无法通过感官来认识的。至于"道"是物质的还是精神的，冯友兰先生、张岱年先生、任继愈先生都对此有过很长时间的徘徊与犹疑，但基本认为"道"是客观的。牟宗三先生则与众不同，主张老子的"道"是一种主观境界，实为以儒家心学诠释老子。而袁保新先生则试图在主观与客观、形上与形下间确立一个中道，以解决"道"的性质问题。刘笑敢先生通过揭示前几位先生的内在矛盾，从而提出了现代中文学者"反向格义"的困局，希望通过突破此困局来重新定位"道"。他认为老子的"道"，是关于世界统一性的概念，贯通了宇宙、世界、社会、人生的统一的根源、性质、规范、规律或趋势的概念。① 尽管"道"的内涵

---

　*　周赟（1985—），男，上海人，哲学博士，上海应用技术大学马克思主义学院副教授，研究方向：中国传统哲学及其现代性问题。

①　刘笑敢.老子古今（上卷）[M] 北京：中国社会科学出版社，2006年，第86页。

非常丰富，还有巨大的探究空间，但我们对它的认识的确是越来越明晰了。

关于"一二三"具体何所指，我们现在也比较能达成一致了。《淮南子·天文训》认为"一"是原初的气，"二"是阴阳二气，"三"是阴阳相合之气。《老子》河上公本并未说"一"为何物，但认为"一"生了阴阳二气，阴阳二气又生和、清、浊三气。高亨先生虽主张"一二三"是"举虚数以代实物"，但仍给它们做了内容上的确定，说"一"是"太一"，"二"是天地，"三"是阴气、阳气、和气。[①]蒋锡昌先生认为，有一即有二，有二即有三，有三即有万物，此三数只是为了说明道生万物，愈生愈多之义，若一定要确定其内容，未免"凿矣"。[②]任继愈先生最终把"一二三"抽象出来，把"一"作为统一体，"二"作为统一事物的对立两方面，"三"作为对立双方产生的第三者。[③]刘笑敢先生认为，"一二三"并没有什么确切指代，不管它是什么，都不影响万物演化模式的实质内容。[④]所以说，"一二三"的所指问题，也基本是得到解决了。

然而关于"生"的问题，就比较复杂了。或是意见不能统一，或是讨论得还不够。"生"的问题又可分解为"道生一"的问题，"一生二与二生三"的问题以及"三生万物"的问题。老子讲"天得一以清，地得一以宁"，道又怎么生一呢？道和一什么关系呢？"一生二与二生三"，是否是从无到有的生？还是"有无相生"？"三"与万物在数量级上有巨大落差，那么如何由"三"而生万物的呢？另一方面，"生"显然是一个动态过程，不同于对"道"或"一二三"这些静态名词之内涵的解释，所以不太容易说明白。其实这些问题，前人已经去思考，但似乎可探讨的空间比前两个问题更大，而且也不够直观。笔者认为，是否能通过对前人说法的梳理，辅以图示化的呈现，庶几能比较有效地阐释清楚老子"道生"的宇宙演化模式。

二、对"生"的诠释

"道生一，一生二，二生三，三生万物。万物负阴而抱阳，冲气以为和。"就目前已有的几个重要版本看，即河上公本、傅奕本、王弼本以及帛书本，基本相同（竹简本无此一句）。唯帛书本，除残缺处外，"冲气"作"中气"。所以这几句话没有文本上的问题。

1. 从无到有的"生"

从无到有的生，就是母生子式的生。如河上公说：

---

①　高亨. 老子注译 [M] 河南：河南人民出版社，1980 年，第 99 页。

②　蒋锡昌. 老子校诂 [M] 台湾：东升出版事业有限公司，1958 年，第 279 页。

③　任继愈. 老子绎读 [M] 北京：北京图书馆出版社，2006 年，第 94 页。

④　刘笑敢. 老子古今（上卷）[M] 北京：中国社会科学出版社，2006 年，第 439 页。

道始所生者一也，一生阴与阳也。阴阳生和、清、浊三气，分为天地人也。天地人共生万物也。①

这个解释与《淮南子·天文训》是一样的："一而不生，故分而为阴阳，阴阳合而万物生，故曰：'一生二，二生三，三生万物。'"《淮南子》没有解释"道生一"，但《淮南子》认为"一"是不可能自生的，所以必然有阴阳，阴阳自己就出来了。严格说来，"一生二"它也没有解释。河上公虽然解释了"道生一"与"一生二"，但实则和没说一样。然而河上公认为，阴阳所生的三者为和、清、浊三气，即天地人三才，既然把三具象化为具体事物了，那么"三生万物"也就能方便解释了。天地人生出万物，与《淮南子》的"阴阳合而万物生"其实是一样的，也就是雌雄男女式的生殖模式，所以他们二者的解释同属于从无到有的"生"。这种解释很难说是一种哲学解释，其机械化的痕迹也非常严重。

2. 本体式的"生"

汉代以降，道生的哲学意味开始丰富起来。严遵就用类似本体论的解读方法来理解道与生成的问题。"道"被理解为使一物成为那一物的最终根据。因为"道"的存在方式决定了其基本属性，是"虚""无"，所以一切存在都因被赋予了"虚""无"而能如其所是。

道虚之虚，故能生一。有物混沌，恍惚居起……潢然大同，无终无始，万物之庐，为太初首者，故谓之一。

一以虚，故能生二。二物并兴，妙妙纤微……存物物存，去物物亡，智力不能接而威德不能运者，谓之二。

二以无之无，故能生三。三物俱生，浑浑茫茫……天人所始，未有形朕坼埒，根系于一，受命于神者，谓之三。

三以无，故能生万物。清浊以分，高卑以陈……有形啻可因循者，有声色可见闻者，谓之万物。万物之生也，皆元于虚始于无。②

"道生一"历来是很难解释的，严遵说"道虚之虚，故能生一"，所以在他看来道与一，名为先后之生，实为一体之同。而从一到二，二到三，三到万物，则都是以虚无为依凭，这便是道的一以贯之，这就是本体式的"生"。

① [汉] 老子道德经河上公章句 [M] 北京：中华书局，1993 年，第 168 页。
② [汉] 严遵. 老子指归 [M] 北京：中华书局，1994 年，第 17、18 页。

3. 道言式的"生"

与以上两者不同，王弼通过对庄子的引申，形成了道言式的"生"。王弼说：

> 万物万形，其归一也。何由致一？由于无也。由无乃一，一可谓无？已谓之一，岂得无言乎？有言有一，非二如何？有一有二，遂生乎三。①

王弼首先肯定必有某个统一者，使万物都能归于这个范畴。他把这个统一者称为"无"。这个指称统一者为无的过程就是"道生一"。被指称出来的"无"与"无"本身就成了"二"，这就是"一生二"。被指称出来的"无"与"无"本身又归为一个大的"一"，这就成了"二生三"。当你再继续指称下去，便是"巧历不能得"，便形成万物。如《齐物论》说："天地与我并生，而万物与我为一。既已为一矣，且得有言乎？既已谓之一矣，且得无言乎？一与言为二，二与一为三，自此以往，巧历不能得，而况其几乎？"没有秋毫与太山、殇子与彭祖的差异，他们本质上是"齐一"的。然而实际差异却又不可否认，这就是"一与言为二，二与一为三"的演化过程。

简言之，道生万物，不是一个以时间为序的客观的生成过程，而是一个抽象的语言或逻辑的演绎过程，是一个万物不断被呈现被明晰的过程。

4. 对立统一式的"生"

到了现当代，受到辩证唯物主义的影响，道生思想又被学者用辩证唯物主义的语言重新表达了出来。任继愈先生 1950 年时的解释说：

> 道使万物得到统一，统一的事物分裂为对立的两个方面，对立的两个方面产生新生的第三者，新生的第三者产生千差万别的东西。②

他的解释分为两个部分，把"道生一"解释为"道使万物得到统一"；一生二三万物，则是按照辩证唯物主义的逻辑展开。尤其是关于"道生一"，任先生的解释似乎没能体现出"生"的意味来，且道又如何去统一万物，也是比较模糊的。

于是在 1978 年时，任先生对"道生一"的解释又进行了修正：

> 道产生统一的事物，统一的事物分裂为对立的两个方面，对立的两个方面产生

---

① ［晋］王弼 . 老子道德经注 [M] 北京：中华书局，2008 年，第 117 页。

② 任继愈 . 老子今译 [M] 上海：上海古籍出版社，1956 年，第 32 页。

新生的第三者，新生的第三者产生千差万别的东西。[1]

如果是"使万物得到统一"，那么潜台词便是"万物本来是不统一的"。为了避免这个歧义，再次解释中，任先生改为是道产生了统一的事物。这样，既体现了"生"，又体现了"一"。然而问题也随之而来，即道如何生的问题仍然没有解决。同样的，下文说统一的事物"分裂"为对立者，并以此类推产生万物，那么最初那个"分裂"的依据与方式呢？问题似乎仍然没能解决。事实上，任先生在2006年时又有了新的修正。

5. 繁衍扩散式的"生"

任继愈先生2006年再次解释时，试图避开之前的一些问题，他说：

宇宙原始出于混沌状态，混沌开始分化，分化再分化，产生千差万别的东西。[2]

他把"一"看作混沌状态，"生二"解释为"分化"，"生三"解释为"再分化"。事实上，新的解释彻底虚化了一二三的数字含义。"宇宙原始出于混沌状态"的解释，也模糊了道如何生的问题，模糊了道与一的关系问题，而只是摆出一个科学描述的事实来。

刘笑敢先生与任先生的看法是一致的，他认为，"道生一，一生二，二生三"的说法并不是对宇宙万物产生的实际过程的现象描述，而只是对宇宙生发过程的一个模式化表述。[3] 也就是"从无到有，从简到繁，从少到多，逐步繁衍扩散式的生"[4]。

虽然我们有科学或事实上的依据作为一种理解的基础，但这个"模式化"的解释仍过于抽象，没有能给人直观的感受，且割裂了该段后半句"万物负阴而抱阳"与"道生一"一句的关系。

6. 其他的解释方法

除了以上几种，还有一些有歧义的解释方法，或是区别了"道生一"与"一生二"以下之"生"的翻译。

比如高亨先生解释说：

---

① 任继愈. 老子新译 [M] 上海：上海古籍出版社，1978年，第81页。
② 任继愈. 老子绎读 [M] 北京：北京图书馆出版社，2006年，第94页。
③ 刘笑敢. 老子古今（上卷）[M] 北京：中国社会科学出版社，2006年，第439页。
④ 刘笑敢. 老子古今（上卷）[M] 北京：中国社会科学出版社，2006年，第442页。

道就是太一。这个一产生了二，即天地。这个二产生了三，即阴气、阳气、和气。这个三产生了万物。万物的背后是阴气，胸前是阳气。阴气、阳气交流成为和气。①

他直接把"道生一"看作判断句，把"生"解释为"是"。"一生二"以下的"生"，又都解释为"产生"。近人蒋锡昌先生亦如此。这么做的问题就在于，前后"生"变得很不统一。

其实，古人也有这么解释的，比如，苏辙说：

夫道非一非二，及其与物为偶，道一而物不一，故以一名道。然而道则非一也，一与一为二，二与一为三，自是以往而万物生。②

"以一名道"，也就是"一即道"，把"道生一"当作判断句解释。而下文则又采用了道言式的解释方法，前后显得很不统一。又如吕吉甫的解释：

道之在天下，莫与之偶者，莫与之偶，则一而已矣，故曰"道生一"。既谓之"一"，则谓之者与所谓为二，故曰"一生二"。有一有二，则有三矣，故曰"二生三"。故唯无名，则已苟谓之一，则其适遂至于三，三立而万物生矣，故曰"三生万物"。③

陈鼓应先生部分认同他们的这种诠释方法，但在解释中又做了少许的修正。他说：

道是独一无偶的，独一无偶的道禀赋阴阳两气，阴阳两气相交而成一种适匀的状态，万物都在这种状态中产生。④

对于"道生一"，陈鼓应先生没有使用"什么是什么"的判断性句式，而是用"什么是怎样的"描述性句式。这么做虽然避免了"道生一"说明起来的麻烦，但也回避了"道生一"的深刻性。至于"一生二"以下，陈先生甚至回避了对原文

---

① 高亨.老子注译 [M] 郑州：河南人民出版社，1980 年，第 99 页。
② [宋] 苏辙.老子解（卷下）[M].四库全书 [C].上海：上海人民出版社，1992 年。
③ [明] 焦竑.老子翼（下篇）[M]，四库全书 [C]，上海人民出版社 1992 年。
④ 陈鼓应.老子注译及评价 [M] 北京：中华书局，1984 年，第 235 页。

的"硬译"，而直接把自己的想法表达出来了。

三、道生过程的图示化呈现

"道生一，一生二，二生三，三生万物"一句，的确很麻烦，有种心里明白却又说不清楚的滋味。那么，如果用文字说不清楚，我们可不可以用图画来帮助理解呢？所以笔者试着用图示化的方法来呈现笔者心中的道生过程。

首先，如图一，是一块白板，我们假设白框里有一个无法通过感觉器官认识到的存在者。因为道是"视之不见，听之不闻，抟之不得"的，所以无形无象，除了白框而一无所有。

图一"无形无象"之道

道的确是不能用感官系统认识的，因为道不是一个实体，当然我们也不能将它简单地理解为"规律"。但是智者又需要将它指示出来，从而使普通人能知道有这么个东西存在。道需要指示，即所谓"强名之曰大"。我们需要勉强将它表示出来，用语言就勉强称之为"大"。我们现在用图示表示，就如图二的圆圈，我们勉强用一个圆圈来指示"道"。

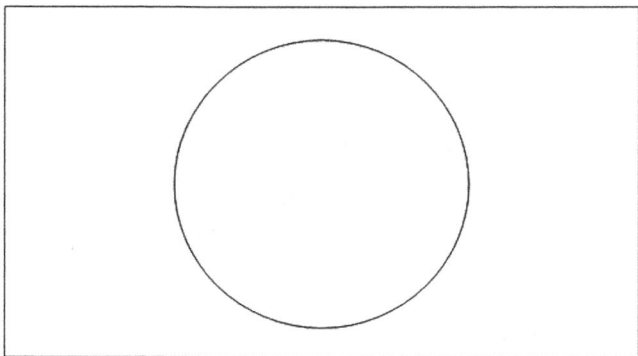

图二"道生一"

所以，"道"是白板，"一"是圆圈，圆圈使看不见的"道"呈现了出来。"道"是看不见的，"一"是看得见的，但这不是"无中生有"，而是"无"因"有"而呈现，"道"以"一"的样式呈现。

其次，"一生二"，所谓"二"，可理解为阴阳二端或者对立两势，没有实指，笔者以图三表示。这显然不是道言式的"一与一为二"的解释。当然笔者也不采纳"一自然产生阴阳"或"一禀赋阴阳"的解释。

笔者认为，"一生二"或者一然后有二只是一个逻辑顺序，逻辑顺序不是事实顺序，它是逆推而得出来的。现实生活中，按照认识规律，我们总是先认识阴阳对立，然后知它们统一于"一"。比如我们必先认识具体的人，才知道他们统一于人这个类。进入生物学以后，我们就会从最抽象的类说起，再到界门纲目科属种。类是看不见的，能看见的都是具体。作为阴阳对立的"二"是看得见的，比如左右、昼夜、寒暑等等，而作为统一的"一"是看不见的。所以，看不见的"一"，必定要以看得见的"二"呈现出来。

范畴上的从高到低，与认识上的从低到高正好是反的。"一生二"一句恰是从范畴上说的，所以用这个逻辑去还原宇宙生成规律时，必然先说一，再说二。

质言之，所谓"一生二"是一个逻辑顺序，并不是事实上的一生出了二，就好像并不是先有人类再有个人的，而应该表述为"一"以"二"的样式呈现出来。也就是说，因为有了图三，我们才知道有图二的存在。

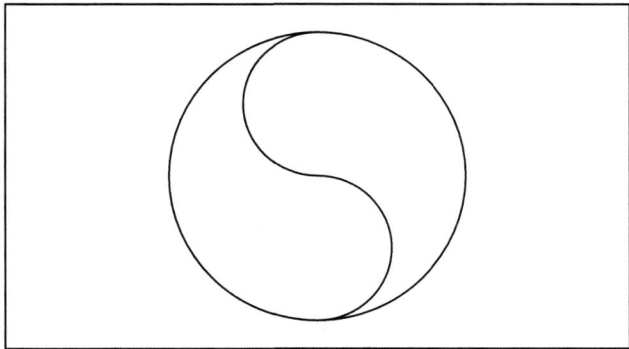

图三 "一生二"与"二生三"

再次，"二生三"，我们将继续使用图三。所谓"三"，即阴、阳、合，合是包容了阴阳于其中的第三个存在者，太极。所谓阴极生阳，阳极生阴，阴阳始终处在动态的过程中，阴阳互动而成为第三个新东西，这是辩证法的基本内容。

与"一生二"的逻辑一样，在认识规律里，我们不可能首先认识"二"，或者说彻底认识"二"，而是因为发现了"三"才真正认识了"二"。比如，线圈和磁铁本是相互独立的存在，因为磁铁在线圈里来回活动，于是产生了电，即磁铁与线圈的组合。电作为第三个新的东西，才使我们对磁铁与线圈有了进一步的认识，这就是逆推。但是从范畴的角度讲，就是先有二再有三。也就是说，是图三这个太极，才让我们看清了阴与阳。

所以，"二生三"应该表述为"二"以"三"的样式呈现出来。

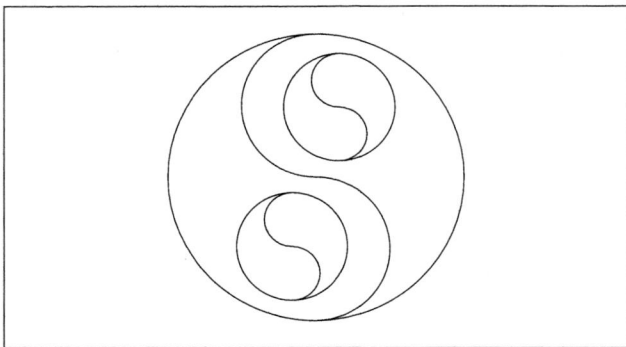

图四"三生万物"

复次，"三生万物"这句话，往往被类似"巧历不可得"一语一笔带过，比如道言式的解释，或是对立统一式的解释，都以依次类推的手法来解释之。然而，如果我们将它图示化的话，可能就会把它以另一种面貌呈现出来了。

如图四所示，这个呈现的内在原则，就是"万物负阴抱阳"，也就是阴中有阳，阳中有阴，朱熹所谓"物物有一太极，事事有一太极"。

同样的逻辑，我们不可能直接认识"三"，即阴、阳、太极，因为这也还是太抽象。我们能直接认识的是万物，通过具体的每一个物，我们才能认识"三"。比如，电是磁铁、线圈以及磁铁与线圈的组合产生的，磁铁是磁与铁及其组合而成，铁是众多铁分子及其组合而成，我们可依次无限穷究下去。在逻辑上，每一物都是数个个体及其组合而后形成，所以有一物便有一个阴、阳、合，每一物都有一个"三"在其中。这就是图四的意义，是从纵向的角度上说，而非横向的角度上说。

所以说，一二三到万物，并不是数量上的依次类推，尤其是"三生万物"，并非省略了四五六七。结合图示，通过"万物负阴而抱阳"的原则，"三"后面便直接是万物了。"道生一，一生二，二生三"都是纵向的，所以"三生万物"也必然是纵向的。因此是"三"寓于万物中，或"三"以万物的样式呈现出来。

万物本来就是如其所是的呈现在所有人面前，所以从道至万物的生成过程，必然是从纷繁复杂的作为结果的万物中逆推而得的。由上所述，我们可以用"呈现"来理解"生"的意义，也就是说，"道"以"一"的样式呈现出来，"一"以"二"的样式呈现出来，"二"以"三"的样式呈现出来，"三"以"万物"的样式呈现出来。质言之，"道生一，一生二，二生三，三生万物"，本是一个范畴角度上的宇宙生成的逻辑顺序，所以"生"是一种逻辑上的演化。或许"呈现"并不是古代汉语中"生"的意思，但在语言表达上也只能叫作"生"。但我们在理解上若能逆向推理的话，或许对这句话就会有不一样的体会。这就是通过图示化的方法，呈现出的另一个解释的维度。

老子论道专题

"背景"式"观"照

——老子"道"的再审视

马　寄[*]

内容提要："道"在老子思想体系中处于核心地位。历来人们多从"阐道"的角度来探讨"道"的内涵。本文认为老子着意"观道"，以"观"照的方式契近"道"。老子"观""道"的方式不同于"前景"式"观"照（先民的"直观"式观照和巫觋、史官的"旁观"式观照），而作"背景"式"观"照。由此，老子契近"道"。在这一独特契近"道"的方式下，本文重新审视了"道"生万物，指出所谓"道"生万物就是在"背景"的映衬下万物得以出场。在这一出场过程中，"背景"——"道"呈现出"恍惚"的样态。

关键词："道""观""背景""恍惚"

《道德经》可谓中国哲学的开山之作，《道德经》围绕"道""德"而展开。相对于"德"，"道"在《道德经》思想体系中无疑处于更为核心的地位。然而，"道"，"玄之又玄"，难以言传，其神秘莫测又吸引历代学人对之进行诠释，历来人们多从"阐道"的角度探讨"道"的内涵。笔者认为老子着意"观道"，以"观"照的方式契近"道"，相对于先民的直观式观照和巫觋、史官的旁观式观照，老子着意于"背景"式"观"照。在这一全新的"观"照模式下，老子才契入"道"。

一、两种"前景"式"观"照模式的历时考察：从先民到巫觋、史官

在老子之前，中国有两种"观"照万事万物的方式：先民的直观式观照和巫觋、史官的旁观式观照。尽管二者的观照方式有所不同，但这两种观照都是"前景"定点式，因而我们将它们归类为"前景"式观照。

---

* 马寄（1972—），男，江苏省南京市人，哲学博士，闽南师范大学马克思主义学院副教授。

远古时期，当先民第一次睁开眼睛打量陌生的周遭世界时，周遭世界不断地向其展现。"日用而不知"。先民没有意识到他们"观"照周遭世界时，有一个视点在作用着。这一视点便是先民自身，于是周遭世界便以自我为圆点次第向先民展现，而这种展现是非全景式的。这就是说，对先民而言，周遭世界是深深打着自我烙印的。对先民而言，周遭世界便呈现为两部分：一部分与先民自我直接相涉，另一部分与先民自我无直接相涉。与自我直接相涉的部分，常常被视为周遭世界的中心，受到重视和认知，并纳入其知识体系。与自我无直接相涉的部分则被视为周遭世界的边缘，成为与自我直接相涉部分的"背景"。这一部分不被重视或干脆被忽视、漠视。

由于受制于以自我为中心的视点，世人在"观"照周遭世界时，习惯于只看到或留意于与自我或所在群体有关的自然和事务，而没有关联或直接关联的自然和事务往往成为中心的"背景"。什么样的观照角度必然带来什么样的价值观念和评判。在万事万物的正反、正负（表里、前后、显隐、对错、强弱、大小等等）之间，他们总是从正的方面着眼，从正的侧面立论，肯定和褒扬正的方面、正的侧面。我们将这种常态的直观式观照或称为"前景"式观照。这种常态式观照方式并没有随着先民没入历史的长河而消失。随着人类社会的发展，直观式观照推而广之，并获得思想深度，形成了基于直观式观照的思想体系。它们常常成为主流的思想，制约着人们的观念和行为方式。在中国，先秦的诸子百家大多可以理解为基于"前景"式观照。

随着人类社会的发展，在中国这片土地上，出现了专门从事"观"照自然的人。中华文明主要是农耕文明，天文、历法在这一文明体系中很早就具有举足轻重的地位。天文、历法源于观测浩瀚的星空，于是专业性"观"者便应运而生。巫觋就是最早的一批"观"者。他们凭借神秘的观天和通天能力，为王者掌管天文、历法。"吾非瞽史，焉知天道。"（《国语·周语下》）除了巫觋外，掌管天文、历法者后来还有史官。在史官出现之初，"识天象"是其重要职责之一。"王前巫而后史。"（《礼记·礼运》）巫觋、史官又是如何观测天象、制定历法的呢？浩渺的星空毕竟不同于一般性的可以完全用感官来感知的周遭世界，以自我为"观"点显然显得力有不逮。那么，自我视点以外的视点，其自何来？这一视点只能来源于浩渺星空本身。在浩渺星空中，"太一"（北极星）最为醒目，于是巫觋、史官便选择"太一"（北极星）作为"观"照宇宙的视点。"太一"便从万兆星星中脱颖而出，成为星空的枢纽。在"太一"星出场的场景下，其他星体才各有其所，各归其位。由于职责所在，导致早期史官跳出自我视点，"冷眼旁观"地观测星空。我们将巫觋、史官的观照方式称为"旁观"式观照。"旁观"式观照跳出了直观观照的自我中心视点的局限，便于"冷眼旁观"，看到自我中心视点无法看到的东西，尤其是相对于中心的边缘景观。至此中心和边缘的边界模糊了。

相对于"直观"式观照的自我中心视点，巫觋、史官的"旁观"式观照是个很大的进步。但是这两种观照都聚焦于"正面"和"前景"。虽然视点不同，但都是定点式的，因而我们将它们称为"前景"式观照。这两种观照在有所揭示的同时，必然有所遮蔽。何况，"正面"和"前景"呈现的现象常常是肤浅的，误导的，甚至是虚假的。基于"前景"式观照的思想和观念常常是庸常凡俗，甚至是鄙俗粗陋的。视野真正质的飞跃有待老子对上述两种观照的翻转。

二、"背景"式"观"照：老子契"道"途径

"老子者……周守藏室之史也。"（《史记·老子列传》）今天我们已无法清晰地了解老子生平。据《史记·老子列传》，我们知道老子曾任史官，掌管过周王朝的典籍、档案。作为周王朝史官，老子可能不再如早期史官具体掌握天文、历法，不再去专业性地观测天象。但我们有理由相信，早期史官的"观"照方式对老子有很大的影响。尽管《道德经》阐"道"论"德"，已经哲理化，早期"识天象"的记载多被裁汰，然而"识天象"的记录还是偶有孑遗。通行本《道德经》十六章云："夫物芸芸，各复归其根。"郭店楚简本作："天道员员，各复归其堇（根）。"《淮南子》这样诠释"员员"："天地曰员，地道曰方。"《淮南子·天文训》"员者常转……自然之势。"（《淮南子·原道训》）后世学人魏启鹏如是评述"员员"："'员员'：言其圆转不已，周而复始，此即天道环周之道。"[1]

"道"是老子思想体系的核心概念。"道"虽然玄奥，历代学人对"道"孜孜探求从未停息。受限于确然性思维模式，学人对"道"的探索，大多追问"道"是什么？尝试揭示"道"的内涵。我们将传统对道的把握方式称为"阐道"。可是，"道"本身不是一个确然性的理念，很难确切地定义。事实上，老子并未亦无意直接揭示"道"的内涵。"道可道，非常道。"相对于揭示"道"的内涵，老子更着意于契近"道"以及契近"道"的方式。契近"道"的方式便是"观"，我们称为"观道"。

《道德经》多次提到作为契近"道"的方式的"观"。《道德经》第二十一章着重描述完"道"的"恍惚"意象之后，正文云："自今及古，其名不去，以阅众甫。吾何以知众甫之状哉！以此。"[2]"众甫"，帛书甲、乙本作"众父"。"众甫"，王弼

---

① 魏启鹏.楚简老子柬释 [M]，转引陈鼓应.老子注译及评介 [M].北京：中华书局，2012.第123页。

② 本文所引《道德经》，参见陈鼓应.老子注译及评介 [M].北京：中华书局，2012.

注释为"物之始也。"① 万物之初是老子的一个重要概念，是"道"生万物的一个重要环节。在肯定"道"为"自今及古"的永恒存在后，老子论述"道"与"众甫"——万物之始的关系。需要强调的是，老子以"阅"来表述两者之间的关系。"阅"者，"观"也。"以阅众甫"，可以理解为从"道"的维度省视万物之始。这就是说，老子主张以"观"的方式来处理"道"与万物之初的关系。在老子看来，在"道"的视域下，才能"观"照万物之初。

《道德经》第十六章："万物并作，吾以观复。""作"，《玉篇》："起也，造也。"万物之初标志着万物的萌发状态，最终发而为物。"万物并作"，事物由萌发而生长，发而为物。万物欣欣向荣，繁茂生长。审视这一过程，世人往往只留意万物的生长进化，然而老子却独具慧眼："吾以观复。"老子坚持认为万物的生长进化只是万物演化的一个阶段，而且未必是本质阶段。万物有生长繁茂之时，亦有凋敝衰亡之时。凋衰并不意味着万物的消亡，而只是回到其本初的起点。"吾以观复。"这里颇有循环论的意味，观点真是深而广。

物有萌发、已发两种状态。老子更为瞩目物之萌发——物之初。老子之所以有这一主张，在于回到物之初，则可契近"道"。在老子看来，相对于"道"的内涵，契近"道"更为重要。而契近"道"的方式便是"观"。由"观"回到物之初，经由物之初则可契近"道"。由此可见，"观"在老子思想体系中具有重要地位。

关于老子之"观"，还需留意两点：第一，"观"是有前提的。"万物并作，吾以观复"的前句和前提是"致虚极，守静笃。"（《道德经》第十六章）在"虚""静"中，才能直观到万物之初。故"观"，当保持"虚""静"的心态。相反，躁动、轻浮的心态则会妨碍"观"："五色令人目盲；五音令人耳聋；五味令人口爽；驰骋畋猎，令人心发狂；难得之货，令人行妨。是以圣人之治也，为腹不为目，故去彼取此。"（《道德经》第十二章）老子这是在警示世人外在的欲望、感官刺激会妨碍"观"，因此应当节制外在的欲望，避免外在感官的刺激。第二，"观"是动态的。《道德经》第十章云："涤除玄览，能无疵乎？""览"，帛书乙本作"鉴"，即清水盛于器以作照鉴之用，后世所谓镜子。"玄"，指的是本然清净的心体。"涤除"，学界一般将其理解为动词：能时常保持心体的洁净，以使心体质朴无邪吗？这样的理解作为一家之言是正确的。不过，"览"除了作名词，指镜子外，还可作动词用。《说文解字》："览，观也。从见、监，监亦声。"冯友兰先生就做这样的理解："'玄览'即'览玄'，'览玄'即观道。"② 相对于清水之鉴，笔者更认同作动

---

① 转引陈鼓应．老子注译及评介 [M]．北京：中华书局，2012．第 148 页。
② 冯友兰．中国哲学史新编（上）[M]．北京：人民出版社，1998．第 324 页。

词之"观"。因为这一诠释能更生动地展现观"道"的在场性。

早期史官仰观满天的繁星，老子则"冷眼旁观"自然万物、世事风云、人心诡谲。当庸众凡夫以自我为观点，观照自然和社会时，实在就是实在，空洞就是空洞，响声就是响声，寂静就是寂静，获取就是获取，失去就是失去，可欲之物就是可欲之物。而老子则跳出庸众凡夫的自我为观点，"冷眼旁观"自然万物和世事风云。对上述各项进行了反转，惊世骇俗，成一家之言。

"太一"（北极星）被作"观"照宇宙的视点。先秦道家多以太一来指称"道"。郭店楚简道家著作有两种：《道德经》抄本、《太一生水》。推而广之，把"道"视为观照社会、人生、人心的视点，则是老子最重要的思想贡献和《道德经》的主旨。

老子的"背景"式"观"照首先是对"前景"式观照暨直观式观照和旁观式观照的翻转和超越。受制于自我为中心的视点，世人在"观"照周遭世界时，习惯于看到或留意于与自我或所在群体有关的自然和事务，而没有关联或直接关联的自然和事务往往成为中心的"背景"，不被重视，或干脆被忽视、漠视。老子则独具慧眼，摆脱自我为中心的视点，没有关联或直接关联的自然和事务同样进入其视野。进而，老子还瞩目可以感知的自然和事物之所以外显，恰在于自然和事物有"背景"的衬托。由是观照周遭世界的方式得以彻底颠覆：外呈的事物不再居于周遭世界的"前景"或"中心"，"前景"和"背景"的差异被抹平，"背景"甚至可能居于周遭世界的中心。我们将老子翻转式的观照方式称为"背景"式观照。正是在"背景"式"观"照的模式下，老子第一次觉察到"背景"便是"道"，并由此契入"道"。

老子的"背景"式"观"照在对巫觋、史官的旁观式观照有所继承的同时，也有超越和创新。当老子由史官身份转变为哲人身份时，老子对"观"的模式进行了翻转并推而广之。如上所述，巫觋、史官"观"照的枢要是确立一个支点，以此支点来"观"照星空。而老子面对、审视周遭世界时，则取消了"观"照的支点，以无支点式面对周遭世界。在支点式"观"的模式下，世界是以"中心"式呈现；在无支点"观"照的模式下，世界不再有所谓"中心"。在这样的世界观中没有所谓"中心"与"边缘"的区分。这是一种前所未有、老子所独有的"观"照的模式。在这一观照模式的引领下，老子撰写了《道德经》。这是人类"观"照暨思维方式的重大飞跃，真正做到了"究天人之际，通古今之变，成一家之言"。

三、"背景"映衬下万物的出场：对"道"生万物的反思与超越

"道"生万物是老子的一个重要思想。"背景"式"观"照可以让我们用一双

新的眼睛重新审视这一著名论点。不过在正式审视这一观点时，还是让我们先从《道德经》第一章谈起。

第一章可谓《道德经》的总纲。欲走近老子之"道"，第一章是必由的路径，历代学人对第一章无不关注有加。"道可道，非常'道'；名可名，非常'名'。'无'，名天地之始；'有'，名万物之母。故常'无'，欲以观其妙；常'有'，欲以观其徼。此两者，同出而异名，同谓之玄。玄之又玄，众妙之门。"老子首先强调"道"的玄妙莫测，是难以命名指称的。换言之，"道"的内涵难以把握。老子一开始就堵死了通过内涵的阐发把握"道"的可能性。既然"阐道"行不通，"道"又不可不说，出路何在？下文的"观"字就尤其重要了。老子是在"有""无"的语境下谈观论"道"的。万物是"前景"式观照可以把捉的，这可以说是常思常识。"'有'，名万物之母。"由纷繁万状的万物追溯到抽象的"有"，这是人类认识的重要进步。这是在老子之前人类所能达到的最高认知水平。史官的"支点"式观照能够进行这样的抽象概括。老子的创见是"'无'，名天地之始。"老子由"有"见"无"，没有"无"就没有"有"，"无"是"有"的前提和对峙物。这是人类思维方式的重大飞跃。由常"无"观"道"之"妙"。"妙"，系"道"微妙之意，学界没有太多异议。由"有"见"无"，由常"无"观"道"之"妙"。这里的观显然不是"前景"式观照，而是"背景"式"观"照。

"背景"式"观"照"有"，确是老子之卓见。由常"有"可窥"道"之"徼"。关于"徼"，众说纷纭。有以下诸多解释。[①] 笔者更认同"边际"的说法，因为"边际"说包容性最大，意蕴最丰厚。若将"边际"理解为"背景"视角下的"边缘"，便可涵盖其他三种诠释。"归结"，乃常"有"之归结，归结处便是"边缘"。相对于"边缘"而言，"背景"便是"无"。"边缘"便是"有"与"无"之间的交接点，故谓之"此两者，同出而异名"。老子这一反"观"的独特视角乃基于其对"背景""边缘"的特别关注。而"背景""边缘"的特点是模糊、玄奥、幽深，故谓之"玄之又玄"。在"背景""边缘"的视角下，微妙之"道"便得到呈现。这同时亦表明"道"是无法通过"前景"式观照把捉的。

既然无法通过"前景"式观照把捉"道"，那么老子常以"背景"式来观照"道"。上述"背景"模式下对《道德经》第一章的诠释，可以说是对传统宇宙发生诠释模式的反思和超越。宇宙发生诠释模式强调时间性，即时序的先后。关于"背景"模式，有四点值得留意。第一，第一章无疑是对"道"的集中阐述。不过，与其说是对"道"内涵的阐述，毋宁说是对"道"生万物背景的描述。第二，"道"

---

① 详见陈鼓应．老子注译及评介 [M]．北京：中华书局，2012．第 55—56 页．

生万物不仅具有时间性，同时也具有空间性。在笔者看来，与其将"有""无"理解为宇宙发生论的某个阶段，不若打破这一思维定式，将其置于"背景""观"照的视域下来审视。于是，（常）"有"便可理解为"边缘"，（常）"无"便是"背景"。在这一空间视域下，"道"生万物，便是在"背景"的空间视域下，万物得以呈现。第三，万物得以呈现的过程，也是契近"道"的过程。在老子看来，"道"无法直接把捉，只能契近。第四，契近"道"的过程，"背景""边缘"得以展开的前提在于"背景"之"观"。"背景"之"观"可谓第一章之章"眼"，契近"道"之机枢。而这一点在既往第一章的诠释中往往被忽视。所以，既往的"道"的研究很少采用"背景"式"观"照，而常态的前景式"观"照很难有新的揭示。

在《道德经》中，"道"生万物的话语所在多有。一、"天下万物生于有，有生于无。"（《道德经》第四十章）二、"道生一，一生二，二生三，三生万物。"（《道德经》第四十二章）前句的"有""无"对应着第一章的常"有"、常"无"。郭店楚简本中该句为"天下之物生于有，生于无"①。这就是说通行本添加个"有"，在这一添加中无形中突显了"道"的主宰性、实然性。由此学人在理解"道"生万物时，常常拘泥于其主宰性、实然性，认为有个主宰性的创生者和被动性的受生者，"道生万物"的过程便落实为一个实然的过程。如此理解，"道"好似基督教的人格神的上帝，创生万物。众所周知，老子不可能有这样的想法。老子的哲学更多是自然导向的哲学。笔者认为，与其机械地理解"道"生万物，不如理解为在"背景"式"观"照下，万物出场，各安其位，各得其所。如此观照，便能走出宇宙发生论的诠释模式，便不会将"道生一，一生二，二生三，三生万物"僵化地理解为一、二、三、万物这一序列性生育过程。"道生一，一生二，二生三，三生万物"是"道"生万物更为形象化的，更为强调式的表述。中国传统学术多将本句置于"气"的语境下加以诠释。"一"是"元气"，"二"是"阴""阳"二"气"，三是"和气"。这一诠释模式最大的弊端是"用汉以后的观念作解"。②如何摆脱这一后设之见？张祥龙的见解对我们颇有启迪："对这句话不可做宇宙论的解释。"③在"背景"的视域下，这一生育过程可诠释为"背景"（常"无"）过渡到"前景"（常"有"）万物逐渐呈现的过程。值得留意的是，万物呈现的过程并非直接呈现，而是在"观"的视角下不断转换而得以呈现。"万物负阴而抱阳"之"阴""阳"便是对"观"的视角不断转换的表达。如张祥龙先生所指出："冲气以为和"之"气"，在《老子》中并不占有突出地位，但可能由于它比'水'、'谷'、

① 廖名春. 郭店楚简老子校释 [M]. 北京：清华大学出版社，2003. 第355页。
② 陈鼓应. 老子注译及评介 [M]. 北京：中华书局，2012. 第226.页。
③ 张祥龙. 海德格尔思想与中国天道 [M]. 北京：中国人民大学出版社，2011. 第227页。

'无'等更能引发人们对于有无相生的微妙状态的思想体验。"于是"冲气以为和"，只是"一种得机中时的势态"。①

约言之，与其将"道"生万物理解为实然生化过程，毋宁将其理解为在"背景"的映衬下万物纷然出场。

四、"恍惚"："背景"视域下"道"的特征

在"背景"式观照下，老子常以"恍惚"来形容"道"。《道德经》十四章："视而不见，名曰'夷'；听之不闻，名曰'希'；搏之不得，名曰'微'。此三者不可致诘，故混而为一。其上不徼，其下不昧，绳绳兮不可名，复归于无物。是谓无状之状，无物之象，是谓惚恍。"老子开门见山地指出，视、听、搏这三种方式不可能把捉到"道"，当然这只是表明从"前景"无法直接省视到"道"，并不能证明"道"就不存在，这不过其存在形式是"混而为一"。未发，"道""混而为一"。发后，"道"展现为其上不明亮，其下不暗昧，以致无法恰当地命名的样态。最终"道"复归于其最初的浑然状态。该章老子虽然也从听觉和触觉的角度论"道"，但其主要角度还是视角的观照。未发"视而不见"，已发"其上不徼，其下不昧"，回归"无状之状，无物之象"，老子均是从视觉的角度来概括"道"。由此老子不禁感慨"道"的无形无象，只能以"恍惚"来形容。未发、已发、回归，"道"总是处于动态的过程中。在动态之"道"的牵引下，"恍惚"亦趋于动态。

尽管《道德经》第十四章以"恍惚"对"道"的动态情景进行了描述，然而仍语焉不详。《道德经》第二十一章，仍在"恍惚"的视角下，对"道"的动态情景进行了更为细致的描述："道之为物，惟恍惟惚。惚兮恍兮，其中有象；恍兮惚兮，其中有物。窈兮冥兮，其中有精；其精甚真，其中有信。"老子还是将"道"呈现为"恍惚"的意象。"惚兮恍兮"，"恍兮惚兮"，在同义反复中，老子形象地在动态中敞开"道"的呈现、消隐的过程：一、"背景"之"道"的呈现过程。"恍惚"中，"背景"之"道"幽然呈现，在朦胧的"背景"衬托下，物象宛然而在。二、"背景"之"道"的消隐过程。老子引入"窈冥"一词。"窈"通"幽"，幽冥，即深邃幽远之义。老子所以引入"窈冥"一词，在于"窈冥"相应于"恍惚"。"恍惚"，是"背景"之"道"慢慢呈现意象的描绘，"窈冥"，则是对"背景"之"道"悄然消隐这一意象的形容。在悄然消隐中，有隐约的东西在浮现。这一隐约的东西虽看不清，却真实存在，可以得到验证。

老子以"恍惚"这一意象来形容"背景"之"道"，在这一意象中，便可窥见

① 张详龙. 海德格尔思想与中国天道 [M]. 北京：中国人民大学出版社，2011. 第 227 页。

"道"的诸特征。

（一）动态性。老子以"恍惚"形容"背景"之"道"时，"恍惚"乃动态的"恍惚"。"恍惚"之"道"之所以是动态的，就在于"背景"之"道"始终处于动态中，非有一静态、固定的"背景"。其实万物相互映衬，互为"背景"。在这一过程中，万物纷然而显。由此，老子云："有无相生。"（《道德经》第二章）在通行老子宇宙生成模式中，学界强调"无"之生"有"。然而"有""无"间的关系并非单向的"无"生"有"，而是"有""无"相生的双向性关系。"有"（"边缘"）趋于"无"（"背景"），"无"（"背景"）趋于"有"（"边缘"）。在这一相互转换中，"道"便趋于动态。在确定"道"处于动态后，还待探究的是"道"运化的具体方式。"反者，道之动。"（《道德经》第四十章）万物运化的方式皆顺而行之，而"道"的运化方式则与此相反：逆而行之。其中原委在于万物在顺而行之的过程中，成为其自我本身。而一旦物欲成为他物的"背景"，则有待消隐，以致隐藏在他物背后。老子不仅觉察到"道"的这一特殊运行形式，还对这一特殊运行形式进行具体的描述："有物混成，先天地生。寂兮寥兮，独立不改，周行而不殆，可以为天下母。吾不知其名，字之曰'道'，强为之名曰'大'。大曰逝，逝曰远，远曰反。"（《道德经》第二十五章）有斯"背景"，乃有斯物。相对于有形具象之物，"背景"乃浑然而成。相对于后天之万物，"背景"乃先天地而在。在"有""无"相互转化中，"背景"无声无臭、寂旷虚廖地不断运化。在这一不断运化过程中，万物不断得到呈现。在将"道"勉强命名为"大"的情境下，老子这样描述"背景"的具体运化过程：在不停地运化过程中，"背景"逐渐朦胧、远逝；不过在远逝过程中，"背景"又逐渐返回。这一循环性运化方式，是对"反者，道之动"的一种最佳的诠释，亦是对"有无相生"的一种最显白的彰显。

（二）质朴性。"恍惚"，无法确然，乃朦胧的样态。这一样态，彰显出"恍惚"的质朴性。相对于万物之明亮、突显，作为"背景"的"道"则显得晦暗、隐蔽。"明道若昧。"（《道德经》第四十一章）"道"呈现为晦暗、隐蔽，并不意味着"道"本身就晦暗、隐蔽，乃"道"故意自我隐遁，呈现出晦暗、隐蔽的样态。在"道"这一故意自我呈现的样态中，万物才得以明亮、突显，并进而由此纷然出场。由于"道"的晦暗性、隐蔽性，故无法直接命名，于是老子以"朴"言之："道常无名，朴。"（《道德经》第三十二章）"朴"，不仅形象地描绘出"道""恍惚"的样子，还彰显出"道"谦卑、包容的德性："知其荣，守其辱，为天下谷。为天下谷，常德乃足，复归于朴。"（《道德经》第二十八章）虽深知荣华，却甘守暗昧，自处于天地之低位，这充分体现了"道"谦卑、包容的德性，并在谦卑、包容德性的指引下，"道"复归于"朴"的样态。"背景"之"道"褪却万物的繁华、绚烂，呈现出"朴"的样态。只有处于"朴"的这一样态下，万物才得以出场，得到呈现。除了直接以"朴"来表述"道"外，《道德经》中还有类似的话语："为无为，事无事，味无味。"（《道德经》第六十三章）在传统的诠释模式下，多将此句置于"无为"的视域下来审视。这一诠释模式只留意到"为无为，事无事"，然而忽视了"味无味"。在笔者看来，相对于"为无为，事无事"，"味无味"有着更深的意蕴。味基于无味，这不无是对"道"之"朴"这一特性的另一种描述。

后世老学者多基于政治的角度，将《道德经》之"道"置于宇宙发生论的视域下进行理解。由此"道"一直处于被遮蔽的状态，万物并没有得到出场的机遇，基于此，本文掘发出《道德经》独特"背景"式"观"的模式。在这一全新"观"的模式下，原本晦涩的"道"就此而澄明——"道"就是使万物得以出场的"背景"。异域他乡的海德格尔也许是老子的知音："唯有通过光亮，显现者才显示自身，也即才显现出来。但从光亮方面来说，光亮却又植根于某个敞开之境，某个自由之境；后者能在这里那里，此时彼时使光亮启明出来。光亮在敞开之境中游戏运作，并在那里与黑暗相冲突。"①

---

① [德]海德格尔.面对思的事情[M].陈小文，孙周兴译.北京：商务印书馆，1996.第68页。

《老子》之"道"新诠

——基于现象学之视域和方法的分析

孙柏林*

内容提要：本文通过现象学之阐释方法，以举例《老子》之"道"义现代解、考"道"之本义、疏"道"之古意等分析，从而得知《老子》之"道"本源于"道路"（人在路上），其书中"道"字部分沿袭古意，如言说、方法、规律或法则等；然作为《老子》中具有独特韵味的"道"，其指引的是人之存在及生活的意义世界整体——"生成性本源境域"，其具有生成性（变）与一体性（常），以赠予（意义性或价值性）、建基（内在性与超越性）、开端（本源性及创造性）等三种方式运作；而人可能遮蔽，抑或显现此种境域。

关键词：老子 道 道路 境域 现象学

关于《老子》之"道"，自古及今一直都是中国思想与文化之讨论的核心与枢纽；有学者更强调《老子》"道"论的提出乃是"中国哲学"的开端。[①] 那么对于"道"到底何应做种理解才能更切近《老子》呢？我们首先兹引几例现代学者对《老子》之"道"的阐释，以便能更好地进入这个问题。

一、《老子》之"道"义现代解

方东美先生认为"道"乃是老子哲学系统中之至高范畴，具有四个关键：其一为"道体"，是指老子本体论之"有"与超本体论之"无"以及有与无一个大的集合；其二为"道用"，是宇宙发生论，反者道之动；其三为"道相"，指道之本

---

* 孙柏林（1985—），男，汉族，湖南岳阳人，博士、云南大学滇池学院教师，主要从事于道家哲学、海德格尔哲学研究。

① 此可参见胡适先生的《中国哲学史大纲》，陈师鼓应先生的《老子注译及评介》，张岱年先生的《中国哲学大纲》也指出老子是第一个用"道"来思考"本根"问题的人。

性（恒道）与属性（所言之道）；其四为"道征"，即圣人体道、悟道。①

陈鼓应先生大体同其师方先生，把"道"之义涵分为三大类（共五种）：其一，实存意义的"道"：甲、"道"体的描述，乙、宇宙的生成；其二，规律性的"道"：甲、对立转化的规律，乙、循环运动的规律；其三，生活准则的"道"。②

唐君毅先生将老子的"道"细分为六义：第一义，贯通万物之普遍共同之虚理之道；第二义，形而上之存在的实体之道；第三义，道相或所言（描述）之道；第四义，同德之道；第五义，修德之道及其他生活之道；第六义，为事物及心境人格状态之道。③

傅伟勋先生受唐先生的启发，依据"创造性的诠释学"设定老子之道的六大层面：一、道体（Tao as Reakity）；二、道原（Tao sa Origin）；三、道理（Tao as Principle）；四、道用（Tao as Function）；五、道德（Tao as Virtue）；六、道术（Tao as Technique）。又自第二层的"道原"到第六层的"道术"等五个层面合成为"道相"（Tao as Manifestation）。他同时指出这里的"层面"不同西方的范畴，是依据哲学思想家独特的洞见慧识所由构成的"整全（顾及全面）的多层远近观"或透视角度。④

陈康先生总括老子之"道"为二类义：一是存有之理（ontic principle），二是应然之理（axiomatic principle），即人所体与所守之道，则道与"非道""道废"并存。又作为"存有之理"的"道"有三个静态意义：本源（ultimate source）、贮藏之所（storehouse of myriad things）、万物之终极楷式（the ultimate model of things,human and not humam）和四个动态意义：生（the agent or the efficient cause）、长（the production of myriad things and sustains their being）、返（reversion）、一（unique）。⑤

袁保新先生在陈康先生的基础上深化一步，认为"道"是"存在界的价值理序""规范存在界一切天、地、人、我、鬼、神的理序""价值世界的形而上基础"，

---

① 方东美．原始儒家与道家哲学（1973）[M]．北京：中华书局,2012,第155—158页。又见于方东美．中国哲学之精神及其发展（1976）[M]．匡钊译．郑州：中州古籍出版社,2009,第94—97页。

② 陈鼓应注译．老子今注今译（参照简帛最新修订版）[M]．北京：商务印书馆,2003,第23—35页。

③ 唐君毅．中国哲学原论·导沦篇（1966）[M]．北京：中国社会科学出版社,2005,第224—255页。

④ Charles Wei-hsun Fu. "Lao Tzu's Concept of Tao" [J].Inquiry. Norway:Iso University Press,1973,367-394.

⑤ Chung-Hwan Chen. "What Does Lao-Tzu Mean by the Term 'Tao'?" [J].*Tsing Hua Journal of Chinese Studies*. New Series Ⅳ ,Number 2,1964,150-161.

旨在弥合"实然"与"应然"或"存有"与"价值"的断裂。[①]

牟宗三先生认为"形上学"有"实有形态的行上学"与"境界形态的形上学"之分别,而老子之道乃是后者,即依实践而具洞见的"主观境界"意义上理解的行上学,因而道家之无不是西方存有论的概念,而是修养境界上一个虚一而静的境界,是有无限妙用的心境。[②]同时牟先生指出《老子》之道有客观性、实体性(本体论的)以及实现性(宇宙论的),虽似乎只是一姿势,但仍呈现出"实有形态"之姿势,但《庄子》则纯为"境界形态"[③]。

刘笑敢先生曾总结现代学者对于"老子之道的阐释方法"具有四种类型[④]:第一,客观实有类的解释,如胡适、冯友兰、徐复观等先生的观点。第二,综合解说类,即综合罗列老子之道从形而上到形而下世界的各种意义,如上引方东美、陈鼓应、唐君毅、傅伟勋、陈康、牟宗三等先生的阐释。第三,主观境界说,以牟宗三先生为代表,并认为其最为独特;第四,贯通类解说,如袁保新先生之见解。

然据笔者分析刘笑敢先生所列"客观实有类解释"亦可并入"综合解说类"。如胡适先生认为"道超出天地万物之外"(形上之实体),又说老子的"天道"就是西洋哲学的自然法,故人需行"无为","不争"(行下之价值)[⑤];冯友兰说"道乃天地万物所以生之总原理"(形上义),又说"'为道日损',若使人之'知'与'欲',皆'损之又损,以至于无为',则理想的社会,即可成立矣"(行下义)[⑥];徐复观先生说"道"是"创生宇宙万物的一种基本动力"(形上学宇宙论),又言"人只有能够'体道'之功夫、境界,才能安全长久"(人生论)[⑦]等。又牟先生虽然强调《老子》之"道"的"境界形态",但也同时认为其中存在"实有形态";故也可归入"综合解说类"。

刘笑敢先生自己对"道"的解释则可归于"贯通类解说"。刘先生认为老子之道可以概括为关于世界之同一性的概念,是贯通于宇宙、世界、社会和人生的统一的根源、性质、规范、规律或趋势的概念;即道为宇宙万物的总根源和总工具

① 袁保新.老子哲学之诠释与重建 [M].台北:文津出版社,1991,第 109、165、193 页。又参见袁保新.从海德格尔、老子、孟子到当代新儒家 [M].武汉:武汉大学出版社,2011,第 196—198/203—207 页。

② 牟宗三.才性与玄理(1962)[M].长春:吉林出版集团有限公司,2010,第 141—143 页;亦见于牟宗三.中国哲学十九讲(1983)[M].长春:吉林出版集团有限公司,2010,第 85/114—117 页。

③ 牟宗三.才性与玄理(1962)[M],156—159 页。

④ 参见刘笑敢.诠释与定向——中国哲学研究方法之探究 [M].北京:商务印书馆,2009,113-121.

⑤ 胡适.中国哲学史大纲(1919)[M].北京:中华书局,2013,第 41—42、48—49 页。

⑥ 冯友兰.中国哲学史·上(1930)[M].重庆:重庆出版社,2009,第 145—147、159 页。

⑦ 徐复观.中国人性论史·先秦篇(1963)[M].北京:九州出版社,2013,第 298、297/308 页。

或世界之统一性的象征符号。①

综上，对于《老子》之"道"的阐释方式，大体可归为两类：综合解说与贯通诠释。"综合解说"的一个较大遗憾是把"道"本身（存在）与其价值（意义）割裂开来分析；而"贯通诠释"虽旨在调和此两者直接的矛盾，但仍未能揭示"道"所显现的"生成性本源境域"：人之存在及生活的意义世界整体，其作为"赠予""建基"与"开端"②。这或许需要借助"现象学"之阐释方法或原则方能切近。

现象学之阐释方法或原则就是"回到事情本身"，就《老子》而言，便是回到此经典所构成的时代与生活经验之中去。

"老子"当为春秋晚期人，与孔子同时或稍早，《老子》主体应成于老子生时，后人亦有增补。今传世之经典，如《诗经》《尚书》《仪礼》《周礼》《周易》《春秋》，其内容或文本材料大体早于《老子》时代。《老子》与《左传》《国语》同时，查其"天道观"可见一斑。又"老子"或为史官，《老子》书中的"史官特色"甚浓。③ 故"老子"熟悉当时文献，《老子》之思想亦因袭古之智慧。欲究《老子》之"道"意，亦应从"道"之本义始。

二、"道"之本意考

"道"字不见于殷商甲骨文卜辞，而首见于西周金文中。甲骨文中表"道路"意的有两字："途"与"行"。"途"，甲骨字形 ⚘，从余从止，其意有二：一为"道途"，二则假借为"屠"。④《说文》中无此字，《尔雅·释宫第五》云："路、旅，途也。路、场、猷、行，道也。一达谓之道。"⑤ 可见"途""道"意近同，只前者侧重人之走路，后者重所走之路。甲骨文"行" 汁，罗振玉释："像四达之衢，人所行也。"⑥ 依字形似纵横相交的十字路，可知其本义为"道路"。《说文》释"行"⑦，"从彳从亍"非是，"人之步趋"乃其引申义。

---

① 刘笑敢.老子古今：五种对勘与析评引论·上卷 [M].北京：中国社会科学出版社,2006,第113-114.

② 此处受益于海德格尔《艺术作品的本源》一文中的启发：艺术的本质是诗。创建（Stifung）的三种意义：赠予（Schenken）、建基（Gründen）、开端（Aufangen）。Cf. Heidegger. Holzweg[M]. Frankfurt am Main: Vittorio Klostermann,1977,s.63.中译本（德）海德格尔.林中路 [M].孙周兴译,上海：上海译文出版社,2004,第 63 页.

③ 王博先生对此有细致深入、且令人信服的研究，可参见王博.老子思想的史官特色 [M].台北：文津出版社,1993.

④ 于省吾主编.甲骨文字诂林.[M].北京：中华书局,1996,第 850 页。

⑤《胡奇光、方环海、尔雅译注 [M].上海：上海古籍出版社，1996，第 212 页。

⑥ 于省吾主编.甲骨文字诂林.[M].北京：中华书局,1996,第 222 页。

⑦ （汉）许慎撰.（清）段玉裁注.说文解字 [M].上海：上海古籍出版社，1981，第 78 页。

金文"道"之字形为𧗞，释者曰："从首从行，《汗简》行部，释为'道'见于《尚书》、《貉子卣》。"① 依其字形，"道"或从行、从首、从止。春秋末简牍帛书《侯马盟书》中"道"字作𧗽②，亦从行首止。《说文》释"道"："𧗅，所行道也。从辵首。"③ 又"辵，从彳止。"④ 郭店楚简《老子》中"道"字作𣥖⑤，从行、从人。在石鼓文亦有"道"字字形同此。⑥ "道"之形义中"首"、"止"即指头、足，喻思与行，象征人之全，而楚简则直接将此两部首简略为"人"字；又"行"为十字路；故"道"意为"人在路上"。

故可知"道"之本义为"道路"，它揭示了大地 - 人 - 远方，显现了人与世界之意义关联境域。

三、"道"之古意疏

"道"字在《易经》（卦辞和爻辞）中共出现的四处⑦ 和《春秋》（经）中的总两处⑧ 均表示"道路"之意。《诗经》中约凡三十一见，其意亦大多为"道路"（二十八处）⑨，其例外有三，而两处表"言说"："中冓之言，不可道也。所可道也，言之丑也。"（《鄘风·墙有茨》）⑩ 唯一处指"方法或技巧"："诞后稷之穑，有相之道。"（《大雅·生民》）⑪ 而《尚书》（古文）中，"道"字十二见；其中《夏书·禹贡》四处

---

① 周法高主编.金文诂林 [M].香港：香港中文大学出版社，1975，第 959 页。

② 陈建贡、徐敏编.简牍帛书字典 [M].上海：上海书画出版社,1991,第 818 页。

③ 《说文解字注》，第 75 页。

④ 《说文解字注》，第 70 页。

⑤ 荆门市博物馆编.郭店楚墓竹简 [M].北京：文物出版社,1998,第 4 页。

⑥ 徐书钟.石鼓文书法 [M].哈尔滨：黑龙江美术出版社,2000,第 43 页。

⑦ 《易经九、小畜》："初九。复自道，何其咎，吉。"（陈鼓应、赵建伟注译.《周易今注今译》北京：商务印书馆 2005，第 103 页）又《十、履》："九二。履道坦坦，幽人贞吉。"（《周易今注今译》第 112 页）《十七、随》："九四。有孚在道以明，何咎。"（《周易今注今译》第 168 页）《二四、复》："反复其道，七日来复，利有攸往。"（《周易今注今译》第 226 页）

⑧ 《春秋·宣公十七年》："公会晋侯、卫侯、曹伯、邾子同盟于断道。"（杨伯峻编著.《春秋左传注》北京：中华书局 1981 年，第 771 页）又《襄公五年》："仲孙蔑、卫孙林父子会吴于善道。"（《春秋左传注》第 941 页）断道、善道，均为地名。

⑨ 《诗经》中如《邶风·雄雉》："道之云远"（周振甫译注.《诗经译注》（修订本）第 44 页）、《秦风·蒹葭》："道阻且长"（《诗经译注》，第 166 页）；又《齐风·载驱》："鲁道有荡"（《诗经译注》第 132 页），"鲁道"指鲁国的道路；又《小雅·四牡》"周道倭迟"（《诗经译注》第 215 页）、《小雅·小弁》："踧踧周道"（《诗经译注》第 291 页），"周道"或指大路。

⑩ 周振甫译注.诗经译注 [M],第 61 页.句意为：房中的私话，不可以乱说。说出去的话，多是羞不堪的。

⑪ 周振甫译注.诗经译注 [M],第 395 页.句意为：后稷耕种时，有了助长谷物的方法。

或同"导"（疏通、引导）①；《周书·洪范》中四见：一"王之道"、三"王道"（君王治国的原则或制度）②，此"道"即指公正（好）的政治原则；又一处"皇天用训厥道"（《康王之诰》或名《顾命》）③同此；最后三处：一处为"言说"④，一处或"行为或方法"⑤，一处通"迪"⑥。可见，《尚书》中的"道"已不指称本义"道路"，而多用为引申义或比喻义。

在《仪礼》中，"道"字十四见，十一用为"道路"义，并含专名"侯道"⑦（四见）及"道车"⑧（一见）；另明确作为政治原则之"礼制"的用法有三见，如"委貌，周道也。章甫，殷道也。毋追，夏后氏之道也。"（《士冠礼第一》）⑨

《周礼》中，凡"道"七十见，其"道"之用法有两种为新意：其一，已使用复合词"道路"⑩（十四次）；其二，出现词"道艺"⑪（七次），另有单"道"字亦表此意，如"凡有道者，有德者，使教焉。"⑫（《春官宗伯第三·二一、大司乐》）"道

---

① 其一，"九河既道，雷夏既泽，灉、沮会同。"（周秉钧注释《尚书》长沙：岳麓书社，2001，第35页）其二，"嵎夷既略，潍、淄其道。"（《尚书》第36页）其三，"沱、潜既道，云土、梦作义。"（《尚书》第39页）其四，"岷、嶓既艺，沱、潜既道。"（《尚书》第41页）

② "无偏无陂，遵王之义；无有作好，遵王之道；无有作恶，遵王之路；无偏无党，王道荡荡；无党无偏，王道平平；无反无侧，王道正直。"（《尚书》第124页）

③ 周秉钧注译.尚书[M]，第227页。句意为：先王之政治原则顺应于天。

④ 《周书·顾命》："皇后凭玉几，道扬末命。"（《尚书》第223页）

⑤ 《周书·康诰》："既道极厥辜，时乃不可杀。"（《尚书》第147页）周秉钧认为此"道"为说，意即"已经说尽了他的罪过，则可以不杀。"解释颇为牵强。故从孙星衍："既以正道尽其罪，又当原情，不可杀之也。"（孙星衍.尚书今古文注疏[M]，陈抗、盛各铃点校.北京：中华书局，1996，第364页）此"道"则指正义的行为或方法，意近以善行磨灭罪恶。

⑥ 《周书·君奭》："我道惟宁王德延，天不庸释于文王受命。"（《尚书》第188页）"道"，《汉石经》作迪，语助词。

⑦ 《乡射礼第五》："乏参侯道，居侯党之一，西五步。……侯道五十弓，弓二寸以为侯中。"（《仪礼译注》第90、134页）《大射第七》："司马命量人量侯道与所设乏以貍步。"（《仪礼译注》第169页）"侯道"，指周人举行射礼时射箭人与箭靶之间的道路，其距离约五十步，合三百尺，即三十丈；"侯"即箭靶。

⑧ 《既夕礼第十三》："道车，载朝服。稾车，载蓑笠。"（《仪礼译注》第400页）

⑨ 杨天宇.仪礼译注[M]，23."委貌""章甫""毋追"，为三代常戴之冠名。

⑩ 《夏官司马第四·一三、司险》："达其道路。"（杨天宇.《周礼译注》上海：上海古籍出版社，2004，第435页）《秋官司寇第五·三、野庐氏》："野庐氏掌达国道路，至于四畿。比国郊及野之道路。……凡道路之舟、车互者，叙而行之。……凡国之大事，比修除道路者，掌凡道禁。邦之大师，则令埽道路。"（《周礼译注》第546、547、547页）

⑪ 《天官冢宰第一·四、宫正》："会其什伍，而教之道艺。"（《周礼译注》第47页）《地官司徒第二·四、乡大夫》："考其德行，察其道艺。"（《周礼译注》第170页）《地官司徒第二·二三、司谏》："正其行而强之道艺，巡问而观察之，以时书其德行道艺。"（《周礼译注》第202页）

⑫ 杨天宇.周礼译注[M]，第326页。此处"道"指道艺，"德"指德行。又："郑注：道，多才艺者。德，能躬行者。贾疏：此教乐之官，不得以六艺解。……案《师氏》注'德行，外内之称，在心为德，施之为行。'"（（汉）郑玄注.（唐）贾公彦疏《周礼注疏》，赵伯雄整理、王文锦审定.北京：北京大学出版社，1999，第574页）

艺"或指知识与技艺。①

《国语》及《左传》中,"道"字出现的次数更多(这或许因文本内容增加的缘故),《国语》里"道"字凡百余见,《左传》则百五十余。此二书中的"道"字有新的含义显现。其一,"天之道"② 九见,"天道"③ 五见,又"人之道"④ "人道"⑤ 各两见;此"道"指规律或法则。其二,"无道"⑥ 二十三见,又"不道"⑦ 十一见;这里"道"同"德",指物(含人)之本性或自然品性及其形成的秩序,"无道"指人没有顺应自然品性,"不道"即人违反本性。

综上,"道"本字其义大致有八:本义㈠"道路";引申义㈡"言说"(询问道路);引申义㈢"疏导"(开辟道路);比喻义㈣"方法"(路之捷径——关联境域);㈤"知识与技艺";比喻义㈥"规律与法则"(路之通达——整体境域)之对应义为㈦"自然本性或秩序"(路之行走——自身境域);㈧"政治原则"(路之平坦——社会境域)。

---

① "道艺",郑司农云:"道谓先王所以教道(导)民者,艺谓之礼乐射御书数。"贾公彦疏:"郑云谓如《保氏》云'掌养国子以道而教之六艺'。道,则师氏'三德''三行'也。艺,谓礼乐射御书数,亦《保氏职》文也。"贾疏补:引文见于《地官司徒第二·二一、师氏》(《周礼译注》第198页)《地官司徒第二·二二、保氏》(《周礼译注》第200页)。贾疏以为"三德、三行,为道"误,其乃指"德行"(德)。王引之《经义述闻》引《国语·吴语》韦注"道者,术也"为证,以为"道艺即术艺,《列子·周穆王篇》'鲁之君子多术艺'是也,道训为术,艺亦是术,故以道艺连文,道即是艺也。""道艺"为一语,不分。孙诒让《周礼正义》云:"凡经云德者,并指六德六行而言;云道者,并指六艺六仪而言。兼举之则曰德行,曰道艺。"可参见(清)孙诒让.周礼正义[M],王锦文、陈玉霞点校,北京:中华书局,1987,第222—223页。

② 如《国语·周语下第三》:"纪之以三,平之以六,成于十二,天之道也。"(《国语集解》页113)《左传·庄公四年》:"盈而荡,天之道也。"(《春秋左传注》第163页)

③ 如《国语·越语下第二十一》:"天道盈而不溢,盛而不骄,劳而不矜其功。"(《国语集解》第575页)《左传·昭公十八年》:"天道远,人道迩,非所及也,何以知之?"(《春秋左传注》第1395页)

④ 《国语·晋语一第七》:"报生以死,报赐以力,人之道也。臣敢以私利废人之道,君何以训矣?"(徐元诰撰《国语集解》王树民、深长云校.北京:中华书局,2002,第248页)《国语·晋语九第十五》:"思乐而喜,思难而惧,人之道也。"(《国语集解》第449页)

⑤ 《国语·鲁语上第四》:"犯鬼道二,犯人道二,能无殃乎?"(《国语集解》第165—166页)

⑥ 《国语·晋语三第九》:"杀无道而立有道,仁也。"(《国语集解》第312页)《国语·晋语四第十》:"晋仍无道,天祚有德。"(《国语集解》第327页)《左传·定公十四年》:"大子无道,使余杀其母。"(《春秋左传注》第1597页)对应文本《左传·成公十二年》:"天下有道,则公侯能为民干城,而制其腹心。"(《春秋左传注》第858页)

⑦ 《国语·吴语第十九》:"昔者楚人为不道,不承共王事。"(《国语集解》第553页)《左传·成公十五年》:"凡君不道于其民,诸侯讨而执之。"(《春秋左传注》第872页)

四、《老子》之"道"义诠

依陈鼓应先生《老子今注今译》（修订本）统计，凡"道"字七十三见。①《老子》之"道"的用法承袭古意的大致有以下几种：

其一，道路，六例。如"譬道之在天下，犹川谷之于江海。"（《三十二章》）"大道泛兮，其可左右。"（《三十四章》）"明道若昧；进道若退；夷道若纇。"（《四十一章》）"大道甚夷，而人好径。"（《五十三章》）此意之"道"均可喻《老子》中独特的"生成性本源境域"之道。

其二，言说，一例。"道可道非常道"（《一章》，第二"道"字）

其三，规律或法则（路之通达——整体境域），十一例。其中"天之道"有五，"人之道"有二，"天道"有二。如"功遂身退，天之道也。"（《九章》）"天之道，不争而善胜。"（《七十三章》）"天之道，其犹张弓欤？……天之道，损有余而补不足。人之道，则不然，损不足以奉有余。"（《七十七章》）"天之道，利而不害；人之道，为而不争。"（《八十一章》）"不出户，知天下；不窥牖，见天道。"（《四十七章》）"天道无亲，常与善人。"（《七十九章》）又如"天乃道，道乃久。"（《十六章》）

其四，同"德"，自然本性或秩序（路之行走——自身境域），十二例。其中"有道"四处，"无道"一处，"不道"四处。如"物或恶之，故有道者不处。"（《二十四章》、《三十一章》）"天下有道，却走马以粪。天下无道，戎马生于郊。"（《四十六章》）"孰能有余以奉天下，唯有道者。"（《七十七章》）"物壮则老，谓之不道，不道早已。"（《三十章》《五十五章》）又如"保此道者，不欲盈。"（《十五章》）"其在道也，曰：余食赘形。"（《二十四章》）"是谓盗夸。非道也哉！"（《五十三章》）

其五，"方法"（路之捷径——关联境域），一例。如"是谓深根固柢，长生久视之道。"（《五十九章》）

其六，"政治原则"（路之平坦——社会境域），三例。如"大道废，有仁义。"（《十八章》）"以道佐人主者，不以兵强天下。"（《三十章》）"古之善为道者，非以明民，将以愚之。"（《六十五章》）

当然，"道"在《老子》的不只是遵循古意而已，更重要的是开启了一种"生

---

① 　其中陈鼓应先生虽依王弼《老子道德经注》为底本，但校勘了部分文字。如《二十三章》："故从事于道者，同于道；德者，同于德；失者，同于失。同于德者，道亦德之；同于失者，道亦失之。"此据帛书乙本校订，比王弼本少一"道"字。另《二十四章》与《三十一章》均有"物或恶之，故有道者不处"，《三十章》和《五十五章》同存"物壮则老，谓之不道，不道早已"，是否重简存疑，故均已统计在内。

成性本源境域"①。陈鼓应先生曾言："老子所预设的'道'是人的内在生命的呼声，它乃是应和人的内在生命之需求与渴望所开展出来的一种理论。"②《老子》书中独特性之"道"指引的是人之存在及生活的意义世界整体，其本身可勉强描述为"生成性本源境域"，它具有两个基本特征：生成性（变）、一体性（常），三种运作方式：赠予（意义性或价值性）、建基（内在性与超越性）、开端（本源性及创造性），而人与其之关系则不断处于"亲密"（合道）与"裂隙"（不道）的拉锯之中。

由"道"而显现的"生成性本源境域"，包含道、天、地、人、物等五者。"道大，天大，地大，人亦大。域中有四大，而人居其一焉。人法地，地法天，天法道，道法自然。"（《二十五章》）道、天、地、物四者之意义由人之生存与生活而得以开启和应证。更进一步简约，则天、地可归于道性，而物可归于人属，故此境域中实为"道—人"之意义关联境域。"从事于道者，同于道……同于失者，道亦失之"（《二十三章》），离人则道不显，无道则人非人，其二者相互归属，故言"一体性"；又"执古之道，以御今之有。能知古始，是谓道纪"（《十四章》），道贯古今，人能依之，故言恒常。"反者道之动，弱者道之用"（《四十章》），道不断地变化与生成，人与道也不断地形成一个个新的关联结构，故言"生成性"。

"道"作为"赠予"，它揭示的是"道"与"人"之关联处境中的意义性或价值性。一方面是指"道"本身的容纳、不争、不有："道冲而用之或不盈。"（《四章》）"水善利万物而不争，处众人之所恶，故几于道。"（《八章》）第二方面则是人得"道"之保藏，"道者万物之奥"（《六十二章》），且因为"道"而生存及生活具有意义，"夫唯道，善贷且成"（《四十一章》）。

"道"作为"建基"，它显现的是"道"与"人"之关联处境中的内在性与超越性。此种意义，在"道"作为"赠与"之"保藏"时已初步显现。"建基"一方面揭示了"道"乃是人之生存的内在性根基与保证，人之生存与生活都奠基于其上且涵括于其中，"（道）渊兮，似万物之宗"（《四章》）；其本身又是稳固和可靠的："寂兮寥兮，独立而不改，周行而不殆，可以为天地母。吾不知其名，强字之曰道。"（《二十五章》）另一方面作为建基的"道"常处于隐藏与不显的状态，"道之为物，惟恍惟惚"（《二十一章》），"道之出口，淡乎其无味，视之不足见，听之不足闻，用之不足既"（《三十五章》）；最后，此"道"蕴含着超越性（形而上

---

① 此处观点部分受张祥龙先生启发。如张先生认为《老子》之"道"是"终极构成境域"；老子道德枢机所在不是物，不是宇宙，也不是道德观念和理则，而只是人的生存：一切其他存在形态的意义都由此发生而得其"存""在"。可参见张祥龙.海德格尔思想与中国天道：终极视域的开启与交融（修订新版）[M].北京：中国人民大学出版社,2010,第221—240页。

② 《老子今注今译》第22页。

性），不囿于固定时空与现实，而指向一种恒常之本真意义与多重可能性的追寻："孔德之容，惟道是从。"（《二十一章》）

"道"作为"开端"，它突出的是"道"与"人"之关联处境中的本源性和创造性。"道生一，一生二，二生三，三生万物。"（《四十二章》）"道生之，德畜之。"（《五十一章》）这里"生"言说不是"道"与"人"（或物）的实体性生产关系，而是一种意义之亲密关联，"道"由"人"而贯通，人以道为其生存与生活之意义的根源及合法性保证，而不断地生发新的可能关联。"道生"隐喻的是：人之关联虽有多种可能，但其与"道"，乃是一种本源性的原初关联，一切其他的关联（政治、伦理、经济等）皆从此出。这种本源性的关联同时又是富有创造性而非僵化的，它随人之处境不同且因人而异，不断生成新的结构及意义。如果认为此道是"宇宙生成论式"的，则是线性时间观和历史单线条思维的局限体现。

最后"人"与"道"之关系，在《老子》之中的描述有三种状态："上士闻道，勤而行之；中士闻道，若存若亡；下士闻道，大笑之。不笑不足以为道。"（《四十一章》）上士"体道"即圣人，中士"用道"乃侯王[①]，下士"遗道"则常人。然现实处境中的人可能涵括以上三种状态，故可言其二者常处于"亲密"与"裂隙"的不断斗争之中。"亲密"即人与道处于"生成性的本源境域"之中；而"裂隙"则是人与道之意义关联出现断痕，非"生成性的本源境域"呈现，而"生成性的本源境域"被遮蔽。

通过以上现象学之阐释方法的分析，可知《老子》之"道"本源于"道路"，其书中的"道"字部分沿袭古意，如言说、方法、规律或法则等；然作为《老子》中具有独特韵味的"道"，其指引的是人之存在及生活的意义世界整体——"生成性本源境域"，其具有生成性与一体性，以赠予、建基、开端等三种方式运作；而人可能遮蔽，抑或显现此种境域。这里笔者虽对《老子》之"道"做了一些尝试性讨论，但《老子》中所蕴含的更为丰富及挑战性的"道论"，如"道—无/有—物"之关系等，尚有待一探究竟。

---

① 《老子》中有多处言及"侯王若能守之（道）。"（《三十二章》《三十七章》）

老子道论在先秦时期的多向发展

王威威[*]

内容提要： 老子的道论在先秦思想界得到了广泛传播，但也面临着亟待解决的问题，如"道"与"有""无"的关系，"道"与"一"的关系，"道"与"气"的关系，"道"与"理"的关系等。老子思想的继承者对老子之"道"以及这些与"道"相关的问题做出了不同的解答。关于"道"与"有""无"的关系，有以"道"为"虚无形"、以"道"为"无""至无"、以"道"为"无有"等观点，呈现出在"有""无"之间趋向于更为纯粹的"无"的特点。关于"道"与"一"的关系，主要有以"一"为"道"和以"一"为道物媒介两种观点，以"一"为"无"（"道"）所生之"有"的观点值得重视，此外，又有学者以"太一"为"道"的别称。关于"道"与"气"的关系，有将"气"视为"道"生万物中的环节和以"气"为"道"两种趋向。关于"道"与"理"的关系，有"道"同于"理"、"道"为高于"理"的规律、"道"为"理"的总汇等看法，最有代表性的观点是以"理"为事物的特殊规律，以"道"为"理"的根据。这些后继者赋予了"道"更为丰富的意义，发展了老子的道论，并基本开发出了老子道论在中国哲学史上的主要发展路向。

关键词： 道 无 一 气 理

基金项目： 本文为国家社科基金重大项目"黄老道家思想史"（16ZDA106）的阶段性成果。

  "道"是道家哲学的最高概念，道家的开创者老子将"道"确立为天地万物的本原，他的思想在先秦时期已经得到了广泛的传播。但是，老子对"道"的许多表述都存在多种解释的可能性，甚至有前后不一的情况。在先秦思想界，老子思想的继承者在承认"道"为天地万物的本原，是天地万物的来源和根据的同时，

---

  * 王威威（1977—），女，黑龙江省巴彦县人，北京大学哲学博士，华北电力大学国学研究中心主任，教授，硕士生导师，研究方向为中国古代哲学。

也对老子之"道"以及与"道"相关的各种问题做出了不同的解答。本文将以《庄子》《黄帝四经》《管子》《韩非子》等四篇文献为代表，透过作者关于"道"与"有""无"的关系，"道"与"一"的关系，"道"与"气"的关系，"道"与"理"的关系的讨论，呈现出道家庄子学派、黄老学派以及法家对老子之"道"的多元诠释，勾画出老子道论的发展线索。

一、"道"与"有""无"

除"道"之外，"有"和"无"也是老子思想中的重要概念，《老子》一书中有十余章论及"有"和"无"，正如冯友兰所讲："《老子》的宇宙观当中，有三个主要的范畴：道，有，无。"[①] 但是关于老子思想中道与有、无的关系问题由古至今一直存在争论。《老子》第一章讲："道可道，非常道。名可名，非常名。无，名天地之始；有，名万物之母。故常无，欲以观其妙；常有，欲以观其徼。此两者同出而异名，同谓之玄。玄之又玄，众妙之门。"第二十一章讲："道之为物，惟恍惟惚。惚兮恍兮，其中有象；恍兮惚兮，其中有物。窈兮冥兮，其中有精；其精甚真，其中有信。"第四十章讲："天下万物生于有，有生于无。"从"有生于无"的表述来看，"无"更为根本，道应是"无"。正如胡适所讲："道与无同是万物的母，可见道即是无，无即是道。"[②] 但从"其中有象""其中有物""其中有精"来看，它似乎是"有"。"此两者同出而异名，同谓之玄"又在讲"有"与"无"同。正如张岱年所讲："老子的道是有与无的统一。""有与无皆谓玄，玄之又玄即道。有无同出于道。道一方面是无，一方面又是有。"[③] 詹剑峰也讲："'有'与'无'，皆道之常，常有于常无为徼，而常无于常有为妙，当其已出，固可分矣，故曰，'出而异名'；而其未出，则混合而无间，故曰'此两者同也'；'有''无'的同一，故谓之玄。""可见老子作书，命意所在：以道统'有'、'无'而一之也。"[④] 王博则将"有"和"无"放在道的循环运动中来考察，认为："道处在不断的循环运动之中，而无和有则是道在循环运动中所呈现出的两种存在状态。'无'是这个循环运动的起点和终点，而'有'则是这个循环运动的中点，或者说极点。因此，'无'和'有'虽然不同，但是，它们都是用来指称道的，都是道的不可或缺的方面。道在不断的循环运动中把无和有统一了起来。"[⑤] 不同的观点均以《老子》原文为依据，

---

① 冯友兰.中国哲学史新编（上）[M].北京：人民出版社，1998.第329页。
② 胡适.中国哲学史大纲卷（上）[M].北京：东方出版社，1996.第48页。
③ 张岱年.老子哲学辨微，张岱年全集（第5卷）[M].石家庄：河北人民出版社，1996.第245页。
④ 詹剑峰.老子其人其书及其道论[M].武汉：华中师范大学出版社，2006.第165页。
⑤ 王博.老子哲学中"道"和"有"、"无"的关系试探[J].哲学研究，1991(8).

都持之有故，因而无法达成共识。

实际上，在先秦时期老子思想传播过程中，这一问题已得到当时学者的重视。《黄帝四经·道原》开篇讲："恒无之初，洞同太虚。虚同为一，恒一而止。""恒无""恒一"的提法去除了老子"道"中所蕴含的"象""物""精"等内容，使道变为单纯的"无""虚""一"，这是作者对"道"与"有""无"关系问题有意识的修正。同时，《黄帝四经》更常用"无形""无有形""虚无形"来表述"道"，如《经法·道法》讲："虚无刑（形），其裻（寂）冥冥，万物之所从生。"《道原》讲："故唯圣人能察无形。"这就避免了以"有""无"论"道"所带来的难题。此种表述被其后的《管子·心术上》所继承，该篇讲道："虚无无形谓之道。""虚者，万物之始也。"此外，《鹖冠子·夜行》讲："强为之说曰：芴乎芒乎，中有象乎！芒乎芴乎，中有物乎！窅乎冥乎，中有精乎！致信究情，复反无貌。""芒芴"同"恍惚"，是对道不可辨认、不可捉摸的状态的描述。"中有象乎""中有物乎"和"中有精乎"可对应《老子》第二十一章的"其中有象""其中有物"和"其中有精"，马王堆帛书甲、乙本句式与《夜行》篇相同，只是"乎"皆作"呵"，因此，《夜行》中的"芴乎芒乎，中有象乎！芒乎芴乎，中有物乎！窅乎冥乎，中有精乎"应是对《老子》原文的引用。但作者认为这些表述只是对"道"勉强的说法，致其信究其情，则又返回于无形。这同样是对老子之"道"与"有""无"关系问题的解释。

庄子也明确意识到了这一问题。他在《齐物论》中批评以"有""无"论"道"的做法："有有也者，有无也者，有未始有无也者，有未始有夫未始有无也者。俄而有无矣，而未知有无之果孰有孰无也。"如果认为"天下万物生于有，有生于无"，那么就存在"无"尚未有之时，还存在"未有无"也未有之时，因此会带来逻辑上的无限后退。而且，庄子认为"有"和"无"的界限也不能确定。如果说有"无"，"无"就是一物，"无"从而变成了"有"。"有""无"都不是最根本的存在，因此，道不能是"有"，也不能是"无"。

庄子后学同样关注"道"与"有""无"关系这一难题，他们提出了"无有"的概念来解决这一问题。《知北游》中有这样一段寓言：

光曜问乎无有曰："夫子有乎？其无有乎？"光曜不得问而孰视其状貌：窅然空然。终日视之而不见，听之而不闻，搏之而不得也。光曜曰："至矣，其孰能至此乎！予能有无矣，而未能无无也。及为无有矣，何从至此哉！"

光曜问"无有"是"有"还是"无有"而得不到回答。仔细观察"无有"的状貌，是空无所有，整日看也看不到，听也听不到，抓也抓不到。光耀终于明白，"无有"才是最为根本的存在。而他只能有"无"，有"无"仍是"有"。在有"无"的基础上要进一步"无无"，把"无"否定掉。而"无无"也不能执着，仍需被否定。"无有"就是否定任何"有"，包括"无""无无""无无无"以至无穷。在庄子后学思想中，"无有"具有了本原的意义。《庚桑楚》中又讲：

> 有乎生，有乎死；有乎出，有乎入。入出而无见其形，是谓天门。天门者，无有也。万物出乎无有。有不能以有为有，必出乎无有，而无有一无有。

万物的变化有生有死，生为出，死为入，万物出入之处没有形迹，就是"天门"，"天门"就是"无有"。万物均从"无有"中产生，"有"不能从"有"中产生，一定是从"无有"中产生。作者又以"无有一无有"来强调"无有"也"无有"，更加突出不能执着于任何"有"的观点。

但庄子后学对"道"与"有""无"的关系也有不同于庄子的看法。如《天地》篇讲："泰初有无，无有无名。""泰初"就是最开始。据成玄英疏："太初之时，惟有此'无'，未有于'有'，'有'即未有，名将安寄，故无'有'无'名'。"[①]此处所讲就是在宇宙最初有"无"存在，没有"有"，也没有"名"。这个"无"就是《老子》四十二章"天下万物生于有，有生于无"的"无"。而庄子及《知北游》《庚桑楚》的作者均认为有"无"仍是"有"，并非最根本的存在。但是此处以"无"为万物的本原，强调没有"有"，已是对《老子》第二十一章中蕴含"象""物""精"的"含有"之"道"的修正。《天地》篇还讲道：

> 视乎冥冥，听乎无声。冥冥之中，独见晓焉；无声之中，独闻和焉。故深之又深而能物焉；神之又神而能精焉。

道看上去昏暗，听上去无声，但在昏暗中却可见到光明，无声之中能听到应和。极为深邃和神妙，而能成"物"成"精"。此处表述类似于《老子》第二十一章"惚兮恍兮，其中有象；恍兮惚兮，其中有物。窈兮冥兮，其中有精"。但作者也认识到老子将道看作"有象""有物""有精"之存在所带来的问题，因此，将老子的说法改为"能物""能精"的潜在能力，并将道描述为"至无"。此外，《至乐》篇讲："芒乎芴乎，而无从出乎！芴乎芒乎，而无有象乎！"这一论点的提出

---

①　郭庆藩.《庄子集释》[M].北京：中华书局，2004.第425页。

同样与老子"惚兮恍兮，其中有象，恍兮惚兮，其中有物"的说法相关。但"无从出乎"是对"其中有物"的否定，"无有象乎"是对"其中有象"的否定，此段所描述的是"至无"之道。可见，庄子的这一部分后学以"无""至无"为"道"同样在有意识地解决老子思想中"道"与"有""无"的关系问题。

二、"道"与"一"

关于老子思想中"道""一"之关系同样是没有定论。《老子》第四十二章讲："道生一，一生二，二生三，三生万物。""一"乃"道"所生，因此，"一"显然与"道"是不同的两个概念。但《老子》第三十九章又讲："昔之得一者：天得一以清；地得一以宁；神得一以灵；谷得一以盈；万物得一以生；侯王得一以为天下贞。"天得到"一"而清明；地得到"一"而稳定；神得到"一"而灵验；谷得到"一"而充盈；万物得到"一"而生长；侯王得到"一"而为天下长。天地万物都以"一"为存在的依据，得"一"才能具有各自的德性，又似乎道就是"一"。此外，《老子》第十四章讲："视之不见名曰夷，听之不闻名曰希，搏之不得名曰微。此三者，不可致诘，故混而为一。其上不皦，其下不昧。绳绳不可名，复归于无物。是谓无状之状，无物之象，是谓惚恍。"这一段一般被看作是对"道"的描述，但傅奕本《老子》在"混而为一"下有"一者"，帛书甲、乙本均有"一者"，如以这几个版本为依据，则此段文字就是对"一"的描述。张舜辉认为："然博综周秦诸子，则又谓之'一'。道也，德也，一也，三名而实一物耳。"[1]"道""德""一"三者所指相同。蒋锡昌认为："一即道也，自其名而言之谓之道，自其数而言之谓之一。"[2]"一"是最高存在者"道"的数字表示，也就是说道就是"一"。陈鼓应也认同蒋锡昌的看法，将"道生一"释为"道是独立无偶的"。[3]这是一条以"一"为"道"的解释路线，这条解释路线所面临的主要问题就是"道为一"与"道生一"的矛盾。高亨在解释三十九章之"一"时将其与四十二章的"一"进行了区分："《老子》书中之一，厥义有三：一曰，一者身也，说见十章。二曰，一者大极也，说见四十二章。三曰，一者道也，本章诸'一'字，即道之别名也。"[4]两章中的"一"所指不同，也就无所谓矛盾。张岱年则认为"道"与"一"有层次的不同，认为"道"即是"一"的看法是对老子的误释。[5]王中江提

---

① 张舜辉.《周秦道论发微》[M].武汉：华中师范大学出版社，2005.第 33 页。
② 蒋锡昌.《老子校诂》[M].上海：商务印书馆，1937.第 279 页。
③ 陈鼓应.《老子今注今译及评介》[M].台湾：台湾商务印书馆，1997.第 214 页。
④ 高亨.《老子正诂》[M].北京：中华书局，1959.第 88 页。
⑤ 张岱年.《中国哲学大纲》[M].北京：中国社会科学出版社，1982.第 22 页。

出了综合两种观点的"一"类似于"道"的说法："'一'类似于'道'，是同'道'平行、并列的道家哲学的另一个最高实体概念。"①

在先秦学者眼中，老子思想中"道"与"一"的关系已存在问题，他们对此也在不断地修正。《黄帝四经·道原》讲："恒无之初，洞同大虚。虚同为一，恒一而止。""一者其号也，虚其舍也，无为其素也，和其用也。"作者明确"道"就是"一"，"一"是"道"的变换的说法，是对道"虚同为一"特性的描述。韩非在《扬权》篇中讲："道无双，故曰一。"亦明确指出因为"道"的独一无二所以被称为"一"。蒋锡昌和陈鼓应两位先生就是用韩非的思想来理解老子的道一关系的。上海博物馆藏战国楚竹书《凡物流形》篇讲："闻之曰：一生两，两生叁，叁生母，母成结。"与《老子》的"道生一，一生二，二生三，三生万物"相比较，《凡物流形》篇在"一"之上没有更高一级的"道"产生"一"，"一"成为宇宙的最终创生者。该篇对各种事物、现象的存在和变化的原因提出了疑问，并做出了如下回答："是故有一，天下无不有顺；无一，天下亦无一有顺。草木得之以生，禽兽得之以鸣。""一"不仅是万物的来源，也是万物存在、变化的原因和根据。"一"取代了"道"的位置，发挥着与"道"相同的作用。此外，篇中讲"能识一，则百物不失；如不能识一，则百物俱失"，强调"识一"的重要性，并探讨了"识一"的方法，"如欲识一，仰而视之，俯而践之；毋远求，度于身稽之"，提出了"得一"的作用，"得一而图之，如并天下而助之；得一而思之，若并天下而治之"。篇中又有两处提出"识道"："识道，坐不下筵。揣文而知名，无耳而闻圣。坐而思之，谋于千里；起而用之，陈于四海。""是故圣人识道，所以修身而治邦家"。"坐不下筵"可对应"毋远求，度于身稽之"，"坐而思之"可对应"得一而思之"，"起而用之"可对应"得一而图之"。可见"一"与"道"所指应相同。但是，此篇中除这两处"识道"之外，仅有一处"天之道"中有"道"出现，而"一"却出现了十九次，说明"一"是更为作者所重视的概念。

在战国中晚期，有很多学者将"太一"作为"道"的别称。郭店楚简《太一生水》篇为我们提供了一个"太一"生水并以水为媒介化生天地的新的宇宙生成模式：

太一生水。水反辅太一，是以成天。天反辅太一，是以成地。天地复相辅也，是以成神明。神明复相辅也，是以成阴阳。阴阳复相辅也，是以成四时。四时复相

---

① 王中江.《根源、制度和秩序：从老子到黄老》[M].北京：中国人民大学出版社 2018. 第 111 页。

辅也,是以成沧热。沧热复相辅也,是以成湿燥。湿燥复相辅也,成岁而止。故岁者湿燥之所生也。湿燥者沧热之所生也。沧热者四时之所生也。四时者阴阳之所生也。阴阳者神明之所生也。神明者天地之所生也。天地者太一之所生也。是故太一藏于水,行于时。周而或始,以己为万物母;一缺一盈,以己为万物经。

在这一宇宙生成模式中,"太一"至万物生成并不是直线型、单线条的。"太一"生成"水"以后,其生化作用并没有完成,而是在水的辅助之下生成了"天",后又在"天"的辅助之下生成了"地"。天地生成之后则进入相对之二者互相辅助而生成新物的模式:天地相辅生成神明,神明相辅生成阴阳,阴阳相辅生成四时,四时相辅生成沧热,沧热相辅生成湿燥,湿燥相辅生成一岁。"太一"为万物之母,是万物的最终来源;"太一"也是万物之经,是万物的最终根据、准则。该篇的"太一"即"道",文中有"此天之所不能杀,地之所不能厘,阴阳之所不能成。君子知此之谓道也","道亦其字也……以道从事者必其名"。此外,《吕氏春秋·大乐》提出了"太一出两仪,两仪出阴阳","万物所出,造于太一,化于阴阳"的生成论,并明确讲道:"道也者,精也,不可为形,不可为名,强为之名,谓之太一。"可见,"太一"是"道"之"名"。《庄子·天下》篇中概括老子思想为"主之以太一","太一"并非老子思想中所有,却被庄子后学用来作为"道"的别称。以"太一"称"道",亦是将"道"与"一"相区别的方法。

庄子本人很重视"一"这一概念,《逍遥游》中讲"磅礴万物以为一",《齐物论》中有"故为是举莛与楹,厉与西施,恢恑憰怪,道通为一。其分也,成也;其成也,毁也。凡物无成与毁,复通为一","天地与我并生,而万物与我为一"等。但是,"一"在庄子思想中主要指"道"之通达和得"道"之人没有分别与万物融为一体的精神境界,并不涉及宇宙生成问题。《齐物论》篇还将《老子》"道生一,一生二,二生三"的宇宙生成论改造成言说与认识理论:"既已谓之一矣,且得无言乎?一与言为二,二与一为三。自此以往,巧历不能得,而况其凡乎!"这与庄子的"道"不能以名言表达的思想相一致,但未从宇宙生成角度解决"道"与"一"的关系问题。

《庄子·天地》篇中的一段宇宙生成论尤其值得重视,该段文字综合了《老子》第四十二章和第三十九章的内容,我们据此可以得到庄子后学对老子"道"与"一"关系的具体解释。该篇讲道:"泰初有无,无有无名。一之所起,有一而未形。物得以生谓之德"。在这里,无"有"无"名"的"无"即是"道","一"从"无"中产生,即从"道"中产生,这与《老子》第四十二章"道生一"的过程相同。"一"是从无"有"无"名"的"无"中产生的无形之"有",郭象注曰:"一者，有之初，至妙者也。"① 而 "物" 得到 "一" 而能够生成，称为 "德"。"物得以生谓之德" 概括了《老子》第三十九章的内容。我们一般认为 "物" 得 "道" 而为 "德"，如张岱年讲："德是一物所得于道者。德是分，道是全。一物所得于道以成其体者为德。"② 庄子后学则认为万物并不是直接从 "道"（"无"）中产生，而必须通过 "一" 这一中间媒介。"一" 不是 "道"，而是 "道" 所生出的一个可以直接与有形有名的 "物" 的世界相联系的媒介。"物" 并不直接得 "道"，而只能得 "一"。按照庄子后学的理解，《老子》第三十九章中讲 "天得一以清；地得一以宁；神得一以灵；谷得一以盈；万物得一以生；侯王得一以为天下贞"，其中的 "一" 并不是 "道"，因此并不与 "道生一" 的观点相矛盾；而 "一" 是 "道" 与有形的 "物" 的世界的媒介，得 "一" 可以说是间接地得 "道"，因此又可以解释天地万物都以 "一" 为存在的依据，得 "一" 才能具有各自的德性的原因。

庄子后学的这一以 "一" 为 "有" 的思路可以帮助我们厘清《老子》书中的 "道" "一" 关系。《老子》中的 "道生一，道生一，一生二，二生三，三生万物" 与 "天下万物生于有，有生于无" 也可完全对应，"道" 对应 "无"，而 "一" 对应 "有"，"一"（"有"）生于 "道"（"无"），万物生于 "一"（"有"），这也是《老子》第一章中的 "无，名天地之始；有，名万物之母" 之义。而在《老子》书的一些语境中，"道" 又可指 "有"，如第二十一章中 "惟恍惟惚" 的 "道"，但依据傅奕本和帛书甲、乙本，第十四章中的 "无状之状，无物之象，是谓惚恍" 所指为 "一"，这样，"道" 又同于 "一"，万物之 "得一" 也就是 "得道"。可以说，老子思想中的 "道" 可包括 "无" 和 "有"，"无" 和 "有" 都是 "道"，这就是《老子》第一章所讲的 "此两者同出而异名" 之义。但是，在具体语境中，"道" 或者指 "无"（"道生一"），或者指 "有"（道之为物，惟恍惟惚），指 "无" 时可生 "一"（"有"），指 "有" 时则就是 "一"。也可见，以 "一" 为 "有" 不仅可以解通老子思想中 "道" 与 "一" 的关系，也可以解通 "道" 与 "有" "无" 的关系。

三、"道" 与 "气"

《老子》第四十二章讲："道生一，一生二，二生三，三生万物。万物负阴而抱阳，冲气以为和。" 这一章中所出现的 "阴" "阳" "气" 亦值得关注。"万物负阴而抱阳，冲气以为和" 是讲万物均包含 "阴" 和 "阳" 两种因素，阴气和阳气相互交冲、激荡而成一种协调的状态。亦有学者据此认为此章中的 "一" 为阴阳未分的混沌体，"二" 为阴气和阳气，"三" 为谓阴阳二气所生的 "和气"。如此，

---

① 郭庆藩.《庄子集释》[M]. 北京：中华书局，2004. 第 383 页。
② 张岱年.《中国哲学大纲》[M]. 南京：江苏教育出版社，2005. 第 24 页。

"气"就参与到了"道"生万物的过程中，成了"道"和"物"之间的中介，而"气"又在万物生成之后存在于万物之内。但是，"气"在老子思想中的地位和作用并没有得到凸显，"道"与"气"的关系亦未可说明确。在后继者对老子之"道"进行解释时，"气"却扮演了极其重要的角色。

庄子在《逍遥游》中讲"乘天地之正，而御六气之变"，在《齐物论》中讲"大块噫气，其名为风"，在《大宗师》中讲"游乎天地之一气"，这都是以"气"为自然现象，充盈于天地之间。他也用阴阳之气解释人的生命现象。《大宗师》中有"阴阳之气有沴"的说法，阴阳之气乖戾就会造成身体的疾病，甚至死亡。庄子还将"气"与精神修养相联系。《人间世》中讲："无听之以耳而听之以心，无听之以心而听之以气。听止于耳，心止于符。气也者，虚而待物者也。惟道集虚。虚者，心斋也。"排除耳目心知，内心达到完全空虚的状态，"道"方能进入此心中。此处的"气"与"道"有了关系，但"气"只是用来形容心的空虚状态，如徐复观所讲："并且他在上面所说的气，实际只是心的某种状态的比拟之词。"[①] 此外，《大宗师》中有"伏戏氏得之，以袭气母"的说法，成玄英疏："袭，合也。气母者，元气之母，应道也。"认为"气母"是"元气之母"，袭气母就是合"道"。此处是指明了"道"与"气"的关系。但是，这里说伏戏氏得道而能合道，似乎多余。而且与"气母"相并列的"天地""昆仑""大山""大川""玄宫"，都较"道"为具体，不能与"道"相并列。刘武《庄子集解内篇补正》释"气母"为"阴阳"，"袭气母"就是"合阴阳"，当指伏羲氏作八卦一事。[②] 此说法更有道理。阴阳在气中具有特殊的地位。庄子后学在《则阳》中曾解释"天地者，形之大者也；阴阳者，气之大者也"。天地作为形之大者经常被称为万物父母，阴阳作为气之大者也有被称为"气母"的可能。由上可见，庄子还没有将"气"引入本原之"道"生成万物的过程，也没有探讨二者之关系。

庄子后学将"气"引入宇宙生成过程，"气"成为连接"道"与"物"的中间环节。直到此时，"气"与"道"及万物的关系才得以明确。"道"产生"气"，"气"变化而产生有形体的万物，万物的生死都只是"气"的变化。《知北游》讲：

> 人之生，气之聚也；聚则为生，散则为死。若死生为徒，吾又何患！故万物一也，是其所美者为神奇，其所恶者为臭腐；臭腐复化为神奇，神奇复化为臭腐。故曰："通天下一气耳。"圣人故贵一。

---

① 徐复观 . 中国人性论史（先秦篇）[M]. 上海：上海三联书店，2001. 第 340 页。
② 刘武 . 《庄子集解内篇补正》[M]. 北京：中华书局，1987. 第 158 页。

　　气聚而物生，气散则物死，天地万物具有共同的物质基础，都是一气的变化，所以万物在本质上没有什么不同。庄子后学的气化思想为庄子的齐物论提供了物质基础。在天地生万物的宇宙模式中，气也扮演重要的角色。《则阳》讲"阴阳者，气之大者也"。《田子方》讲："至阴肃肃，至阳赫赫。肃肃出乎天，赫赫发乎地。两者交通成和而物生焉。"至阴、至阳就是阴阳之气，阴阳之气发于天地。两种性质不同的气交互作用，天地的原始状态就会发生变化，万物于是产生。无论是道生万物，还是天地生万物，万物的生成都是因为气的变化，这是一种以气为媒介的宇宙生成模式。

　　此外，上海博物馆藏战国楚竹书《恒先》自公布以来备受关注，该篇讲道：

　　恒先无有，朴、静、虚。朴，大朴；静，大静；虚，大虚。自厌不自忍，或作。有或焉有气，有气焉有有，有有焉有始，有始焉有往者。未有天地，未有作、行、出、生。虚静为一，若寂寂梦梦，静同而未或明，未或滋生。气是自生，恒莫生气。气是自生自作。亘（恒）气之生，不独有与也。或，恒焉，生或者同焉。

　　此段文字中提出了"恒""或""气""有""始""往"的宇宙生成模式。[①] 在"恒"之先一无所有，"恒"处于"朴""静""虚"的状态，相当于"道"。"恒"自我满足但也不压抑自己，于是"或"生出来，有"或"就会有"气"，有"气"就会有"有"，有"有"就会有开"始"，有开"始"就会有归"往"。"气"成为"恒"生万物过程中的重要环节。而且，作者认为"有或焉有气"，又明确提出了"气是自生"，"气是自生自作"，将"气"之生化的动因归于自身，值得关注。[②]

　　但是，在庄子学派和《恒先》的思想中，"气"还是一物，是从道、天地、"或"中产生的，与"道"不是相同的层次。这不同于《管子》四篇的精气说。

　　《管子·心术上》发展了《黄帝四经》以道为虚无、虚无形的观点："虚无无形谓之道。""虚者万物之始。"从《黄帝四经》到《管子》四篇，都把无形作为道的主要特征。而"气"在所有的物中具有无形的特殊性，在传统的观念中气又有变化生物的功能，于是，在《管子》四篇中出现了"道"与"气"互释的情况。《内

业》篇有"夫道者，所以充形也"，《心术下》有"气者，身之充也"。二者对照，道即气的观点极其明显。《管子》中又有"气之精"的提法，"气之精"即"精气"，也称为"精"，《内业》讲："精也者，气之精者也。"《管子·心术上》又以"神"称"道"，也就是精、精气："道，不远而难极也，与人并处而难得也。虚其欲，神将入舍；扫除不洁，神乃留处。"精、精气、气之精、神都指道，是万物的本原。《管子》将老子的本原之"道"解释为精气，而精气是物质性的实存，于是，气被提升为天地万物的本原，道也获得了全新的解释。冯友兰先生说："稷下黄老之学开始用'气'以说明'道'，认为'道'就是'气'或'精气'。"[1]《管子》的"道"作为精气产生万物并存在于万物之中。《管子·内业》讲：

> 凡物之精，比则为生。下生五谷，上为列星。流于天地之间，谓之鬼神；藏于胸中，谓之圣人。是故此气，杲乎如登于天，杳乎如入于渊，淖乎如在于海，卒乎如在于己。

此外，《韩非子·主道》讲："道者，万物之始。""道"是宇宙的开端，是万物之所从出。道如何生成万物，韩非没有具体解释，但他在《解老》中讲"死生气禀焉"，似可理解为万物的生死是因为其禀受的"气"，那么，道生万物的过程可看作一个气化的过程，"道"也就可以解释为"气"。这些思想应该是韩非受到《管子》四篇精气说影响的表现。《解老》中关于"德""仁""义""礼"与"道"关系的解释颇令人费解：

> 道有积而积有功；德者，道之功。功有实而实有光；仁者，德之光。光有泽而泽有事；义者，仁之事也。事有礼而礼有文；礼者，义之文也。

《解老》在解释"上德不德"时提出："德者，内也。得者，外也。'上德不德'，言其神不淫于外也。神不淫于外，则身全。身全之谓德。德者，得身也。凡德者，以无为集，以无欲成，以不思安，以不用固。"在解释"重积德"时讲："知治人者其思虑静，知事天者其孔窍虚。思虑静，故德不去。孔窍虚，则和气日入。故曰：'重积德。'"《解老》中又有"身以积精为德"的说法。从中可见，韩非认为，"德"就是精气（"神"）在人体内的积聚和保存。此处又可见韩非所受《管子》"精气说"的影响，将"道"理解为"精气"。"精气"在人体内的积聚就是"道有积"，"精

---

① 冯友兰. 中国哲学史新编（上）[M]. 北京：人民出版社，1998. 第 505 页。

气"的积聚产生功效，这就是"积有功"，"德"就是"道"进入并积聚于人体所产生的功效，这就是"德者道之功"。"精气"能够不断地进入并且不受外物引诱而流泻，就是"德"的充实完满，充实完满就会生发出光辉，这就是"功有实而实有光"，"仁"就是"德"的光辉。光辉产生恩泽，而恩泽要体现于具体的事情，"义"就是"仁"的行事。行事要有礼节，而礼节要有文饰，"礼"就是"义"的文饰。韩非在此段文字中阐明了通过身心的修养使外在于人的"道"进入人体从而成就各种德行的过程。

四、道与理

古人很早就认识到事物的变化具有某种规律，"则""道"都是对规律的表达，但具有法则、规律之义的"理"是比较晚起的概念。在先秦典籍中，"道"与"理"常相对使用或者连用，"道"与"理"的关系就成为一个重要的问题。我们首先来看《黄帝四经》和《管子》四篇。在两书中，"道"与"理"的关系有几种不同的情况。一种为"道"与"理"意义相同，如《黄帝四经·经法·论约》讲："始于文而卒于武，天地之道也。四时有度，天地之李（理）也。日月星晨（辰）有数，天地之纪也。三时成功，一时刑杀，天地之道也。四时而定，不爽不代（忒），常有法式，[天地之理也]。"第二种是在"道"与"理"相对使用之时，"道"用来指高层次的事物的规律、法则，而"理"则用于来指相对低层次的事物的规律、法则。例如，《黄帝四经·经法·四度》讲："极而反，盛而衰，天地之道也，人之理也。"天地处于高层次，人事处于相对低的层次，因此以"道"说天地，以"理"说人事。《管子·心术上》讲："心之在体，君之位也；九窍之有职，官之分也。心处其道，九窍循理。"心如君，九窍如官，心处于高于九窍的地位，因此以"道"说心，以"理"说九窍。此外，《经法·论》中的一段值得注意："物各[合其道者]，胃（谓）之理。理之所在，胃（谓）之[顺]。物有不合于道者，胃（谓）之失理。失理之所在，胃（谓）之逆。"余明光将其中的"理"和"道"解为具体事物所具有的特殊规律和一切事物的总规律。[①]但陈鼓应认为此处的"理"应解为"得理""合理"。[②]从与"胃（谓）之理"相对的"胃（谓）之失理"来看，"理"解释为"得理""合理"更恰当。同时，该篇围绕"天之道"展开讨论，提出"天"有"适者""信者""极而[反]者""必者"等"七法"，即自然运行的确定、适度、信实、至极而反和必然性等特性，"七法各当其名，胃（谓）之物"。也就是说，"七法"会实现于"物"之中，具体的事物亦具有以上的特性。"物各[合其

---

① 余明光. 黄帝四经与黄老思想 [M]. 哈尔滨：黑龙江人民出版社，1989. 第 265 页
② 陈鼓应. 黄帝四经今注今译 [M]. 上海：商务印书馆，2007. 第 132 页。

道者]"中的"道"所指应为"天道"。"物各 [合其道者]，胃（谓）之理"是说事物符合"天道"就是"得理"，那么，"理"与"天道"具有一致性，似乎仍然是用"道"来说高层次的"天"，"理"用来说低层次的"物"，但有了"理"为"天道"在物中的具体化的意味。《管子·心术上》中的一段文字亦很重要："间之理者谓其所以舍也。"郭沫若认为"间之理者"上脱"人"字，"人间之理者谓其所以舍也"中的"其"指"道"，言"道"不仅化而为万物，且发而为万理。① 如果采纳这一说法，则此处已提出了"人间之理"即具体事物之"理"是"道"的留驻和表现的观点。

"理"在《庄子》内篇中仅出现一次，《养生主》中有"依乎天理，批大郤，导大窾，因其固然"。"天理"指（牛）天然的纹理。可见，在庄子思想中，"理"还没有成为具有"规律、法则"意义的哲学范畴。庄子后学对"理"多有讨论，有"万物之理""天理""天之理"等提法，主张去认识和把握"万物之理"，要顺应"天之理"。《秋水》讲："是所以语大义之方，论万物之理也。"《知北游》讲："天地有大美而不言，四时有明法而不议，万物有成理而不说。圣人者，原天地之美而达万物之理。"《天运》讲："夫至乐者，先应之以人事，顺之以天理，行之以五德，应之以自然。"《刻意》讲："去知与故，循天之理。"《盗跖》讲："无为君子，从天之理。"

庄子后学还对"理"与"道"的关系做出了判断。《则阳》讲："万物殊理，道不私，故无名。"万物有各不相同的"理"，使其成为此物而与他物相区别，而"道"却没有偏私，没有特定的规定性，可以总汇万物之理。此外，《天地》篇中的"泰初有无"一段所提出的"无"（"道"）生万物的过程亦有"理"的出现：

> 泰初有无，无有无名。一之所起，有一而未形。物得以生谓之德；未形者有分，且然无间谓之命；留动而生物，物成生理谓之形；形体保神，各有仪则谓之性。

"无"中生"一"，"一"无形，浑然一体，但已蕴含分别，这就是"命"，"一"在活动中稍事滞留就产生了"物"，"物"具有各自的条理叫作"形"，形体保有精神，各有仪则叫作"性"。"理"是"无"（"道"）经由无形之"一"而生成的有形之物所具有的条理，是物在形体上的规定性，也可以说是分有或体现了"无"（"道"）和"一"。

先秦诸子中对"道""理"关系解释得最为明晰的是韩非。他在《解老》中

---

① 郭沫若.管子集校（2），郭沫若全集 [M].北京：人民出版社，1984.第419页。

讲道：

> 　　道者，万物之所然也，万理之所稽也。理者，成物之文也。道者，万物之所以成也。故曰：道，理之者也。物有理不可以相薄。物有理不可以相薄，故理之为物之制。万物各异理，万物各异理而道尽稽万物之理，故不得不化。不得不化，故无常操。……凡道之情，不制不形，柔弱随时，与理相应。

> 　　凡理者，方圆、短长、粗靡、坚脆之分也，故定而后可得道也。故定理有存亡，有死生，有盛衰。夫物之一存一亡，乍死乍死，初盛而后衰者，不可谓常。唯夫与天地之剖判也具生，至天地之消散也不死不衰者谓"常"。

> 　　凡物之有形者易裁也，易割也。何以论之？有形，则有短长；有短长，则有小大；有小大，则有方圆；有方圆，则有坚脆；有坚脆，则有轻重；有轻重，则有白黑。短长、大小、方圆、坚脆、轻重、白黑之谓理。理定而物易割也。

　　从韩非的论述中我们可以注意到以下几点：

　　第一，韩非给"理"下的定义是"成物之文"，是"物之制"，是物因为有形而具有的各种规定性，具体如短长、大小、方圆、坚脆、轻重、白黑等，可以称为"形式"，与《庄子·天地》中的"物成生理谓之形"中的"理"相同。这种对"理"的理解在先秦思想界比较有代表性。当然，在韩非思想中，"理"也具有法则、规律之义。如韩非常讲"得事理""因事之理""缘道理以从事"，"事"是人类的活动，没有形体，也就没有体现在形体上的各种规定性。

　　第二，"理"是"物之理"或"事之理"，不能独立于具体的事物而存在。宇宙间的事物均有生灭变化，作为事物形式和规律的"理"同样有存亡、死生和盛衰，因此，"理"不是恒常的。而"道"与"理"不同，是不死不衰，永恒存在的。

　　第三，"理"是事物特殊的形式和规律，而道是一事物具有特定形式和规律的原因和根据，事物之"理"与"道"相合，这就是"道者，万物之所然也，万理之所稽也"。每一事物具有各自不同的、确定的"理"即"万物各异理"，"理"使一事物与另一事物相区别，即"理定而物易割也"，而"道尽稽万物之理"，是说"道"虽然没有特定的规定性，但它与具体事物的不同的形式和规律相合，所以"不得不化"。韩非讲"道""柔弱随时，与理相应"，又讲"道者，下周于事，因稽而命，与时生死"，"时"在这里是一个连接"道"与"理"的中间范畴，意为时机、时势，指人或事物在特定时间所处的外在情况和条件。"道"普遍存在于事物之中，根据不同事物所处的外在情况和条件发生变化，与事物的"理"相应，决定事物的生死成败等发展方向和变化趋势。

综上所述，韩非思想中的"理"虽然以"道"为根据，但是"理"具有一定的独立性，"道"在具体事物中发挥作用要与"理"相合相应，因而不得不发生变化。而且，由于"理"的地位提高而强化了"道"作为万理之根据的作用，从"理"出发去理解"道"，就突显了"道"的规律义。而规律不能先于物、离开物而独立存在，所以韩非讲"道""与天地之剖判而俱生"，而不是先于天地而生天生地，但这一改变并不彻底，"至天地之消散也不死不衰"则又恢复了"道"的"独立性"。

五、结论

老子的道论在先秦思想界得到了广泛的传播并产生了重要的影响，但也在传播中出现了亟待解决的问题，如"道"与"有""无"的关系，"道"与"一"的关系，"道"与"气"的关系，"道"与"理"的关系等。关于"道"与"有""无"的关系，有以"道"为"虚无形"、以"道"为"无""至无"、以"道"为"无有"等观点，呈现出在"有""无"之间趋向于更为纯粹的"无"的特点。对于"道"与"一"的关系，主要有以"一"为"道"和以"一"为"道"与"物"的媒介两种观点，以"一"为"无"（"道"）所生之"有"的观点值得重视，此外，又有学者以"太一"为"道"的别称。关于"道"与"气"的关系，有将"气"视为"道"生万物过程中的环节和以"气"为"道"两种趋向。关于"道"与"理"的关系，有"道"同于"理"、"道"为高于"理"的规律、"道"为"理"的总汇等看法，比较有代表性的观点是以"理"为事物的特殊规律，以"道"为"理"的根据。老子的后继者在解决这些问题的同时为老子之"道"赋予了更为丰富的意义，发展了老子的道论，并基本开发出了老子道论在中国哲学史上的主要发展路向。

图解老子《道德经》"道生万物"四段论

颜文强　杨　娜[*]

内容提要：对于宇宙万物的本源，各个国家与民族都有圣人率先做出探索与回答。中国哲学之父老子则提出了"道生万物"的四段论（道生一，一生二，二生三，三生万物）。历年来学术界对此的注释与研究成果十分丰硕，本文则引进先天炁与后天气的概念予以新的解读与阐释；在此基础上，根据"道生万物"顺向演化原理，结合道教内丹学论述了人生三大阶段——胚胎诞生、婴儿分娩、15 岁天癸至的顺向演化与内丹修炼逐步逆向回归的双向过程逻辑规律；最后，画出"道生万物"四段论过程的详细图解，并命名为《道炁化生万物次序图》。

关键词：老子　道德经　先天炁　内丹　图解　四段论

一、道：宇宙万物化生的总根源

面对纷繁复杂的大千世界，中国哲学之父、义理道教[①] 创始人——老子经过长期观察天体运行规律，将"道"作为宇宙万物的总根源，这就是"道源论"思想。老子在《道德经》第四十二章中描述了"道生万物"的四个阶段过程："道生一，

---

　　* 颜文强（1983—），福建龙海人，哲学博士，大理大学民族文化研究院助理研究员、北京中医药大学中医学博士后流动站科研人员。研究方向：道医哲学、民族宗教、原生态古中医学。杨娜（1994—），山西柳林人，大理大学民族文化研究院中国少数民族艺术专业硕士研究生。研究方向：道教国画、民族民间美术。

　　① 四川大学老子研究院院长、四川大学道教与宗教文化研究所教授委员会主任、恩师詹石窗教授曾撰文将道教的发展历程概括为三大形态：雏形道教、义理道教、制度道教。其中，雏形道教指近五千年前由轩辕黄帝树立的以"尊天法祖、修炼成仙"为教化内涵的基本信仰，时间从黄帝封禅鬼神山川至老子撰写《道德经》前；义理道教即通常所说的先秦道家时期；制度道教即从东汉末年由张道陵建立的具有宗教礼仪和组织系统的五斗米道算起至今。详见詹石窗.重新认识道教的起源与社会作用[J].中国道教,2013(2)，第 25—29 页。不过，后来詹老师将三大形态重新表述为：元初道教、古典道教、制度道教。详见詹石窗.道教文化养生及其现代价值[J].湖南大学学报,2015(1)，第 13—14 页。笔者窃以为，从字眼的醒目性来看，似乎可以将这两种表述融合，重新表达为：元初道教、义理道教、制度道教。

一生二，二生三，三生万物。"①"道"的特点是"无"，为"天地之始"。老子指出："天下万物生之于有，有生于无。"（《道德经·第四十章》）②"无，名天地之始；有，名万物之母。"（《道德经·第一章》）③"有物混成先天地生。寂兮寥兮独立而不改，周行而不殆，可以为天下母。吾不知其名，字之曰道。"（《道德经·第二十五章》）④可见"道"是比天地更为本源之物，其"独立不改""周行不殆"，运行不息，化生天地与万物。关于"道"的形状为何，老子在《道德经》第十四章、第二十一章中详细描述曰：

视之不见名曰夷，听之不闻名曰希，抟之不得名曰微。此三者不可致诘，故混而为一。其上不皦，其下不昧，绳绳兮不可名，复归于无物。是谓无状之状、无物之象，是谓惚恍。迎之不见其首，随之不见其后。（《道德经·第十四章》）⑤

道之为物，唯恍唯忽（惚）。恍兮忽（惚）兮其中有物，忽（惚）兮恍兮其中有象，窈兮冥兮其中有精，其精甚真。（《道德经·第二十一章》）⑥

上文的"夷"（视之不见）、"希"（听之不闻）、"微"（抟之不得）分别从视觉、听觉、触觉描述"道"的形象特征。也就是说，道的形状是"无状之状""无物之象"，集"夷""希""微"三者于一体，是为"恍惚"，然"恍惚"中却有象、物、精，因此看似"无"，实则"有"，且为"大有"，这就是混沌无极状态。也正因为如此，"道"才成为了天地之源、万物之母。老子"道源论"奠定了两千多年来万物起源的总基调，成了后世道教思想家探究天人关系和生命奥秘的基本出发点。

二、先天炁：道生一

"道"是人类与自然万物的最终根源，但"道"却不能直接化生天地与自然万物，而是首先化生出起到沟通媒介作用的"一"，这就是"道生一"。对于"一"的重要性，老子在《道德经》第三十九章阐释曰："昔之得一者，天得一以清，地得一以宁，神得一以灵，谷得一以盈，万物得一以生。"⑦天之所以能清、地之所以

---

① 道德真经注，道藏 [M]. 第 12 册，北京、上海、天津：文物出版社、上海书店、天津古籍出版社，1988. 第 12—13 页。本文凡出自《道藏》的引文皆指此版本，下同。本文引用的《道德经》原文皆以《道德真经注》（又名《河上公章句》注本）为依据。

② 道德真经注，道藏 [M]. 第 12 册，第 12 页。

③ 道德真经注，道藏 [M]. 第 12 册，第 1 页。

④ 道德真经注，道藏 [M]. 第 12 册，第 7 页。

⑤ 道德真经注，道藏 [M]. 第 12 册，第 4 页。

⑥ 道德真经注，道藏 [M]. 第 12 册，第 6 页。

⑦ 道德真经注，道藏 [M]. 第 12 册，第 11 页。

能宁、神之所以能灵、谷之所以能盈，万物之所以能生，皆是因为得到此"一"。对于"一"的内涵，《河上公章句》注释曰："一，无为，道之子也。"① 将"一"称为"道之子"，甚合"道生一"本意。明代内丹家陆潜虚《老子道德经玄览》则直接称"一"为"真乙之炁"：

> 此言得一之妙也。一，即真乙。真乙之炁，为生天生地、生人生物之根。②

《吕祖秘注道德经释义》则从人体生命诞生的角度称为"一炁（气）"："昔者是胚胎之时，惟有灵性，一气（炁）贯通，本来是一也。"③ 可见，"一"（一炁、真乙之炁）是化生天地、万物的直接根源。在道教内丹典籍中，"一炁"别名较多，如称为先天炁、先天一炁、道炁、元始祖炁、纯阳之炁、虚无一炁、真一之炁、乾元一炁、鸿蒙之炁、先天真一之炁、混元祖炁、太乙含真之炁、生物祖炁等等。值得注意的是，"炁"是"气"中一种，为先天状态的"气"的专用字。

考察"炁"字起源，目前尚未见到有甲骨文、金文的"炁"字。《说文解字》也没有收录。《康熙字典》记载曰："炁《巳集中》《火字部》炁《广韵》去既切《集韵》丘既切。同氣。详氣部气字注。《关尹子·六匕篇》：'以一炁生万物。'"④ 可见《康熙字典》将"炁"视为"氣"的异体字。堪称我国古代汉语最大规模和最具权威性的大型辞典——《辞源》2015 年第三版也是记载"（炁）同'氣'"⑤。今天我国推广使用简体字，基本上将"气"视为"氣""炁"的通用字。而除了道教经典外，其他学派文献罕见有"炁"字的出现。从"炁"的字形上看，笔者以为：上面两横是表示天地，中间的长撇"丿"和竖弯钩"乚"，表示贯通天地的气流，下面"灬"是火燃烧之意，体现道教内丹崇阳的思想。宗教文化出版社宗教学博士霍克功先生在《道教内丹学》一书中也指出："'炁'字是丹家独创的字，专指先天气，意为'先天虚无的真火（真阳）'。"⑥ 可见，"炁"主要是在道教内丹中使用，表示化生天地万物的极精微物质，侧重于先天性；"气"则为泛称，可表示

---

① 道德真经注，道藏 [M]. 第 12 册，第 11 页。
② 老子道德经玄览，藏外道书 [M]. 第 5 册，成都：巴蜀书社，1994. 第 237 页。
③ 老子著，吕岩释义，韩起编校. 吕祖秘注道德经心传 [M]. 桂林：广西师范大学出版社，2014. 第 78 页。
④ （清）张玉书、陈廷敬等. 康熙字典 [M]. 同文书局原版影印，第 666 页.
⑤ 何九盈、王宁、董琨主编. 辞源 [M]（第三版），北京：商务印书馆，2015. 第 2537 页。
⑥ 霍克功. 道教内丹学 [M]. 北京：宗教文化出版社，2015. 第 128 页。

先天状态的"气"——"炁",也可表示后天状态的"气"①。而为了突出道教医学的特色,笔者建议,在表示先天状态的极精微物质能量流时用"炁"字,在表示后天状态的精微物质能量流时用"气(氣)"字。

三、后天气:一生二、二生三、三生万物

先天状态的"道"首先化生出先天状态"一"(先天炁、先天一炁),"道"相当于"无"与"无极","先天炁"相当于"有""一""太极"。进而再由"一"化生出天地二气。此时是先后天分界的分水岭,天地化生后皆为后天状态,天地二气只是所有后天气中最大的阴阳二态。故《道德经》云:"一生二"。接着"二生三"是说天地二气辅佐、感应混融先天炁成"三"转化为蕴含人与自然万物生命能量与信息的"后天气"。"万物负阴而抱阳,冲气以为和"(《道德经》第四十二章)②正是指此冲和混融状态。此时需要注意的是,天地作为最大之阴阳二气并不具有化生人与自然万物的功能,因为天地已经是有形有质的"后天气"了。但天地二气也有很大的作用就是辅佐、感应冲和"先天炁"以化生人与自然万物,并在人与自然万物化生之后起到时刻充养的作用。最后"三生万物",是说"后天气"化生、充养人与自然万物的意思。对此过程,金丹派南宗五祖之首、著名道教内丹医家张伯端真人在《悟真篇》中总结说:"道自虚无生一气(炁),便从一气(炁)产阴阳。阴阳再合成三体,三体重生万物昌。"③

从上面可见,在"道生一,一生二,二生三,三生万物"的四段论过程中,"道"和"一"为先天状态,"二""三""万物"为后天状态,为后天气,其中起到沟通"道"与天地万物的是"一"——先天一炁。明代内丹医家伍守阳真人在《天仙正理·直论九章·先天后天二炁(气)》从天地和人体生命诞生前后分为先天、后天来精准概括"先天炁"与"后天气"的区别:

所谓先天炁者,谓先于天而有无形之炁。能生有形之天,是天地之先天也;即是能生有形之我者,生我之先天也,故亦曰先天。修士用此先天始炁,以为金丹之祖。……所谓后天气者,后于天而有,言有天形以后之物。即同我有身以后有形

---

① 笔者在博士学位论文修订中曾对"先天炁"和"后天气"做了定义:"先天炁"是指由自本自根"虚无"的"道"在天地生成之前所化生的蕴藏巨大能量和自然万物生命信息的精微物质能量流。"后天气"是指由"先天炁"所化生的蕴藏能量与信息、用以显示"先天炁"作用的精微物质能量流。关于"先天炁"和"后天气"的内涵与关系可详见颜文强:生命内景与《道藏》精选药方研究 [D],成都:四川大学博士学位论文,2015.第31—40页。

② 道德真经注,道藏 [M].第 12 册,第 13 页。

③ 紫阳真人悟道篇三注,道藏 [M].第 2 册,第 993 页。

者也。①

可见，从宇宙化生前后来看，天地诞生之前，是为"先天"即"先于天"；天地诞生之后是为"后天"即"后于天"；以人体生命胚胎的诞生为分水岭，胚胎诞生前是"先天"状态，胚胎诞生后为"后天"状态。这与人们常规以婴儿分娩作为"先天""后天"的分界线不同。其中，"先天"是"后天"的本源、母体，"后天"是"先天"的发用、发展，二者是"体""用"的关系，是同一事物发展变化的不同状态。在天地化生之前，"道"与"一"皆处于先天状态，"道"是化生万物和人体生命的能量总本源，"先天炁"（"一"）是孕育化生天地和万物的一切生机的直接本源。而后天有形有质的人体生命正是靠此先天炁诞生，随着后天形体的消耗，先天炁转化为后天气的量也越来越少，最终走向衰老死亡；只有再造虚无之境才能再次求得"真铅"——纯阳之体的先天一炁，补充生命诞生后不断消耗的先天炁，使得长生不死有了理论逻辑上的可能。

如果将"先天炁"比作石油，那么"后天气"则相当于柴草。二者的能量不可同日而已，这就决定了二者发挥的作用迥异。对于内丹修炼来说，乃是为了获得"先天炁"而不是"后天气"。对此清代道医刘一明在《修真后辨》中详细批驳了误将有形有质、有为有感的后天气当成先天炁的种种做法：

迷人不知此先天真一之气（炁）是生物之祖气（炁），是鸿蒙未判之始气（炁），是混沌初分之灵根，或以元气为先天真一之气（炁），或以丹田呼吸之气为先天真一之气（炁），或以抱一守中为守先天真一之气（炁），或以观空止念为观止先天真一之气（炁）。更有一等地狱种子，炼五金八石，采红铅梅子，以为服食先天真一之气（炁）。种种歧路，岂足以语先天真一之气（炁）乎？

夫先天真一之气（炁）是混元祖炁，生天生地生人物，其大无外，其小无内，动静如一，阴阳混成；在先天而生乎阴阳，在后天而藏于阴阳。②

从文中论述可见，丹田呼吸之气是后天气，而抱一守中、观空止念都还是停留在后天有形有念的行为层面，所以也不可能获得先天一炁，更遑论炼金石有形之物以及采女子首经等荒诞污秽之物的行为了。当然，文中的"元气"乃是指"先

① （明）伍冲虚、（清）柳华阳著，静虚子恭参校定.伍柳天仙法脉（修订版）[M].北京：宗教文化出版社，2012.第37页。
② （清）刘一明原著，滕树军、张胜珍点校.悟元汇宗：道教龙门派刘一明修道文集之一（下册）[M].北京：宗教文化出版社，2015.第469—470页。

天元炁"刚转化为用于诞生充养人体生命的后天发用初始状态的元精、元气、元神的"元气",不是指诞生前的"先天真炁"——"元炁"。而先天状态未发用的"元炁""其大无外,其小无内"具备生天、地、人、物等宇宙万物,是一切事物的本源。先天炁与后天气差别之大可见一斑。

四、"道生万物"顺向演化与人生三大阶段

从上面对《道德经》"道生一,一生二,二生三,三生万物"的万物生命演化四段论过程的分析可知这是一个顺向演化的过程。根据此认识,人体生命的顺向演化也是一个先天元神(先天炁)能量逐渐衰减、后天识神逐渐增量的消长过程。在这一过程中有三大里程碑标志——胚胎诞生、婴儿分娩、15岁天癸至[①]。男女交合在达"情投意合"之际、先天真炁落入子宫与父精、母血相融而成胚胎,标志着个体生命诞生;婴儿分娩,胎息隔断,后天"识神"随口鼻呼吸之气进入人的生命体内,先天真炁(元神)慢慢衰减,但仍然占主导地位;随着身体的长大,待到男女15岁青春期"天癸至"时,则发生了大的转折,此时"识神"量已经非常充足,开始超越"元神"而占据主导地位。从此以后,先天伏藏、后天主事,人体开始走向衰老、死亡。于是,人生相应也有三大阶段:胚胎诞生至婴儿分娩为人生的第一阶段,婴儿分娩至15岁"天癸至"为人生的第二阶段,"天癸至"至死亡为人生的第三阶段。在此顺向演化过程中,"先天炁"隐匿,通过"后天气"显化人生价值。对此,明道丹道医家一壑居士彭好古论述颇为详细:

> 一壑居士曰:人之未生,混混沌沌。惟脐中一点真炁,与母命蒂相通。母呼亦呼,母吸亦吸。及囫的一声,而炁落丹田矣。呼接天根,吸接地轴。而先天元始祖炁,未尝不充溢于其中。非后天之气,无以见先天一炁之流行;非先天之炁,无以为后天一气之主宰。此炁在人身天地之中,生门密户。藏则为炁,形则为气。"[②]

文中"藏则为炁,形则为气"意思是:婴儿出生后,先天炁落于下丹田,缓慢逐量转化为后天气,后天气再逐一充养各个器官组织,所以才说"此炁在人身天地之中"。显然,今天已然是天地生成之后的后天世界了,"先天炁"依然充斥其中,不然就没有宇宙万物的生生灭灭。清末丹道医家黄元吉《乐育堂语录·卷

[①] 笔者这三大标志的论述是以《钟吕传道集》为理论指导,并参考了静虚子和存诚子的论著。静虚子.伍柳天仙法脉修持指要[M].北京:华夏出版社,2015。存诚子.内丹实修理法精要[M].北京:华夏出版社,2015。

[②] 入药镜,蒋元庭.道藏辑要[M].虚集五,第1—2页。

五》中也指出："若论先天炁，虽无形声可拟，却贯乎一身内外，浑浑沦沦，无动无静者也。"[①] 可见，无形无质的先天炁贯通身体内外，只不过要发挥对人体生命后天形体的作用，需先转化为后天气，所以彭好古讲"非后天之气，无以见先天一炁之流行；非先天之炁，无以为后天一气之主宰"。"藏则为炁，形则为气"即是指先天炁虽藏于下丹田虚空处，肉眼不可见，却可以通过转化为后天有形之气发挥与表现其作用，二者一隐、一显，但先天炁是后天气的本源、主宰。对于万物最终本源的"道"与"先天炁"的关系，《紫阳真人悟真篇三注·卷三》记载说："上阳子曰：道生一气（炁），一气（炁）生形，形中又含始气（炁），是为先天真一之气（炁）也。此先天气（炁）顺则为人，逆则为丹。逆则男子怀胎，顺则女人有孕。"[②]"道"化生"先天炁"、先天炁再化生天地后及至今天，同为先天状态的"道"和"先天炁"依然遍布整个宇宙，并通过或有形、或有质、或有象等有为的后天现象表现出来，即先天隐、后天显的大千世界。

遵循生命顺向演化的原理，人体如果想长生不老，乃至不死，最为关键的因素是能够使得先天真炁（元神）永远占主导地位，也就是要回到"天癸至"之前。根据"天癸至"这一分水岭，可以把所有人分为两大类：一是"天癸未至"的少年、儿童、婴儿；一是已经"天癸至"的"破体之人"，包括青年人、中年人和老年人。对于第一类人特别是"天癸将至"的少年人，由于先天真气未破、后天精气神已足，故此时就是"人仙"果位，只需要习练七日采大药功、五龙捧圣过三关功、服食大药功即可逆回到婴儿分娩之际，那时炼精化炁已完成，证得"地仙"果位、长生不死；在此基础上温养道胎十月、完成炼炁化神阶段，阳神出胎，逆回到怀胎受孕之前，证得"神仙"果位；最后再经三年哺乳、九年面壁的炼神还虚以及炼虚合道阶段，证得"天仙"果位，无生无灭，永超轮回。但是对于第二类人，由于真气已破、下漏上耗，故需要通过致虚极守静笃，重造虚无之境求得"先天真炁"，经调药成玉芝灵苗——小药，再经小周天烹炼至大药，从而积累补充至 15 岁天癸将至前的"人仙"状态，方可同第一类人一样进一步往上修炼。

可见，顺着自然生命演化，人体后天生命从受孕成胎的"神仙"阶段，首先下降到婴儿分娩时的"地仙"状态，再到"天癸将至"的"人仙"状态，最后走向死亡。值得留意的是，尽管在人生顺向演化过程中，后天气可以通过饮食、空气呼吸等途径得到补充，但其"柴火能量"的本质决定其无法改变先天真炁（"先天元神"）不断衰减的大趋势，这就是医术再高明的医生也无法长生不死的根本

---

① （清）黄元吉著，高诚点校. 道门精要——道教黄元吉内丹修炼典籍 [M]. 北京：华夏出版社，2016. 第 173 页。

② 紫阳真人悟真篇三注，《道藏》[M]. 第 2 册，第 993 页。

原因所在，除非有重新获得"先天真炁"补充的可能，道教内丹修炼正是探索的途径之一。根据这逻辑规律，反向思考，逆向来路回归，首先从"破体"状态致虚极守静笃补充先天真炁至15岁"天癸将至"阶段，再逐步逆回到婴儿分娩时的"地仙"状态、受孕成胎的"神仙"状态，最后形神俱化、粉碎虚空至最高果位——"天仙"阶段。这就是人体生命走向两种截然不同的过程，可以画出示意图如下：

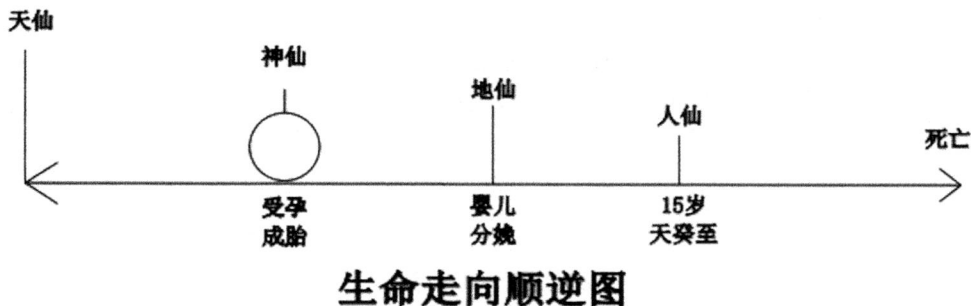

生命走向顺逆图

然而破体之人要想逆回到15岁"天癸将至"阶段，真是难上加难。财色、名利、地位等七情六欲的纠缠使得重造虚无之境犹如登天。因为只要存在一丝念头，有为的后天成分就无法避免，先天真炁就不可能到来，也就无法逆回来路。这也是千百年来修道者多如牛毛、成道者凤毛麟角的原因所在。可见明道难、修道更是难上加难。

五、道炁化生万物次序图

通过以上的分析，为了更好地理解老子的"道生万物"四段论思想，我们将其过程详细画出示意图如下：

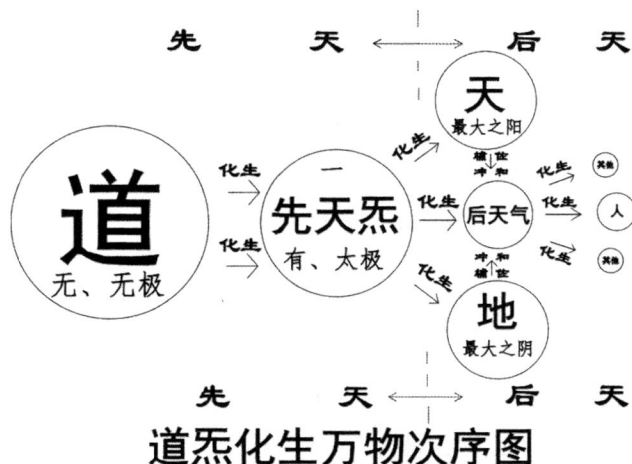

道炁化生万物次序图

　　为了便于记忆，笔者将以上道、炁化生人与自然万物的过程示意图命名为《道炁化生万物次序图》。上图的中间长竖虚线是先天、后天的分界线，左边为"道生一"的先天状态，右边是"一生二，二生三，三生万物"的后天状态。图中的箭头短线表示"化生"，即化育诞生、变化生成之意。"化生"一词，语出《易经·象传·咸卦》："天地感而万物化生，圣人感人心而天下和平。"①《抱朴子外篇·卷二十六·讥惑》也载："抱朴子曰：澄浊剖判，庶物化生。"②在古籍中也常出现"生化"一词，语出《通玄真经·卷六·上德》："地平则水不流，轻重均则衡不倾，物之生化也，有感以然。"③"生化"的意思与"化生"基本一致。行文至此，结合上图，我们认为，《道德经》第四十二章的"道生一，一生二，二生三，三生万物"可以理解如下：

　　"道"相当于"无"与"无极"，首先化生出"先天炁"（又称先天一炁、元始祖炁、元炁、太乙含真之炁等），"先天炁"相当于"有""一""太极"；"先天炁"再化生出最大"后天气"的阴阳二气——天、地，即"二"；天地二气辅佐、感应混融先天炁（即"三"）转化为蕴含人与自然万物生命能量与信息的"后天气"；此"后天气"再化生、充养人与自然万物。

---

① 黄寿祺、张善文.周易译注（修订版）[M].上海：上海古籍出版社，2001.第258页。
② 抱朴子外篇，道藏 [M].第28册，第295页。
③ 通玄真经，道藏 [M].第16册，第704页。

《道德经》与修行研究

《老子》与女子丹道

李 永[*]

内容提要：本文将《老子》一书所蕴含的女子丹道放在中华母系社会养生文化大背景下考察，运用老子思维"三一"模式，对该书进行结构分析，以易解老，将《老子》第十四、十五、十六、十七章阐释为一个完整的女丹修炼程序，视角独特，观点新颖，从而将老学研究推向深入。

关键词：《老子》《易经》 女丹 九转炼形

《老子》开篇曰："道可道，非常道"。前句指道之体，后句明道之用。用则殊途，而可以同归。男、女丹道即是如此。本文是笔者《〈老子〉：天道与丹道》一文的续篇，前者主要阐释《老子》一书所蕴含的男子丹道，由于篇幅限制，女子丹道一笔带过，没有展开解读。首辑《中华老学》催生了本文的诞生。

孔德认为："若从中华人类的发展史和文化史考察，女子丹法的产生和成熟应该远远早于男子丹法……黄帝不仅是位政治家，同时也是一位中医药家和仙学养生家。黄帝曾经拜求过很多位医药学和养生学的老师，而这些老师当中就有今人所能知道的好几位女老师，如西王母、玄女、采女、素女等。"① 有学者指出，《老子》思想秉承《归藏易》而来，因《老子》一书有母系社会思想特征。《归藏易》以坤卦为首卦，体现母系社会观念。正如高怀民所言："由此我们得到了一项可靠的证明，便是在文王演易以上，八卦已经有首坤次乾的排列方式。而这种方式我们有理由相信是由于母系社会的观念而产生，因为它与历史演进中母系社会的时代相一致"。② "一阴一阳之谓道"，作为"守柔贵雌"的道家哲学开创者，既然涉及

---

* 李永（1967—）男，江苏仪征人，四川大学道教与宗教文化研究所2016级博士，研究方向：中国道教。

① 孔德. 道家内丹经典精讲——中华传统养生女丹炼养方法 [M]. 北京：中央编译出版社，2014. 前言第2页。

② 高怀民. 先秦易学史 [M]. 桂林：广西师范大学出版社，2007. 第101页。

男子丹道，自然也会旁及女丹。

本文认为《老子》第十四、十五、十六三章专门指涉女子丹道。《老子》吸取《易经》中圣人"立象尽意"的象征手法，以隐喻方式象征丹道。该书除了善于"立象尽意"外，还擅长运数，囊括1、2、3、4、5、6、7、8、9、十、百、千、万诸多自然数单位。然而，《老子》特别重视"3"（三）的运用。开头"道可道，非常道；名可名，非常名"三字体，近乎《三字经》儿歌体。此外，《老子》第三、四、八、十六、十八、二十二、二十五、二十八、三十五、四十七、五十一、五十三、五十六、六十三、六十九、八十等诸多章，均有"三字体"句式。不仅如此，《老子》还有"三一"模式的运用，如第十四章说明"夷、希、微"三者"混而为一"，第四十二章阐述宇宙"道生一，一生二，二生三，三生万物"的自然过程，是"三一"模式的逆向运用，而修道程序恰好是"三一"模式，还有第十一章"三十辐共一毂"等。另外，第五十章"十有三"、第六十二章"三公"、第六十七章"三宝"等，也均含有"三"数。如此看中"3"（三），不是偶然的，而是有内在必然性趋向。"3"（三）这个数字，实为道的化身，是一种符号所指。在"一阴一阳之谓道"中，阴阳合和即是"3"（三）的状态；在太极图中，阴阳鱼交合的S线，也是此状态。除了明用，《老子》一书还隐用"三一"模式，即该书在结构编排上，往往以三章为一个组合，十章为一个单元，即"三三三一"模式，每个第十章为该单元的小结，最后八十一章为全书的总结。

按照如此结构分析，本文认为上述三章专指女丹，即第十四章蕴含女丹养己炼己筑基功夫，第十五章隐喻女丹"九转炼形"功法，第十六章隐含女子丹法主要程序。第十七章本应与第十八、十九章合为一组，由于含指"炼虚合道"最后一步功夫，又与前面三章相合，具有双重性。本文将逐章分析其女丹内涵。

一、《老子》第十四章蕴含女丹养己炼己筑基功夫

第十四章："视之不见，名曰微；听之不闻，名曰希；搏之而不得，名曰夷。此三者不可致诘，故混而为一。其上不皦，其下不昧，寻寻兮不可名，复归于无物。是谓无状之状，无物之象，是谓惚恍。迎之不见其首，随之不见其后。执古之道，以御今之有。能知古始，是谓道纪。"此文本系在今本基础上参照帛书甲、乙本修订而成。

高明指出："一、帛书甲、乙本'视之而弗见，名之曰微'，世传今本多同王本作'视之不见名曰夷'，唯范应元本作'视之不见名曰几'……依义，作'几'为长，《说文》：'几，微也……'傅谓'几者，幽而无象'，是其义矣。'几'、'微'义同……幽隐无象，故曰'视之而弗见，名之曰微'。足证帛书甲、乙本保存了老

子之旧；今本作'视之不见名曰夷'者误。再如，第三句帛书甲、乙本'捪之而弗得，名之曰夷'，今本作'搏之不得名曰微'。显然是今本将属第一句之'微'字与属第三句之'夷'字前后颠倒，张冠李戴。"① 高明所言甚是。"幽而无象"即"微"，即"明"也。第五十二章云"见小曰明"，第三十六章云"是谓微明"，"明，即药气出现之意"②。此章前三句实际上隐藏着《易经》"明夷卦"。下离上坤，日入地中，即火入地中，象征女子养己炼己功夫。即心识神（离）下降潜入下丹田（坤腹）入虚静，以待先天一炁而生。

"此三者不可致诘，故混而为一"："三者"即精、气、神，"混而为一"即先天一炁也。王卡点校《老子道德经河上公章句》"赞玄第十四"校勘记【五】：广弘明集载唐释法琳辩证论引河上公注云："视之不见名曰夷，夷者精也。听之不闻名曰希，希者神也。搏之不得名曰微，微者气也。"此与今河上诸本皆不同。③ "夷"已校正为"微"，"夷者精也"也误，应为"夷者气也"。"视"用目，目中有神。《黄帝内经素问·阴阳应象大论篇第五》："神在天为风……在窍为目。"④ 故应为"视之不见，名曰微，微者神也。""听"用耳，"肾主耳"。《黄帝内经素问·六节藏象论第九》："肾者，主蛰，封藏之本，精之处也。"⑤ 故"希者神也"应为"希者精也"。故"夷"者应为"气"也。此章前三句蕴涵精、气、神三宝。

"其上不皦，其下不昧……迎之不见其首，随之不见其后。""上"、"下"、"首"（前）、"后"四维空间，围着一个"中"字，如第十六章郭店本："致虚，恒也；守中，笃也。"⑥ 即守中虚也。"寻寻兮不可名，复归于无物。是谓无状之状，无物之象，是谓惚恍。"即守中虚无，"致虚"也；"惚恍"即先天一炁。"执古之道，以御今有。能知古始，是谓道纪。"两个"古"字指向"上古"时代。《黄帝内经素问·上古天真论篇第一》："昔在黄帝，生而神灵……岐伯对曰：上古之人，其知道者，法于阴阳，和于术数……故能形与神俱……"⑦ 据说黄帝作《归藏易》，其首卦为坤卦，坤为地为土，因其有"尊土尚黄"的观念。文章开头已说明，黄帝曾拜西王母、玄女、采女、素女等好几位女性为养生老师，由此推测"上古之人，其知道者"应包括女性。张志聪说："术数者，调养精气之法也。"如呼吸、导引、

① 高明. 帛书老子校注 [M]. 北京：中华书局，1996. 第 282—283 页。
② [宋] 张伯端 撰，王沐浅解. 悟真篇浅解（外三种）[M]. 北京：中华书局，2011. 第 57 页。
③ 王卡点校. 老子道德经河上公章句 [M]. 北京：中华书局，2014. 第 55 页。
④ 孟景春，王新华. 黄帝内经素问译释 [M]. 上海：上海科学技术出版社，2009. 第 54—55 页。
⑤ 孟景春，王新华. 黄帝内经素问译释 [M]. 上海：上海科学技术出版社，2009. 第 104 页。
⑥ 陈鼓应. 老子今注今译 [M]. 北京：商务印书馆，2009. 第 434 页。
⑦ 孟景春，王新华. 黄帝内经素问译释 [M]. 上海：上海科学技术出版社，2009. 第 1 页。

按蹻和静坐法、气功疗法等。①其中"静坐法"也是女子养己炼己之法。《坤宁经》曰："若无炼己真功，总难筑基下手。"又曰"必先绝欲忘情，然后入室打坐。炼己同乎男修，调息绵绵，勿忘勿助。"②孙不二元君曰："静寂守无为，我则男子具"。③即男女静坐养己炼己功没有区别。又云："一身四大，结中宫灵台之缘。二气交结，中黄玄膺，五行相生，惟土斯金。"④如此，神气"二气"与"金"（精）三宝的积累功夫才算完成。

二、《老子》第十五章隐喻女丹"九转炼形"功法

第十五章："古之善为士者，微妙玄通，深不可识。夫唯不可识，故强为之容。豫兮，若冬涉川；犹兮，若畏四邻；俨兮，其若客；涣兮，其若释；澹兮，其若海；飂兮，若无止；敦兮，其若朴；混兮，其若浊；旷兮，其若谷。孰能浊以静之，徐清；孰能安以动之，徐生。保此道者，不欲盈。夫唯不盈，故能蔽不新成。"此文本是在今本基础上，结合王弼本与今人古棣校诂本而成。

本文采用古棣《老子校诂》第十五章的校正本，将第二十章"澹兮，其若海；飂兮，若无止"移入第十五章。此两句按照古棣校诂，"原在二十章，义理不相属，韵律亦不协调，显然错简"。⑤严灵峰也有此观点，王柯平《老子思想新释》也吸收古棣此章的校正内容，陈鼓应《老子今注今译》附录三《老子校定文》同样如此，只是放在此章的结尾，与古棣本位置稍有不同。特别强调的是本章结尾"故能蔽不新成"一句，采用王弼本。古棣本、陈鼓应本、王柯平本均改为"故能蔽而新成"。陈鼓应认为，"'而'王弼本原作'不'，'而''不'篆文形近，误衍。若作'不'讲，则相反而失义。今据易顺鼎之说改正。"易顺鼎说："疑当作'故能蔽而新成'。'蔽'者，'敝'之借字；'不'者，'而'之误字也。'敝'与'新'对。'能敝而新成'者，即二十二章云'敝则新'。"高亨说："易说是也。"⑥他认为，篆文"不"与"而"字"形近故讹"。本文认为上述三位学者观点均不能成立。易顺鼎指出"不"与"而"字形误后，用二十二章"敝则新"来佐证。他因断章取义造成理解上失误。第二十二章讲"洼则盈，敝则新"，第十五章却是"夫唯不

① 孟景春，王新华.黄帝内经素问译释[M].上海：上海科学技术出版社，2009.第2页。
② 孔德.道家内丹经典精讲——中华传统养生女丹炼养方法[M].北京：中央编译出版社，2014.第133页。
③ 孔德.道家内丹经典精讲——中华传统养生女丹炼养方法[M].北京：中央编译出版社，2014.第66页。
④ 孔德.道家内丹经典精讲——中华传统养生女丹炼养方法[M].北京：中央编译出版社，2014.第133页。
⑤ 古棣.老子校诂[M].长春：吉林人民出版社，1999.第359页。
⑥ 陈鼓应.老子今注今译[M].北京：商务印书馆，2009.第130—131页。

盈"，两者文义是相反的，易顺鼎没有注意到，高亨、陈鼓应也没有细究，也跟着附和易顺鼎。陈鼓应认为"而"若作"不"讲，则"相反而失义"。这是从常理上讲的。"相反而失义"恰恰证明女子丹道"微妙玄通，深不可识"，是反常的。本文将在下面解析中说明，为什么会采用王弼本。

本章隐喻女丹筑基功夫，共用九个"兮"，又是一个"三一"模式的运用。"豫兮，若冬涉川；犹兮，若畏四邻；俨兮，其若客。"此三"兮"隐言女子性别特征。"豫"，应是《易经》豫卦的借用。来知德曰："豫者，和乐也。阳始潜闭于地中……中爻坎陷，一阳统众阴，'行师'之象。"①故有"若冬涉川"之言。"犹"，似为《易经》谦卦的运用。来知德曰："谦者，有而不居之义。山之高，乃屈而居地之下，谦之象也。止于其内而收敛不伐，顺乎其外而卑以下人，谦之义也。"②故出"若畏四邻"之语。"俨"，当为《易经》随卦的派用。来知德曰："随者，从也。少女随少男，随之象也。"③故生"其若客"之象，即"客"随主便也。三"兮"涉及女子谨慎、谦卑、随和的为人之道。

"涣兮，其若释；澹兮，其若海；飂兮，若无止"，后两句帛书乙本为"沕呵，其若海，望呵，无所止"④（帛书甲本类同）。本文认为帛书甲、乙本更契合丹道之义。此三句式隐喻女子生理的月事现象。"涣"，为《易经》涣卦的运用。来知德曰："涣者，离散也。其卦坎下巽上，风行水上，有披离解散之意，故为涣。"⑤故有"其若释"之言。女子月事，乃先天之炁变为后天之血，"离散也"，也是"风行水上"的自然现象。"沕"者，潜伏，深藏也。为《易经》井卦的运用。取井"潜伏深藏"之义。"其若海"隐喻女子的"血海"。"望"者，月圆之日也。为《易经》小蓄卦的运用。来知德曰："小者，阴也；蓄者，止也。乾下巽上，以阴蓄阳。又一阴居四，上下五阳皆其所蓄，以小蓄大，故为小蓄。又蓄之未极，阳犹尚往，亦小蓄也。"⑥上九爻辞有"月几望"之语。"无所止"言及女子月事，如月望周行不止也。本章为第十五章，其数正合月圆十五日。

"敦兮，其若朴；混兮，其若浊；旷兮，其若谷"：郭店楚简本：屯乎，其若朴；沌乎，其若浊。本文认为郭店本更符合丹道之义。古棣《老子校诂》将"旷兮，其若谷"移至"混兮，其若浊"句后，从义理上讲更为周全。"屯"，源自《易经》屯卦。《序卦传》曰："有天地然后万物生焉，盈天地之间者唯万物，故受之以

① ［明］来知德撰，张万彬点校.周易集注［M］.北京：九州出版社，2010.第 221 页。
② ［明］来知德撰，张万彬点校.周易集注［M］.北京：九州出版社，2010.第 217 页。
③ ［明］来知德撰，张万彬点校.周易集注［M］.北京：九州出版社，2010.第 225 页。
④ 高明.帛书老子校注［M］.北京：中华书局，1996.第 324 页。
⑤ ［明］来知德撰，张万彬点校.周易集注［M］.北京：九州出版社，2010.第 409 页。
⑥ ［明］来知德撰，张万彬点校.周易集注［M］.北京：九州出版社，2010.第 192 页。

屯。屯者，盈也，屯者，物之始生也。"①此处隐喻女子月事初生。"沌"，为《易经》蒙卦的运用。"沌"者，浑也、暗也。来知德曰："蒙，昧也。其卦以坎遇艮。山下有险，艮止在外，坎水在内，水乃必行之物，遇山而止。内既坎陷不安，外又行之不去，莫知所往，昏蒙之象也。"②隐喻女子行静功，月水"遇山而止"。"旷"，为《易经》中孚卦之用。来知德曰："孚，信也。为卦二阴在内，四阳在外，而二五之阳皆得其中。以一卦六爻言之为中虚，以二体之二五言之为中实，皆孚之象也。"又曰："虚则内欲不萌，实则外诱不入，此中孚之本体也。"③故有"其若谷"之虚言也。

《大成捷要·坤元经》："凡坤道修炼，用功入道，当于子后午前阳气发生之际，按法行持。先还虚静定，深入混沌。候混沌开机，即凝神吸气以守乳溪，存想息息在乳溪中，呼吸往来。默调呼吸三十六息讫，仍还虚静养，以致虚极静笃，依灭尽定而寂灭之。待静极复觉之际，仍照前调息守中，一连行持三五次而后已。"④"信"者，诚也。女子用功日久，"内欲不萌"，"外诱不入"，守中虚，从而虚实相生，"神机运动"了。即"孰能浊以静之，徐清；孰能安以动之，徐生"。因行"静""安"之功，"浊"开始慢慢地生"清"气。如《坤元经·斩龙浅说》曰："然平常坐要如此，行到百日之后，血海之中气机温暖，自然有清气一缕上冲心舍，直至乳间炁穴……要在月信将至，经水将净，真阴自动，先天真一元气发露，用火烹炼得住。使此由后转前，落乎炁穴，散乎周身，随呼吸在不觉中复还入血海。真气常生，久之赤阴之血化为白气之阳……当气归血海，化血成气，故经血赤而变黄，黄而变白，白而化无，方谓斩龙。"⑤"保此道者，不欲盈。""不欲盈"：郭店简本作"不欲尚呈"。"呈"呈现、显露之意。⑥"夫唯不盈，故能蔽不新成。"隐喻"斩赤龙"也。如此，女丹筑基功夫方告完成。

胡孚琛主编《中华道教大辞典》第九类内丹学第八女丹功法"九转炼形"条：道教修炼理论认为，女子之体是阴浊之体，如不将阴血炼还为气，就不能炼得金丹。所以女子必须要炼形，然后才可以炼丹。在道教女丹修炼功夫中，炼形需进行九转。《壶天性果女丹十则》："当其坐时，用神机运动，候口中津满，微微漱数

① 陈德述．周易正本解（修订本）[M]．成都：巴蜀书社，2015．第509页。
② [明]来知德撰，张万彬点校．周易集注 [M]．北京：九州出版社，2010．第170页。
③ [明]来知德撰，张万彬点校．周易集注 [M]．北京：九州出版社，2010．第417页。
④ 孔德．道家内丹经典精讲——中华传统养生女丹炼养方法 [M]．北京：中央编译出版社，2014．第103页。
⑤ 孔德．道家内丹经典精讲——中华传统养生女丹炼养方法 [M]．北京：中央编译出版社，2014．第122页。
⑥ 陈鼓应．老子今注今译 [M]．北京：商务印书馆，2009．第130页。

遍，俟其清澄，然后用鼻引清气，随同玉液，入于心舍，下降黄房，至关元血海而止，略凝一凝，从血海运至尾闾，升上夹脊，透顶门径入泥丸，仍从泥丸复行下降，至两乳间而止，停聚良久，使津化为气，是为一转。炼形的关键是先要分别清浊之气，将清气在身体内按穴位进行一个周循环。一番循环需进行三周运行。一番循环完成后，用两手运转两乳三十六转，然后将两手捧在两乳中间轻轻运至血海（小腹）停止，然后按前面的周循环方法继续进行，共进行三番，一番三个周循环，故称"九转炼形"。①《老子》第十五章"三三三一"模式正好用来解读"九转炼形"筑基功夫。

三、《老子》第十六章隐藏女丹功法主要程序

第十六章："致虚极，守静笃。万物并作，吾以观复。夫物芸芸，各复归其根。归根曰静，静曰复命。复命曰常，知常曰明。不知常，妄作凶。知常容，容乃公，公乃全，全乃天，天乃道，道乃久，没身不殆。"此章首先体现了《老子》独特的语言形而上学观，也是其语言智慧所在。开头从"虚"始，结尾以"道"终，首尾呼应。中间从"归根曰静"至"道乃久"，环环相扣，层层推进，前后相连，呈圆环之势，这在修辞学方法上称为"顶针"或者"联珠"，是《老子》智慧入天道的显现。此外，还有第二十五、五十二章等，也体现了这种语言观。

"致虚极，守静笃。万物并作，吾以观复。夫物芸芸，各复归其根"，承接上一章而来。郭店楚简本：致虚，恒也；守中，笃也。万物方作，居以须复也。天道员员，各复其根。②本文认可郭店本更接近丹道。"致虚"如《黄庭外景经》云"虚无自然道之故"，"虚无之居在廉间"。郭店本"守中"指明了丹道核心修炼方法。《黄庭外景经》第一章云："上有黄庭下关元，前有幽阙后命门。"《黄庭内景经》第二章云："上有魂灵下关元，左为少阳右太阴，后有密户前生门，出日入月呼吸存。"涵虚子云："合上下前后左右，暗藏一个'中'字。此'中'乃'虚无窍'也。③即"神入气穴"，如《黄庭外景经》第二章云："黄庭真人衣朱衣，关门牡籥阖两扉。"陈撄宁曰："修炼家以心神注守黄庭，名曰'黄庭真人'。心色本赤，故曰'衣朱衣'。神入气中，气包神外，如此牝牡之相衔，故曰'牡籥'。阖两扉者，喻阴阳相纽。"④"天道员员"与结尾"道乃久"遥相呼应。"吾以观复"，是运用《易经》观、复二卦，均蕴含天道运行。田合禄认为，"从卦象看，观卦由坤、

① 胡孚琛.中华道教大辞典 [M].北京：中国社会科学出版社，1995.第 1265 页。
② 彭裕商，吴毅强.郭店楚简老子集释 [M].成都：四川出版集团巴蜀书社，2011.第 245 页。
③ 胡海牙总编，武国忠主编.中华仙学养生全书 [M].北京：华夏出版社，2006.第 79 页。
④ 胡海牙总编，武国忠主编.中华仙学养生全书 [M].北京：华夏出版社，2006.第 80 页。

巽组成，坤为地在下，巽为木在上，有竖木立于地上之象。互艮为日，互坤为黑影，有日影之象。所以观卦有立杆于地上为观测日影之象。"①来知德曰："复者，来复也。自五月一阳生后，阳一向在外，至十月变坤，经冬至复来反还于内，所以名复也。"卦辞："反复其道，七日来复。"即七月后，一阳又重复出现。

由天道言及女丹"玉液归根"功法：归根曰静，静曰复命。复命曰常，知常曰明。"玉液指血海中烹炼出的气，根指女子命根乳房。陈撄宁《道家养生秘库》：玉液归根，是指血海中化出的气，归到乳房一段功夫。所谓用气凝之者，即前凝气混合之说，实则心息相依也。"②"常"者，永恒也、固定也。"明"者，"即药气出现之意"。如《黄庭外景经》第二章云"幽阙夹之高巍巍，丹田之中精气微。"陈撄宁曰："高巍巍者，即《参同契》所云'先天地生，解巍尊高'（按：此处陈撄宁引文有误，应为"巍巍尊高"）之意。丹田者，乃结丹之所，如播种子于田中，自然生苗结实，成熟可期，故名曰'田'。精微之'微'字最宜领会，必如易教之洁净精微，老氏之微妙玄通，方尽其用。"③

"知常容，容乃公，公乃全"则隐喻女丹"炼液化炁"功夫。"容"者，纳气采药也。"公"者，（呼吸）平也。"全"者，如第二十二章"曲则全"，周全也，指小周天。即《黄庭外景经》云："出日入月是吾道，天七地二同相守。升降进退一合九，玉石珞珞是吾宝。子自有之何不守？心晓根蒂养华彩，服天顺地藏精海。"④胡孚琛主编《中华道教大辞典》第九类内丹学第八女丹功法"炼液化炁"条："当女子炼筑基功斩赤龙（也就是月经消失）后，应炼液化炁。将意守膻中改为意守下丹田。意守下丹田最终使阴部及会阴处出现微热感，或内阴唇有微胀感，女丹家将此现象称为'药生'，所以又把意守下丹田叫作调药。当调药及产药后便要进行下一步——'采药'。采药有两种方法：一是以神驭药（或以神驭炁）。用神炁相依的原理，通过将神意凝结在下丹田而把炁带至下丹田；二是配合呼吸法。即意念注意吸气，而不注意呼气，默数吸气的次数。丹家认为外气（即口鼻呼吸之气）与内炁所行的方向是相反的。当用口鼻呼吸时，外气在体内是下行趋势，此时内炁却呈上升之势。因而在配合外气吸气的同时，内炁会从阴部升入下丹田，使内炁归摄于下丹田。以上两种方法都是将药（会阴处的炁）摄入下丹田，这是采药的宗旨所在。下一步要将摄入下丹田的药（炁）摄入到脐下，即肚脐至

①　田合禄，田峰.中国古代历法解谜——周易真原 [M].太原：山西科学技术出版社，1999.第210页。

②　胡孚琛.中华道教大辞典 [M].北京：中国社会科学出版社，1995.第1266页。

③　胡海牙总编，武国忠主编.中华仙学养生全书 [M].北京：华夏出版社，2006.第80页。

④　[清] 李涵虚原著，盛克琦点校.圆峤内篇——道教西派李涵虚内丹修炼秘籍 [M].北京：宗教文化出版社，2009.第215页。

下丹田之间的部位，此即'归炉'，归炉后进行'炼药'。炼药用文火，呼吸平稳，意守肚脐至下丹田之间。通过进行药生、采药、炼药后，脐下部有微热感产生时，便可运行周天。即：将脐下的炁引到下丹田，从下丹田直过到尾闾处，从尾闾走督脉线上至夹脊→玉枕→百会→山根（注意要避开鼻窍，从山根返回绕耳后，再至承浆）→承浆→喉→膻中→脐→下丹田。然后再由下丹田→尾闾……如此共运行十周，止于下丹田。运行周天之后，再将炁由下丹田升到脐，从脐中向右转再回到脐中，转十圈。再从脐中向左转，回到脐中，转十圈，最后再收回到下丹田收功，这叫循行带脉。通过以上药生、采药、炼药、运行周天、循·行带脉五个步骤的修炼，便完成了道教女子炼液化炁的功法。"①

"全乃天，天乃道，道乃久"隐喻"炼炁化神"的大周天功夫。《吕氏春秋·本生》："故圣人之制万物也，以全其天也。天全，神和矣，目明矣，耳聪矣，鼻臭矣，口敏矣，三百六十节通利矣。若此人者，不言而信，不谋而当，不虑而得；精通乎天地，神覆乎宇宙……此之谓全德之人。"②"神和"即外药精炁与内药元神交合，生大药也。即《黄庭外景经》云："七日之内回相合，昆仑之性不迷惑……外本三阳神自来，内养三神可长生。""魂欲上天魄入渊，还魂返魄道自然，庶几结珠固灵根。"③"三百六十节通利矣"如王沐主张"盖服大药之后，全身关窍全通"。④"精通乎天地，神覆乎宇宙……此之谓全德之人。"则入"六通"佳境也。"道"者，无为也。"久"者，时长也，入定也。大周天主要是无为入定功夫。《黄帝内经素问·气交变大论篇第六十九》曰："《上经》曰：夫道者，上知天文，下知地理，中知人事，可以长久……故太过者先天，不及者后天，所谓治化，而人应之也。"⑤"天乃道，道乃久"似与此论相关，只是老子已将其转化为丹道的运用。人若应丹道的"治化"，则是由"后天"往"先天"转化，即大周天功夫也。即《黄庭外景经》云："昼日昭昭夜自守，渴自得浆饥得饱。经历六腑藏卯酉，转阳之阴藏于九，常能行之不知老。""女丹得大药后入定功夫……默运胎息后，要多做善事，修养德行一段时间后，才可以调养元神。元阳即元神，此为乳哺功夫。由于以前修炼，已将阴血化为阳气，由于血已凝住，气便化为神了。此时，若不陶冶情操，多做善事，将会前功尽弃。因此，必须经过反复磨炼，使性情修养得

① 胡孚琛.中华道教大辞典 [M].北京：中国社会科学出版社，1995.第 1267 页。

② 张双棣，张万彬，殷国光，陈涛注译.吕氏春秋译注（修订本）[M].北京大学出版社，2011.第 10 页。

③ [清] 李涵虚原著，盛克琦点校.圆峤内篇——道教西派李涵虚内丹修炼秘籍 [M].北京：宗教文化出版社，2009.第 215—216 页。

④ 王沐.内丹养生功法指要 [M].北京：中华书局，2008.第 160 页。

⑤ 孟景春，王新华.黄帝内经素问译释 [M].上海：上海科学技术出版社，2009.第 629 页。

纯净无比，神才能入定。《壶天性果女丹十则》中有一首诗描写练功到此时的绝妙境界：'万顷冰壶光射目，一轮明月映深潭'，'纤尘不染，体相皆空。'在常人看来，炼丹者就如死去一般，不食不饥，不动不言。内丹修炼理论把此种状况叫'入定'……在入定以后还要时常小心，至修养到出神后，才没有危险。"①

"没身不殆"则喻指"炼神返虚"功夫。"没身"者，终了身也，即从身体头顶天门出阳神也。如《黄庭外景经》云："坐于庐间观小童，内息思存光神明。出于天门入无间，恬淡无欲养华根。"②第五十二章："天下有始，以为天下母。既得其母，以知其子；既知其子，复守其母，没身不殆。""既得其母，以知其子"借喻"出胎"；"既知其子，复守其母"则喻身外法身入定，故"没身不殆"。"移神出壳"："女丹调阳神出壳外游之功……正确的方法是出阳神后再将神转回身体内，让它一出一入，由近及远，切不可将神放纵。只有反复调教，将神修养成熟后，才可任其来去，挥洒自由。《壶天性果女丹十则》中特别讲了两种出神方法的差异：'若未出神之前，此神属至静，其工仍同养真规矩，直待至神圆，方可止步；若神既出之后，此神属动，便不似前面工修，当用逸神之法，使神灵通圆融，并无隔碍直至炼得神通远显，方可休息。'由此可见，神有静、动之分，对于至静的神用养的办法，而对于驿动的神则用逸的办法。移神出壳后还要对神进行调养，使其灵活自如。"③"移神出壳后还要对神进行调养"即是"身外法身入定"，因而"没身不殆"矣。

四、《老子》第十七章隐含女丹"炼虚合道"功夫

第十七章：太上，下知有之；其次，亲而誉之；其次，畏之；其次，悔之。信不足焉，有不信焉。犹兮，其贵言。功成事遂，百姓皆谓我自然。"太上"即"太一（太乙）"之神也。刘大钧曾撰《〈大一生水〉篇管窥》一文，考证"上善若水"正合"太一生水"之旨。④在"太上"之后，老子连续用三个"其次"说明当时人们对"太上"的不同态度。"信不足焉，有不信焉"说明彼时对"太一"神信仰有所降低，彼消此长。而人的地位、价值、作用开始提升，即人的主体意识开始觉醒。"犹兮，其贵言"："犹兮"，王弼本、陈鼓应本均作"悠兮"，陈鼓应将其解释为"悠闲的样子"，本文认为不合老子原意。"河上公本、傅奕本、林希逸

---

① 胡孚琛.中华道教大辞典[M].北京：中国社会科学出版社，1995.第1268页。

② [清]李涵虚原著，盛克琦点校.圆峤内篇——道教西派李涵虚内丹修炼秘籍[M].北京：宗教文化出版社，2009.第220页。

③ 胡孚琛.中华道教大辞典[M].北京：中国社会科学出版社，1995.第1269页。

④ 刘大均.《大一生水》篇管窥[J].周易研究，2001（4）.

本、范应元本、吴澄本'悠'作'犹'。景龙及寇质才本'犹'字作'由'。按：犹、由、悠，古通假。"①本文认为"犹、由、悠"三字虽然在"音"上通假，但在"义"上仍然有差异。而且前文第十五章已有"犹兮，若畏四邻"一句，两者在文义上是一贯的。"犹"上文已解释为《易经》谦卦的运用，喻"山之高，乃屈而居地之下"之阴德。"贵言"通"希言"。此句意为少言多行功德。"功成事遂"喻指"广行功德"，等待太一之神召箓受符。"自然"者，自成也，自己成就自己，是人的主体性、能动性价值的体现。如《黄庭外景经》云："羽翼已成正扶疏，长生久视乃飞去。"胡孚琛主编《中华道教大辞典》第九类内丹学第八女丹功法"待度飞升"："当移神出壳后，还要多做善事，修养德行，用行动感化上天，等待上帝的圣诏，才可以得到道果。《壶天性果女丹十则》：'女单修成，务必广行功德，倘功德行满，上圣见而怜之，保奏上帝……若到出神之后，直待上圣拔度归真，方可了手。'否则任神出壳后自由自在，难得圣果，至多'散仙'而已。"②

如同《周易参同契》服食成功章第三十一："勤而行之，夙夜不休。服食三载，轻举远游，跨火不焦，入水不濡，能存能亡，长乐无忧。道成德就，潜伏俟时，太一乃召，移居中州，功满上升，膺录受符。"（"勤而行之"之十四句，世本误入上篇养性明辨邪正章，今正之。）③余琰发挥："然温养事毕，更当潜伏人间，积功累德，以开度群迷，方可翩然而往。是故朱灵根嘱皇甫履道接引后学，金华洞仙戒杨虚白不得幽栖，必功济群品，乃仙去，岂容独善其身哉？"④入太一中宫，与天道合一，为丹道修炼者最终归宿。

《老子》一书在男子主导的父系社会，为女子修道者留下一片神圣空间，弥足珍贵。同时，也体现了一种男女平等观，所谓"一阴一阳之谓道"，而不是男尊女卑的等级秩序。人类社会是从母系社会开始的，女性在当时就成为社会秩序的主宰。在现代社会，女性仍然支撑起人类社会的"半边天"。人类社会只有充分尊重、理解、支持女性各项权益，才能健康、可持续地发展下去。在当代社会中，女子养生、练功、修道之事，正方兴未艾，有力地推动了人类健康文明的发展。

本文最后祝愿天下所有的女性拥有健康的身体、美丽的容貌、善良的心灵、聪明的才智。女性的明天更加美好，"人类命运共同体"的明天更加美好。

"各美其美"，"美人之美"，"美美与共，天下大同"！

① 陈鼓应.老子今注今译[M].北京：商务印书馆，2009.第142页。
② 胡孚琛.中华道教大辞典[M].北京：中国社会科学出版社，1995.第1267页。
③ 朱元育.参同契阐幽·悟真篇阐幽[M].北京：华夏出版社，2009.第115页。
④ 周易参同契发挥（卷三）[A].道藏[C].第20册，第209页。

《道德经》中的生命修炼之道

——以"时空哲学"与道家内丹学为据

孙铁骑 *

内容提要：道家内丹学的基本生命修炼原理就是将外用的精、气、神收归内时空，使精、气、神由外在分裂重归内时空统一。以此原理反照《道德经》的经典文本，可以考证出《道德经》中哪些文本内含了内丹学的生命修炼原理，从而能够更好地理解《道德经》所内含的生命真谛，在《道德经》的当代解读中真正达于经典之本义。对《道德经》全部文本的义理解读都应当要以老子的生命修炼之道为核心展开，不但要对《道德经》中直接言说生命修炼之道的文本进行正确解读，而且要以此生命修炼之道为终极价值追求展开对《道德经》中的其他文本的义理解读，如此才不会偏离老子创作《道德经》的原始本义与理论宗旨，才能真正走入《道德经》的义理世界。

关键词：《道德经》；生命修炼；内丹学；时空统一

长生久视之道是道家思想的核心价值诉求，实现这一诉求的具体路径集中体现在后世道家内丹学的生命修炼之道中，并在道家内丹学的发展史中形成了《道藏》中蔚为壮观的众多丹经与道书经典文本。而与卷帙浩繁的丹经道书相比，作为道家原始经典的《道德经》中却似乎缺少对生命修炼之道的直接表达。而在思想史的发展逻辑之中，既然《道德经》是道家原始经典，那后世丹经道书就不过是《道德经》思想的流衍与发挥，内丹修炼之道必然已经内含于《道德经》的理论表达之中，只是没有如后世丹经道书那样明确提出的理论表达样式而已。故站在当代的理论地平之上，我们可以先行理解后世道家内丹学的生命修炼原理，再

---

* 孙铁骑（1973—）男，辽宁铁岭人，哲学博士，吉林师范大学马克思主义学院副教授，研究方向：中国哲学。

以此原理反照《道德经》的经典文本，以考证出《道德经》中哪些文本内含了内丹学的生命修炼原理，从而能够更好地理解《道德经》所内含的生命真谛，在《道德经》的当代解读中真正达于经典之本义。

　　而后世丹经道书的话语系统并非符合当代哲学理性的理论表达形式，而是多以丹、砂、铅、汞、鼎、炉、龙、虎、水、火、日、月、周天等譬喻来阐释生命修炼原理，为当代人的哲学理性思维所难以理解和把握，故需要对内丹学的生命修炼原理进行符合当代哲学理性思维的理论转化。这一转化只有在长白山书院山长鞠曦先生的"时空统一论"哲学体系中得到实现，故本文将先以"时空哲学"解读道家内丹学的生命修炼原理，再以此原理考查《道德经》的经典文本，揭示出《道德经》中内含的生命修炼之道。

一、道家内丹学生命修炼原理的"时空哲学"解读

　　理解内丹学的核心要点在于"内丹"二字，"丹"字在道家内丹学中只是一个譬喻，并不实指某种可食用之丹药，而是具有独特的生命内涵。夏元鼎言："仙道以神明为宗，以日月为丹。"①一个"丹"字，内含着日月的轮转与变化之义，而日月的轮转与变化既是一种空间的变换，亦是一种时间的历程，所以日月之变化实乃时空之变化。故"丹"字用现代哲学理性思维来解读就是一个表达时间与空间流转与变换的概念。而时间与空间都是一种人为的划分与分判，时间无始无终，从不停止，从不中断，只是人为划分出年、月、日，时、分、秒，故时间的本质就是"时"，没有"间"的存在。空间也是如此，四维上下、高低长短皆是人为的划分，"空"本无"间"，"空间"的本质就是"空"，没有"间"的存在。而此"无间时空"却内含生生之力量，一切有形之物，可以被人划分为时间与空间的一切存在者都是从此"无间时空"中发育流行而出，由"无间时空"的混沌到有间时空的万事万物的存在，就是生生之道的发育流行之过程，故此"无间时空"就是生生之道的本然自在，就是"形而上者谓之道"（《易经·系辞上》），而有间时空就是生生之道的创造物，就是"形而下者谓之器"（《易经·系辞上》）。故可言"时空本无间，无间时空自生生"②，从而"丹"字本义即为"无间时空"，内含生生不息之力量，为生命之本源，故为道家修炼生命之根本所在。

　　既然"丹"字以现代哲学理性解读为"无间时空"，那"内丹"就是内在于人的现实生命之中的无间时空之存在，在"时空哲学"中名之为"内时空"，"内时

①　[宋]夏元鼎.黄帝阴符经讲义，阴符经集释[M].北京：中国书店.2013，第40页。
②　孙铁骑."时空统一论"哲学之学理初探[OL].长白山书院网站：http://www.cbsrudao.com/html/research/272.html。

空"为"无间时空"，故为形而上。与此"内时空"相对的是存在于人之现实生命之外的一切有形存在，名之为"外时空"，"外时空"为"有间时空"，故为形而下。故"内时空之形而上与外时空之形而下"①是"时空哲学"的核心命题之一。至此可知，以现代哲学理性解读"内丹"的概念内涵，再将之转化为符合现代哲学理性话语系统的概念表达方式，传统道学的"内丹"概念就可以转化为"时空哲学"的"内时空"概念。那么修炼"内丹"也就是进行"内时空"操作，所谓的内丹修炼之法不过是人体内时空操作的具体方法而已，这就清除了内丹修炼之道中的神秘主义，使当代人可以运用当代的哲学理性思维，通过对生命"内时空"操作的理解和把握走进道家传统的内丹学生命修炼原理之中。

　　将"内丹"概念转换成"内时空"概念之后，就可以用"内时空"概念来分析、理解和把握内丹学的生命修炼原理了。因为"内时空"是"无间时空"，故为形而上的生生自在，也就是人体的生命力量之源，此内时空的生命力量在传统内丹学中称为"炁"或"元气"，此元气流行、游走于人体内在的经络系统之中，支配着人体的一切生命活动，外时空的千般表现皆根源于内时空的生命能量供应，故内时空为形而上而外时空为形而下，形而上支配形而下，内时空支配外时空，就是道支配器。故人体内在看不见的经络系统就是"形而上者谓之道"的"内时空"存在，此经络系统所构成的"内时空"并不是什么也没有的绝对空无，而是内含着"无间时空自生生"的生命能量，催动着人体的一切运动与变化，支配着人体的一切外时空操作。正因为人体内时空以生生不息的生命能量催动着人体外时空的一切运动与操作，所以人体外时空的一切操作也就必然带来内时空生命能量的耗费与减少，所以人体会因之而感到劳累与疲乏，从而需要通过休息来恢复体力。

　　而人体内时空的能量运动、消耗与恢复具有独特的生命运作方式，只有道家以内丹学原理将之透彻认知。在内丹学原理中，内时空的生命能量被称为"元气"，此元气发用流行于外时空之时就分化而为精、气、神三种作用方式，元气为先天形而上的生生自在，为无间时空，而此精、气、神的运用已落入后天形而下的有间时空存在，沦为与器物一样的时间性与空间性分裂的存在。也就是说，内时空的生生自在一落入外时空劳作之中就分裂为精、气、神的时空间化之中，从而使内时空的形而上落入与外时空的形而下一样的时空分裂之中，由此就使内时空由形而上落入形而下，从而使生命彻底沦为器物性存在。而内丹学的生命修炼之道

①　鞠曦.易哲学之形而中与内时空之形而上[OL].长白山书院网站：http://www.cbsrudao.com/html/thought/I-Ching/25.html。

就是自觉到了这种生命顺行天道，由外时空劳作而至于内时空分裂，导致生命损耗与生命能量减少的问题，故而要逆而修之，停止外时空的生命盲动与劳作，回归到内时空统一的生命自在，使精、气、神由外时空运用的分裂状态重回内时空的统一。内丹学称运用于外时空的精、气、神为后天，而后天的精、气、神回归内时空的先天之后称为元精、元气、元神，而先天的元精、元气、元神并无区别，只是相同的生命能量存在，可以"元气"一词统言之，就是内时空的生生自在。所以内丹学的基本生命修炼原理就是将外用的精、气、神收归内在，使精、气、神由外在分裂重归内在统一，培育并合成先天元气，最终使此先天元气凝聚成可以为生命主体自觉感知与操控的真实存在，名之为"内丹"。其实质就是对内时空的生命能量进行自觉操控，不再随顺天道而任由生命自然地生死流行，故言"我命在我不在天"。

内时空的生生自在一经发用流行于外时空的生命操作，就分裂而为生命后天形而下的精、气、神的存在，再以精、气、神的运作实现外时空的一切生命运动与劳作。而在长期支配和操作生命外时空的分裂性运动与劳作的过程之中，作为无间时空的生命内时空也会逐渐出现实质性间化，使内时空出现实质性的时间与空间的分裂与中断，也就是人体经脉系统的堵塞与中断，从而内时空的生生力量逐渐受限、受阻而衰减，并最终影响到生命外时空的正常运动与操作，最终表现为各种实质性的生理与心理疾病。这就是现实生命顺行天道而自然耗损生命，由生而至于衰老、疾病与死亡的过程。如此过程用现代哲学话语表达就是人的物化与异化，人成为工具化存在，被外物所限而逐渐丧失其主体性的过程。针对如此问题，内丹学以周天功作为具体可操作的功夫论进路，停止外时空的一切盲动与劳碌，以精、气、神的合一培育和积攒元气，再以元气所具有的生生流行之力逐渐冲开被堵塞的经脉，最终使经脉完全畅通。因任脉与督脉分主一身的阴脉与阳脉，并通行于人身的前庭与后背形成一个循环，故任督二脉的贯通被称为"小周天"，而"任督通则脉脉通"，通过"小周天"的贯通最终带动实现周身经脉的全部贯通，称为"大周天"。这一打通大小周天的生命修炼过程也就是由外时空回归内时空，逐渐积累内时空中的生命能量，以此生命能量清除内时空的时空间化，重新实现内时空的完全统一，使内时空由后天的形而下重回先天的形而上的过程，即为修道而至于得道。

二、《道德经》中内含的生命修炼之道

理解了道家内丹学关于生命修炼的基本原理，就可以以之为根据反观《道德经》各章的经典文本，理解和分析哪些话语是对内丹学生命修炼原理的直接理论表达，哪些话语只是间接内含了此生命修炼原理，哪些话语又只是对此原理的外在发挥与具体运用。本文于此只考查《道德经》中能够直接表达着内丹学生命修炼原理的经典文本与段落，其他则暂置之阙如。

（一）内时空与外时空的生命修炼原理

《道德经》第四章言：

> 道冲，而用之或不盈。渊兮，似万物之宗。挫其锐，解其纷，合其光，同其尘。湛兮，似或存。吾不知谁之子，象帝之先。

"道冲，而用之或不盈。"关键字在于"用"字，既然能被"用"，则此道就不是自然之道，而是属人之道，能够为人所用之道，即为"无间时空自生生"的内时空之道。故此"道冲"并不是言说自然之道的发用流行，而是言自然之道流行于人体内时空之中而发用流行的"形而上者谓之道"，此生生不息的生命能量流行于内时空之中，属于无间时空的生生自在，故绵绵不绝而持续不断，因一旦中断或穷尽，即为生命死亡之时，故对生命的存续而言，此道之流行必须"用之或不盈"。

"渊兮，似万物之宗。"内时空的生生之道是现实生命存在的根本源头，但此内时空并非有形存在，而是形而上的无间时空，无形无象可以把捉，故如深渊一样不可捉摸，故言"渊兮"。但生命的一切外在操作与对天地万物的一切认知又都根源于它，也就是外时空要以内时空为存在的逻辑前提才成其为外时空，似乎外时空万物的存在反以此内时空的存在为根据，故言"似万物之宗"。

"挫其锐，解其纷，合其光，同其尘。湛兮，似或存。""锐、纷、光、尘"皆为外时空之无穷变化，皆为时空分裂、时空间化之结果，内时空在这种时空间化的生命盲动与外在劳作之中消耗了生命能量，使内时空分裂，使经络系统阻塞，造成各种疾病。故要"挫其锐，解其纷，合其光，同其尘"，就是要停止外时空的生命盲动与时空分裂，不对外时空进行时间与空间的间化性认知与劳作，消解生命主体性的自以为是，与外时空合而为一，在生命情怀上就是"上下与天地同流"（《孟子·尽心上》），"天地与我并生，而万物与我为一"（《庄子·齐物论》）的人生境界。而这种外时空的"挫锐、解纷，合光、同尘"，其目的是回归生命内时空的生生自在，达于内时空的统一与贯通。而内时空的生生流行只有通过有意识的生命自觉与现实操作才能真正觉知和把握，故言"湛兮，似或存"。"湛兮"言其真实、确切而不可疑，"似或存"则言其不可言传，只能实证，如庄子所言之"道可传而不可受"(《庄子·大宗师》)。

"吾不知谁之子，象帝之先。"此二句概言此内时空之生生流行莫测难言，只能操作，不能解说；只能修炼，不能言传；故言"吾不知谁之子"。但其又是现实的生命修炼所能把握与达到的生命状态与境界，实乃天之所予之能力，故言"象帝之先"。

此外，《道德经》第十二章对于外时空分裂的各种危害进行了特别揭示：

> 五色令人目盲，五音令人耳聋，五味令人口爽，驰骋畋猎，令人心发狂，难得之货，令人行妨。是以圣人为腹不为目，故去彼取此。

耳、目、口、心等感官逐于外物，必然扰乱内时空统一，造成内时空分裂。圣人知生命内外时空之分合、损益之理，而注力于内时空修炼，不在外时空奔逐，故能"为腹不为目"。因腹为内，目为外；腹守内时空，而目逐外时空，故要"去彼取此"。

（二）内时空的生命修炼方法

1."虚"以"守中"

《道德经》第五章言：

> 天地不仁，以万物为刍狗。圣人不仁，以百姓为刍狗。天地之间，其犹橐籥乎！虚而不屈，动而愈出。多言数穷，不如守中。

二个"不仁"言说圣人与天地一样，对万物与百姓没有偏私。此偏私有二层意涵：一是圣人之道人人可求，人人可得，非为个别人所专属；二是此圣人之道只能从自身修炼而得，而非外求而来，更不是由圣人外加于己。因圣人之道即为内时空生命修炼之道，而内时空人人固有，非为外求而得，亦非外加于己。故圣人只能传给他人如何自己修道之法，却无法直接将道授与他人，故圣人传道于可传之人不为仁慈，不传于不可传之人亦不为不仁。

"天地之间，其犹橐籥乎！"言天地之间本无时空间化，乃为时空统一之生生自在，如风箱气囊一样，内似空虚，却有鼓动万物，生生无穷之力量。因"时空本无间，无间时空自生生"，天地之间以其"时空本无间"而能生生不息，长养万物。于人身言，则只有内时空为无间时空，内具生生无穷的生命力量，支配着外时空的一切运动。

"虚而不屈，动而愈出。""虚"是中国哲学的重要概念，《列子》书又名《冲虚真经》，即以"虚"为宗；儒家的荀子也以"虚一而静"为修身之法。"虚"即为中无一物，没有间化，没有隔阂，没有分判，在生命而言就是持守内时空统一，积蓄生生无穷之生命能量，周流全身经络，积蓄蓬勃之生命力。故"虚"并不是绝对的空无，而是内含生生无穷的力量，故言"虚而不屈"。此生生无穷之力量周流全身经脉，使身心舒泰，生命康健，故言"动而愈出"。《道德经》第十六章言"致虚极，守静笃"亦是此义，"虚"之极致即为内时空完全统一，使生生之力于体内充沛流行，而表现于外时空却是完全的静止，停止外时空的一切盲动，故为"守静笃"。

"多言数穷，不如守中。"这是对生命修炼方法的具体指导，"多言数穷"指明生命修炼不是言说之事，而是现实的生命操作；"不如守中"则揭示生命修炼的关键与入手之处即为"守中"之法。此"中"大而言之，指人在天地之"中"；小而言之，指人体内时空之"中"，具体而言之，在丹田气海之"中"。心神不外驰，守于内时空，则元气渐充渐聚，日久则于丹田气海之中凝聚成形而为"丹"，即可为主体自觉操控和把握之生命能量之源。

此被称为"内丹"的生命能量之源因其具有生生不息的力量而又称为"玄牝"，故《道德经》第六章又有"谷神不死，是谓玄牝；玄牝之门，是谓天地根；绵绵若存，用之不勤"之论。此"玄牝之门"就是人之心神可以操作与推动内时空生命能量自主流转运行的始点，精、气、神于此凝聚而成生生不息的生命能量，最终打通全身经脉，实现内时空完全统一，故言"谷神不死"，为神凝气聚而生生不息之义。以我观世界，我为世界之中心，而此"玄牝之门"又为吾身之中，从而天地万物皆可视为由此"玄牝之门"向外生发而成、而存，故言"玄牝之门，是谓天地根"。吾之生生由此"玄牝之门"而通于天地万物之生生，形成宇宙大生命之生生不息，故言"绵绵若存，用之不勤"。

2."抱一"以"专气"

前文已述，《道德经》第五章给出了"守中"的生命修炼方法，第六章则给出了此"中"的核心标的为"玄牝之门"。那么又该如何守住此"中"呢？又该如何操作此"玄牝之门"呢？《道德经》第十章给出了"抱一以专气"的操作指引：

载营魄抱一，能无离乎？专气致柔，能如婴儿乎？

"营魄"不仅指魂魄而已，而是概言内时空外用之时分裂而成之精、神、魂、魄、意等各要素，内丹学以"精、神、魂、魄"分属于"北、南、东、西"四方，以言生命内时空分裂之理，又以"意"为"中"而凝聚四方，使"精、神、魂、魄"合而为一，以言如何回归内时空统一之理。"抱一"就是将此分裂于外的精、神、魂、魄、意等收归一处，回归内时空统一。此"抱一"以意念的精诚纯粹为始点，与《大学》的"诚意正心"实有工夫论上的相通之处。而此"抱一"并非易事，日常生命已经习惯于追逐外物，忙忙碌碌，难得清闲，"精、神、魂、魄、意"皆易散而难聚，纵得一时之安定与凝聚，亦难以持久与永恒，故老子于此慨叹："载营魄抱一，能无离乎？"第二十二章更言"圣人抱一以为天下式"，圣人只有以"抱一"为根本，修炼自身生命，先行解决自身生命问题，方可以为天下人立准则，为天下人所尊崇和效法。

而"守中"与"抱一"之目的是为培育内时空之生命能量，即内丹学所言之"元气"，故下言"专气致柔"。"专气"即为培育、积攒元气，孟子亦言"我善养吾浩然之气"（《孟子·公孙丑上》），其义与此"专气"之说实相贯通。"致柔"即为随顺自然，不可强求，与孟子的"勿忘勿助"之说同样贯通。因任何以意强求都是对精、气、神的另一种乱用，同样会造成内时空的分裂，与修炼之本义相背离。婴儿无知无识，一切作为皆本于自然，从而能精神内守，较少外时空损耗而精力自足，故言"专气致柔，能如婴儿乎？"

（三）内时空修炼之生命体验

内时空之生命修炼，完全是个体之事，他者无法参与其中，自然无从感知和领受其生命体验，但老子仍然强为之言，在《道德经》第二十一章描述了内时空修炼的生命体验：

孔德之容，惟道是从。道之为物，惟恍惟惚。惚兮恍兮，其中有象；恍兮惚兮，其中有物。窈兮冥兮，其中有精；其精甚真，其中有信。

"孔德之容，惟道是从"，意指人生最大的德行就是言行合道，合于生命之道。下面"恍兮惚兮""窈兮冥兮"之语皆是对内时空贯通、统一之时，体内真气运行，生命能量升腾涌动之感的形象化描述，故不可作抽象化、理论化理解。而"有象""有物""有精""有信"皆是指此种生命感受真实不虚，虽不可为外人道，却是现实的生命修炼所呈现的真实感受，故言"其精甚真"。

（四）内时空修炼之外在表现与改变

生命内时空为外时空之本源，从而内时空修炼必然引起人体外时空形象、面貌与气质之变化，故老子对得道者进行了外在形象之描摹。《道德经》第十五章言：

> 古之善为道者，微妙玄通，深不可识。夫唯不可识，故强为之容：豫兮若冬涉川；犹兮若畏四邻；俨兮其若客；涣兮其若凌释；敦兮其若朴；旷兮其若谷；混兮其若浊；澹兮其若海；飘兮若无止。

因为内时空的生命修炼与操作无论达于何种境地，都只能为自己所独知，而无法被他人从外在直接看到或感知到，故言"古之善为道者，微妙玄通，深不可识"。但正为深不可识，才要勉强描述其外在形象，给人留下访道寻仙的基本线索，故言"夫唯不可识，故强为之容"。"豫兮""犹兮""俨兮""涣兮""敦兮""旷兮""混兮""澹兮""飘兮"，都是对内时空修炼有成之人的外在形象描摹，要在于谨慎、庄严、素朴、豁达与自然。

《道德经》第二十章又在与俗人的对比中对得道之人的外在形象进行了描摹：

> 荒兮，其未央哉！众人熙熙，如享太牢，如春登台；我独泊兮，其未兆；沌沌兮，如婴儿之未孩。儽儽兮，若无所归。众人皆有余，而我独若遗。我愚人之心也哉，沌沌兮！俗人昭昭，我独昏昏；俗人察察，我独闷闷。澹兮其若海，飂兮若无止。众人皆有以，而我独顽且鄙。独异于人，而贵食母。

外时空纷繁错乱，没有止境，故言"荒兮，其未央哉"。而众人皆奔逐于外物，迷恋于外时空的各种诱惑，认假为真，以苦为乐，故言"众人熙熙，如享太牢，如春登台"。而圣人以内时空修炼为真，以外时空追逐为假，故能"泊兮"，"沌沌兮"，"儽儽兮"。众人皆于外时空求物欲，故能"有余"，而圣人则于内时空修炼而于外时空若有所失，故"若遗"。圣人心神在内而不用心机于外，故"我愚人之心也哉"。俗人昭昭察察，却是为一己私利，而圣人却昏昏闷闷，而毫无一己私意，故能"若海"，"若无止"。众人皆有待而生，有欲而求，故言"众人皆有以"，而圣人则独立不改，无待于外，故"而我独顽且鄙"。圣人正因为异于众人，才得以"独与天地精神相往来"，得天道性命之正，故言"独异于人，而贵食母"。

三、生命修炼之道在《道德经》中的核心学理地位

《道德经》仅仅五千言，却含弘光大，言简而义深，直指至理大道。正因其言简，故难以仅仅通过文字本身就完全透彻理解《道德经》原始文本的精义；正因其义深，故可以让解读者从不同视角、不同层面展开不同的解读；所以历来对《道

德经》的解读纷乱复杂，各言其理，争论不一。如何弥合这种分歧？怎样才能解读出《道德经》的真正本义？对文本的解读不能离开对文本作者的考察，从文本作者的创作本意出发去理解文本才会更加准确地理解文本的真正内涵。所以解读《道德经》就要回到老子的生命之中，知道老子是一个什么样的人？他创作《道德经》的目的是什么？其以什么样的价值宗旨形成了后世的道家学派？以对这些基础问题的解答为理论地平，才能真正走入《道德经》的义理世界。

因为《道德经》既然是老子一生唯一的作品，必然是老子全部学术生命的真实表达。读其书必先知其人，解读《道德经》的前提首先是要明确它的作者是一位得道之人，而《道德经》又是一部言道之书，则此书必然内含老子的生命之道。而老子作为得道之人必深晓生命修炼之理，必有其生命修炼之法，必有其生命修炼的深刻体验。而《道德经》虽言简而意赅，必然应当内含着这些内容，故对《道德经》的解读就应当以老子的生命之道为核心展开，而生命之道是现实的生命运动，而不是抽象的理论表达，故如何修炼生命以合于道必然是《道德经》最核心的思想。故在《道德经》的义理解读之中应当先行确立生命修炼之道的核心学理地位，将《道德经》的全部文本解读建立在生命修炼的价值宗旨之上。如此才能合乎逻辑地对前文引证的诸多文本进行合理解读，并能以之指导现实生命的修炼与操作。这才是《道德经》活的灵魂与跨越历史时空的文化价值所在，也是《道德经》切入每个人的现实生命与当下现实生活的切实入口。也只有将生命的修炼之道确立为《道德经》的核心理论宗旨，才能在思想史的维度中合乎逻辑地解释为何后世丹经道书能够在《道德经》的基础上发展出系统完备的内丹学生命修炼体系，从而不会将《道德经》与后世的丹经道书当作不同的理论体系来解读。

在当代的《道德经》解读中，存在的最大问题就是离开老子的生命修炼之道，从解读者本人的学术背景、理解能力与兴趣爱好出发进行自以为是的理论解读，从而这种解读只是解读者自己的思想，而不是老子写作《道德经》所要表达的本义。虽然站在思想史流衍的任何一个时代结点上，每个解读者对经典文本的解读都只能是一种"自以为是"，但此"自以为是"如果能与老子的生命相贯通，就会更加走近《道德经》的本义。相反，背离老子的生命修炼之道，无论解读多么合乎理性的逻辑，都是在《道德经》以外的另一套义理逻辑，而不是《道德经》所要真正传达的东西。而且，离开生命的修炼之道解读《道德经》，如前文所引证的那些文本根本就无法得到合理解读，而其他文本纵使能够得到合理解读，如果离开了生命本身，与生命的安顿无关，又有何实际意义呢？所以对《道德经》全部文本的义理解读都应当要以老子的生命修炼之道为核心展开，不但要对《道德经》中直接言说生命修炼之道的文本进行正确解读，而且要以此生命修炼之道为终极价值追求展开对《道德经》中的其他文本的义理解读，如此才不会偏离老子创作《道德经》的原始本义与理论宗旨，才能真正走入《道德经》的义理世界。

《道德经》版本研究

有无新辨：道体之有与道用之无

——《郭店老子甲本》的体用观

李　健*

内容提要： 道是老子哲学的核心理念、逻辑起点，而道与有无的关系问题，以及有无与体用的关系问题，都关涉老子哲学的元问题。由于长期受到通行本《老子》的"天下万物生于有、有生于无"的影响，把单一的无作为道的内涵，导致无的地位高于有的地位，与"有无相生"的原文相悖论，从而遮蔽了道作为有无同构的向度。由于长期受到通行本《老子》作为"道·德经"的影响（以及通行本《老子》的"道生之、德畜之""万物莫不尊道而贵德"的影响），把道作为体，德作为用，而遮蔽了道本身是道体与道用的二重性，尤其导致了有无问题与体用问题相割裂。笔者结合《郭店老子甲本》的"天下万物生于有、生于无"等原文，重建检讨这些流行观点，从而真正理解老子哲学的有无与体用的自洽关系——道作为有无同构的内涵、道作为道体之有与道用之无的对立统一（道体指向本原之道，道用具体指向治国之道）。

关键词： 道　有无　道体之有　道用之无　《郭店老子甲本》

道是老子哲学的核心理念、逻辑起点，而道与有无的关系问题以及有无与体用的关系问题，都是老子哲学的元问题。本文立足《郭店老子甲本》的原文，重新对这些问题进行检讨，从而打开老子哲学元问题研究的新向度。

一、道的内涵：有无同构

老子把道作为最高的理念，那么道的最根本的性质是什么呢？这就涉及有无

---

　*　李健（1982—），男，贵州遵义人，暨南大学文学博士，北京元学文化院院长，厦门大学传播研究所兼职研究员，研究方向：老子哲学。

的问题。除了道的概念之外，有无的概念就是最为根本的了。不论是古代王弼的"贵无论"，还是近代以来今人的学者，在有无问题上大都把无作为道的唯一规定性。"从战国直到现在，垂直的解释（强调"有生于无"，道就是无）占了上风。"①胡适是把道等同于无的："老子所说的无与道简直是一样的。……可见道即是无，无即是道。"②郑开认为："……道只能从无的角度予以把握和理解……"③把无作为道的唯一规定性，会造成原文的矛盾。我们知道，老子还有"有无相生"的原文，在这里有和无是并列的，是相互依存的关系。之所以容易忽视有无并列的"有无相生"之原文表述，是因为在通行本《老子》中有"天下万物生于有、有生于无"的原文，从而依据于"有生于无"而确立无高于有的地位，进而认为无是道的内涵。

而《郭店老子甲本》不同于通行本《老子》的"天下万物生于有、有生于无"，而是"天下之物生于有、生于无"，这是一个非常宝贵的信息。也就是《郭店老子甲本》不是"有生于无"，而是"生于有、生于无"，把有无作为并列地位，这样就与"有无相生"不矛盾了，且是相互验证了。

当然，从郭店《老子》的"天下之物生于有、生于无"，到通行本《老子》的"天下万物生于有、有生于无"，也可能仅仅是修辞的变化，而不是义理的变化。我们仍然可以尝试从修辞的角度来还原出"天下万物生于有、有生于无"所表达的不是"有生于无"，而是有无并列的可能性。在老子文本中，有类似于成语接龙的句子，后一句的尾字接前一句的首字，达到一气贯注的语音节奏效果，类似于顶针修辞。比如，"强为之名曰大、大曰逝、逝曰远、远曰反"，实际含义是"强为之名曰大、曰逝、曰远、曰反"。同理，"天下万物生于有、有生于无"，实际含义是"天下万物生于有、生于无"，即"有生于无"的"有"实际是为了接前边的尾字，而无实际含义，犹如"逝曰远"的逝是为了接前边的尾字。如是，则通行本《老子》的"天下万物生于有、有生于无"，和郭店《老子》的"天下之物生于有、生于无"，含义是一致的。类似的修辞还有"人法地、地法天、天法道、道法自然"，可以还原为"人法地、法天、法道、法自然"。是人法自然，不是道法自然，更突出人的主体性。而道无意志，不存在"道法"的问题。地、天也如此，地、天都是无意志的。还有，人不仅法地，还要法天、法道，也符合老子整体思想。

---

① 张祥龙. 有无之辨和对老子道的偏斜——从郭店楚简《老子》甲本"天下之物生于有/无"章谈起 [J]. 中国哲学史，2010（3）.

② 胡适. 中国古代哲学史 [M]. 上海：上海古籍出版社，2013. 第38页. .

③ 郑开. 中国哲学语境中的本体论与形而上学 [J]. 哲学研究，2018（1）.

　　综上，把单一的无作为道的内涵，会导致与"有无相生"的原文相矛盾。有无同构才是道的内涵，并与"有无相生"的原文验证，与《郭店老子甲本》的"天下之物生于有、生于无"的原文验证。

二、道的体用关系：道体之有与道用之无

　　由于《郭店老子甲本》是"天下之物生于有、生于无"，部分学者也认同有无同构作为道的内涵，而不是单一把无作为道的内涵。陈鼓应也提到，"有、无关系是对等的"[①]。陈鼓应重视到了有无的对等关系，有无同作为道的内涵。但陈鼓应同时提到，"有、无关系是对等的，是用以指称道体之一体两面"[②]。陈鼓应在讲体用关系时，认同王弼的"以无为体，以无为用"的观点，"至于体用观方面，老子隐含性地提出道的体、用问题，其后由王弼加以显题化，而提出'以无为体、以无为用'等重要命题"。[③] 陈鼓应一方面认为有无一体作为道体，一方面又认同王弼单一的以无为体，是相互矛盾的。张祥龙也关注到有无同构的问题："郭店楚简《老子》甲本却将通行本 40 章的垂直表述变为了水平表述，让人看到《老子》道论的更古朴也更内在一致的结构。"[④] 但张祥龙没有揭示出有、无与道的体用的关系。

　　其实《郭店老子甲本》明示了有无与道体道用的关系。"天下之物生于有、生于无"在《郭店老子甲本》的完整章节内容是："反也者，道动也；弱也者，道之用也。天下之物生于有、生于无。"在这一章中，"反也者，道动也；弱也者，道之用也"与"天下之物生于有、生于无"正好是对应关系。"生于有"对应的是"反也者，道动也"，"生于无"对应的是"弱也者，道之用也"。"反也者，道动也"讲的是道体，本原之道。（反是指向道体的，因为老子在表述本原之道时，就用到了反，"大曰逝，逝曰远，远曰反"。）"弱也者，道之用也"，直接有"道之用"的原文，讲的是道用，具体表现为柔弱（通行本《老子》里的"无之以为用"也是把无作为用，与此一致）。也就是有是道体，无是道用，道是道体之有与道用之无的对立统一。

　　"天下之物"，指天下之人。这有两方面的证据，一是，"天下"是政治概念（比如老子还讲"以无事取天下"，《大学》讲平天下），"天下之物"所指向的是天

　　① 陈鼓应 . 中国哲学创始者——老子新论 [M]. 北京：中华书局，2015. 第 95 页。
　　② 陈鼓应 . 中国哲学创始者——老子新论 [M]. 北京：中华书局，2015. 第 95 页 . .
　　③ 陈鼓应 . 中国哲学创始者——老子新论 [M]. 北京：中华书局，2015. 第 172 页。
　　④ 张祥龙 . 有无之辨和对老子道的偏斜——从郭店楚简《老子》甲本"天下之物生于有 / 无"章谈起 [J]. 中国哲学史，2010（3）.

下之人。二是，物指人。比如老子讲"侯王能守之，而万物将自化"，这里万物是万民，在讲人，"万物将自化"也就是万民将自化，所以还有"我无为而民自化"的原文。"天下之物生于有、生于无"，是说天下之人既生于道体，也生于道用。当时没有使用人，而是用物，是因为当时社会分出了人和民，人是有一定身份地位的群体，民是无身份地位的民众（万物）。

"反也者，道动也"，讲的是道体之有，道体的特征之一表现为道动：反（道体有四大特征：大、逝、远、反），说明老子的本原之道不是静止不变的，而是运动的变化的，道动的思想应该是受到周易变化观念的影响。"弱也者，道之用也"，讲的是道用之无，道用的特征是弱，也就是柔弱。老子把无作为道用，推崇无为而治、无事安民等，而这些理念正好是柔弱治国之道。

有指向道体，无指向道用，除了在《郭店老子甲本》的"反也者，道动也；弱也者，道之用也。天下之物生于有、生于无"这一章里找到对应关系。我们还能看到相关的原文证据。

老子在讲"先天地生"的道体（本原之道）时，他用的是有，而不是无，《郭店老子甲本》的原文是"有将昆成"，通行本《老子》是"有物混成"。通行本《老子》也用无来描述道体，比如"无状之状，无物之象"，但《郭店老子甲本》里没有这样一些表述。道体"先天地生"，是一种对象存在，它必然属于有，而不能属于无。老子在谈论道用时，则指向了无，比如无为、无名、无事、无欲（不欲）等。这些无的要素，都是治国范畴，有价值维度的意义，而不是作为道体范畴。老子是通过讲治国来讲道用，老子是讲给侯王的，不是讲给众人的。"有将昆成"中的有指向道体，"道亘无为""道亘无名"中的无指向的是道用，道是道体之有和道用之无的对立统一，也就是本原之道与治国之道的对立统一（"道亘无为"中的道，不少人都会误解为是道体，是本原之道，这忽视了一个常识，那就是无为是指向治国的，"无为而治"，治国属于道用，不是道体。"道亘无名"中的道，同样不是指向道体，而是指向道用，因为无名是不追求名誉，反对虚妄的价值判断）。

不少学者受到通行本《老子》影响，主张道为体德为用的道体德用说。陈鼓应也有同样的主张："道和德的关系是合二为一的，老子以体和用的发展说明道和德的关系。"[1] 之所有这样的观点，与通行本《老子》的一些原文有关，比如"道生之，德畜之"，"万物莫不尊道而贵德"，加之通行本《老子》又名"道德经"，体现了道与德的主概念，既论道也论德。但把道作为体，德作为用，是与原文有悖的。比如，作为"先天地生"的道，是道体这没问题。但即使在通行本《老子》

---

① 陈鼓应．中国哲学创始者——老子新论 [M]．北京：中华书局，2015．第 149 页。．

里也还有道作为用的原文，比如"天下有道，却走马以粪。天下无道，戎马生于郊"，这里的道是治国之道，它是属于道用的范畴。"天下无道"，是指天下无道义，是治国之道，作为本原之道的道体不存在"无道"的问题，道体是恒久的。如果推崇道体德用说，会把道用维度给遮蔽，而道是道体和道用的对立统一。《郭店老子甲本》里分出了道体之有与道用之无，用道来统摄本原之道与治国之道，没有把德作为重要的概念。《郭店老子甲本》仅有一处提到了德，"含德之厚者，比于赤子"。而不像通行本《老子》一样较大篇幅论德，所以不能把德作为《郭店老子甲本》的主要概念。《郭店老子甲本》论道不论德，是一部纯粹的"道"经，而这里的道统摄了道体之有和道用之无，是一部自洽的完整著作。

综上，有指向道体（如，"有将昆成"），是本原之道；无指向道用（如，"道亘无为"、"道亘无名"），具体表现为治国之道（无，具体指无为、无名、无事等）。老子的道是道体之有和道用之无的对立统一（也就是本原之道与治国之道的对立统一），也同时把有无问题与体用问题关联了起来，有是体，无是用。《郭店老子甲本》论道不论德，是"有"为体、"无"为用的自洽系统。

三、重新检讨"道不可说"的流行观点

老子哲学里有哲学概念，用有无来规定道，说明道是可以被言说的。但认为道不可说，在哲学界有很大的共识。认为道不可说，与对通行本《老子》"道可道非常道"的理解有很大关系。（《郭店老子甲本》无"道可道非常道"这一章）张岱年提到："道则超乎感觉经验，所以实没有恰当词字可以形容道……以言语论道，所论实非道之本然。"[①] 郑开提到："道在根本上却是不可说的。"[②] 认为道不可说，在当今学界，占据主流的观点。认为道不可说，与后学重视体悟学说也有关，体悟学说反对语言概念的彰显。认为道不可以说，《道德宝章》是最为明确的支持这一观点，《道德宝章》对"道可道非常道"的注释是，"道：如此而已；可道非常道：可说即不如此"。《道德宝章》的意思是可说则不是道，即道不可说。而老子本人并不是把体悟放在第一位的，老子哲学是有充足的理性色彩的，是有概念系统的，比如有无等。河上公注释"道可道非常道"一句，则并没有提到道不可说，他的注释是"道可道：经术政教之道也；非常道：非自然长生之道也"。

学界主流认为道不可说，主要与对"道可道非常道"的理解有关。其实把"道可道非常道"理解为道不可说，恰恰是背离原文的。原文明确说的是"道，可道"，即道是可以说的。道可说，且道不是常道。也就是原文分出了道和常道，但道可

---

① 张岱年. 中国哲学大纲 [M]. 北京：昆仑出版社，2010. 第 25 页。
② 郑开. 中国哲学语境中的本体论与形而上学 [J]. 哲学研究，2018（1）.

说。原文讨论的是道，而不是常道（道不是恒道不变的伪道）。在原文中，道的概念是高频词，而常道只提到了 1 次，且是否定常道。如果原文是贬低可说的道，而推崇常道的话，为何在原文中，看不到常道的概念的广泛使用呢？老子是道家不是常道家，老子是道论不是常道论。这是容易忽视的地方。

通常把"道可道非常道"理解为常道的地位高于道，认为可以说出的道就不是真正的那个常道，贬低可道之道而推崇常道，这是一大误解。不论是通行本《老子》，还是郭店《老子》，其原文都是在论道，而不是论常道。同样，"道可道非常道"，不是落在常道上，而是落在道上。是说道有两大特点，它是可道的，但它不是常道（"非常道"）。从它是什么、它不是什么，两个角度去论述的。我们可以把停顿和标点确定为："道：可道；非'常道'"，这样"可道"和"非'常道'"，是从两个角度对道进行描述。意思就是真道是可道的（可说的），真道不是静止的恒常不变的伪道。可道指向道可说，非常道指向道是变化的（不是静止的恒常不变的伪道）。可说和变化就构成了道的两大特征。

道之可道，正体现出哲学思维，道是一个哲学概念，可以用有无等概念去规定它；道作为"非'常道'"，是说道不是恒常不变的静止固化的伪道，意在说道是变化的，所以在描述道时有原文"大曰逝""反也者，道动也"的原文。"逝"、"道之动"都在说道是变化的运动的，而不是恒常不变的常道，因而原文不是推崇常道，而是否定常道，老子讨论的道正是要与常道划清界限。常道，即恒道，恒常不变的道，这也是有依据的。帛书本的原文是"道可道也，非恒道也"（恒改为常，是汉代避讳恒帝所致）。

认为道不可说，还与通行本原文"道隐无名""道常无名"（《郭店老子甲本》是"道亘无名"）的理解有关。冯友兰提到："因为道无名，所以道不可言说。"[①] 郑开提到："'道隐无名'表述了道超越于语言的特征。"[②] 其实，"无名"并不等于不可说。比如，通行本《老子》提到的"名与身孰亲"，这里的名不是说的意思，而是名位的意思。同样，我们可以把"道隐无名""道常无名"理解为道隐匿而无名誉，道没有名誉意在反对虚妄的价值判断而分出高低贵贱，这是在解构儒家的价值判断。道无名，圣人合道，所以圣人也无名，庄子受到老子启发，直接表达为"圣人无名"（《庄子·逍遥游》），全句是"至人无己，神人无功，圣人无名"。庄子和老子一样，也是讲圣人合道，而不追求外在名誉，把内在生命——身放在首位，而不是外在生命——名货放在首位。

① 冯友兰.中国哲学简史 [M].北京：北京大学出版社，2010.第 81 页。
② 郑开.中国哲学语境中的本体论与形而上学 [J].哲学研究，.2018（1）.

有的学者认为道不可说，还把"吾不知其名，字之曰道，强为之名曰大……"作为证据，同样，这里的名也不是说的意思。在这句中，老子分出了名和字，名是取名的那个名，这是来自名字学文化。古人取名字有讲究，名是名，字是字，名是父亲取的，字是朋友取的。老子作为道的"朋友"，所以有资格给道取字，"字之曰道"；但老子不是道的"父亲"，只能越位而强名了，"强为之名曰大……"这也是为何要强名，而不强字的原因。通行本《老子》中的"绳绳兮不可名"，也是同样的道理。郭店本《老子》、通行本《老子》、帛书《老子》等均是"字之曰大"，而傅奕本是"强字之曰大"，傅奕本忽视了名字学的深意（傅奕本多处对老子原文进行了改动，比如把"王亦大"改为"人亦大"。忽视了只有合道的王〔作为圣人的圣王〕才能与"道、天、地"同为大。陈鼓应著作中的老子校订文采信了傅奕本"人亦大"，造成以讹传讹）。

有的学者把老子本人不想著书，是出关时关令尹喜强迫老子著书（《史记》："强为我著书"），作为道不可说的证据，仍然缺乏依据。老子不愿意著书，并不等于道不可说，而是因为老子追求无名，"以自隐无名为务"（《史记》）。老子最终写了《老子》一书，有明确的概念对道进行言说，正好说明了道可以说。如果我们一方面说道不可说，一方面又在论道、传道，就会陷入荒诞，形成悖论。

综上，老子之道是可以言说的，认为老子之道不可以言说，是对原文的误解造成的。"道可道非常道"，不是指道不可道，反而明确提出"道，可道"，但真道不是静止的恒常不变的伪道（非"常道"），道是运动的变化的。"道可道非常道"的真义是，道是可说，且道是变化的（道不是恒常不变的）。

四、结语

采取《郭店老子甲本》的"天下之物生于有、生于无"的原文，与"有无相生"的原文验证，确立了有无同构的道的内涵，打破单一的"崇无论"，也打破了单一的"崇有论"。

有是道体，无是道用，道是道体之有与道用之无的对立统一，也同时把有无问题与体用问题关联了起来。道为体、德为用的道体德用说，在学界也有较大共识，这忽视了道不仅是体，也是用，本原之道与治国之道是对立统一的。《郭店老子甲本》论道不论德，是"有"为体"无"为用的自洽系统。

老子哲学的有指向道体，即指向本原之道，自然而然地与西方本体论可以会通。因为本体，也就是存在性，属于有的范畴，所以本体又可以翻译为万有、存有、存在。在形而上学的领域里（本体论也属于形而上学），无是不能谈论的，所以海德格尔在《形而上学导论》中开篇就提出"究竟为什么存在者存在而无反倒不存在？"①西方哲学以存有（存在）为前提，是有其深刻的哲学意蕴的，没有存有（存在）根基，我们将无从谈起，因为缺乏谈论的对象。老子把有作为道体，而不是把无作为道体，说明老子有纯正的合格本体论，老子哲学是规范的哲学，这不是以西格中的先入为主的结果，而是把存在作为本体论的逻辑起点是中西应该共同遵循的规范。本体论就应该谈存在、谈有，而不是谈不存在。如果单一地把无作为本体是不能讨论的，不存在之所以不能谈论，是失去了谈论的对象。如果有无共同作为本体，本体既是有，又是无，这就是反逻辑的思维。如果认为无也是一种有，这同样是含混不清，导致无与有的边界不明。老子哲学的无指向道用，具体指向治国之道，可以与西方哲学的价值论进行会通。老子哲学中的道用之无，具体表现为无事、无为、无名等，这些都有价值色彩。

　　老子哲学是道体之有和道用之无的对立统一，有无统一于道，但有和无却是对立的，也就是道体和道用并不是一致的，而是相反的。这不同于王弼的"以无为体，以无为用"的体用一源论，王弼把体和用都归为同一要素。老子的体为有，用为无，反而走出了本体与价值一致性的误区。这正是老子超越性的地方，也就是老子已经超越了体用一源的思维（体用一源是有局限的，比如道无理性、文化，但人却有理性、文化）。价值不同于本体，这正是哲学的进步之处，所以休谟、康德等人对西方传统哲学本体推导出价值的做法，予以了质疑，从而认为本体并不能推导出价值。实然（是什么）和应然（应该是什么）是两个不同的领域。刘笑敢在《老子古今》里，在解读通行本《老子》四十二章时，专门提出了问题："道：实然或应然？"②；在解读通行本《老子》七章时认为，"实然与应然之一体"③。刘笑敢忽视了《郭店老子甲本》中道体和道用的差异性，认为老子是"实然与应然之一体"④，导致逻辑上的困境，因为实然和应然是相反的。《郭店老子甲本》还在文字的书写上对道体与道用进行了区分，据高华平考究，"凡书写者认为属于'天道'概念范围的，就都使用'道'字；凡书写者认为属于'人道'范围的，就都使用'(衍)'字"⑤，高华平说的天道实际就是道体，人道就是道用。由此看来，老子是对道体道用是有分疏的，而不是实然与应然的混用，这也体现出老子逻辑的清晰性。

　　老子之道是可以言说的，老子有概念系统，比如有无等。认为老子之道不可

　　① （德）马丁·海德格尔.形而上学导论 [M].熊伟、王庆节译.北京：商务印书馆，1996.第3页。

　　② 刘笑敢.老子古今 [M].北京：中国社会科学出版社，2006.第470页。

　　③ 刘笑敢.老子古今 [M].北京：中国社会科学出版社，2006.第171页。

　　④ 刘笑敢.老子古今 [M].北京：中国社会科学出版社，2006.第171页。

　　⑤ 高华平.郭店楚简中的道与"衍" [J].哲学研究，2009（5）.

以言说，是对通行本《老子》"道可道非常道"的原文误解造成的。"道可道非常道"，不是指道不可道，反而明确提出"道，可道"，是说真道是可说的，不是静止的恒常不变的伪道（"非'常道'"），道是变化的辩证的。老子推崇变化之道，有"大曰逝""反也者，道之动也"的原文，是老子的道体观具有生命哲学特色，生命是生生不息的，鲜活灵动的，而不是静止不变的机械。老子之道是可以言说的，打破了道的神秘主义倾向，体现了老子哲学的理性色彩。

郭店《老子》甲本"绝智弃支"论札

成富磊[*]

成富磊[*]

内容提要： 郭店简《老子》甲本"绝智弃支"中的"支"字当释作"变"，化也。从文献与思想两个层面与之形成对应的是《尚书·尧典》的"于变时雍"与《顾命》的"率循大卞"。从"绝智弃支"一句后所接的"民利百倍"，可知此乃老子论述君道之语。如此，老子"绝智弃支，民利百倍"表述的思想内容，乃是针对西周春秋以来正统意识中"天—君—民"的治理模式而言。后世《老子》文本皆认同以"圣"代"支"，其关键在于"圣"字核心要义与"卞"字的一致性：知天道。故此，这一改动的缘由或许是道家后学出于反儒的现实要求，但其根本原因端在于，儒家继承了宗周思想传统"圣人化育万民"这一治国观念。

关键词： 绝智弃支；于变时雍；知天道

资金资助： 东华大学青年教师科研启动基金

郭店简《老子》甲组 1 号简起首一句"绝智弃支，民利百倍"，与马王堆帛书《老子》以下各本作"绝圣弃智，民利百倍"不同，引起了研究者广泛的兴趣：

绝智弃支，民利百倍。绝巧弃利，盗贼亡有。绝伪弃虑，民复季子。^①

一、说"支"

去掉二者共同的"智"这一层，此处异文真正的区别在于由"支"改作"圣"。支字，研究者主要有两种读法：辩与辨。整理者读为"辩"。裘锡圭先生按语曰："当是'鞭'的古文。'鞭''辩'音近，故可通用。"此后，韩禄伯先生读"支"

---

* 成富磊（1983—）男，山东东营人，东华大学人文学院历史研究所讲师，历史学博士，研究方向：先秦政治思想史的研究。

① 武汉大学简帛研究中心、荆门市博物馆·郭店楚墓竹书 [M]. 北京：文物出版社，2011. 第 1 页。引文用通行文字。

为"辨"。并得到多数学者的赞同。① 裘先生后来写文章亦改从韩说。"'辨'指对美与恶、善与不善等等的分辨。老子认为智、辨、巧、利、为、虑，都是破坏人类浑朴自然状态，也就是合乎道的状态的东西，所以要加以弃绝，以回归于道。"② 但仍然有不少学者赞同"辩"的读法，丁四新先生："是字仍当读作'辩'，不读作'辨'。'辩'乃巧言善说之义。"③

从思想层面来看，"辩"与"辨"的说法似乎都讲得通，但此二说皆无确证。而现有研究认同"辩""辨"二说，原因大概基于以下模糊的意识，即老子一定是在某一层次上反对"辩"与"辨"的，这一点是大家所普遍认同的。但这一读法存在一个重要的问题，就是无法很好地解释"圣"的异文。应该说，这一层障碍被研究者不同程度地意识到，也试图做出种种解释，比如致力于论证"辩"或"辨"为"圣"的内涵之一。但显然这一勾连缺乏规定性。我们认为，此处后世诸本皆认同改作"圣"，其内在意蕴在于，"圣"与"支"在核心语义上的一致性。

回到郭店简支字本身，这一重要异文首先提醒我们的是，在较早的传本中，此处文字本从"卞"。这提醒我们注意到《尚书·尧典》开篇：

日若稽古：帝尧日放勋，钦明文思、安安，允恭克让，光被四表，格于上下。克明俊德，以亲九族，九族既睦，平章百姓，百姓昭明，协和万邦，黎民于变时雍。④

其中"于变时雍"，《孔宙碑》引作"于 六 时雍"。《隶辨》4-55 按语曰："即'卞'字。碑盖以'于卞'为'于变'，当是同音而借。但当时传书者与今古文多有不同，如《汉书·成帝纪》引《书》作'于蕃时雍'，或非假借，亦未可知也。"⑤ 段玉裁："六 即今之'卞'字，'弁'之变体，'弁'盖'蕃'之叚借字，古音'弁'读如'盘'。"⑥

---

① 韩禄伯·治国大纲——试读郭店《老子》甲组的第一部分 [A]·陈鼓应·道家文化研究：17 辑 [C]·北京：三联书店，1999. 第 187 页。此说的进一步论证，有丁原植·郭店楚简老子释析与研究 [M]. 台北：万卷楼图书有限公司，1999. 第 15 页。黎广基并进一步考索："原始经籍及与《老子》相先后的文献中，'辩'字本字多用作'辩讼'及'辨别'义，而绝少用作'辩论'义。"见黎广基·郭店楚简《老子》"绝智弃卞"考 [M]·中文自学指导，2001. 第 10—14 页。李若晖·评高华平先生论《老子》三本之性质 [A]·郭店竹书老子论考 [M]. 齐鲁书社，2004. 第 219 页。

② 诸家简要学术史，见武汉大学简帛研究中心、荆门市博物馆·郭店楚墓竹书 [M]. 北京：文物出版社，2011. 第 4 页。

③ 丁四新·郭店楚竹书《老子》校注 [M]. 武汉：武汉大学出版社，2010. 第 5 页。

④ 孔颖达·（影印南宋官版）尚书正义 [M]. 北京：北京大学出版社，2015. 第 37 页。

⑤ 顾南原·隶辨 [M]. 北京：中国书店，1983. 第 585 页。

⑥ 段玉裁·古文尚书撰异 [M]. 学海堂，1829. 第 12 页。

　　从文字学上说，此处的"卞"，就是"绝智弃卞"的卞字所从之"卞"。对于《尧典》的"于变"，刘起釪做过一个对读："《顾命》云：'率循大卞，燮和天下。''大卞'即同此篇之'于变'，'燮和'即同此篇之'时雍'。"①刘说极是。再次印证《尧典》"于变"二字的早期写法，很可能就是如《孔宙碑》一样本作"卞"。

　　值得注意的是，《尧典》"于变"之"变"的诸多异文，从无作"辨"作"辩"者。而且巧合的是，此句前后文即有"平章百姓""平秩东作"二句。前一句中的"平章"，《诗·采菽》孔疏引《尚书大传》作"辨章"，②《史记索隐》："其今文作'辩章'，'便'则训'辩'，遂为'辩章'。邹诞生本亦同也。"③《后汉书·刘恺传》曰："职在辩章百姓。"注引《尚书》曰："辩章百姓。"郑玄注云："辩，别也。章，明也。"是两汉《尚书》异文，"平"或作"辨"与"辩"。④后一句"平秩东作"，《史记索隐》引《尚书大传》作"辩秩东作"，《周礼·冯相氏》郑注："仲春辨秩东作，"贾公彦疏云："据《书传》而言。"⑤又，《风俗通·祀典篇》引《青史子》云："岁终更始，辨秩东作，万物触户而出。"《北海相景君碑》亦作"辨秩"。⑥知此二处之"平"，皆"采"字之讹也。《说文卷二·采部》："采，辨别也。象兽指爪分别也。凡采之属皆从采。读若辨。"⑦故此，其异文作"辨"亦作"辩"。

　　《尧典》此处"于变时雍"之"变"字从无作"辨（辩）"之异文者，应是写卞及传抄《尧典》者都明确，这里的"变（卞）"不可通作"辨（辩）"。变，化也。《广雅·释诂三》："变，匕也。"匕，化也。⑧《慧琳音义》卷五十一"变易"注引《广雅》："变，化也。"正是。《汉书·匈奴传上》："夏道衰，而公刘失其稷官，变于西戎。"颜师古注："变，化也。谓行化于其俗。"《易·系辞上》进一步明确"化"之内涵："化而裁之谓之变。"这一意思，正是将帝尧"克明俊德，以亲九族，九族既睦，平章百姓，百姓昭明，协和万邦"化育万民的意思作一总括。

　　考汉代今文《尚书》此处另有"蕃"的异文。《汉书·成帝纪》阳朔二年诏曰：

---

① 顾颉刚、刘起釪·尚书校释译论 [M].北京：中华书局，2005.第 31 页。

② 阮元·十三经注疏（附校勘记）毛诗正义 [M].中华书局影印，1980.第 490 页。

③ 司马迁·史记（修订本）[M].北京：中华书局，2013.第 19 页。

④ 唯一显得有些特别的是《史记》。《五帝本纪》引二句分别作"便章百姓"与"便程东作"。对此，皮锡瑞云："平、便一声之转，史公所据今文《尚书》本必作'便'字，非训平为便，以训诂代经也。"其所云《史记》所据今文《尚书》必"便"未必，其余诸论则是也。皮锡瑞·今文尚书考证 [M].北京：中华书局，1989.第 12 页。

⑤ 孙诒让·周礼正义 [M].北京：中华书局，1987.第 2107 页。

⑥ 参皮锡瑞·今文尚书考证 [M].中华书局，1989.第 21 页。

⑦ 许慎·说文解字 [M].中华书局，1985.第 36 页。

⑧ 王念孙·广雅疏证 [M].中华书局，1983.第 19 页。

"'黎民于蕃时雍',明以阴阳为本也。"应劭曰:"黎,众也;时,是也;雍,和也。言众民于是变化,用是大和也。"陈乔枞:"《易·文言》:'天地变化,草木蕃;天地闭,贤人隐',故应劭以'变化'说'蕃'字之义也。"[①]是"蕃"亦"变化"之谓也。"蕃"者,万物"蕃息"之谓也。《左传·僖公二十三年》:"男女同姓,其生不蕃。"杜预注:"蕃,息也。"《国语·周语下》:"子孙蕃育之谓也。"韦昭注:"蕃,息也。"皆是。[②]《潜夫论·考绩》在这一思路上引申:"此尧舜所以养黎民而致时雍也。"《后汉书·鲁恭传》:"夫王者之作,因时为法。孝章皇帝深惟古人之道,助三正之微,定律着令,冀承天心,顺物性命,以致时雍。"[③]是诸说皆同。

故此,《尧典》"于变时雍",其中"变""卞"及"蕃"的异文,都指向一个意思,即在天人关系中,讲述万民于帝尧化育之下而致雍和。《伪孔传》释曰:"言天下众民皆变化从上,是以风俗大和。"是也。

我们将郭店简《老子》的"绝智弃支"与《尧典》的"于卞时雍"联系起来考虑,显然,这一对读另具思想史意义。

二、老子之君道

《汉书·艺文志》道家类小序概括道家要旨为"君人南面之术",是道家主论君道,也即其核心关切并非泛泛地论说普通人应该若何的问题。"绝智弃支"一句也不例外。我们认为,此句主语正是君。这可以从其后紧跟的"民利百倍"一语得到证明。

《左传·僖公二十七年》:"(晋)作三军,谋元帅。赵衰曰:'郤縠可。臣亟闻其言矣,说礼乐而敦《诗》《书》。《诗》《书》,义之府也;礼、乐,德之则也。德、义,利之本也。'"《疏》:"有德有义,利民之本也。"[④]此事亦见《晋语》:"文公问元帅于赵衰。对曰:'郤縠可,行年五十矣,守学弥惇。夫先王之法志,德义之府也。夫德义,生民之本也。能惇笃者,不忘百姓也。请使郤縠。'公从之。"[⑤]知《疏》以"利民"解"利"者,是也。"利民",正是西周春秋时代正统治理框架中,君务之要:

---

① 参皮锡瑞·今文尚书考证 [M].中华书局,1989.第 13 页。

② 当然,严格说起来我们认为此处本字并非"蕃"。因为若作"蕃",则其思想意蕴在于天地蕃育万民,比之于"变(卞)",缺乏对帝尧作为的强调。以"变(卞)"为中心的天人关系,整个逻辑是,天地变化,阴阳消息,化育万物,人君循此天之大卞(化育)治民。这一思想脉络后来即发展成儒家的圣人赞天地之化育。详后文。

③ 范晔·后汉书 [M].中华书局,1965.第 882 页。

④ 阮元·十三经注疏(附校勘记)左传正义 [M].中华书局影印,1980.第 1822 页。

⑤ 上海师范大学古籍整理组校点·国语 [M].上海:上海古籍出版社,1978.第 382 页。

《史记·周本纪》："古公曰：'有民立君，将以利之。今戎狄所为攻战，以吾地与民。民之在我，与其在彼，何异。民欲以我故战，杀人父子而君之，予不忍为。'乃与私属遂去豳。"①

《左传·文公十三年》："邾文公卜迁于绎，史曰：'利于民而不利于君。'邾子曰：'苟利于民，孤之利也。天生民而树之君，以利之也。民既利矣，孤必与焉。'"②

在宗周《书》学系统以至诸子的视野中，天生民而立之君，是其共同承认的思想基础。③这一"天—君—民"的治理主轴的内在逻辑即在于"天立君以利民"。老子的"民利百倍"，也正是在这一思想脉络中论述"君道"之语。

周人之教是从"智""卜"以利民，其展开论述也就是《尧典》开篇所论尧的"聪明文思"至"于变时雍"。儒家从这一方向上继承了周人治理思想的主线。对此，老子则显示出极端的反驳：（人君）绝智弃卜，（反而）民利百倍。

所以老子此句以"智""卜"对举并非偶然，它正是对《尧典》所述帝尧治国二要素的提取。其中，"智"在先秦用语系统（及老子书）中核心内涵乃是"知人（道）"，所谓"知人者智（今本老子三十三章）"。"卜"，如上所考，乃是人君所遵循的"天道变化"。如此，"智""卜"二者才既不文意反复又相辅相成。其中渗透的思想史内涵在于，老子式的人主（圣人），知人道亦知天道，惟不以其所知之人道天道治国。

此义在老子文本中随处可见，甚至可以说就是"无为"思想的核心内涵。今本第五十七章："我无为而民自化"，暗示老子的"无为"所针对的政治思想论题正是如何"化民"。④

其进一步展开则是（对应今本第十章）：

爱民治国，能毋以知（智）乎？
天门启阖，能为雌乎？⑤

---

① 司马迁·史记（修订本）[M]. 北京：中华书局，2013. 第 148 页。
② 阮元·十三经注疏（附校勘记）左传正义 [M]. 北京：中华书局影印，1980. 第 1852 页。
③ 当然亦有极少数有无君的主张，不在这一序列中。
④ 我们的这一对读之于老学研究史的意义在于，将老子"无为"的内涵明确化为针对宗周政典的《尚书》。《史记·老子韩非列传》论老子乃"周守藏室之史"，《汉志》述道家渊源出于"史官"。老子熟知并立论针对史官职掌形成的《尚书》，正是不足为怪。前人论老子与史官关系特重其延续性，本札所论乃是指出其相反的一面。此处内容，俟另文详论。
⑤ 高明·帛书老子校注 [M]. 北京：中华书局，1996. 第 265 页。

其中"天门开阖，能为雌乎？"，王注曰"雌应而不（倡）〔唱〕，因而不为。言天门开阖能为雌乎？则物自宾而处自安矣。"正是老子书言人主之于天人之际的作为。如此，此二句正是对应本文所论作为人君治理二要素的"智"与"卞"。如果用"知人道""知天道"一对概念说，"爱民治国，能无知乎？"一句的意思乃是：人主"知人道"而不以其所知之人道治人；而"天门开阖，能为雌乎？"一句的意思则是：人主"知天道变化"亦不以其所知之天道化人。二句的意思合起来，也就是人主（或者说道家式的"圣人"）治国应"绝智弃支"。

明了"支"字乃有关于天道变化，才会真正明了何以后世《老子》文本皆认同以"圣"代"卞"。其关键就在于"圣"字核心要义与"卞"字具有一致性。马王堆帛书《老子》甲本卷后古佚书《德圣》篇亦将"智""圣"二者并举，其言："知人道曰知（智），知天道曰圣。"[①] 正是。

最后，对于这一改动背后涉及的儒道之争问题略说一点看法。早在 20 世纪二三十年代之间，唐兰先生就在《老聃的姓名和时代考》中指出："'圣人'在《老子》里凡二十九见，足见老子是推崇圣人的，而第十七章却说'绝圣弃智，民利百倍'，自相矛盾，那一节怕也有后人搀入的。"裴锡圭："郭店简的出土，使上述那些矛盾都得到了解决……显然是简本之后的时代的某个或某些传授《老子》的人，出自反儒墨的要求，把'绝智弃辩'改成'绝圣弃智'。"[②]

诚然，单纯从儒道对立的角度说，"绝圣弃智"的改动极易被理解为出于反儒的现实要求。《论语》载孔子论尧之为君曰："惟天为大，惟尧则之。"正是因为帝尧的则天以治民而称颂之。至于《中庸》的圣人"参天地""赞天地之化育"的思想更是与此一脉相承。从前文所考可知，这一"圣"的核心语义无疑即《尧典》"变（卞）"之内涵。唯从本文所论而言，若说后世老子文本将"支"改作"圣"是出于反儒，那么其原因也在于，在"圣人化育万民"这一治国观念上，儒家继承了（自《尧典》至《顾命》篇所示的）宗周思想传统。从根本上说，老子的"绝智弃支"之论所针对的，乃是宗周正统治理观念。

---

① 裴锡圭·马王堆帛书简帛集成（4）[M].北京：中华书局，2017. 第 119 页。

② 裴锡圭·郭店老子简初探 [A]·陈鼓应·道家文化研究：17 辑 [C]·北京：三联书店,1999.第27 页。

郭店竹书《老子》与儒道思想关系之辩

王朝华*

内容提要：郭店竹书《老子》的出土，引起学术界对于《老子》相关问题的持续讨论。由于郭店竹书《老子》与传世本《老子》文字上的差异，所引发的老子思想与儒家思想关系问题的争论，更是其中特别突出的方面。不少学者仅仅根据竹书《老子》与传世本《老子》在文字上存在个别、有限的差异，就轻易做出判断，认为竹书《老子》的出土，改变了人们对老子思想以及早期儒家与道家思想关系问题的认识，认为老子所代表的早期道家并不反对儒家的仁义等思想观念。这个争论很大程度上是由传世本《老子》第十九章与竹书《老子》文字的差异引起的。本文将就竹书《老子》的出土所引发的儒道思想关系问题，做进一步的讨论，在详细论述老子反对仁义的实质内涵以及儒道思想的根本差异的同时，也指出孔老以及儒道思想异中之同与相通的一面。早期儒道思想关系是值得重新思考的一个学术问题，本文的讨论或将有所引申，而不局限于该问题的是非争论本身。

关键词：郭店竹书《老子》；儒道思想；关系

继 1973 年长沙马王堆汉墓帛书《老子》的出土，1993 年湖北省荆门市郭店 1 号战国楚墓又出土了竹书《老子》。根据考古判断，郭店楚墓的墓葬年代为战国中期偏晚，约当公元前 4 世纪中期至 3 世纪初。该墓共出土有字竹简 730 枚。整理者将出土竹简分为 16 篇，其中 2 篇被认定为道家著作，即《老子》和《太一生水》，其余 14 篇则是儒家著作。竹书《老子》被抄在三种形制不同的竹简上，整理者把它们编为甲、乙、丙三组，其中丙组《老子》与《太一生水》一篇抄在一起。甲、乙、丙三组字数、内容约为传世本《老子》的三分之一。其中除甲组、丙组均抄有第六十四章后半节内容（但文字有差异）外，其余内容均无重复。

---

* 王朝华（1965—）男，福建仙游人，1987 年毕业于厦门大学中文系，现为闽南师范大学文学院教授。主要研究方向为：唐宋文学与先秦诸子。

1997 年郭店 1 号楚墓发掘报告发表，1998 年该墓出土的竹简整理出版，引起了人们对《老子》一书相关问题的重新思考和争论。其中特别引人注目的是竹书《老子》与传世本《老子》文字上的差异，所引发的老子思想与儒家思想关系问题的争论。不少学者认为竹书《老子》的出土，改变了人们对老子思想以及早期儒家与道家思想关系问题的认识，认为老子所代表的早期道家并不反对儒家的仁义道德。这个争论很大程度上是由传世本《老子》第十九章与竹书《老子》文字的差异引起的。有些人甚至认为竹书《老子》与儒家文献一起出土，便体现了早期儒道和谐的关系。这样的看法显然是荒谬的，本文在此捎带提过，下文对这类的观点则不予讨论（儒道两家文献同时出土于一个墓葬，最多只能意味着墓主人是一个儒道兼修的人。一个人家里同时有一本《老子》和一本《论语》，显然不能说明儒道两家的思想是"和谐"的）。本文将就竹书《老子》的出土所引发的儒道思想关系问题，做进一步的讨论。早期儒道思想关系是值得重新思考的一个学术问题，本文的讨论或将有所引申，而不局限于该问题的争论本身。

学术界一般称郭店竹书《老子》为"楚简"《老子》或"竹简"《老子》，本文依古人旧例称"竹书"《老子》。本文所谓的"传世本"《老子》指的是河上公注本、王弼注本与傅奕本（下文简称"河上本""王本"与"傅本"）。为了阅读的方便，本文所引竹书、帛书《老子》，其中异体字皆直接以通行字代替，个别文字释读有疑义者，则加括号以表明。本文引述《老子》原文，若无特别说明，则所引皆以王本为据；本文反复引述《庄子》《论语》，为了行文的简便，一般只标出篇名。

—

竹书《老子》第十九章在文字上与传世本差别最明显，论者认为此处差别直接涉及老子对待"仁义"的态度问题，成为竹书出土之后，引发人们讨论儒道关系的关键章节。此章王本为：

> 绝圣弃智，民利百倍。
> 绝仁弃义，民复孝慈。
> 绝巧弃利，盗贼无有。
> 此三者，以为文不足，
> 故令有所属，
> 见素抱朴，少私寡欲。

此章王本、河上本、傅本大致相同，唯"此三者，以为文不足"一句，傅本作"此三者，以为文而未足也"，文字稍有不同，而意义并无差别。帛书本此章亦与传世本基本相同，唯"此三者，以为文不足"一句作"此三言也，以为文未足"。"三者"一词，传世诸本皆同，而帛书本作"三言"，与竹书同。又"故令有所属"一句，帛书本作"故令之有所属"，多一"之"字，竹书此句亦有"之"字，但文字有所不同。此章竹书见于甲组篇首，其文为：

> 绝智弃辩，民利百倍。
>
> 绝巧弃利，盗贼亡有。
>
> 绝伪弃（虑），民复（孝慈），
>
> 三言以为（辨）不足，
>
> 或命之或乎属，
>
> 视素保朴，少私寡欲。

"虑"字原作"慮"，整理者未注出通行字。此字的释读意见颇不一致，或释作"诈"，或释作"虑"，或释作"作"（释为"作"，不可取，与其字音、形相差较大，而且"弃作"连文近于不辞）。"伪"是"人为"的意思，"慮"字释作"虑"于义似乎较为可取。若释作"诈"，则上文"伪"字与"诈"字相对应，应解释为"诈伪"之"伪"，但"绝伪弃诈"词义不免有重复之嫌；而且"诈伪"本是恶德，原当弃绝，不必刻意强调要弃绝它；[①] 而上文认为应当"弃绝"的智辩、巧利则都是世俗所认可的价值，若此句释作"绝伪弃诈"，与上文的思路不相一致。许抗生认为"慮"为"虑"字之误，当读作"虑"。裘锡圭、廖名春等皆主其说。"孝慈"，简文原作"季子"，整理者释读为"孝慈"，学者多从其说，以为"季"乃"孝"之讹字，"子"则可读作"慈"，是同音假借。崔仁义、廖名春、裘锡圭等认为，此句不应从帛书及传世本读作"孝慈"，应读如本字，"季子"即"小儿"之意，"民复季子"，意谓民复归于孩童之纯朴。其说似乎不无可取，但老子一书既以"赤子""婴儿"指称纯朴的小儿，此处又别出"季子"一词以指"小儿"，从行文的角度看难免有些杂乱而有悖于常情。而且"季子"一词，似乎并没有"小儿""小孩子"的意思，先秦故籍中只用于称兄弟中排行居次或最小者，如季札、苏秦之称"季子"。又且，我们虽然不能轻易根据传世本论定竹书文字的释读，但是也不能轻易抹杀传世本对于释读竹书的重要参考价值。特别是在竹书文字释读

---

① 庞朴 . 古墓新知——漫谈郭店楚简 [A]. 姜广辉 . 郭店楚简研究（《中国哲学》第二十辑）[C].
沈阳：辽宁教育出版社，1999. 第 11 页。

有疑义之时，传世本的参考价值更不能忽视。此句帛书及传世各本皆作"孝慈"，无疑为我们释读"季子"一词提供了重要的参考。帛书和竹书多异体字、通假字、古字、怪字，不少疑难文字的释读原本有赖于传世本所提供的判断依据。本文认为"季子"释作"孝慈"，虽无充分依据，但较读如本字为优。"三言以为（辨）不足"之"辨"字，简文原作"𢼸"，整理者释作"辨"，又有主张释作"使"，或"史"的；"或命之或乎属"一句解读亦有分歧，而难有定论，因与本文论题无关，暂且置之不论。

帛书本和传世本的句子顺序与竹书不同，各本第二行在竹书则是第三行，亦即与竹书相比，各本第二行、第三行对调。这样对调的结果，使"民利百倍"与"民复孝慈"相连接，较之竹书本，章法、句式却是更为合理、整齐。各本"盗贼无有"一句，竹书作"盗贼亡有"。"亡有"即"无有"，"无"字竹书多作"亡"。

以上我们先把传世本与竹书做了对比，并对有关文字的释读做了一点说明。下面我们更进一步来讨论本章竹书与传世本的不同所涉及的儒道思想关系的问题。

传世本第十九章与出土竹书的差异引起人们对儒道两家思想关系问题的讨论，其焦点在于传世本有"绝仁弃义，民复孝慈"一句，而竹书作"绝伪弃虑，民复孝慈"。与传世本不同，竹书在此没有弃绝仁义的话。此外，传世本"绝圣弃智"，竹书作"绝智弃辩"，也引起人们的注意，以为竹书所见老子思想并无"绝圣"之意，与传世本不同。竹书老子公布后，多数学者据此论定老子思想原本并不反对儒家的"圣"与"仁义"，而甚至是赞同"仁义"，认为早期道家与儒家是相互交融、和平相处的，而传世本与竹书的不同系出"庄子后学"的篡改。各家说法大同小异，在此略引数节以见一斑：[①]

任继愈说："已公布的有关楚墓竹简文章，都正确地指出《老子》之旨在讲明无为、贵柔而不反对仁义。……（孔子老子之间）互相敌对、势成水火，那是学派造成以后的事。"

庞朴说："谁都知道，圣和仁义，都是儒家所推崇的准则，……弃绝此三者，意味着儒道两家在价值方面的彻底对立，如我们一向所认为的那样。令人惊讶的是，现在的竹书《老子》居然未曾弃绝这些，……如果这里不是抄写上的有误，那就是一个摇撼我们传统知识的大资讯。"

---

① 庞朴. 古墓新知——漫谈郭店楚简 [A]. 李存山. 从郭店楚简看早期儒道关系 [A]. 姜广辉. 郭店楚简研究（《中国哲学研究》第二十辑）[C]. 沈阳：辽宁教育出版社,1999. 第 10 页；陈鼓应. 从郭店简本看《老子》尚仁及守中思想 [A]. 陈鼓应. 道家文化研究（第十七辑）[C]. 北京：生活·读书·新知三联书店，1999. 第 69 页；任继愈. 郭店竹简与楚文化 [J]. 中国哲学史，200（1）；解光宇. 郭店竹简《老子》研究综述 [J]. 学术界，1999（5）；刘焕藻. 郭店楚简《老子》研究 [J]. 理论月刊，1999（5）。

刘焕藻说："长期以来，学术界普遍认为道儒两家学派，在滥觞之初已出现思想分歧。现在随着郭店楚简《老子》的面世，使这场令多少专家学者费尽心机去进行喋喋不休的争论，终于可以停止了。因为研究表明，道儒两家学派的创始人都主张'仁'，说明我国哲学史上最早的两大学术派系于发轫时，彼此学术思想是相通的……"

解光宇说："传统看法认为先秦儒道两家的根本冲突，是对'仁义'的价值评价不同，而且对'仁义'的态度截然相反。郭店竹简《老子》的出土，表明了儒道两家在早期是和平共处的，由此改变了传统的看法。"

然而也有学者提出不同的看法，认为竹书老子的出土并不足以说明儒道之间没有根本的不同，竹书《老子》对于"仁义"还是反对的。①

张岱年说："'绝智弃辩'和'绝伪弃作'也应该是《老子》原本的说法，'绝圣弃智'、'绝仁弃义'是后人改动的。不过，竹简中也有'大道废，有仁义'这句话，说明老子对仁义还是反对的。"

许抗生说："简本《老子》中没有明显的激烈的反儒思想的词语，但我们也应看到，简本《老子》的整个思想体系与以孔子为代表的儒家思想体系，是根本不同的两种思想路数。我们也可清楚地看到，简本《老子》有贬抑儒家仁义，甚至否定儒家思想的倾向，庄子学派的反儒思想是老子思想的进一步发挥而已。"

《道家与中国文化精神》（高秀昌撰）说："老子体悟到人类社会由大道行，到大道废而仁义礼出，最后又复归于大道这一循环发展的历史过程，因此对大道废弃以后出现的仁、义、礼、智、辩、伪等主张加以去除，而对合乎大道的自然、无为、无知、朴素却大加推崇、高扬。所以，从总体上看，老子之反对仁义，主要是针对仁义的背离自然之道，偏离自然纯朴的人性而说的。"

本文不同意任继愈等人的观点，而在总体上基本赞同张岱年等人的观点。然而各家所论或义有未尽，或言有所失，下文将在各家所论的基础上，做进一步的讨论。

首先我们应该指出的是，从总体上看，竹书老子与传世本老子的差异主要在于章节次序和行文的不同。而行文的不同，一则体现为行文繁简与句式的不同，二则体现为各种异文，这是与用楚文字书写的竹书大量使用异体字、通假字、古字直接相关的。也就是说竹书与传世本在思想内容上并没有根本的、重要的差别。

① 王博．张岱年先生谈荆门郭店竹简《老子》[A]．道家文化研究（第十七辑）[C]．北京：生活·读书·新知三联书店，1999．第24页；王博．简帛思想文献论集[C]．台北：台湾古籍出版有限公司，2001．第185—207页；许抗生．再读郭店竹简《老子》[J]．中州学刊，2000（5）；崔大华等．道家与中国文化精神[M]．郑州：河南人民出版社，2003．第23—26页。

实际上这是显而易见的事实，可是有些人却夸大了竹书与传世本的差异，甚至完全无视事实，几乎要把它们说成是两部不同的书，而不是同一部书的两种不同的"版本"。这也许与某种面对新出土文献时的过度兴奋与追求轰动效应的心理有关。竹书《老子》的篇幅，大约相当于传世本老子的三分之一，其中除了"临事之纪"一句（见于竹书甲组，相当于传世本第六十四章）外，其他文句均能在传世本中找到相对应的文句。① 由此也可见出二者的相近和一致。我们在此首先指出竹书与传世本的相近，特别是思想上的基本一致，是为了说明根据个别语句的不同论定竹书与传世本在思想上有根本的差别，在方法上便是站不住脚的，是断章取义，以偏概全。实际上，认为竹书与传世本相比，对儒家、对仁义的态度有根本的不同，其立论的依据是十分有限的，除了第十九章的个别字句外，几乎没有别的证据了。这其实正好可以反过来说明竹书与传世本的相近和一致。而如果竹书与传世本之间，只因这一句半句的不同便可见出思想上重大的差别，以至于因此要重新评估学术史，那么五千言的《老子》有可能说的都是废话，有可能只是一部空洞无谓的书，而学术史也真是一本糊涂账。而实际情况当然并非如此——即使我们把第十九章全部删掉也丝毫不能改变《老子》的基本思想。

"绝智弃辩"与"绝圣弃智"、"绝伪弃虑"与"绝仁弃义"之不同，确实是竹书与帛书及各传世本最重大的差异。这种不同大体上可以推断是出自后人的修改，但这种修改却未必出自"庄子后学"，未必出自反对儒家学说的需要。也就是说这种修改可能与学派之争无关。这种修改实际上最多只是强化、突出了老子固有的思想倾向，而并非毫无根据的"篡改"。虽然把"绝智弃辩"改作"绝仁弃义"完全有可能出自一人之手，但是从整体上看，这种修改和《老子》在流传过程中行文句式不断趋于整齐化、排偶化的情形相似，是不同时代的人逐渐"加工"的结果，体现了不同时代、不同地点的人对老子相近的理解，和企图"改善"文本的相近意向（当然经典的客观性理应受到尊重，就此而言，任何修改都是不可取的，即便是订正错误所做的改动，也应加以说明）。② 如果我们只看第十九章，那么"绝智弃辩"改作"绝仁弃义"确实比较重要的改动。但是如果我们从《老子》的整体来看，就会觉得这种改动至少并没有在根本上违背老子的思想，因为崇尚自然无为的老子与崇尚仁义礼智的儒家在基本思想观念上原本是相左乃至相冲突的，而且《老子》书中也还有一些言辞是对儒家所崇尚的仁、义、礼、智的直接否定和批评。

---

① 丁原植. 郭店楚简老子释析与研究 [M]. 台北：台湾万卷楼图书有限公司，1998. 第358页。
② 刘笑敢. 老子古今：五种对勘与析评引论 [M]. 北京：中国社会科学出版社，2006. 第7—16页。

《老子》对儒家思想的直接批评首先见于第十八章。王本第十八章为：

大道废，有仁义；

智慧出，有大伪；

六亲不和，有孝慈；

国家昏乱，有忠臣。

竹书有与此章相应的内容，见于丙组，其文为：

故大道废，安有仁义。

六亲不和，安有孝慈。

邦家昏□，安有正臣。

此章河上本与王本相同。傅本与王本相较略有不同，傅本前两行作"大道废，焉有仁义。智慧出，焉有大伪"，多出两个"焉"字；后两行只有一字不同，即王本之"忠臣"，傅本作"贞臣"。此章帛书乙本作"故大道废，安有仁义。智慧出，安有（大伪）。六亲不和，安有孝慈。国家昏乱，安有贞臣。"其中"大伪"两字缺，据帛书甲本补（帛书甲本与乙本基本相同，唯"国"作"邦"，"安"作"案"）。与竹书相比，帛书及传世各本均多出"智慧出，安（或作"焉"、"案"）有大伪"一句。除了多出这一句以外，竹书与各本思想内容完全相同，虽有异文而无异义（"正"与"贞"音义相近，古书多通用，本字当作"贞"；"贞"与"忠"则是近义词）。首先应该说明的是，竹书、帛书、傅本中的"安"（或"案"）和"焉"字相通，在文中都是"乃"或"于是"的意思，这也是大多数学者的共识。[①] 但也有学者认为本章中的"安"（或"案"）和"焉"是疑问词，应解释为"哪里"或"如何"。[②] 这种解释是由出土的竹书第十九章没有"绝仁弃义"这样激烈的反儒言词引起的。"安""焉"解释为"哪里"，则"故大道废，安有仁义"的意思与"安"、"焉"解释为"乃""于是"几乎相反，句意变为：废弃了大道，哪里会有仁义呢？

① 张松如 . 老子说解 [M]. 济南：齐鲁书社，1998. 第 104—105 页；魏启鹏 . 楚简《老子》柬释 [A]. 道家文化研究（第十七辑）[C]. 北京：生活·读书·新知三联书店，1999. 第 228 页；许抗生 . 帛书老子注释与研究 [A]. 杭州：浙江人民出版社，1983. 第 89 页；卢育三 . 老子释义 [A]. 天津：天津古籍出版社，1987. 第 92—93 页；高明 . 帛书老子校注 [A]. 北京：中华书局，1998. 第 308—310 页。
② 郭沂 . 楚简《老子》与老子公案 [A]. 姜广辉 . 郭店楚简研究（《中国哲学研究》第二十辑）[C]. 沈阳：辽宁教育出版社，1999. 第 130 页；解光宇 . 郭店竹简《老子》研究综述 [J]. 学术界，1999(5)；丁原植 . 郭店楚简老子释析与研究 [M]. 台北：台湾万卷楼图书有限公司，1998. 第 340—344 页。

如此作解则是对仁义的直接肯定，老子眼中的仁义便与儒家眼中的仁义一样具有完全正面的价值；而且老子的"大道"与儒家的"仁义"之道也可以完全合而为一——这样也就取消了道家思想的独立性，抹杀了儒道二家重大而又明显的差异，而道家也就不成其为道家了。

"安""焉"解释为"哪里"，则显然"智慧出，安（焉）有大伪"一句义不可通。可是"智慧出，安（焉）有大伪"不见于竹书，对于认定"安""焉"应解释为"哪里"的人来说——他们往往也是不相信传世本的人，此句不通不足以否定他们的解释。不过"智慧出，安（焉）有大伪"一句确实可能是出于后人的增改。因为本章其他三句都是前半句（"大道废""六亲不和""国家昏乱"）包含反面否定的意义，后半句中的"仁义""孝慈""贞臣"则具有世俗认可的正面肯定的意义；而自帛书以来各本多出的这一句却是前半句"智慧出"并无反面否定的意义，后半句中的"大伪"更无正面肯定的意义。这多出的一句显然与上下文不合，照上下文的意思和句式来看，这句话应该倒过来说："大伪出，安有智慧。"然而，这一句虽出后人增改，并非"原本"所有，却仍然可以在某种程度上说明"安""焉"不可解释为"哪里"——因为至少在增改者以及接受了帛书和傅本的古人看来"安""焉"训作"乃"或"于是"是理所当然的。傅本与竹书帛书相比，后两句去掉了两个"焉"字，而王本、河上本则把"安"（"焉"）字一律删去。"安"（"焉"）字训作"乃"或"于是"，为求行文简约而删去"安"（"焉"）字，则句义并不改变，由此或许也可见前人对于"安"（"焉"）字的字义原有基本一致的正确的解读（"安""焉"在句中也可以属上读，放在句末作语气词，则首句便当读作"故大道废焉，有仁义"。"安""焉"读作语气词，在行文上似不足取，不如读作"于是"顺当。读作语气词与读作"于是"在句义上无明显差别，不影响对本章思想内容的理解，暂且置之不论）。

在"安"（"焉"）字的解释上，大多数学者还是认为应训作"于是"。主张解释为疑问词的，往往与急于要证明老子不反对甚至赞同仁义的心态有关，而归根结底则是与不能正确认识老子的思想本质有关（详下文），此外也与不明训诂有关。其中有的人甚至否认"安""焉"可训作"于是"，[1]则显然与古汉语常识相违背。清人王引之《经传释词》论"安"字之义云："安，犹'于是'也；乃也；则也；字或作'案'，或作'焉'，其义一也。"[2]其说颇为简明，足供参考。

---

① 高华平.楚简本、帛书本、河上公注本三种《老子》仁义观念之比较 [J].中国历史文物，2003（1）；杨润根.发现老子 [M].北京：华夏出版社，2003.第 100—101 页；李尔重.《老子》研究新编 [M].武汉：华中科技大学出版社，2003.第 21—22 页。

② 王引之.经传释词 [M].北京：中华书局，1956.第 46 页。

　　实际上把"安"（"焉"）解释为"哪里"，则本章思路显然也与老子反向的思维方式不一致。而老子反向的思维方式则与其整体思想观念密切相关，与其对商周以来传统文明的反思和批判的思想取向相关。"安""焉"解释为"哪里"，则此章（以竹书为例）"故大道废，安有仁义。六亲不和，安有孝慈。邦家昏□（竹书"昏"后缺损一字，各本皆作"乱"，可据以补足），安有正臣"，其内容不过是对"天下无道"的社会现实的一般陈述，肯定了"仁义""孝慈""正臣"的价值，说的都是老生常谈式的陈言套语，思想显得十分苍白。"安""焉"解作"于是"，则与老子整体思想观念和语言表达方式相符合。本章三个并列句的前半句，即"故大道废""六亲不和""邦家昏（乱）"都是对负面状况的陈述，明显含有否定的意义；而后半句中相对应的"仁义""孝慈""正臣"则是通常认为包含有正面、肯定意义的概念。说大道废于是有仁义、六亲不和于是有孝慈、邦家昏乱于是有正臣，正体现了老子正反相生的思想观念，也体现了老子对"仁义""孝慈""正臣"等正面伦理价值的反思。这样正反相生而又富于反思的思想内容也给老子的语言表达方式带来内在的张力。与竹书相比，各本多出"智慧出，（安、焉）有大伪"一句，把"仁义""孝慈""贞臣"（"忠臣"）与"大伪"并列，确实强化了反对"仁义""孝慈""贞臣"的色彩。但是去掉"智慧出，（安、焉）有大伪"一句，也仍然不能抹杀老子对仁义的批评和贬斥。

　　此章与第三十八章"故失道而后德，失德而后仁，失仁而后义，失义而后礼"的思想内容和表达方式相当近似。"大道废""六亲不和""邦家昏乱"相当于"失道""失德"；"大道废""六亲不和""邦家昏乱"之后有"仁义""孝慈""正臣"，相当于"失道""失德"之后有"仁""义""礼"。诚然，从表面上看，在这里并没有反对仁义的激烈言辞，但老子反对仁义的意思还是十分明显的。老子不仅把人们普遍认可的正面的价值观念"仁义""礼""孝慈""正臣"置于"道德"之下，而且更断然把它们和社会每况愈下的堕落联系在一起。"仁义""礼""孝慈""正臣"是作为天下无道、社会堕落的产物出现的，是毁弃"道德"的结果，则此所谓"仁义""礼""孝慈""正臣"显然具有负面的价值内涵。第三十八章"失义而后礼"之后紧接着说"夫礼者，忠信之薄，而乱之首"，则是对与"仁义"相关的"礼"的直接指斥。所有这些无疑体现了老子对仁义及其相关的"礼""孝慈""正臣"的反思和批判，绝然不同于儒家对仁义的态度。

　　应该指出的是，第十八章和第三十八章"失道而后德，失德而后仁，失仁而后义，失义而后礼"诸句，就文法和句意来看，都在某种程度上显示了"仁义""礼""孝慈""正臣"与"道德"的正面关系——"仁义""礼""孝慈""正臣"虽然是作为天下无道的产物出现，但是又是"道德"的代偿物，在"失道而后德"以至"失义而后礼"的递相下降、每况愈下的价值序列中，道与德、德与仁、仁与义、义与礼皆相随而生、互相包含，即使处于最末端最下等的"礼"也仍然与"道德"同在一个序列之中。这正是老子的思想风格，是非相因，正反相生，而并非截然对立。老子反对仁义也可以说并不是简单的否定。单纯从思辨的层面上看，老子是不会简单地、绝对地反对任何事物的，因为反对绝对化、反对独断论原本正是老子哲学思想的重要特征。然而这不等于说老子没有是非善恶的判断，放弃价值判断则一切皆无从谈起。当老子说"天下皆知美之为美，斯恶矣；皆知善之为善，斯不善已"（第二章）时，虽然强调了美与恶、善与不善相反相成的关系，但是显然并没有取消美与恶、善与不善的对立关系（说相反相成，相反就是对立，只是在老子看来这种对立关系不是绝对的，是可以互相转化的），而有关美与恶、善与不善的判断，则作为预设的前提内在于表述之中。

正是出于对是非善恶的判断，当表述超脱纯粹的思辨而针对具体的事物和现象时，老子也会以不容置疑的语气做出价值判断。如第十三章说"五色令人目盲，五音令人耳聋，五味令人口爽"，第十九章（竹书）说"绝智弃辩"，"绝巧弃利"，"绝伪弃虑"，第十五章说"朝甚除，田甚荒，仓甚虚。服文彩，带利剑，厌饮食，财货有余，是谓盗夸。非道也哉"以及上文所引三十八章对礼的指斥等等。老子对仁义的态度虽然不是简单的反对和否定，甚至在有关仁义的表述中，潜在含有对仁义某种程度的肯定，但是我们绝不能因此无视老子对仁义以及相关的儒家价值观念显而易见的反思和批判，不能否认老子对仁义的反对和排斥。实际上老子能说出"夫礼者，忠信之薄，而乱之首"这样的话，也就有可能说出"绝仁弃义"这样的话。至少就《老子》全书来看，其中有"绝仁弃义"之类的言辞，是并不使人觉得突兀的。不过老子所标榜的最高的价值是形而上的道，它超脱于一切对立之上，"恍兮惚兮"（第二十一章），不可捉摸，这无疑使他的思想显得有些玄奥莫测，也给他的表达带来一定的模糊性。但是任何有意义的表达总是有一定的内涵和意向，我们不能在模糊性面前失去应有的判断能力。

另有一种意见是，虽然认为"安"（"焉"）应当训作"于是"，但是仍然认为第十八章并没有反对仁义的意思，甚至恰恰相反是赞同仁义。如陈鼓应在该章的相关注文中说：

> 按："大道废，有仁义"句下，帛书及通行本均衍"智慧出，有大伪"句，郭店简本无此句，当据删。"智慧出，有大伪"之衍出，当在战国中后期受到庄子后学中激烈派思想影响所致，妄增此句。则易使人将"仁义"与"大伪"并举，从而导致对仁义行为的否定。审察简本原义，却非贬抑"仁义""孝慈""忠臣"。反之，认为

在最美好的原始情境发生变化，在人际关系中出现问题，这时仁义孝慈的美德及正臣的节操，显得难能可贵。郭店简本本章为三个对等句，下章亦同是三个对等句，从句型与句义看，郭店简本较合祖本原貌。[①]

同样的一段话却有如此歧见杂出的读法，真能使人感觉到阐释的困难。从老子思想的总体风格和基本倾向来看，老子说"大道废，安有仁义；六亲不和，安有孝慈；国家昏乱，安有正臣"（如上文所述，"安"义当训为"于是"，参照王弼注本，"安"字可省去而句义不变），显然不是对"仁义""孝慈""正臣"的表彰和肯定，而是相反，是对"仁义""孝慈""正臣"的批判和否定。陈鼓应的解读，一笔勾销了老子对仁义以及相关价值的反思和批判，使老子变成了儒家价值观念的宣传者，和孔孟站在了同一条线上（不过孔子虽然崇尚"仁义""孝慈""忠臣"，却恐怕也不能接受把"仁义""孝慈""忠臣"与天下无道联系在一起的言论。因为在孔子看来，"仁义""孝慈""忠臣"的出现，应该是天下太平、政治清明的景象）。陈鼓应的解读单纯从语法上看，并非不可通，但是从语义上看却显然是错误的，也与老子基本思想相违背的。这样的解读消解了老子语言（思想）的弹性和张力，也消解了老子语言中与批判精神联系在一起的潜在的愤世之意。照这样解读，则老子的思想中心转为对"仁义""孝慈""忠臣"的肯定，而老子原本为之感到忧患的"大道废""六亲不和""国家昏乱"之类天下无道的景象，则成为映现"仁义""孝慈""忠臣"的"显示屏"——天下无道与社会堕落，几乎一变而具有了某种正面的含义。

老子的思想风格并不是愤激的，但是出于对艰难时世的忧思和关切（这是他思想的出发点），他有时也不免发出愤世之言。第十八章以及上文所引第三十八章指斥礼义的言辞、第五十三章指斥统治者奢侈害民的言辞便都是这样的愤世之言。又如第四十六章说"天下有道，却走马以粪；天下无道，戎马生于郊"，第七十五章说"民之饥，以其上食税之多，是以饥"，第七十七章说"天之道，损有余而补不足。人之道则不然，损不足以奉有余"，也都体现老子的忧愤之情。第十八章所表达的愤世之意，正是与此相通的。我们对老子的解读，一定要顾及老子思想的整体语境而不可断章取义，否则终不免如盲人摸象，各执一词，而略无所得。

陈鼓应在第十八章的注文中还引了冯友兰的话以助成其说：

冯友兰说："'大道废，有仁义'，这并不是说，人可以不仁不义，只是说，在'大

---

① 陈鼓应.老子今注今译[M].北京：商务印书馆，2008.第145页。

道'之中，人自然仁义，那是真仁义。至于由学习、训练得来的仁义，那就有模拟的成分，同自然而有的真仁义比较起来它就差一点次一级了。《老子》：'上德不德，是以有德'，就是这个意思。"

冯友兰的说法似是而非而又夹缠不清。老子说"大道废，有仁义"与人是否"可以不仁不义"毫不相干，也与仁义是否"由学习、训练得来"了不相涉，其说近于无的放矢，不足深辩。

蒋锡昌《老子校诂》第十八章注文引《庄子·天地篇》："至德之世，不尚贤，不使能；上如标枝，民如野鹿；端正而不知以为义，相爱而不知以为仁"；引《庄子·马蹄篇》："故至德之世，其行填填，其视颠颠。……同与禽兽居，族与万物并，恶乎知君子小人哉。……及至圣人，蹩躠为仁，踶跂为义，而天下始疑矣"；又引《淮南·本经》："古之人，同气于天地，与一世而优游。当此之时，无庆贺之利，刑罚之威，礼义廉耻不设，毁誉仁鄙不立，而万民莫相侵欺暴虐，犹在于混冥之中。逮至衰世，人众财寡，事力劳而养不足，于是忿争生，是以贵仁。仁鄙不齐，比周朋党，设诈谞，怀机械巧故之心，而性失矣，是以贵义。……是故仁义……者，可以救败，而非通治之至也。夫仁者所以救争也，义者所以救失也，……是故德衰然后仁生，行沮然后义立，……知道德，然后知仁义之不足行也。"[①] 朱谦之《老子校释》本章注文引《庄子·马蹄篇》："道德不废，安取仁义。"[②] 蒋朱二氏所引《庄子》《淮南子》文句，皆足以与老子贬斥仁义之意相发明。"庄子后学"或后世道家对于老子的思想自然不会无所改易，照单全收，但在他们对老子思想的传承、阐释以至引申发挥之中，无疑也体现、揭示了老子的思想——这比起他们对老子思想的改易来说应该是更加明显的事实，绝不能加以抹煞。如此说来，像第十九章中"绝仁弃义"这样的语句，即便是出自"庄子后学"的改易，也并不必然意味着对老子原本思想的背弃。

在此不妨附带一提的是，第十八章既见于竹书，是一般主张老子不反对仁义的人虽则可以曲解却不能视而不见的；而第三十八章内容虽与第十八章相近却并不见于竹书，于是有些人不但无视它对仁义的批评，而且甚至反过来说，第三十八章不见于竹书正是老子原本不反对仁义的明证。传世本第五章中"天地不仁，以万物为刍狗；圣人不仁，以百姓为刍狗"这几句，因不见于竹书，也被有些人认定为后世的"篡改"，而一并加以抹杀。竹书《老子》写于三种不同形制的竹简上，

---

① 蒋锡昌. 老子校诂 [M]. 成都：成都古籍书店，1988. 第115—116页。
② 朱谦之. 老子校释 [M]. 北京：中华书局，1984. 第72页。

是一个摘抄本，只有传世本《老子》三分之一的篇幅，单凭传世本的内容不见于竹书，便可轻易断定这些内容非"原本"所有，这真是一种令人吃惊的臆断。这意味着，传世本《老子》有三分之二的内容出自后人的捏造，这是令人难以置信的。这种臆断意味着确认竹书《老子》是《老子》最权威的"原本"——而且是"全本"。不过确实就有一种意见认定竹书《老子》是《老子》的"原本"和"全本"，其说以郭沂、尹振环为代表。① 但是他们的说法大抵出自臆断，多无谓之谈，此因行文所限，暂不置论。

　　显而易见的事实是，没有任何证据可以确认竹书《老子》是《老子》的"原本"，更没有任何证据能证明它是"全本"。竹书《老子》是现在所能看到的最古老、最早的《老子》版本，它有可能在某种程度上比其他各种版本更接近于《老子》的"原本"，但这绝不等于它本身就是"原本"，特别是没有任何证据可以证明，相当于传世本三分之一篇幅的竹书是《老子》的"全本"（实际上如果认定竹书是不折不扣的"原本"，那么"原本"也就包含了"全本"的意思。这里为了便于分析说明，权且加以分开）。虽然竹书现有的内容比较完整，但是这丝毫不足以说明它是完足的"全本"。假如出土的竹书《老子》只有完整二三个章节，我们显然不能据此认定《老子》"原本"就这么多。事实恰恰相反，有一些证据表明竹书应当是摘抄本——不过这摘抄本并不是有人认定的那种从一个"底本"中摘抄出来的。这些证据主要是：一、竹书甲、乙、丙三组不足二千字，却抄在三种不同形制的竹简上，字迹各不相同。很难设想不足二千字的"全本"何以要抄写在三种不同形制的竹简上。比较合理的解释是，竹书甲、乙、丙三组各有自己的来源，是从三种不同的"底本"中摘抄出来的。甲、乙、丙三组用字多有不同（如简甲组"道"或写作"衒"，而乙组、丙组则都写作"道"），有可能是抄写年代不同的体现，② 更有可能是"底本"不同的体现。甲组和丙组重复抄写了相当于传世本第六十四章的内容，而字句却有不同，这也说明竹书甲组和丙组有不同的文本来源，也就是说有不同的"底本"，这同时意味着竹书《老子》并不是最早的"原本"或"全本"。二、先秦典籍中，如《庄子》《战国策》《韩非子》以及新近出土的竹书《文子》中都有《老子》的引文，而其中多半不见于竹书《老子》。这表明最迟在战国中后期（《说苑·敬慎》也记载与孔子同时的叔向引老子之言。其引文见于传世本第四十三章和第七十六章，而不见于竹书），即与郭店楚墓下葬的时间相先后、

　　① 郭沂.郭店竹简与先秦学术思想 [M].上海：上海教育出版社，2001.第 516—517 页；尹振环.楚简与帛书老子的作者和时代印记考——楚简老子非节本 [A].尹振环.楚简老子辩析——楚简与帛书老子的比较研究 [C].北京：中华书局，2001.第 7—12 页。

　　② 丁四新.郭店楚墓竹简思想研究 [M].北京：东方出版社，2000.第 4—10 页。

相连接，已有远较竹书《老子》内容更丰富更完足的《老子》流传于世。三、竹书《老子》的章节乃至于语句几乎完全可以在传世本中找到相应的内容，可见竹书与传世本有十分明显的一致性，这说明传世本作为《老子》传本的真实性不能轻易抹杀。因为传世本中的文句在竹书中没有相对应的内容而怀疑乃至否定传世本的真实性，并进而否定传世本中不见于竹书的文句，这种做法其实是荒谬的。

我们认为传世本中诸如"绝仁弃义"之类的文字，与竹书的不同乃是出于后人的改易，这种"认为"，实际上归根结底也只是出于对古本竹书应有的尊重而做出的假设。竹书《老子》是我们现在所能看到的最早的古本《老子》，它有可能在文字上更接近《老子》一书的原貌，但"接近"并不等于"相同"。显然，从校勘学的角度上看，竹书《老子》无疑应是我们校定《老子》异文的重要依据，但绝不是唯一的依据和标准。竹书《老子》本身文字也有脱误，便可以证明它不足以为校定异文的唯一依据和标准。竹书和传世本的关系，与出土石刻和传世文集中所收相应的碑志铭文的关系相似。一般人习惯于以石刻文字为标准校定文集中的异文，但石刻文字事实上并非必然总是对的，并非必然比传世文集更可靠，正如岑仲勉所言："顾专金石者每遇异同之处，辄曰，'自当以碑为正'，千篇一律，胶固弗通，则知须斟酌而后成定论也。"①

下面让我们回到第十九章的讨论中来。如上所述，我们说本章竹书与传世本差异最大，但是如果从《老子》一书整体来看，则"绝伪弃虑"改作"绝仁弃义"并不会改变老子的基本思想，而只是强化了《老子》一书固有的排斥仁义的思想倾向。至于"绝智弃辩"改作"绝圣弃智"，二者之间的差别实际上几乎可以忽略。许多人认为老子言必称"圣人"，是绝不可能"绝圣"的。如裘锡圭说："第十九章说'绝圣弃智'，而《老子》全书中却经常以'圣人'指称道德最高的人。早在二三十年代之间，唐兰先生就在《老聃的姓名和时代考》中指出：'……"圣人"在《老子》里凡二十九见，足见老子是推崇圣人的，而第十七章（引者按，当作'第十九章'）却说"绝圣弃智，民利百倍"，自相矛盾，那一节怕也有后人搀入的。'有人认为'绝圣弃智'的'圣'与'圣人'的'圣'异义，那是为了弥缝矛盾而硬作文章。郭简出土，使上述那些矛盾都得到了解决。……原来老子既不'绝圣'，也不'绝仁弃义'。……显然是简本之后的时代的某个或某些传授《老子》的人，出自反儒墨的要求，把'绝智弃辩'改成'绝圣弃知'。"②实际上"圣"和"圣人"是两个不同的概念，"圣"的本义是耳聪，可引申为"聪明"的意思。"绝圣弃智"

---

① 岑仲勉．贞石证史 [A]．岑仲勉．金石论丛 [C]．上海：海古籍出版社，1981．第 76 页。
② 裘锡圭．郭店《老子》简初探 [A]．陈鼓应．道家文化研究（第十七辑）[C]．北京：生活·读书·新知三联书店，1999．第 42—44 页。

的"圣"其意与"智"相近，都有"聪明"的意思，又和"辩"一样，指的都是人的某种品质、德性，与作为理想人格的"圣人"是根本不同的概念（王弼注"绝圣弃智"句云："圣，才之善也。"《庄子·胠箧》云："故盗跖之徒问于跖曰：'盗亦有道乎？'跖曰：'何盗而无道邪？夫妄意室中之藏，圣也；入先，勇也；出后，义也；知可否，知也；分均，仁也。'"其中"圣"也是"才之善"的意思，与"知可否，知也"的后一个"知"是近义词。"才之善"就是"聪明能干"的意思）。《庄子·胠箧》云"故绝圣去知，大盗乃止"，《在宥》又云"故曰：绝圣弃知，而天下大治"。正如论者所知，庄子之攻击圣智唯恐不力，但实际上却也不影响他把"圣人"当作褒义词来用。如《齐物论》"是以圣人不由，而照之于天"，《天地》"夫圣人鹑居而鷇食，鸟形而无彰"，其例颇多，不遑多举。"圣"和"圣人"的区别，与"佞"和"佞人"的区别相似。《论语》中多次说到"佞"这个词，大多是褒义，是"有口才""能言善辩"的意思，如《公冶长》云："或曰：'雍也仁而不佞。'"《雍也》云："子曰：'不有祝鮀之佞，而有宋朝之美，难乎免于今之世矣。'"《论语》中的"佞人"则是贬义词，指奸邪巧诈之人，义近于"小人"。《卫灵公》云："子曰：'……放郑声，远佞人。郑声淫，佞人殆。'"老子肯定"圣人"而否定"圣"，与孔子肯定"佞"而否定"佞人"在道理上是一样的。

综上所述，可以得出两个结论：一是"圣"与"圣人"是不同的概念，老子推崇"圣人"与反对"圣"并不矛盾；竹书《老子》不见"绝圣"之辞，不足以说明老子推崇"圣人"就不会反对"圣"。二是"圣"和"智"是近义词（因为义近，所以后世多"圣智"并称之辞），传世本的"绝圣弃智"与竹书的"绝智弃辩"义亦相近，差别极小。而"智"和"辩"（"辩"之义是"能言"）同指人聪明有才能的德性，义有相通，故后世也多有"智辩"并称之辞。竹书"智""辩"并举与传世本"圣""智"并举，含义相近，弃绝"智""辩"与弃绝"圣""智"没有什么大的不同；传世本与竹书在此句上的差别，不足以证明传世本出于反对儒家的目的而改变或歪曲了老子的基本思想。实际上，由老子推崇"圣人"而断定老子必不"绝圣"，再由老子必不"绝圣"断言老子必不反对儒家，这个推论有一个错误的前提，即把老子眼中作为"道"的体现者、道的化身的"圣人"等同或基本等同于儒家的"圣人"。

"绝圣弃智"与"绝智弃辩"差别很小已如上述。那么，"绝智弃辩"是否包含了"反儒"的思想？我在这里给"反儒"这一词语加了引号，是因为行文至此，我想对本文所谓的"反儒"或"反对儒家"之类的词语的使用先做一点必要的说明。本文所谓"反儒"或"反对儒家"之类的词语都是出于行文的方便而权且使用的。《老子》书中本无"儒家"或"孔子"的字样。老子与孔子同时而年长于孔子，在老子的时代儒家的学说、学派尚未完全形成，孔老之间更不会有明显的学派之争。严格地说，老子贬斥仁义并不针对孔子或者"儒家"，老子所加以反思批判的是以"六经"为代表的传统文明——而这个文明的传统却正是以孔孟为代表的儒家所要加以继承和发扬的。现在我们回到"绝智弃辩"是否反儒这一问题的讨论上来。贬斥智辩，是崇尚自然无为、主张返璞归真的老子思想的自然体现。第三章说"是以圣人之治，使夫智者不敢为也"，第六十五章说"以智治国，国之贼"，第二十章说"我愚人之心也哉！沌沌兮"，都包含了"反智"的思想倾向；而第五十六章说"知者不言，言者不知"，第八十一章说"信言不美，美言不信"则包含了对巧辩的贬斥之意。老子对智辩的贬斥又是和他"绝学"（第二十章："绝学无忧"，亦见于竹书；又第六十四章："学不学，以复众人之所过"，亦见于竹书）、"弃虑"（见竹书本章）的思想观念相一致的。十分显然，老子这种思想与儒家崇尚仁智、注重礼文以及笃好世俗学问的基本精神是相反的。由此可见，竹书第十九章没有"绝圣"之言，也并不能改变它固有的"反儒"倾向。

　　值得一提的是，一般人往往认为老子反对仁、义、礼、智，只是因为不满于仁、义、礼、智在现实中的堕落，不满于它们为权势所假借而走向了反面。这也是一种错误的认识。倘若老子反对的只是已经堕落的仁、义、礼、智，所反对的不过是虚假变质的仁、义、礼、智，则不足以见出老子对一般文化价值、对传统文明反思的深刻意义。老子反对仁、义、礼、智，固然与他对春秋末年那个礼崩乐坏的乱世的审视密切相关，但是他的思想却又超越于现实之上，有着更为深广的背景和视野。老子是在哲学思辨的高度上最早反思人类自身文明的思想家之一。

二

　　上文已经说过，老子对儒家仁义的否定并不是绝对的、简单的否定。孔子与儒家思想实际上也不是老子正面抨击的目标。老子反对仁义礼智，只是出于对天道自然无为的价值原则的推崇，出于对传统文明的审视和反思。在老子的时代，仁、义、礼、智之类的观念，是人们普遍认同的正面的价值观念，是商周以来传统文明的结晶，也许没有人能够断然否定它们本身的价值和意义，即便到了今天，这些观念所包含的价值和意义，也难以轻易抹杀。就这些观念本身所包含的中心价值和意义而言，老子也不能断然否定它们，甚至相反地表现出某种程度的肯定。我们说老子"反智尚愚"，可是老子也说"知人者智，自知者明"（第三十三章），显然这里的"智"虽比"明"略次一等，却是正面的概念。《老子》书中"知"字是最常见的实词之一，如"不出户，知天下"（第四十七章），"使我介然有知"（第五十三章），"知和曰常，知常曰明"（第五十四章）。从词源学的角度看，"知"和

"智"义本相同，可以互训（《说文·白部》："智，识词也"，《说文·矢部》："知，词也"，段玉裁注云："'词也'上当有'识'字，可见'智''知'义同；又《释名·释言语》云："智，知也，无所不知也"）；从认识事物的道理上看，"知"和"智"也密不可分，"知"不仅是一切"智"的基础，而且"知"本身常常就是"智"，我们说一个人"无知"就等于说他"不智"。我们说老子反对"仁"，可是老子也说"与善仁"（第八章"仁"各本或作"人"或作"天"，从上下文来看，意皆有所不通，此从王本），直接肯定了"仁"。

第五章"天地不仁，以万物为刍狗，圣人不仁，以百姓为刍狗"，也是引发人们争论老子是否"反儒"的主要章节之一。主张老子反对仁义的人说，"天地""圣人"都是老子所推崇的，而"天地""圣人"皆"不仁"，可见老子反对"仁"。主张老子不反对或赞同仁义的人则说，这里的"不仁"之"仁"是"偏爱"的意思，不同于儒家的"仁"（当然，也有人干脆把这一节文字看作"衍文"，或认为出自后人无知妄改，一笔勾销了事）。那么究竟谁是谁非呢？首先我想指出的是，把"仁"解释为"偏爱"或"偏私"最不可取；因为这种解释似是而非，最容易惑乱视听，掩盖老子思想的真实面目。但是这却是最常见的解释，甚至主张老子反对仁义的人，也会在不知不觉之间接受这种解释。说"不仁"是"不偏爱"，"无私心"，言外之意似乎"天地""圣人"是仁爱广被而无所偏袒的。这样的解释最方便，既显得合情合理，又轻易就避开了麻烦——因为把"不仁"直接解释为"不仁爱"，从而把"天地""圣人"说成冷酷无情的东西，是一般人所不能接受的，而且也与《老子》书中盛赞天地生物之德、圣人辅民之功的议论相矛盾；而且孤立地说"天地"、"圣人""不偏爱"也并没有什么不对——难道"天地"、"圣人"会有偏爱之心吗？然而，"天地"、"圣人"既然只是"不偏爱"而并非"不仁爱"，却何以视"万物"和"百姓"为"刍狗"呢？而且"仁"字怎么就可以解释为"偏爱"呢？"仁"本是善德，是褒义词，怎么突然就转变为恶德，被用作贬义词了呢？又且，先秦典籍如《论语》《墨子》《左传》中多有"不仁"一词，亦未见有可以解释为"不偏爱"的。[①]

把"仁"解释为"偏爱"、"不仁"解释为"不偏爱"，从词义的训诂上看原本就是没有根据的。这样的解释是由于曲解老子思想导致的。其实，"天地不仁""圣人不仁"的"不仁"就是"不仁爱"。从词语的释义上说，也只能这么解释。"天地不仁"与第七十九章"天道无亲"意思相近。在老子看来，天地、圣人的不仁

---

① 如《论语》《八佾》"人而不仁，如礼何？"《里仁》"不仁者不可以久处约"；《左传》僖公十四年"幸灾不仁，贪爱不祥，怒邻不义"，宣公十三年"刚愎不仁，未肯用命"；《墨子》《法仪》"若皆法其君，此法不仁也"，《非攻上》"苟亏人愈多，其不仁兹甚矣"。

爱、无所亲，是因为它们超越了世俗的仁爱价值，高度尊重"万物"和"百姓"的自主和自由，充分信赖"万物"和"百姓"成就自我的能力，成全了"万物"和"百姓"最好的状态——"自然"。这样的"不仁"是"我无为，而民自化"（第五十七章），是"圣人能辅万物之自然，而弗能为"（第六十四章，竹书甲组）。在老子看来，这样的"不仁"就是最大的"仁"，套用他的句式来说就是"大仁不仁"（《庄子·齐物论》即谓"夫大道不称，大辩不言，大仁不仁，大廉不嗛，大勇不忮"；而《庚桑楚》亦谓"至仁无亲"）——由此可见，"不仁"之中已自包含了"仁"，而且是"大仁"——当然这"大仁"是不同于儒家的"仁"了。《庄子·大宗师》云："泉涸，鱼相与处于陆，相呴以湿，相濡以沫，不如相忘于江湖。与其誉尧而非桀也，不如两忘而化于道。"这一段动人的文字，其精神正与老子相通。圣人之治，不是给百姓一点口水，而是应该把江河湖海还给天下之民。若能"两忘而化于道"，则尧之仁与桀之暴，又何足辩？庄子之言，放达中有悲悯，读来使人心中恻然。老子之言，若不动心，但若断章取义，读来却也不无恻隐之思。杨树达《老子古义自序》乃云："民国六年在长沙，见战乱中人民奔走离散，'号呼之声，惨不忍闻。余时痛极，心念老子"天地不仁，以万物为刍狗；圣人不仁，以百姓为刍狗"之语'。"我们应该明确认识到"天地不仁""圣人不仁"体现了老子对"仁"的否定（其中包含了老子对世俗文化及其价值原则的批判）。但是如果你觉得这种否定"仁"的话语，言外若有悲悯之思，似乎隐约可以感受到老子悲天悯人的心情，我觉得也许是对的。可是人们对老子的解读常不免流于粗浅而各执一词，产生了许多无谓的曲解和争论。

老子说"圣人不仁，以百姓为刍狗"，却又说"爱民治国，能毋以知乎"（第十章，帛书），甚至说"我有三宝"，而其一便是"慈"（第六十七章）。倘若有人因为老子说到"爱民"和"慈"就认为"天地不仁""圣人不仁"非老子之意，便是落入言筌，死于句下。同样的，反过来说"爱民治国"、以"慈"为宝非老子之意，犯的也是同样的毛病。我们说过，"圣人不仁"是天道自然无为这一最高原则的体现。在老子看来"圣人不仁"却能"成事遂功"（第十七章。帛书作"成功遂事"，传世各本多作"功成事遂"，此从竹书），能成就"大仁"的功德，所以他又说"圣人常善救人，故无弃人，常善救物，故无弃物"（第二十七章）。可以说圣人的"不仁"，是超越了"仁"，却成就更大的"慈爱"。我们说老子反对"仁智"，但《老子》五千言本身却正是"仁智"的体现。在最一般的意义上说，仁爱和智慧是人类文明中具有普遍价值的观念，是任何人也难以否定的。老子反对的"仁智"，最终反对的只能是背弃了天道自然这一原则的"仁智"。老子反对"巧""辩"（见竹书第十九章），也是因为世俗之所谓"巧""辩"背弃了自然之道。合于自然之道的"大巧"和"大辩"（第四十五章"大巧若拙，大辩若讷"），则是老子所乐于赞同的。

值得在这里特别指出的是，老子说自己说的话是"正言若反"（第八十章），确是颇有深意的。"正言"之所以"若反"，那是因为他的言论往往超越了"常识"。对于习惯于生活在"常识"中的人们来说，他说的"正话"听起来就不免有些像"反话"——甚至像"胡话"——老子因此又说："下士闻道，大笑之"（第四十一章）。《庄子·秋水》说："曲士不可以语于道者，束于教也。"这束缚人的"教"，就是"常识"和"成见"的混合物。哲学的重要职责之一，就是要打破常识对人的局限，这也正是老子哲学的价值之所在。可是人们对于老子的解读，却常常反过来要把它套在"常识"的框架里，要把他的思想解说得尽可能合乎"常识"——要知道，从根本上看，我们的"常识"和古人是相近的，我们对世界、对社会、对人生的根本认识，在许多方面并不曾超出古人的思想范围。对老子思想最常见最严重的曲解，便是把它常识化、庸俗化。把老子的"无为"直接理解为"不妄为"，与把"不仁"解释为"不偏爱"一样，犯了相同的错误，而且这种错误的理解又是最流行的，甚至是最权威的看法。"无为"是老子思想的核心概念之一，对它的误解影响了我们对老子整体思想的认识。对"无为"的理解问题与本文论旨无关，在此不能详论，姑且略加分辩如下。一、"无为"和"不仁"一样，从语义学上看，概念的基本含义是对"为"的直接否定（"无"）。在某种程度上，"无为"可以直接解释为"不要作为"或"无所作为"，它体现了老子对人类一般社会行为的限制和否定，而在老子看来，这种限制和否定是保护和成全人类社会"自然"状态的原则和方法，用老子的话来说，这么做可以称作"为无为"（第六十三章）。人类社会的无数灾难和痛苦，人类文明发展的许多负面的结果，大多是人类自身"作为"（而不是"妄为"）的产物。老子的"无为"是天道自然这一最高原则在现实社会中的体现，对人类社会行为特别是政治行为的最大限度的减少、限制和否定，是为了化解人类社会存在的各种危机和问题，是为了达成人类社会根本的安宁与和谐——就此而言，老子的"无为"又是最大的"为"，是"无为而无不为"（第四十八章）。人类不可能生活得像一棵树，老子的"无为"的含义，最终也不可能是彻底放弃一切作为的"无所作为"，而只是在最大程度上表达了他否定作为的根本意向。人们通常总是避免把"无为"直接解释为"不要作为"或"无所作为"。这样的解释似乎十分令人不安：人们既不敢面对"不要作为"或"无所作为"的想法，又怕这样的解释会让人觉得自己不懂得老子，于是争相选择了看似最保险实际上却是最粗浅、最庸俗的解释——"无为"即"不妄为"。二、"无为"解释作"不妄为"，不仅歪曲了老子的思想，而且也把老子"无为"的思想庸俗化，在根本上消解了老子思想深刻的意义和重要的价值。倘若老子的主张只是"不妄为"，则所见与庸人无异——难道有谁会主张人应该"妄为"？三、"无为"解释为"不妄为"与"不仁"解释为"不偏爱"一样，在词语的解释上也是没有根据的。

我们说从总体上看老子是反对仁、义、礼、智的，但是我们又特别指出，老子对仁、义、礼、智并不是绝对的、简单的否定，而是否定中包含了某种程度的肯定，有时甚至直接表现为某种矛盾（如竹书第十八章说"安有孝慈"，第十九章说"民复孝慈"，前者否定"孝慈"，后者则肯定"孝慈"）。然而老子思想原本并不回避矛盾，对事物矛盾性质的认识正是老子思想的基本内容之一。我们不必因为孔子说过"君子忧道不忧贫"（《论语·卫灵公》），而又说过"富而可求也，虽执鞭之士，吾亦为之"（《论语·述而》）而感到奇怪；也不应该因为看到阮籍的诗说"一飞冲青天，旷世不再鸣。岂与鹌鹑游，连翩戏中庭"（《咏怀》其二十一），就认为"宁与燕雀翔，不随黄鹄飞。黄鹄游四海，中路将安归"（《咏怀》其八）不是他写的，应当删掉——而且也不能把这种矛盾简单看作前后不一的胡言乱语。在某种意义上可以说，正是矛盾成就一个人思想的丰富和深刻。同样的，我们也大可不必为老子思想及其表达中的某种矛盾而感到左右为难，更不能妄加剪裁，随意去取，把不利于自己观点的"证据"一概抹杀。

司马迁在《史记·老子韩非列传》中说庄子"作《渔父》《盗跖》《胠箧》，以诋訾孔子之徒，以明老子之术。"众所周知，与《老子》相比，《庄子》对于儒家思想的批判和否定确实要强烈得多。在司马迁看来，庄子批判儒家思想是"以明老子之术"，正是对老子思想的继承和发扬。不过在此我想指出的是，即便是庄子，对于"孔子之徒"也并非全然否定。《庄子》一书，对孔子极尽嘲弄之能事，但有时在嘲弄之中仍然含有某种敬意，有时甚至把孔子当作了正面的人物——虽然往往是当作为庄子思想现身说法的工具。庄子比老子对儒家的批判更为强烈，这与孟子比孔子对异端的攻击更为强烈的情形十分相似。庄子、孟子强烈的态度一方面与战国以来日益加剧的学派分化和纷争相关，另一方面却是与战国以来政治危机日益加重，社会矛盾日益激化的乱世现实密切相关。老子、孔子的时代学派分化初现端倪，门户之争的局面尚未形成，而现实的黑暗和混乱，社会危机的严重与矛盾的激烈也还没有彻底地暴露出来。与孟、庄相比，孔老的思想性格要温和得多，他们之间并未正面交锋，甚至还曾有过友好的交流（孔子见老子的事见载于《史记》的《老子列传》《孔子世家》以及《礼记·曾子问》《吕氏春秋·当染》与《庄子》的《天地》《天道》《天运》《田子方》《知北游》各篇，其事当非虚妄）。而且老子和孔子具有共同的文化学术背景，面对着相似的时代问题，他们之间原本可以有许多相通之处。孔老的不同是显而易见的，他们有根本不同的价值取向与思维方式；但是他们的相通却常常不为人所知，后世的学派之争、门户之见则无疑放大了孔老之间的差异，影响了人们对孔老之间相通之处的正确认识和客观评价。孔老所代表的早期儒家和道家思想的相通，本不待竹书《老子》的出土来证明，而竹书《老子》也并没有为此提供更多的证据。本文前面所引庞朴的话说，"儒道两家在价值方面彻底的对立"是"如我们一向所认为的那样"。"我们一向"之所以会这么"认为"，正是因为对早期儒道思想的相通缺乏应有的认识。至于刘焕藻所说的"长期以来，学术界普遍认为道儒两家学派，在滥觞之初已出现思想分歧"，则是一句奇怪的话，好像竹书《老子》的出土就能证明"儒道两家学派""在滥觞之初"并没有"出现思想分歧"——倘若连"思想分歧"都没有，儒道又何以能分成"两家"？像这样含混不清的话，无疑给学术论争增添了困难。

三

司马迁《史记·老子韩非列传》云："世之学老子者则绌儒学，儒学亦绌老子。'道不同不相为谋'，岂谓是邪？"司马迁所论应该是战国中后期以来儒道之间互不相能的情形，所谓"世之学老子者"，是指孔老之后的时代。而且司马迁在此所强调的乃是儒道之间对立的一面。《史记·太史公自序》引司马谈论阴阳、儒、墨、名、法、道德六家之要指，虽指出了它们各不相同的特点，而一言以蔽之曰则谓"天下一致而百虑，同归而殊途"。可见若是有见于同，则各家旨趣虽异，却终是相通。看问题的着眼点不同，对事物异同的认识就大相径庭，正如《庄子·德充符》所说："自其异者视之，肝胆楚越也；自其同者视之，万物皆一也。"我们对于早期儒道思想关系的评价，应当平心而论，既要看到它们重大的差别，又要看到它们内在的相通；既不要囿于古人的门户之见，只看到两者的差别和对立，又不要断章取义只顾做翻案文章，无视两者的根本不同。下文将就孔老所代表的早期儒道思想关系中相通的一面，择其大要，稍做阐述。

老子所崇尚的价值是自然无为的道，孔子所崇尚的价值是仁。自然无为的道是"天道"，是宇宙万物存在的根本原则，仁基本上是"人道"，是世俗的伦理道德原则。虽然"天道"落实到人类社会中，也必然体现为某种"人道"的价值原则，但是就其本质而言却与世俗伦理价值原则有根本不同的旨趣。然而老子自然无为的价值原则与孔子仁的价值原则仍有重要的相通之处。

首先从政治的层面上看，孔子甚至曾经直接赞叹过"无为"之治。《论语·卫灵公》云："无为而治者，其舜也与？夫何为哉？恭己正南面而已矣。"孔子与老子的语境不同，孔子在此所称道的"无为"，与老子所说的"无为"其内涵自当有所不同。孔子所称赞的"无为"，应该是"德政"的最高理想，是君子之仁在现实政治中最高的体现。说"恭己正南面"，实已含有以德治天下的意思。《论语·为政》云"为政以德，譬如北辰居其所而众星共之"，正是对"无为而治"的"德政"的描述。《为政》又云"道之以政，齐之以刑，民免而无耻；道之以德，齐之以礼，有耻且格"，则是对"德政"更具体的说明。老子的"无为"就其终极意义而言，乃是对"德政"的超越。刘笑敢认为孔老"无为"之不同，不是观念本身的差异，而是外在的不同。我们说孔子的"无为而治"包含了儒家"德治"的思想，而老子的"无为"则是对"德治"的超越，是天道自然原则的体现。就此而言，恐怕不能说观念本身没有差异，然而刘氏对孔老无为之不同的认识却很精到，他说：

> 我们可把孔、老之无为的不同概括为三个要点。第一，无为在孔子思想中是理想政治的效果或表现，在老子思想中则是实现社会和谐的方法和原则。第二，无为在孔子思想中不过是虚悬一格的理想，并不是关键性的观念和方法，也不是努力的目标，而在老子思想中，无为是非常重要的原则和最基本的方法，是老子要推广的基本理论之一。孔子不讲无为，还是孔子。老子不讲无为，则不成其为老子。第三，孔子的无为而治的理想应该是通过德化与仁政等原则和方法来实现的，而老子的无为本身就是原则和方法，仿孔子之说法，我们可以说"我欲无为，斯无为至矣"，要实行无为之治需要的是智慧与决心，而不是其他方法。[①]

孔老的无为虽有不同，但内涵又是相通的，都包含了减少"刑政"施为、弱化行政管理、反对强制和压迫的思想，都体现了对自然和谐的社会政治理想的肯定与赞美。宋以前的人，解释《论语》中孔子所说"无为而治"以及"为政以德，譬如北辰居其所而众星共之"之语，多联系老子无为的思想以相互发明，自宋儒以来，门户之见渐深，在相关的解释中则往往力排老子，硬要在孔老之间划清界限。

其次，从人格修养上看，孔子的仁学思想与老子的自然之道也颇有相通之处。孔子特别强调仁的修养乃是出自内心反省自觉，并非外力强加于人的要求。而且，反对强加于人、反对强制正是仁学修养的要义。《论语·卫灵公》云："子贡问曰：'有一言而可以终身行之乎？'子曰：'其恕乎？己所不欲，勿施于人。'"《公冶长》又云："子贡曰：'我不欲人之加诸我也，吾亦欲无加诸人。'子曰：'赐也，非尔所及也。'"可见反对强加于人正是孔子反复强调的仁学修养的重要原则，而且在孔

---

① 刘笑敢. 老子古今：五种对勘与析评引论 [M]. 北京：中国社会科学出版社，2006. 第 404 页。

子看来，要做到不强加于人并非易事。孔子之所谓仁是与血亲之爱密切相关的。也许在孔子看来，这基于本能的血亲之爱，正是"仁"之作为个体道德修养得以实现的自然基础。强调道德修养乃是出自反省自觉，而非外力强求而致，是孔子仁学思想的精义之所在。孔子说："仁者安仁，知者利仁。"（《里仁》）朱熹注云："惟仁者则安其仁而无适不然，智者则利于仁而不易所守。"①"安仁"是出自内心最自然的表现，故能"无适不然"，"利仁"则是出于外在"利"的引诱而行仁，虽不必出于勉强，但较之"安仁"却是低了一个等级。比"利仁"更等而下之的则是"强仁"。《礼记·表记》云："子曰：'仁有三……仁者安仁，知者利仁，畏罪者强仁。'"在孔子看来，真正的"仁者"之"仁"是出于自然的"安仁"，这与道家的自然原则在精神上确是相通的。朱熹又说："安仁者不知有仁，如带之忘腰，履之忘足。"②朱熹以"带之忘腰""履之忘足"为喻，说明仁者安仁出于自然而至于无心的境界。"忘腰""忘足"之说即出于《庄子·达生》："忘足，履之适也；忘要，带之适也；忘是非，心之适也。"程树德《论语集释》也说："无所为而为之谓之安仁，若有所为而为之，是利之也，故止可谓之智，而不可谓之仁。"③其说亦引老子无为的观念以解释"安仁"。"无所为而为之"这句话与老子"上仁为之而无以为"（第三十八章）如出一辙。④朱熹、程树德引庄子、老子之言来解释孔子的"安仁"，在某种程度上也反映了老庄自然无为的观念与孔门安仁境界的相通。

人们都知道孔子重视教育对道德人格的培养，但是这种教育对人的作用不是强制性的，而是通过心灵的感化，诉之于内心的反省与自觉。孔门教育特别重视诗和乐，也体现了这种注重内心感受的教育观念。《论语·阳货》记宰我与孔子的一段对话："宰我问：'三年之丧，期已久矣。君子三年不为礼，礼必坏；三年不为乐，乐必崩。旧谷既没，新谷既升；钻燧取火，期可已矣。'子曰：'食夫稻，衣夫锦，女安乎？'曰：'安。''女安，则为之！夫君子之居丧，食旨不甘，闻乐不乐，居处不安，故不为也。今女安，则为之！'宰我出。子曰：'予之不仁也！子生三年，然后免于父母之怀。夫三年之丧，天下之通丧也，予也有三年之爱于其父母乎？'"宰我认为为父母守三年之丧时间太长了，会耽误日常礼乐活动，认为守丧的时间应改为一年。孔子便问他父母死后才一年，你便吃得好、穿得好，这你心安吗？宰我说他能心安。孔子说君子守丧，寝食不安，你觉得心安那你就照你说

---

① 朱熹.四书集注 [M].长沙：岳麓书社，1985.第 94 页。

② 黎靖德.朱子语类 [M].北京：中华书局，1986.第 643 页。

③ 程树德.论语集释 [M].北京：中华书局，1990.第 229 页。

④ 刘笑敢.老子古今：五种对勘与析评引论 [M].北京：中国社会科学出版社，2006.第 400—401 页。

的去做吧。孔子对宰我反对三年之丧的说法很不满，但并没有强调三年之丧作为礼制本身的权威性，而是强调三年之丧乃是出自人情之自然，所注重的乃是内心的真诚。《八佾》记孔子回答林放问"礼之本"云："礼与其奢，宁俭；与其易也，宁戚。"可见在孔子看来，"礼之本"不在于形式，而在于内心的真诚。没有了内在道德情感的真诚，也就没有了"仁"，没有了"仁"，则礼乐不过是徒有其表的摆设，所以孔子又说："人而不仁，如礼何？人而不仁，如乐何。"（《八佾》）

对内心真实性的诉求，是孔子仁学的重要品质。孔子反对"匿怨而友其人"（《公冶长》），反对"乡愿"（《阳货》），反对"言过其行"（《宪问》），而且说"巧言令色，鲜矣仁"（《阳货》），说"唯仁者能好人能恶人"（《里仁》），都体现了对内心真实性的高度关注。这种内心的真实也就是孔子常说的"直"。《论语》记孔子谈论"直"，其中有三次特别值得注意。其一见于《公冶长》："子曰：'孰谓微生高直？或乞醯焉，乞诸邻而与之'；其二见于《子路》："叶公语孔子曰：'吾党有直躬者，其父攘羊，而子证之。'孔子曰：'吾党之直者或异于是：父为子隐，子为父隐，直在其中矣'"；其三见于《宪问》："或曰'以德报怨，何如？'子曰：'何以报德？以直报怨，以德报德。'"在这在三次谈论中，孔子都是在通常人们可能会觉得两难的价值选择中，强调并突出了"直"的意义。从邻居那里借来醋再转借给别人、告发父亲偷羊、以德报怨，在某种意义上都可以说是"美德"，但在孔子看来这些"美德"却背离了"直"的原则。孔子所赞同的"直"（没有醋就应该说没有醋，父子相隐，以直报怨），乃是内心最初的真实，甚至排除了某些世俗所认可的道德因素。这样的"直"甚至有点近似于庄子所说的"真"，乃是天性自然的体现。

如上所述，反对强制，注重内心反省自觉与道德情感的自然真实，是孔子仁学的重要原则。这样的道德修养的原则是反求诸己的原则，这一点也与道家人格修养的基本原则相一致。而反求诸己所成就的最终必然是独立自足的道德人格境界。"仁者安仁"而能"无适不然"，正是自足人格的体现。孔子说："人不知而不愠，不亦君子乎"（《学而》）。"人不知而不愠"之所以堪称"君子"，正是因为体现了君子自足的人格修养。孔子一再说"不患人之不己知"（《学而》《宪问》），"不病人之不己知也"（《卫灵公》），其意与"人不知而不愠"亦复相通。孔子说"古之学者为己，今之学者为人"（《宪问》）。"为己"则自足于己，学问修养只是为了自我人格的完善；"为人"则不足于己而求为人知，学问修养不足以自立，是做给人看的。孔子所说的"为己"之学，也可以说是"内圣"之学。"为己"之学注重的是回向内心的自我省察。所以孔子又说"内省不疚，夫何忧何惧"（《颜渊》），又说"见贤思齐焉，见不贤而内自省也"（《里仁》）。孔子重视反省自觉、反求诸己的道德修养原则，追求独立自足的道德人格境界，显然与道家所标榜的忘怀得失、超然物外的人格理想有相通之处——虽然它们人格修养的内涵与价值取向并不相同；孔孟仁学的个体修养要成就的是"自我"，而老庄以因任自然复归于虚无为旨归的人格理想，所成就的最终则是超越"自我"的"无己""忘我"的境界。

《宪问》记孔子与子贡的一段对话说："子曰：'莫我知也夫！'子贡曰：'何为其莫知子也？'子曰：'不怨天，不尤人，下学而上达。知我者其天乎！'"这是《论语》中最动人的对话之一，行文虽短，却写得一波三折，有唱叹之致。孔子说"莫我知也夫"，是感叹而不是怨怒。君子可以做到"人不知而不愠"，但人非草木，对于自己不为人所知却终究不能没有感叹。子贡问孔子为什么感叹没有人了解自己，孔子避开了问题，没有做出正面的回答，而只是仿佛在自言自语之中表白了心迹，显示了人生态度和境界。这"不怨天，不尤人，下学而上达"，正是"仁者安仁"、圣贤"为己"之学的境界。"下学而上达"，是进德修业，在修己之学中由下而上提高了人生的境界。皇侃《义疏》云："下学学人事；上达达天命。"①其说虽不免过于落实，但大意却与孔子的思想旨趣相符合。"下学"之所学，总的来说不外乎"人事"，"上达"而达于"天命"，则是孔子仁学的最高境界。孔子说"知我者其天乎"，表面上看来似乎只是一句感叹自己不为人知的话，而实际上却在感叹之中，显示出超越的精神与上达天命的价值祈向。正是因为能上达天命，所以能不怨天尤人，而超脱于一己得失的思虑之外。这是一种更彻底的自足。《阳货》记载了孔子与子贡另一次动人的对话："子曰：'予欲无言。'子贡曰：'子如不言，则小子何述焉？'子曰：'天何言哉？四时行焉，百物生焉，天何言哉？'"孔子对子贡提出的问题也不做正面回答，而在"答非所问"的感叹中，显示出孔子上达天命、大而化之的精神气象。孔子对天的赞叹，不经意之间，把"予欲无言"与"天何言哉"连接在一起，显示出了他心灵超越的一面。一般人往往只看到孔子注重人事，汲汲欲有所为的一面，却没有看到在他的仁学境界中，也有形而上的价值祈向，也有超越于现实事功之外更为深远的终极关怀。从孔子仁学的精神实质来看，现实事功只是仁学之末，圣人之用，不足以安身立命。

孔子说："朝闻道，夕死可矣。"（《里仁》）这里所说的"道"显然不是人事之道，甚至也不是人伦之道、道义之道。这里所说的"道"大约近于"天道"，是最高的真理。子贡曾感叹说："夫子之言性与天道，不可得而闻也。"（《公冶长》）孔子轻易"不言性与天道"，一方面应该是与孔门注重实践的精神有关，另一面大约是因为"性与天道"玄妙高深，不可得而说，是不可以随便加以谈论的问题。这

---

① 程树德. 论语集释 [M]. 北京：中华书局，1990. 第 229 页。

不可得而说的态度，与庄子所说的"六合之外，圣人存而不论"（《齐物论》）的意思相近。这存而不论，绝不是因为不关心，也不是因为"性与天道"不重要。"子罕言利与命与仁"（《子罕》）。"命"与"仁"也是孔子所"罕言"的，而"仁"却正是孔子思想的核心观念与最高价值，也是孔子所不能避而不谈的。而孔子所"罕言"的"命"则是与"天""天命""天道"相通、相近的概念。孔子说自己"五十而知天命"（《为政》），又说"不知命无以为君子也"（《尧曰》），可见"天命"或"命"在孔子眼里也是至关重要的。孔子虽然不轻易谈论"命"与"天道"，但是在他的言论中也仍然不可避免要涉及"天""天命""命"之类的观念。孔子的"天"不是殷商以及西周时代人们观念中等同于"帝"或"上帝"的有意志的主宰之"天"。孔子所谓的"天命"也不同于殷商西周时代人们观念中所指的主宰之天的旨意或命令。孔子的"天"是自然（指自然界）之天与道义之天的结合，而"天命"作为"天"之所"命"，也因此具有自然与道义的两重性，同时也保留了传统天命观中神圣的因素。孔子将"仁"以及"仁"的最高境界"圣"，归向"天"与"天命"，在"天"与"天命"的观念中，寄托了最高的道义。孔子说"获罪于天，无所祷也"（《八佾》），又说"君子有三畏"，而第一就是"畏天命"（《季氏》）。这里的"天"与"天命"，在某种意义上，正是至高无上的道义的化身，是一面高悬于人世之上的映现出仁、圣价值的明镜。

然而，孔子的"天"（"天道"）与"天命"的观念中，还应该包含着与自然之天相关的，超越于道德价值之上的自然法则与虚灵不昧的宇宙精神（真理）。上文说过，"朝闻道，夕死可矣"的"道"大约近于"天道"。这样的"天道"，至少具有超越于人伦价值之上的基本内涵，具有真理的价值。只有真理才可能使人觉得只要听到便可以满足，以至于朝闻夕死也可以无憾。若是人伦之道，则必须在知行合一的实践中才能实现其价值。这样的"天道"，大约与子产所说的"天道远，人道迩，非所及也"（《左传·昭公十八年》）的"天道"比较相近。子产说的"天道"是相对于"人道"而言的。在子产看来，天道虚幻渺茫，与人伦道德无关，所以"非所及也"，可以置之勿论。孟子说："大而化之之谓圣，圣而不可知之之谓神。"（《孟子·尽心下》）由仁而圣，以至于出神入化，便可上达天命，而与宇宙精神融为一体。这也许是孔门仁学最高的价值祈向。虽然对一般注重人伦价值与事功的儒士而言，上达天命也许只是虚悬的空想，甚至连空想也不是，但是对于欲以天地为心，惘惘不能自甘于在事功中消磨一生的圣贤来说，那渺远的天命，却是灵魂之所系，寄托了他们心灵深处最终的向往。至于孔子说"天何言哉？四时行焉，百物生焉，天何言哉"，这里的"天"显然具有自然之"天"的性质和内涵。我们固然不必如有些人所断言的那样，认为这里的"天"就是"自然"之

"天"——"天"有运载之功、生物之德，从仁学观念去看，这样的"天"未尝不是道义之天；但是这运载之功、生物之德毕竟是自然之"天"本身所固有的，"四时生焉，百物生焉"所呈现的毋宁是宇宙自然本身伟大的气象。庄子说"天地有大美而不言"（《知北游》），孔子对无言之天的赞叹，与庄子之言何其相似！

以上我们从孔子与子贡的两次对话中，引出关于孔子"天"与"天命"观念的讨论。人们对于孔子的"天"与"天命"观念的认识，往往只注意到观念本身的内涵，而忽视了"天"与"天命"的观念在孔子仁学思想中潜在而重要的意义。"天"与"天命"的观念，提升了孔子仁学的境界，使注重人伦道德价值的仁学思想，获得了超越的精神，具有形而上的价值祈向。孔子的"天"和"天命"的观念，与老庄的"天"和"天道"观念的内涵有根本的不同，但是孔子的"天"和"天命"的观念，所体现的超越意义与观念中所包含的宇宙自然的精神，与老庄的天道观却并非毫不相通。而孔子仁学由此展现出来的、上达天命的人格理想和思想境界，与老庄天人合一的人格理想和思想境界，显然更有相通之处。

从人格修养的角度来看，"下学上达"而达于天命，乃是最完满自足的仁学境界。孔子说"仁者不忧"（《宪问》《子罕》），又说"君子不忧不惧"（《颜渊》），又说"君子坦荡荡，小人长戚戚"（《述而》）。仁者或君子的不忧不惧，就仁学最高的境界而言，不仅是道德力量与道德自信的体现，而且也是乐天知命的思想境界的自然体现。君子安仁乐道，乐天知命，则必能有所超脱于死生得失的思虑和忧惧之外，从而表现出坦荡自然的人生态度与从容自得的性命之情。孔门儒家的人生境界和生活理想因此也有与道家相近的一面。

《论语·先进》记子路、曾点、冉有、公西华与孔子谈论各自的人生志向和抱负。子路、冉有、公西华三人，都表达了他们在政事礼乐方面欲有所为的志向。曾点最后发言，表达了他与众不同的意愿："莫春者，春服既成；冠者五六人，童子六七人，浴乎沂，风乎舞雩，咏而归。"听了曾点的话，孔子"喟然叹曰：'吾与点也！'"孔子对曾点的话表示了由衷的赞叹。说来这真是一篇妙文。孔门教育所特别注重的基本内容，不就是政事礼乐吗？曾点的这一番话已是出人意表，而更出人意表的是，孔子又偏偏只对他表示了赞赏。孔子为什么赞赏曾点呢？这个问题大约让许多解说《论语》的人费尽了心思。皇侃《义疏》云："当时道消乱世，驰竞者众，故诸弟子皆以仕进为心，唯点独识时变，故与之也。"又引李充之言云："善其能乐道知时，逍遥游咏之至也。"苏辙《古史》云："夫子哂由也以其不让，而其与点也以其自知之明与？如曾皙之狂，其必有不可施于世者矣。苟不自知而强从事焉，祸必随之。其欲从弟子风乎舞雩，乐以忘老，则其处己也审矣。不然，孔子岂以不仕为贵者哉！"朱熹《四书集注》云："曾点之学，盖有以见夫人欲尽处，天理流行，随处充满，无少欠阙。故其动静之际，从容如此。而其言志，不过即其所居之位，乐其日用之常，初无舍己为人之意。而其胸次悠然，直与天地万物上下同流，各得其所之妙，隐然自见于言外。"黄震《黄氏日钞》云："夫子以行道救世为心，而时不我与。方与二三子私相讲明寂寞之滨，乃忽闻曾皙浴沂归咏之言，若有得其浮海居夷之意，故不觉喟然而叹，盖其所感者深矣。"[①]皇侃和李充的解释认为，孔子赞叹曾点是因为曾点识时务，遭逢乱世，不以仕进为意。这种解释显然是不对的。孔子说"学而优则仕"（《子张》），又说"学也，禄在其中矣"（《卫灵公》）。孔门教育注重事功，在一定程度上可以说，孔子教育的目的就是要学以致用，而致用的根本途径就是出仕。孔子不但不反对弟子出仕，而且他自己就一直有从政的热情。就本章的内容来看，孔子也没有反对弟子从政的意思。苏辙认为孔子是赞赏曾点有自知之明，知道自己的性格不适合从政。苏辙的看法近于想入非非，是没有根据的猜想。朱熹指出曾点的这一番话表现了"胸次悠然"，动静从容的人生态度，这当然是对的。但是他又附会天理人欲来做解释，却是故作高深之论。师心自用，勇于发挥，这也是宋学的通病。黄震认为孔子对曾点的赞叹是因为曾点的话触动了自己不得志的心事，和苏辙的说法一样，这也是想入非非、脱离原文的没有根据的猜想。苏辙这么猜，黄震那么猜，再出来一个人，又可以有另一种猜法。除了上文引述的这几种说法之外，还有人认为，孔子赞叹曾点，是赞叹他笃于人伦礼乐，因为曾点说到"冠者五六人，童子六七人"，又说到要"咏而归"。另有一种说法认为曾点的话虽然没有直接说要从政，却体现了政治清明的景象，表现了礼乐教化的政治理想，孔子因此特别称赞他。这两种说法，是眼中只有礼乐政事，所以不惜寻章摘句，割裂文义，以辞害意，莫此为甚。

人们都知道孔子是注重政事礼乐的，可是这回他对于弟子表示要在政事礼乐方面有所作为的志向却不置一词，反而赞叹曾点无所事事的人生志趣。这是一般人所不能理解和难以接受的，上述各种误会和曲解大约都与这一点有关。其实孔子赞叹曾点并不奇怪，没有什么难以理解的。孔子并不反对子路、冉有、公西华三人的志向（他对子路"哂之"，只是因为子路说话不谦虚）。政事礼乐是孔门教育的基本内容，三人的话也可以说是顺着老师的意思说的。可是这样的话实在是太平常了，一点也不值得赞叹。如果曾点接着也说一通类似的话，那这篇对话也就了无意趣了。可是曾点的回答果然不负老师所望，也不负后世读者所望，同学们都说要有所作为，他居然说自己的志愿就是在暮春时节出去闲游。曾点的话说得那么真切而富有诗意，确实有一种动人的情致。孔子喟然赞叹，正是心有所动，

① 转引自程树德 . 论语集释 [M] 北京 : 中华书局，1990. 第 811—812 页。

而情不自禁。曾点的话表现的正是一种坦荡自然、悠然自得的人生意态和生活理想，活泼泼地体现出富于性灵的生命境界。这样的境界正是君子安仁乐道的境界，也体现了孔门仁学对个体生命生存状态的关切，甚至也体现了重视诗教的孔门仁学所固有的诗性精神。曾点的人生志趣，是仁学人格本体的直接展现，在某种意义上，无疑比子路、冉有、公西华所表达的具体抱负，更能体现仁学的本质精神。而这种不为外物所累，"不失性命之情"（《庄子·骈拇》）的生命境界，显然与道家的精神是相通的。

实际上，孔子对曾点的赞叹并不是偶然的。《论语·雍也》记孔子赞叹颜回箪食瓢饮，身处陋巷，而不改其乐，与赞叹曾点的意思是相通的。孔子也曾这样表达自己的志趣："饭疏食饮水，曲肱而枕之，乐亦在其中矣。不义而富且贵，于我如浮云。"（《述而》）这种安闲自得、恬淡自适，而超越于富贵之外的人生态度，与曾点的人生态度不正是十分相似吗？孔子曾对颜回说："用之则行，舍之则藏，惟我与尔有是夫。"（《述而》）他又说自己"七十而从心所欲，不逾矩"（《为政》）。他所自许的，不也正是进退从容，舒卷自如的自由的人生境界吗？（在此我想附带对我在上文中所有有关仁学的正面论述，做一点反面的说明。《颜渊》记孔子答颜回问仁云："克己复礼为仁"；仁与礼在孔子的观念中，有时是可以互相解释的。孔子虽然认为与仁相比礼是第二义的，而且反对把礼强加于人，但是要求人"自觉遵守"礼，有时离强制只有一步之遥，甚至比强制更可怕。在最糟糕的情况下，"自觉"正是强制所希望达到的最佳效果。这虽然不是孔子的本意，但是他所倡导的强调尊卑等级秩序的礼，却终于不可避免地发展为"吃人"的工具。对于所谓君子或明达之士来说，"自觉"中可以有自由，对于一般人来说，"自觉"中往往只有奴性，是更可怕的习惯成自然的屈服。这也是我对一切以"自律"为名义的管理制度，深感厌恶的原因。）

以上就孔老所代表的儒道两家思想的根本原则及其基本内容方面的相通之处，做了比较详细的阐述。孔老思想比较重要的相通之处，值得一提的还有老子的"三宝"之说与孔子仁学思想观念的相通。老子说："我有三宝，持而保之。一曰慈，二曰俭，三曰不敢为天下先。慈故能勇；俭故能广；不敢为天下先，故能成器长。"（第六十七章）老子所说的"三宝"，其中的"慈"和"俭"，与孔子仁学的基本观念的相通是显而易见的。"慈"的基本含义是"爱"（《说文》云："慈，爱也"）。"仁"的基本含义也是"爱"（《论语·颜渊》："樊迟问仁。子曰：'爱人'"）。老子说"慈故能勇"，孔子说"仁者必有勇"（《宪问》），他们的表达十分相似，都相信仁慈能产生勇气。"慈"也是儒家所信奉的道德观念。《论语·为政》记孔子之言云："临之以庄，则敬；孝慈，则忠；举善而教不能，则勤。""孝"与"慈"并举，在孔子看来，"孝慈"可以使民"忠"。《大学》云："孝者，所以事君也；弟者，所以事长也；慈者，所以使众也。"则是孝弟（悌）与慈并称。不过在儒家观念中，孝悌是根本，是下事上应有的品德；慈与孝相对应，是上对下的"爱"，这样的"爱"甚至只是为了"使众"，是比较次要的品德。老子的"慈"则位居"三宝"之首，在他的思想中占有比较重要的地位。老子的"慈"与孔子的仁爱观念最根本的差别在于，孔子的"仁"以孝悌为本，与血亲之爱密切相关，老子的"慈"则是普遍的慈爱和悲悯，超越了儒家仁爱的人伦道德内涵。老子的"三宝"不说"仁"而说"慈"，舍弃了"仁"这个更为通行的概念，正是因为他的"慈"与"仁"虽有明显的相通，但也有重要的差别。许多人要以老子的"慈"来证明老子赞同儒家的"仁"，正是有见于两者之同，而对于两者之异则未有所知。

"俭"也是孔子所信奉的道德观念。《论语·学而》记子贡之言云："夫子温、良、恭、俭、让以得之"；《述而》记孔子之言云："奢则不孙，俭则固。与其不孙也，宁固"；前文引孔子谈论"礼之本"，也有"礼，与其奢也，宁俭"之语。孔子所说的"俭"，主要是自我约束和节俭的意思。老子所说的"俭"与孔子相通，也有自我约束的意思。但是老子的"俭"又与一般自我约束的品德有所不同，它作为为人处事的原则，是道家无为思想的体现，与"损之又损，以至于无为"（第四十八章）之所谓"损"，以及"治人事天莫若啬"（第五十九章）之所谓"啬"的含义大致相同。

老子与孔子的相通，在相关的文本中还有一些具体的表现。如：老子说"知不知，上；不知知，病"（第七十一章），孔子说"知之为知之，不知为不知，是知也"（《为政》）；老子说"知人者智，自知者明"（第三十三章），樊迟问知（智）而孔子以"知人"作答（《颜渊》）；老子说"强梁者不得其死，我将以为教父"（第四十二章），子路性情刚强好勇，孔子说"若由也，不得其死然"（《先进》）。在这些例子中，老子与孔子之言特别相近，而大意显然也是相通的。至于两者之间异同的具体内容，在此就不再详论了。

《道德经》思想的影响

老子治国理政思想应用性探析

孟祥君 *

内容提要：老子作为道家学派创始人，其思想自先秦起影响至今，是中国传统文化的重要组成部分。虽然老子善于从有无对立、道法自然等哲学角度看待问题，但其原理却可以切实应用到国家治理的许多方面。他以"道"为理论基点，"欲"作行为动因，倡导政府应当在"有为"和"无为"间营造平衡，强调个人"求圣""近民""重道""修身"对国家治理的重要性。运用发展眼光研究老子思想，不仅可以由此提取出其理论中庞大的现代价值，更有利于重拾文化自信，为开创新时代中国特色社会主义理论体系提供借鉴。

关键词：老子 道 欲 无为 德

引言

老子之生长年代，正处奴隶制向封建制的过渡阶段，私欲和集权理念自上而下蔓延，贵族穷奢极欲，政令刑罚繁杂，社会分层愈加明显。以人口和土地为核心的诸侯争霸成为时代主题，不仅政治形态缺乏稳定，且思想文化领域内，诸子百家更是各执一词、争论不断。然而随着历史的推移，大部分先秦观点或在实践与论证中慢慢消亡，或被其他更有生命力、执行力、说服力的学说肢解分化，完整保持体系且延续下去的以儒、法、道三家为主，支撑起整个中国传统文化体系。对比来看，老子开创的道家学说：内涵更为丰富，外延更为广博，出发点更为深邃，每谈及一个问题往往上升到哲学层面，对古代社会发展起到极大的指导作用。著名史学家吕思勉曾如此评价："道家之学，实为诸家之纲领。诸家皆专明一节用，道家则总揽其全。诸家皆其用，而道家则其体当代中国，若想开创社会主义发展

---

* 孟祥君（1995—），男，黑龙江省牡丹江市人，黑龙江大学政府管理学院 2017 级硕士，研究方向：中外政治制度，中国古典政治思想。

新时代，就要率先完善好具有承接性与开创性的思想体系。"① 研究老子学说，有利于还原中国古代政治文化形态，发掘传统理念中的超时代价值，从而打造更适应中国人的政治发展模式。

一、"道"为本

老子同其他诸家最大不同在于，他思考问题时往往从世界本源入手，将"道"视为产生所有行为的最高原则。《道德经》开篇便对"道"做出说明：世人皆可以通过各种方式来理解万物运动的根本原理，这种原理"并非常道"，不是静止与永恒，而是存在发展空间上的无限性，为人们探索世界以及自主式革新理论留有余地。同时证明老子思想具备丰富与发展的先决条件，再完善的思想体系也存在时空限制，并非"常道"。这样满含运动色彩的认知观念与马克思主义哲学观暗自契合，由此衍生出的国家观念就不能用时代眼光孤立对待，老子政治思想因此而极具传承价值。

《道德经》仅八十一章，每章篇幅时常不过百言，"道"的涉及却多达千次。然而老子并没有对"道"的概念做出明确界定，转之以各种方式介绍"道"的作用。譬如"道冲，而用之或不盈。渊兮似万物之宗"（第四章），"谷神不死，是为玄牝。玄牝之门，是谓天地根"（第六章），"道者万物之奥"（第六十二章）等，用比喻或类比的方式将万物本源追溯至"道"上。其传承人庄子也以"道不可闻，闻而非也。道不可见，见而非也。道不可言，言而非也"（《庄子·知北游》）为由劝诫世人不要对"道"妄加揣测，表示只需尊崇由道反映出的自然规律即可。

有关"道"的明确定义，古今学者一直争论不休。曾仕强认为："道如果可以用言语来描述，那他就是常道。"傅佩荣认为："道可以用言语描述的，就不是永恒的道。"南怀瑾总结出传统经典中的三种解读，包括"道为道路；抽象法则以及'形而上之道'"。吴铁夫凭借"有物混成"四个字来断定老子眼中的"道"并非"规律"而是一个具体的"物"。《道德经》中最深入的解释也仅为："有物混成，先天地生，寂兮寥兮，独立而不改，周行而不殆，可以为天地母。吾不知其名，字之曰道，强为之名曰大。"（第二十五章）老子只是发现自然运行存在内部机理，却无法具体定义，为了更好表述这种潜在规律而引入了"大"的概念。且，对世间万物产生本源作用的道、天、地、人四"大"主体，遵循着"人法地，地法天，天法道，道法自然"（第二十五章）的制约关系，"自然"为万法之宗，为至高原则。由此可见，老子没有强求对"道"概念性辨析，而是在强调万事万物都需要

---

① 吕思勉.先秦学术概论［M］.北京：中国大百科全书出版社.1985.第27页。

遵从"内在机理",都不能擅自妄为、不受约束。"道"的意义是对行为产生指导,"道"的发展是对自然法则的探寻。因此,老子的"道"虽"玄牝",却是在意图解决现实问题,旨在对为政者提出要求。

"道有四大,而王居其一焉。"(第二十五章)尽管王之上还有道、天、地,但只要王尊"道"而行,世人就需要承认其统权和地位。这样的逻辑告诉我们,自然之法难以捉摸,"道"作为"自然"的最直接反应,是王治理国家时需要参考的根本原则。王为四大之一,于世间具有很强自主性,可以主动对许多事物造成影响,这是由社会分工产生的"自然"决定,但仍要接受"道法"制约,不能肆意妄为,否则就是违背自然,任何行为将丧失"合法性"。王亦须遵守"自然之道",何况民众,体现出老子具有"朴素的法治观念"。

综合来看,"道"作为老子学说理论基础,具有极强的神秘性、超验性以及抽象性,是近乎于纯粹的哲学观念。但是从政治角度入手,将"俸道"衍生出的动态发展、尊崇规律以及顺应自然等观点,代入至具体的国家生活中,可以分别得到"避免故步自封""倡导循序发展""推崇法治原则"等实用性理念,符合当代民主政治取向,印证老子思想对现代社会仍具有不可忽视的指导意义。于是,对"道"的概念性还原,远没有发展性解读更有价值。

二、欲为基

在老子的哲学理念中,顺应自然、合乎大道是人们应当遵循的普遍法则,然而人作为社会性动物,在接触物质生产资料以后,都会显露出违背"自然"和"规律"的独特属性。其中最为直接的表达,就是对"欲"的追求。

(一)"欲"的自然性

《道德经》中有言:"故常无欲,以观其妙;常有欲,以观其徼。"(第一章)老子没有将有欲和无欲完全对立起来,认为"无欲"可以帮助体察万物内在玄妙,"有欲"则可以通晓"道"存在的现实意义(即如何区分和控制欲望)。"妙"为思想,"徼"为应用。所以,有欲和无欲均是对"道"的主观理解,因行为方式不同,而产生矛盾,暗含对立统一之意。从此基础上,老子承认人天生有"欲",需要明晰且顺应"道"在此方面规定的法则,才能合理对待"欲"。如果"欲"全部是美好且利他的,不会对公共社会生活造成破坏,也就没有必要单独提及。相反,"有欲"思想总以"求利"作为外部表现,利益又存在着"实现要求的主体性"与"实现途径的社会性"、"形式主观性"与"内容客观性"、"目标性"与"手段性"、"具体有限性"与"发展无限性"等内在矛盾。于是,由"求利"展示出的"有欲"

很难成为独立的个体行为，需要以"道"为标准进行普遍约束，否则就会对他人和社会造成危害。

（二）对"欲"的合理性看法

老子从未否认有"欲"的自然性，相反则是希望通过思想上的引导使为政者和普通人能够合理对待"欲"，并总结出这样三点要求。

首先，"绝圣弃智，民利百倍；绝仁弃义。民复孝慈；绝巧弃利，盗贼无有。此三者以为文不足，故令有所属：见素抱朴，少私寡欲。绝学无忧"（第十九章）。在老子眼中，过分聪敏、崇尚"仁义"、技淫逐利都是有违"道"源的巧饰之器，不足以安拢民心、大治天下，唯有返璞归真、放弃外物才能符合自然。有人因此将老子思想同孔孟儒学对立起来，认为绝圣弃智、绝仁弃义、绝学无忧是"愚弄民众""谈毁文化"的倒退体现，此类观点是对其学说内涵理解偏颇所至。相比较"道的玄牝"，老子倡导无为、修身、积德等虽同样属"外物"追求，又因符合"道"之本性，而区别于"外物"。从现实性角度来看，此段论述的重点应当放在"见素抱朴，少私寡欲"上。按照道法自然观念，传统生产、血缘礼法、自给自足是符合自然发展的本初形态，为政者居圣压民，为贤者虚伪附势，为才者巧取豪夺都是由利欲熏心引起。因此，错不在器物，而在于人们追求"欲"过程中所采取的不恰当手段。

其二，"知足之足，常足也。"（第四十六章）老子以马的用途作比喻，劝导人们保持"有限"观念。当马用于耕种时清明太平，用于战争时昏庸动乱，如果没有私欲，把马固定在其原本功能上，就能符合自然规律，平定纷争。虽然这一说法有待推敲，必然会被公共选择理论和功利主义者大肆反对。但此论述仅为修辞手法，以突出"欲过盛，而祸乃至"的观点立场。只要各诸侯国安于本土，器物使用归于本初，就不会产生血腥争夺。与声名、财产、得失一样，国家发展也在追寻外物，如果为此不惜超出"自然"承受力，发展也就失去了最初意义。况且，再完善的事物也会存在某些不足，国家治理没有尽头，追求极致有时没有端正思想更能解决问题。"躁胜寒，静胜热"，只有"清静"才"为天下正"。因此老子得出"甚爱必大费，厚藏必多亡。故知足不辱，知止不殆"（第四十四章）的结论，告诉我们在追求利益和发展同时，要保持一定限度，否则就会引发本不应产生的沉重后果。

其三，"宠辱若惊，贵大患若身"（第十三章）。"欲"驱使下的过激精神反应，会伤及自我，唯有自视中正、不偏不倚，才能独善，符合自然。老子认为，人过于重视自身"存在"，就会有"祸患缠身"，受宠和遭辱都是由"欲"所导致的

"卑下"。情绪按照"有生于无""无生于道"的基本理念，"宠辱"因属外物是为"有"，过分倚重就会重"有"轻"无"，偏离道之本理，必然喜忧失控，影响自己。而思想为"无"，只要保持本心，不受外物左右，才能到达"无"的境界，离"大道"更近。最简单的手段就是：化身为天下，将个人情绪寄托于整个社会，这才是为政者和贤德之士应当做出的自然站位。世人只要不仅顾个人得失，而兼济天下，降低私欲，达到宠辱皆忘的思想高度，就均能"贵其身"以得"道"，这也是为政者须具备的最基本素质。

老子曾提出三点更具体要求："我有三宝，持而保之。一曰慈，二曰俭，三曰不敢为天下先。慈故能勇；俭故能广；不敢为天下先，故能成器长。今舍慈且勇；舍俭且广；舍后且先；死矣！夫慈以战则胜，以守则固。天将救之，以慈卫之。"（第六十七章）对于个人而言，想要达到"贵其身"之境界，起码要满足保持慈爱、维系勤俭、不予争先等"自然"对"欲"的基本要求，否则就会与"道"渐行渐远。归根结底，无论是统治者还是普通民众，都需以修身养心的办法帮助自己正视私欲，这样才能打造出和谐社会。

（三）对"欲"的积极性利用

老子承认"欲"的先天性，目的在于把重点放在如何对"欲"进行正确处理上。在由利益和权势纷争造成的春秋动乱中，这种理念能够帮助发挥出统治者和民众两个方向上的合力，带领社会尽快走出战乱、混沌的长久困境。"欲"本身没有善恶性质之分，但追逐"欲"的过程令社会人不知不觉展露出"恶"的特质，所以只要有关"欲"问题时，就需要用"道"的原则加以约束。当代主流政治国家普遍奉行市场原则，以政府手段推动商品经济发展和科技创新进步。对于中国而言，利民、和谐、稳定、发展以及思想文化体系建设是眼下最为关键的内容。老子"抱素寡欲""知足常足""正己贵身"的方法无论对国家统治者还是普通民众都具有很强实用性。国家发展不能冒进，包括经济、文化、环境、党政等各个方面都需要符合自然规律，不可贪大求成。对待外部势力的封锁时，需要从自身国力入手，在保持内部社会稳定同时尽可能加强自己硬性实力。对待政体本身存在的冗官、贪腐、机构臃肿、脱离群众等问题时，不能贸然整改，应该抓住社会需求，结合社会性质，从根本上立足寻求改进。对待核心价值观念塑造时，应杜绝放弃传统，需要切合本国发展规律，顺应历史潮流，多从民族经典中寻找理论依托，打造符合自己的思想体系。当代中国的国家治理应以"利民"为本"欲"，保持"持而盈之，不如其已。揣而锐之，不可长保。金玉满堂莫能之守。富贵而骄，自遗其咎"（第五章）的道法观念，避免混乱与不和谐，打造属于自己的政治文明。欲源于需求，治理国家避免不了依靠"欲"，如果将民众幸福作为需求，那么"欲"就可以成为开创盛世的凭借，成为发展进步的基础。

三、治国立场：在无为和有为间达到平衡

"无为而治"是老子政治思想的重要组成部分。大多数学者从他身处礼崩乐坏、征战频繁、周室衰微、百姓疾苦的环境入手，以儒家主张礼治、德治、仁政，墨家提出尚贤、尚同、兼爱、非攻，法家主耕战厉法作为对比，将老子的"无为"思想与那些具体的经世济时方略对立起来，用老子"尚道"的哲学视角解释其政治内涵。这样做法仍然没能脱离试图"以外部表现形式"解决"内部根源问题"的"有为"范畴，仍旧停留在从"行为划分"定义不同学派的"器物层面"。

多数人认为：老子这种"无为"观，"是为统治者立言，为其设计了以退求进，以无为求有为的高明策略"①，如此立场对深入研究老子无为思想不具有现实帮助，除了证明其观点前后矛盾、阐述只有用具体方法解决现实问题外，难以还原其真实的思想体系。倘若老子以"无为"做幌子，实则采取其他方式骗得群众基础，从而达到"以无事取天下"之功利目的，未免比直接尚力、尚法更显愚弄民众，且很难获得多数人承认。如果"无为"是顺应道的结果，道是自然的结果，用不符合"道"的"非自然"方式追求"无为"，就是从根本上否定自己的逻辑。若想深入发掘"无为理念"的实用性价值，需要先从老子对"有无"的界定入手，展开探究。

（一）有无观念辨析

在老子看来，"道"是万事万物的本源，虽然难以确定，但人可以主观地对其产生认识，即为"名"。"名"存在"有无"之分别，可以具现即为"有"，仅存观念即为"无"，是对"道"的不同认知方法。当人冷静寡求地（无欲）对待"道"时，能够发现"道"产生作用的内部机理，带有目的性地利用"道"时（有欲），能够发掘其具体作用方式。因此，"有、无"概念的修饰主体均为"道"。"道生一，一生二，二生三，三生万物。万物负阴而抱阳，冲气以为和。"（第四十二章）"道"并非"寡"与"孤立"，而是依靠由其衍生出各类形式的载体来构成万物。且，唯有避免极端统一、存在方向性对立才能回归"本真"，方能达到"和"的境界。老子曾对事物的主观评价做出概括：普遍认为美的东西就可以定义为"美"，因为有丑恶做对比，普遍认为善的东西可以定义为"善"，因为总有不善存在。由此可知，

---

① 李厚刚.《对老子"无为而治"政治思想的辨析》[J].内蒙古师范大学学报：教育科学版 2011，（3）：24—3。

任何对具体事物的主观定性都需要"参照物"，当同一定性标准从数量上达到一定规模时，就会引起社会共识。"自然"对万物的定性均存在于相对概念当中，正是由矛盾和对立构成的动态统一体，才令"道"具有了被践行的可能。倘若社会成员为极端追求美、善、难、有，而意图在主观上消灭丑、恶、易、无，使所有"事物"只具备唯一属性，最终结果将导致世界再次归于混沌，历史将趋向静止，"道"变得更加无法触及，只能采取毁灭的方式打破现有格局，重塑社会才能延续。在此种意义上，"有无"均脱胎于"道"，缺一不可，只具备行为主体在认识和取向上的分别。

（二）倡导无为的理念基础

春秋时节，由生产力发展带来的私"欲"膨胀，促使许多社会成员产生入仕为政、建功立业的价值定位。农家、墨家、兵家、儒家等居才者拼命阐述自身学说，渴望指引诸侯各国发展扩张，王爵将相无法冷静认识"欲"，将社会长期置于纷乱动荡、征伐兵革的死循环中。是穷尽"有为"，踏贬"无为"的过度表现。老子故而对有能力影响社会的超群之人提出如此劝诫："是以圣人处无为之事，行不言之教，万物作焉而不辞，生而不有，为而不恃，功成而弗居。夫唯弗居，是以不去。"（第二章）春秋居大才者鲜有安稳善终之人，群侯霸主也仅得一时兴盛，都是因为他们没有合乎于"道"，错误定位"欲"，穷尽"有为"一途所至。若想贤德不朽、安泰永存，就需要明晰：收放舍得、奉行自然，不专"有为"的"道"理，毕竟最柔弱的东西，能够纵横在最坚硬的东西之间，无形的力量才能穿透有形且毫无缝隙的东西。老子看到了"不言之教"和"无为有益"能够发挥出的巨大作用，劝诫王者理政、贤者济世应以回归"无为"作主要立场。这种"无为"是针对极端"有为"的自然性建议，并非强调无论何时都要"无为"，是特定时期应采取的特定办法。

（三）"无为而治"的侧重点

面对世人不明"自然"，不辨"道"理之境况，老子给出这样的分析：上士闻道，仅有所行；中士闻道，若有若无；下士闻道，仅能笑之。主观认识上的差异造成人们对同一事物的不同反应，这种分化也是由"道"来决定。"故建言有之：明道若昧，进道若退，夷道若纇，上得若谷，大白若辱，广德若不足，建德若偷，质真若渝，大方无隅，大器免（晚）成，大音希声，大象无形。道隐无名。夫唯道，善始且善成。"（第四十一章）老子从观念上尊重这种认知差异，也理解"有为"之危害是绝大多数人所无法看到的，但他仍旧没有放弃帮助世人，特别是"特殊身份"人群对眼前事物产生更为深刻的认识。"道"不可言语名状，不可手触目及，但是其作用原理绝对不是求极孤行，需要对立观点才能贴近本质。当追求"有为"达到风险规模时，当社会环境由此陷入长期动荡时，就需要唤醒对"无"的认知，用"无为"视角追寻自然。无关国家治理的实际手段，老子所述的"无为"和"道"一样，主张意识层面至上，注重感知，杜绝被"有形外物"所限制。老子学说强调的绝非苛求"毫无作为"的外部状态，旨在通过宣扬"无"的观念，塑造人们遵从"道法自然"的内在心态。只要在"有为"大环境中保持"自然合道"立场，再采取任何行动均可视作"无为"。用具体手段禁锢"无为"理念，是对"道"十分浅薄的主观揣测。

（四）为政顺道，平衡有无

"有无"均脱胎于"道"，却也存在先后和次序之分："天下万物生于有，有生于无。"（第四十章）老子这一表述并没有使用线性思维，不是在规定"无"一定比"有"重要，"有"必然居后于"无"。而是如同"父子关系"一样，男性没有生育就不能具备"父亲属性"，新生儿一旦降世，必然有其"父亲"可寻。"父亲"率先存在于"儿子"，但如若没有"儿子"，"父子"关系就不复存在。老子没有彻底割裂"有无"，而是反复强调"有无"二者之间的必然联系和作用条件。从与"道"的贴近程度来看，"无"更具优势，但在"有无"关系体中，二者同样重要。况且"反者道之动，弱者道之用"（第四十章），循环往复、运动变化才是"道"的基本形态，"道"存在于观念层面，缺乏强制性，因多数人难以理解，才体现出"弱势"。国家治理中，"有为""无为"产生的内在分歧也在于此。"有为"属"有"，离"万物"更近，"无为"归无，距"世俗更远"。人们普遍崇尚"有为"，忽视"道"先生"无"、而后生"有"、"有无相称"方为自然的道理，难免陷入极端，破坏和谐。若要回归大"道"，必然遵循往复运动规律，避免在"有为"与"无为"之间做出排他性选择。以"无为"正"有为"，营造二者平衡，就能走出动荡纷乱。

与治国理念相比，老子的"无为思想"更像是劝诫世人回归自然大道的警钟，是为政者应当保持的"求本"心态，是处理问题时需要采取的思维方式。"有无"同源，重"有为"轻"无为"违背自然，世间纷乱皆由"有"起，适当"尚无"有利"和谐"。当代中国正处于特色社会主义建设的重要阶段，经济飞速发展、科技持续进步、体制全面调整、文化愈加繁荣。传统民主政治的"有限政府"理念逐渐被"有为政府""有效政府"所替代，无论对政府性质做出何种定位，都不能陷入"无限"和"全能"等极端概念的异途。只要国家无法做到事无巨细、全面干涉，老子"无为"思想就有存在和指导价值。改革开放 40 年以来，中国由计划经济走向市场经济，民营和乡镇企业异军突起，地方区域及民族自治渐入佳境，党政、政企、企事分开收效显著，全部都是合乎道法、适当无为的具体结果。我们一直渴望尽快跨入社会主义发展的新时代，而实现此目标的根本前提就是需要符合"自然之道"，在"有为"和"无为"之间达到平衡，避免顾此失彼，破坏和谐。

四、尊道求圣、治国法门

老子曾对国家应采取的具体治理办法做出"治大国若烹小鲜"（第六十章）的形象比喻。治国同烹饪一样，须要合乎"自然"，追寻本质，倘若驱本逐末，依托外物，偏离自然，就将国之不国矣。老子认为：凭"道"治国，就能避免许多人力控制以外的问题，令鬼神和圣人都避免祸乱于世，且若行此法，功在圣人。因此国家稳定兴旺需要从：遵道和求圣两个方面入手，不仅要让更多人乐于奉"道"，最关键要将为政者打造成"圣人"，让更多社会成员满足"为圣"的要求。

（一）国之稳定在于近民

万物自有"道"根，许多事物于产生开始其性质、功能便已决定，天地神谷王皆由因"得道"。而统治者权力尽管"先定"，但若不加节制，则会"天毋已清将恐裂，地毋已宁将恐废，神毋已灵将恐歇，谷毋已盈将恐竭，侯王毋已贵以高将恐蹶"（第三十九章）。所以那些生而"优越"的事物：必将重视"下层"和"基础"，追溯本源才能长久。统治者自称"孤""寡""穀"，就是在强调"以贱为本"。声望和权力产生的源头在于下层民众，民与君在社会地位和社会分工上大有不同，却都是由"道"而定。王侯若想治理好国家，维护自身在国家中的崇高地位，就不能忽略"表面贫贱"的民众，相反应该以此为基，当作自身行为的首要出发点，这样做不仅不会令王侯尊严受损，更会保持社会稳定和谐，将名誉声望提高至新的档次。毕竟有道之士"不羡玉美"，质朴如石方显本真。华丽的外表永远不如"自然的平庸"更能诠释"道法"。总之，国由人生、国为人设，治国之本在于民，关注民才能符合"道"的要求。统治者越与民相近，越体现出与民一样的"质朴"，国家治理也就越平稳，国家发展也就越顺利。

（二）"求圣"以促"天下浑心"

国家治理始终不能单纯依靠治理者自上而下地"统力"，需要尽可能发挥民众自主作用，营造两个方向的合力，避免上下脱节、为渊驱鱼。按照老子的观点："圣人恒无心，以百姓之心为心。善者善之，不善者亦善之，德善也。行者性质，不信者亦信之，德信也。圣人之在天下也，歙歙焉，为天下浑心。百姓皆注其耳目焉，圣人皆咳之。"（第四十九章）为政者应当追求"圣人"境界，需坚定耐性、包容的心态，系根本于百姓，并且不能因为民众的身份、学识、认知不同就区别对待。不善、无德往往源于"私欲"。人生而有欲，如若不能合理支配，会对国家治理和社会稳定造成极大的不利影响，春秋时期群雄并起耕战频繁正是归结于此。要想令全体社会成员都能够合理控制欲望，很大程度上要依赖于为政者"圣人"式地疏导。观念上的引领在很多时候比法律、暴力等强制手段更加有效，同时也显示出核心价值观念塑造和社会文化教育对国家治理的重要性。

（三）重德普世，身法自然

统治者一旦丧失修养、脱离群众，往往以崇尚暴力、奢华废公、横征暴敛为主要表现，致使政局不清、生产殆滞、民生疾苦，如此行径无异于"窃世大盗"，这是严重背离"道"的结果。由此可知，对于为政者而言，自身修养和积德尚善是必须具备的主观基础，也是追求"天下大治"的先行因素。

在老子眼中，具备德行和尊崇道法一样是符合自然之举，是内在要求之行："道生之，德畜之，物形之，器成之。是以万物莫不尊道而贵德。道之尊，德之贵，夫莫之爵而常自然。"（第五十一章）"道"是至高原则，是无形的观念，只有凭借一些具体的方法才能切实"符合自然"，崇德便是其中一个重要方式。人的德行源于"道"的规定，且"道"从不曾妄图占有任何事物，有所作为而不自恃，育展天下而不司主宰。那么作为大"道"以下的为政者，也就没有资格胡作非为、高高在上，以戮民求国稳，凭压迫换威名。统治者的核心品质是"尚德"："善建者不拔，善抱者不脱，子孙以其祭祀不辍。修之身，其德乃真；修之家，其德有余；修之乡，其德乃长，修之邦，其德乃丰；修之天下，其德乃普。"（第五十四章）"道"所规定"德"的内涵十分丰富，外延更是深远。除了兼济天下、注重贫贱以外，更应从自身做起。一个优秀的统治者不仅能在宏观上发展国家、稳定社会，更能从细微入手、小处着眼，将德性的光辉挥洒至各个层面，无论治家、治乡还是治邦都不可忘"德"。因此，"德"具有强烈的普适性和广延性，不应受到具体条件限制，且不存在主体之别。个人存在"德行"，就会和"新生儿"一样，不被蜂虿虺蛇所螫，攫鸟猛兽也不会对他进行攻击。自为政者起，下至全社会成员都能奉德而行，国家治理就会轻便很多，"和谐社会"就能由建设目标转化成为先决条件。

老子的具体治国理念从主客体出发，对二者分别提出了明确规定，其中对为政者要求更多。他承认统治者具有先天统权，且社会中存在天然分工，暗含精英政治理念，肯定国家事务应该交由少部分人处理。在奴隶社会乃至封建社会当中，个体出身是决定其后天"功能"的重要条件，国家统治阶层早早确定，下层面民众涌入执政集团可能性极低，公共事务和自身权利只能依靠国家机器署理、保障，在这种"被迫式代议体制下"若想实现政治清明、国泰民安，只能从主体个性和价值取向入手。驭国先须正己，因此，重民修身是老子国家治理观念中的核心内容。重民、亲民、为民、利民是符合自然之道的根本出发点，以民心为本心更是为政者必须具备的思想立场，扶弱抑强更是符合"大道反复机理"的运动原则。老子不仅倡导以民为本，更主张国家对"底层弱势群体"的特殊关照，为其提供基本生活保障，反映出朴素的"福利国家"观。奴隶与专制社会尚且如此，在构建中国特色社会主义的今天，更应当坚定"群众观点"和"群众路线"。国家改革不是超脱社会的孤立行为，如果不能符合民众需求，就是违背"大道"。各项利民工程、机构整改和党风建设等活动，须鼓励社会成员参与其中。在打造并奉行"符合大道"的社会主义核心价值体系前提下，发挥社会层面的主动推力，让政治作用于群众，则"神、人两不相伤"，国家才能稳步发展，社会才能持续进步。

结论

如今，中国发展正处于特色社会主义建设的关键阶段，对指导思想体系的完善需求尤为突出，在市场经济作用下，许多当代学者不得不频繁地从西方政治思想中寻找改革发展的理论依据。民主、宪政、法治等主流观念成为现阶段中国政治理论研究无法回避的核心问题。然而早在两千多年以前，老子就已经尝试通过他独特的思维对这些内容进行过比较具体的分析和阐述。为我们指明了国家治理应当遵循的"自然之道"的前进方向，只要满足社会和人民的内在需要，就是回归本能，就是遵从自然。西方的工业革命和文艺复兴，为我们展现出，以资本主义理念引领国家所能够取得叹为观止的历史成就，但那仍旧是更适应于西方的"自然之路"。无论是宪政、民主，还是分权、代议，这些内容在老子学说中均有迹可循。因此当习总书记提出社会主义新时代畅想时，我们更应在那些传统经典中求索依据。况且，老子学说基础在于对"道"的追寻，而"道"本身就具备运动性、完善性和发展性。因此他"道法自然""妥善视欲""有无平衡""归民求圣"等治国理念应该被格外重视起来，并与时代背景相结合，努力挖掘出新的内涵，指导当代中国政治文明攀登新的高峰。

论《道德经》对诗歌创作的启示

林銮生　孔德章*

内容提要：诗歌是中国文化的一个重要组成部分，对人们的思维方式和行为方式都有着举足轻重的影响。《道德经》洋洋洒洒五千言，在作为道家道教经典之时，从文学角度观之，其本身就是一本优美动人、质朴厚重的诗集。《道德经》中所阐述的宇宙观、辩证法、审美观、生命观等对其后的诗歌创作产生了不同程度的影响。经文中这些内容的影响较为突出地体现在诗歌的独立特性、存在形式、审美体验、价值归宿等四个方面。

关键词：《道德经》诗歌 独立性 价值

一、道生万物——诗歌的独立特性

"道生一，一生二，二生三，三生万物。万物负阴而抱阳，冲气以为和。"[①]（《道德经·第四十二章》）道生万物，这是《道德经》关于宇宙生成的一个重要阐述。经文认为，道为万物之本，一切皆是由"道"生成。这个"道"是"先天地生。寂兮寥兮，独立而不改，周行而不殆，可以为天下母，吾不知其名，字之曰道"[②]（《道德经·第二十五章》）。因此，道乃是独立不倚，自给自足，其大无外，其小无内的整全实体。从道生万物的角度而言，诗歌自然也是其所生成事物之一。从这一个角度出发，便引起了人们对诗歌的一个重要思考，即诗歌的独立性问题。人们常常会把诗歌依附于人，认为诗歌乃是人的理性创作之产物。然而，从道生万物的角度观之，诗歌的独立性并非源于人类的理性，而是直接与"道"相联系的。人类的理性乃是"道"的一种具体表现。诗歌亦然。这即是说诗歌的独立性是与人类理性相并列的存在，而非从属于人类理性的存在。在这种独立观的引导

---

* 林銮生（1987—）男，福建宁德人，宁德师范学院讲师，哲学博士，研究方向：道教与民间信仰。孔德章（1987—）女，辽宁吉林，就职于宁德师范学院，哲学硕士，研究方向：科技哲学。

① 老子道德经河上公章句 [M].北京：中华书局，1993.第168—169页。

② 同上，第101页。

下，诗歌才真正具有了其内在价值和独立发展空间。同时这种独立性又反过来会进一步促进"人"对自我以及自我与其他事物之关系的认知，从而形成一种良性循环，即"相互独立又相互促进"的发展模式。

能够切中这种独立性的一个关键所在就是诗人是否用生命去完成诗歌，一方面要求诗人把自我整个地放置于诗歌之中，一方面要求诗人明白诗歌本来是独立于任何个体主观情感的，并且是承载着"永恒"的载体。如此才能进一步释放诗歌，把诗歌最大程度地从文字和诗人的主观性中解放出来。一个诗人越能够这样面对诗歌，他的诗歌所具有的生命力就越深远绵长。这便与《道德经》中将"人"与"天"的位置相并列，并统之于道的精神是相一致的，故《道德经》有言"道大、天大、地大、王亦大"[①]。（《道德经·第二十五章》）

在这里，我们需要注意到的一点是：诗歌在多数时候总是承载着个体的情感，这种情感思想的表达，或许恰恰是诗歌衰败的开始，也是诗歌衰落的重要体现。这种说法看似矛盾，正常情况下，我们应该是在诗歌的思想性中看到诗歌的进步，为何诗歌在表明人的思想时却成了诗歌衰败的象征呢？原因在于思想是理性的重要象征，而诗歌在很大程度上是抗拒理性的。诗歌最终是归于"道"的，这种对"道"的回归才是诗歌独立性的最终体现。如果诗歌只是单纯地用于表达思想，则容易陷入宋朝以理驭诗的窠臼当中。我们知晓宋朝相对于唐朝而言在诗歌方面是衰落的，宋朝兴起的宋词恰恰是对唐诗的解构。宋词加入了更多的生活气息，"人"的味道越发浓厚，但是却产生了相应的狭隘性，即诗歌多是在反应少数人的气息。所以，对于诗歌而言，要警惕思想（或者说理性）从深处瓦解诗歌的本来结构。那么如果顺着这种思路，这里又会有如下重要问题需要面对：第一，诗歌是否有一个完美的，值得人们一直去维系的结构呢？第二，诗歌本身是否意味着一种反叛？第三，诗歌究竟要如何表达自己？

对这些问题的思考与解决，仍然要归诸"道"。诗歌对自我的建构建立在诗歌具有独立性的基础上。在于这种基础上的建构是相对健康的，即诗歌和诗人都能够相对独立地沿着各自的轨迹前行，相互统一又相互独立，真正做到相互尊重。返诸己身而归之于道。即以"道"来统领诗歌中的"变"与"不变"，使得诗歌在拥有自我独立性，即能够自由流动地展开自我的同时，又能够一以贯之地按照其内在结构，与"人"的理性保持一种相对平衡的状态。

---

① 老子道德经河上公章句 [M].北京：中华书局，1993.第 102 页。

二、有无相生——诗歌的存在形式

《道德经》第二章有言："天下皆知美之为美，斯恶已；皆知善之为善，斯不善已。故有无相生，难易相成，长短相形，高下相倾，音声相和，前后相随。"①（《道德经·第二章》）这段经文阐述了事物的存在都是正相反对的。它们总是以一种矛盾的形式呈现出来。任何事物都有自己的对立面，并且这两个看似矛盾的方面又以彼此的存在为前提。高低、尊卑、善恶、大小、有无、长短、难易等等概念都是以对立面概念的存在为前提的。如果没有"有"，就无所谓"无"，如果失了"卑"，"尊"便无从谈起。这也体现了所谓的"反者道之动"②（《道德经·第四十章》）的动力说。这种"有无相生"的存在形式在诗歌中也得到了很好的体现。张若虚的《春江花月夜》有云："江畔何人初见月，江月何年初照人。年年岁岁花相似，岁岁年年人不同。""人"与"月"、"人"与"花"之间的辩证关系被刻画得极其生动。卞之琳在《断章》中如此描绘："你站在桥上看风景／看风景的人在楼上看你／明月装饰了你的窗子／你装饰了别人的梦。"诗中的"彼""此""物""我"处于不断的转化当中，并在这种转化中构成了一种和谐美好的画面。诗歌的这种存在形式自然而然地要求诗歌需要具有很好的弹性。所谓的弹性便主要体现为诗歌"化"的功能：第一，诗人化在了诗歌之中；第二，读者化在了诗歌之中。读者与诗人产生精神共鸣，这种共鸣通过读者消失在诗歌之中这一形式来体现；第三，诗歌中所描述的事物化于诗歌之中。诗歌因着这些转化也有了生命，但是需要看到这种生命的片面性。事实上，世间所有生命都是片面的。之所以存在片面性的原因就在于理性本身的局限性。理性存在物便想突破这种局限性，超越本身具有的片面性，而达到一种完满的状态。没曾想，先不论是否能达到，单单这一种念想便已经是片面性的最好证明了。可以说人永远无法实现完满性。抛却生命的片面性，无论如何，诗歌"化"的功能是显而易见的。"道之委也，虚化神，神化气，气化形，形生而万物所以塞也。道之用也，形化气，气化神，神化虚，虚明而万物所以通也。是以古圣人穷通塞之端，得造化之源，忘行以养气，忘气以养神，忘神以养虚。虚实相通，是谓大同。"③（《化书·道化》）古人对"化"有着深刻的认知。这种生命体悟通过诗歌被很好地表达出来。"道""虚""神""气""形"构成了一个相互循环的系统。诗歌便存在于"气"与"形"之间，诗歌可以说是诗人由神运气而成形，同时又归于虚、统于道，独立于诗人而存在。诗歌与诗人便在这"有无相生"的关系中不断生成与演变。陶渊明的《饮酒》云："结庐在人

---

① 老子道德经河上公章句 [M]. 北京：中华书局，1993. 第 5—7 页。
② 同上，第 161 页。
③ 谭峭. 化书 [M]. 北京：中华书局，1996. 第 1 页。

境，而无车马喧。问君何能尔，心远地自偏。采菊东篱下，悠然见南山。南山日夕佳，飞鸟相与还。此中有真意，欲辨已忘言。"诗中情景相融，既见作者又见诗，诗味与凡尘味相得益彰；同时既无作者又无诗，只留下一幅幅形象的生命画卷让读者流连忘返。

三、见素抱朴——诗歌的审美体验

见素抱朴主要体现在诗歌的审美体验方面。素朴成为诗歌优劣的一个重要标准。素朴也是诗人生存状态，尤其是精神状态的一个重要衡量指标。素朴在一定意义上正好与孔子所谓"诗三百，一言以蔽之，曰'思无邪'"[①]（《论语·为政第二》）相契合。审美体验是诗歌中必不可少的。审美不仅针对读者而言，更是针对诗人而言的。事实上读者的审美已经是二度创作，诗人的审美导致了诗人的创作。诗人以诗歌作为载体来表达自己的审美经验。这里需要强调的是诗人与诗歌之间的关系：第一，诗人与诗歌的分离，这种情况的极端便是所谓的"为艺术而艺术"的境地，我们且将之称为"非诗非人观"；第二，诗人掌握着诗歌，这种情况强调了诗人的主观能动性，认为诗歌不过是诗人的产物，我们且将之称为"人本观"；第三，诗歌独立于诗人，诗人不过是诗歌表达自我的一种载体，即一首诗歌它本来就在那里，只是经由这位诗人之笔被传达出来，这种观点在根本上否定了诗人的个体性，而把诗歌放在了诗人之上，我们且把这种观点称为"诗本观"；第四，诗歌与诗人的完全融合，既强调诗人的创作主体的角色，又尊重诗歌作为独立的存在物，即诗歌首先由一位诗人创造出来，但是在被诗人创造出来后便拥有了自我的独立性，就像婴儿与母体分离而独立一样，我们且称这种观点为"即人即诗观"。这四种观点便会形成四种不同的思维方式，形成四种不同的审美方法。同理，这四种不同的审美方法便会产生不同的审美体验。可以说这样的审美是带有很强的导向性的。因此，所谓的审美，必须分清楚一个界限，即读者是否有经过反省而选择一种审美方法并经由这种方法而实现的审美体验；或者读者事实上只是接受了某一种自己所未知的审美方法，并以之为标准进行审美体验。可以说这种反省行为是审美体验的重要前提。

对每一个审美者而言，有必要形成自己的审美方式，但是这显然是一件困难的事情。因为所谓的"方式"一定涉及一种标准。而个体所谓标准显然是有其原有的价值判断标准混于其中。这里所要强调的便是在排除不可避免的外界因素后，审美主体所需要的一种属于自身特质的审美能力。由个体这种特殊的审美能力所

[①]　杨伯峻. 论语译注 [M]. 北京：中华书局，1996. 第 11 页。

引导下的审美体验才可以称为真正的审美体验。这种审美体验可以很简单、很朴素，也可以很艰深、很晦涩，重要的是，这种审美体验是个人化的。这种个人化才是所谓审美体验的核心内涵。这也是个体的审美体验能够被称之为"二度创作"的根本原因。同样这种"二度创作"能够完成，除了审美主体外，便直接与审美对象——作品相关。无论是诗人创作，还是读者的"二次创作"，其审美体验皆可以《道德经》经文中所言之"见素抱朴"作为重要参考依据。《说文解字》言："素，白致缯也。"①素，言其质未有文也，又言其色白也。又言："朴，木素也。"清段玉裁《说文解字注》言："素犹质也。以木为质，未雕饰如瓦器之坯然。"②总而言之，素朴便要求回到一种本然的状态之中。对于诗人而言，诗人需要直接面对自我的情感，乃至于回到自身所接触的天地万物的本来秩序之中；对于读者而言，读者则要尽可能地融入诗句之中，忘却自我与诗人之间的时空之隔。

在一定程度上可以说诗歌是诗人与大自然以及自我之间的一种秘密语言。诗歌是一种符号，甚至说是一种咒语。这更多是从个体生命体验角度而言的。事实上当诗歌从早期的反映多数人生活状态中脱离出来，被少数人所垄断，并成为少数人情感的载体之后，诗歌的内涵和外延实际都已经发生了变化。这种变化的重要体现便在于它成为诗人沟通天地的一个秘密通道。这种"秘密通道"能否被后人所发现，实际上就是"二次创作"能否实现的重要参照物，这就像庄子所谓的"莫逆而笑""鱼相忘于江湖"一样，是一种极端私人化的东西。正是在这种意义上，个体才真正完成了审美体验，实现了生命的共鸣。因此可以说，创作诗歌是难的，同样对这首诗歌进行审美也是难的。或者说，美是难的，审美也是难的。于是，在此恰恰要把《道德经》中的"见素抱朴"作为一种审美标准，即将难转化成易，尽量做到在诗歌原有的状态中去感受诗歌。而这种状态事实上也就是个体的本然状态。因此，又可以说，见素抱朴也是审美者对自我生命的一种寻找与回归，是一个个体自识的过程。

四、复归婴儿——诗歌的价值归宿

任何一个事物都有一个变化轨迹。因此，方向性的问题，即目标的问题会贯穿事物发展的始终。"知其雄，守其雌，为天下溪。为天下溪，常德不离。复归于婴儿。"③（《道德经·第二十八章》）这一段经文言简意赅地阐述了生命归宿的问题，即把"婴儿"作为一个象征生命完全性的重要符号。这一选择可以为作为诗歌创

---

① 段玉裁.说文解字注 [M].北京：中华书局，2013.第 669 页。
② 同上，第 254 页。
③ 老子道德经河上公章句 [M].北京：中华书局，1993.第 113 页。

作的归宿，也可以作为诗人的归宿。无独有偶，西方哲学家尼采认为个体在精神发展轨迹中经历了三次变形，第一次变成骆驼，象征砥砺前行；第二次变成狮子，象征权力和意志；第三次变成小孩，完成对自我的超越，回归到生命的本真状态。这里的"小孩"与《道德经》中的"婴儿"有着相似的符号象征意义。婴儿象征着对一种原始、真诚、至刚至柔状态的回归，达到"知和曰常，知常曰明"①（《道德经·第五十五章》）的状态。诗歌、诗人亦当如此。诗人如果能够让自己处于"常""明"的状态，那么，他就自然而然能够在诗歌中更加集中地体现他的这种生命状态。

"复归于婴儿"对诗歌的一种启示是：诗歌没有年龄，年龄的界限在诗歌中是注定要被打破的。诗歌是最年老的长者，诗歌又是最年幼的孩童。如果一个诗人有了年龄界限的概念，那么，他便已经悄然离开了诗人的行列，诗歌也便从他的心中离开了他。这种分离，对于个体、对于诗歌而言都是一种幸运。但不幸的是，这一个体会继续占用"诗人"这个头衔，他开始自欺欺人，通过文字游戏，使自己痛苦，也使他人痛苦。但这一切对于诗歌而言都是无足轻重的。同时，诗歌还可以让这个社会忘记了年龄。年龄在很大程度上是一种让个体骄傲又恐惧的存在。骄傲是对于经验主义而言的，恐惧是由于对生死的执着而造成的。而诗歌则能够让诗人和读者单纯地感知当下，从文字所构建出来的社会中去感受生命、体味自然。

既然是复归于婴儿，那么便缺不了玩耍。玩耍是婴孩的主要特点，这种特点也适用于诗歌。可以说，诗歌就是在玩耍中、在想象中被发现的。诗歌是被发现的，而不是被发明的，对这一点的体悟是极为重要的。所谓"玩耍"就是给予玩耍者足够的尊重，如果说做一件事情真有所谓捷径的话，那么给予足够的尊重就是这捷径。这一点常常为诗人所忽视（在其他方面也常常为人所忽视）。诗人必须给予诗歌足够的尊重方可。这种尊重乃是建立在模糊主客二元的基础之上，即诗人在坚持理性思考的同时，需要认识到理性所具有的局限性，从而不执着于自己的理性。在此基础上，诗歌方有可能自然而然地流露出来。这种自然而然地流露就是所谓的"玩耍"。因此，诗人要让自己玩耍，让诗歌玩耍，让生命玩耍。玩耍便在于一种流动性。诗歌是具有极强流动性的存在。这种流动性体现在如下方面：第一，诗歌并不因为诗人而固定；第二，诗人没有国界，诗歌没有规则。在当下社会总希望有所谓的"规则"与"期待"。这种规则和期待，更多是由于习惯而造成的。因此，这种思维极大地束缚了人们的行为。所以，老子才强调"柔弱胜

---

① 老子道德经河上公章句 [M].北京：中华书局，1993.第 212 页。

刚强"①（《道德经·第三十六章》），认为"上善若水"②（《道德经·第八章》），以此为行为指导，从而实现"致虚极，守静笃"③（《道德经·第十六章》），达到"无为，而无不为"④（《道德经·第三十七章》）的生命状态。这种思维方式恰恰都是从社会上接受的主流意识的反方向进行阐述，让人们的思维更加多元，更加健康，就像回到婴儿的状态之中。"婴儿"在此便象征着各种可能性，象征着极大的包容性和选择性。这种思维方式对于诗人和诗歌来说，可供借鉴。"流动""玩耍""复返"共同构成了诗歌的价值取向。如果说"存在"是个体体悟到时间的话，那么"意义"便可以说是沿着时间往回走，一直走回出生的地方。走回出生的地方，便是回到"故乡"，便是"复归于婴儿"。这乃是诗歌永恒的价值诉求和稳固的内在结构。

五、结语

本文从独立特性、存在形式、审美体验、价值归宿四个方面讨论了《道德经》对诗歌创作的启示。得出如下参考性结论：首先，无论针对哪个方面，诗歌创作应当以"道"作为一以贯之的宗旨，生于道，复归于道；其次，诗歌需要在"有无相生"的存在形式中展示诗歌本身所具有的弹性，消弭人、事、物之间的界限；再次，从审美体验以及诗歌的价值归宿而言，诗歌、诗人、审美者皆需要寻求一种回归，回到朴素简单的状态，"复归婴儿"，从而实现一种价值上的超越，使得诗歌不仅仅只是由文字构成的句子，而更是一种突破了理性范畴的对生命本身的表现形式。

---

① 老子道德经河上公章句 [M].北京：中华书局，1993.第 142 页。
② 同上，第 28 页。
③ 同上，第 62 页。
④ 同上，第 144 页。

马克思主义理论源头在《老子》

王建中 *

内容提要： 纵向比较之下，列宁关于马克思主义三个来源的源头应前溯前移至于《老子》。国内外学术界早有论述，基本上挑明黑格尔师承和利用老子思想而形成接续关系。从老子在古代辩证唯物论到黑格尔辩证唯心论，再到马克思现代辩证唯物论，是人类文明循环发展史上合乎逻辑辩证否定的历史进程。黑格尔辩证法是理性思辨知识形态，而老子的是直觉思辨智慧形态。二者可相得益彰。期盼老子直觉思辨形态辩证法，能早日成教材进课堂。在《老子》传入欧洲对启蒙运动巨大影响下，其自然无为哲学思想为魁奈和斯密等所关注和吸收。魁奈译"无为"为"自由放任"，直接影响斯密《国富论》的创立，提出自由经济、看不见的手、有限政府等体现自然无为的经济学观点。自然无为思想对古典经济学的形成，起到了催化孵化的积极作用，从而使马克思政治经济学的理论源头前推至老子。老子与马克思理想社会思想的接续关系在于，一是有中介性人物摩莱里，二是有本质上相同的世界观。从老子到摩莱里再到马恩，对原始社会的眷顾一脉相承。而对原始社会的反思却又各不相同，有从空想到科学的发展之别。

关键词： 马克思 来源 老子 黑格尔辩证法 魁奈和斯密 古典经济学 摩莱里 空想与科学社会主义

在老子与马克思相比较的研究中，"马克思与老子：千年第一思想家不谋而合的心灵交汇"[①] 是并不多见的力作。联想本人做过的相关研究及所累积的相关学术资料，忽有所悟，深感伟人马克思和老子思想，不仅仅是不谋而合的千年交汇，而且是人类文明循环发展史上，有着先后接续的渊源关系。纵向比较之下，恕我

---

* 王建中（1947—）男，安徽合肥人，安徽广播电视大学滁州分校原校长、副教授，研究方向：老子哲学形成、主旨和价值。

① 刘庭华. 马克思与老子：千年第一思想家不谋而合的心灵交汇 [J/OL]. 宣传家网评论：http://baijiahao.baidu.com/s?id=1600615361459369870&wfr=spider&for=pc 2018 年 5 月 16 日。

斗胆：马克思主义理论源头在中华，在《老子》。

我们熟知马克思主义有三个组成部分——辩证唯物主义和历史唯物主义、剩余价值学说以及科学社会主义。与其对应，有三个理论来源——德国古典哲学、英法古典经济学、法国空想社会主义。俄国十月革命导师列宁曾就此出有专著[①]。列宁的经典论述无疑是正确的，但似不够。马克思主义三个理论来源，不能止于欧洲大陆，而是应该前溯前移，找到它的源头。

（一）老子—黑格尔—马克思

德国古典哲学在欧洲哲学史上的地位，曾被伟大导师恩格斯高度评价为"第一提琴"[②]。按传统的观点，这"第一提琴"先前的哲学思想资料，是自古希腊哲学及其源流而下的中世纪经院哲学→英国近代经验哲学→法国十七八世纪机械唯物论，和斯宾诺莎、莱布尼茨、沃尔弗等，直至德国古典哲学。其实，源流至德国古典哲学的是两条，讲一条是不全面的。德国古典哲学的先前思想资料，还另有一条源流，那就是十六七世纪经意大利传教士利玛窦等人，将中国道学儒学等经典引入欧洲，并深深影响到法国哲学家笛卡尔和一批启蒙思想家以及德国莱布尼茨→沃尔弗→康德→费希特→谢林→黑格尔。尤其是莱布尼茨高度评价老子为"世界辩证法之父"[③]后，直至黑格尔，虽未完全读懂老子（有翻译不当方面客观原因），却无可否认已吸收老子辩证法思想而为其所用。

自 20 世纪八九十年代至今，我国学术界陆续刊发一些关于老子和黑格尔哲学比较研究的学术文章，基本上已挑明黑格尔或抄改或师承、或接受和吸收、或借鉴和利用老子辩证法思想。有的文章更是援引早已出现的，英美法德等国学者直言不讳黑格尔和老子渊源关系的论述。鉴于黑格尔的中介关系，我们有理由将马克思哲学理论的源头前溯前移至老子。

对于上述研究成果，不妨略做援引以为佐证——

1. 滕守尧："马克思主义有三个主要来源，其中最重要的是黑格尔辩证法。但我们为什么不去问问黑格尔的辩证法又是从哪里来的呢？直到有一次读黑格尔的传记时，我才突然发现，黑格尔也曾花了好长时间，专门在图书馆里专门阅读中国老子和儒家的著作。对老子的'有无'辩证法做了认真的研究和吸收。这时我

---

① 列宁.列宁选集[M].北京：人民出版社,1972 年版.第 2 卷第 441—446 页。

② 中共中央马克思、恩格斯、列宁、斯大林著作编译局.马克思恩格斯选集[M].北京：人民出版社 1995 年版，第四卷第 704 页。

③ 个人图书馆文（百度）.《老子》造就西方一代哲学家[J/OL]. http://www.360doc.com/content/15/0615/22/22377181_478388279.shtml, 2015 年 6 月 15 日。

才恍然大悟道，黑格尔的辩证法原来也与中国的古典辩证法有密切的关系。^①"

2.诸玄识："黑格尔抄改《老子》制造西方中心论"中，转述英国著名哲学史家罗素《西方哲学史》中即使"黑格尔学说几乎全部是错误的。只不过因为黑格尔的体系乃一以贯之和无所不包，故而它极具历史意义"后指出，"但实际上，这个在西方哲学史上首创的包罗万象、无限融摄的辩证体系，是老子的道——绝对精神，包含无和有，再是矛盾展开，经过正反合（阴阳和），从道的异化到道的复归，即回到道的本身或绝对精神本体。这就是说，黑氏哲学的有价值部分，是他对老子思想的阐弘，而其错误的地方，则是黑氏自己的发挥"；指出"与亚当·斯密游学法国，有缘闻道于华夏，从而构造出他的经济学一样，黑格尔赴巴黎问学于法国汉学家雷慕莎，通过雷慕莎，黑格尔撷取老子的道与正反合（无→有→反/复，阴→阳→和/合，以及一二三生万物），再将这一东方玄思：A.形式化而推逻辑，演矛盾；B.概念化而摄欧史，统灵魂（神话/乐园→自然/中空→上帝/精神）；C.畸形化而去和谐，讲对立……"诸玄识还援引了德国当代哲学家 R.艾尔伯菲特撰写的《德国哲学对老子的接受》中观点："黑格尔……对于德国哲学中出现与道（weg）的思想的接近，是有先行指导意义的。如此对老子的接受……亚洲哲学哪怕作为初级阶段，也毕竟包含进哲学史。欧洲中心论的奠基者黑格尔，以欧洲中心论的方法，让非欧文化（例如老子道家）为其自己的体系服务，并使得非欧的思想传统不再有尊严。"^②

此外，试再列举一些资料索引——1.许阳刊发于 1997 年第 4 期《阴山学刊》的《老子辩证法思想及其对后世的影响》："黑格尔哲学体系与老子哲学体系之间存在师承关系。"2.高正刊发于 1998 年第九期《哲学动态》的《老子的"道"与黑格尔的"绝对理念"》："中国哲学的开山者老子，其学说不仅在中国有着巨大的影响，而且一直影响到集西方古典哲学之大成的德国哲学大师黑格尔……令人惊讶的是，黑格尔的绝对理念和纯粹的有就是无的思想，竟应当溯源到古代东方中国的老子。"3.郭辉东刊发于 1999 年第六期《湖湘论坛》的《〈老子〉的历史地位和现实作用刍议》："德国十九世纪辩证法大师黑格尔读过《老子》，极为赞赏。他的辩证法受到《老子》对立转化思想的影响是很可能的。"4.于涛刊发于 2001 年第六期《河北旅游职业学院学报》的《继承还是巧合——黑格尔与老子两位哲学大师的千年神交》："黑格尔在建造其哲学大厦时曾受到老子的影响。"5.夏景清刊发于 2015 年 3 月 24 日中国期刊网的《老子哲学和西方哲学》：黑格尔逻辑学的第

---

① 滕守尧.文化的边缘[M].南京：南京出版社，2006 年版.第 169 页。
② 诸玄识.黑格尔抄改《老子》制造西方中心论哲学[J/OL].中华人文文化网，2013 年 6 月 19 日。

一章——"有"论认为，事物开始于"纯有"，它转化为"无"，本质上是它对于老子的"有无相生""万物生于有，有生于无"的翻译……黑格尔完全承袭老子哲学的特色。"6. 2015 年 7 月 3 日德慧智文化传媒官网选自中央编译出版社出版的《中华国学道德根》第 173 页《老子哲学横贯中西》："无论是莱布尼茨运用 0 和 1 发展他的哲学，并将阴阳命名为辩证法，还是康德运用二发展他的哲学，以及黑格尔运用三演绎他的辩证法，都没有逃过老子的一、二、三。是老子启发了他们"，"17 世纪以后，这些著名哲学家的思想，都与老子的学说相关"。7. 笔者本人在《谈谈老子哲学的价值（上）》（见百度 / 复兴之路上的沉思 / 百家号）一文中，指明了黑格尔哲学灵感、哲学形成，乃至哲学思想（至少在矛盾法则、有、无概念、圆圈论至关重要方面）无不与老子具有借鉴与吸收的承续关系。

　　基之于上，进而可以指明以下三点：

　　第一，老子哲学性质是朴素的（或古代的）辩证唯物论。称其为朴素的和唯物的，皆依据于老子坚持"气一元论"。老子所称"有物混成，先天地生……吾不知其名，字之曰道，强为之名曰大"[①]，其中的"大"，经查《辞源》，读音为"太"，即指天地混沌未开时的气、元气。混沌未开为一，故又称太一、太极，简称而为"太"。而"字"，《辞源》中指明，古代男子既取名又取字（如孔子之子孔鲤，字伯鱼；诸葛亮，字孔明）。字，或形声或会意或转借以解释名并从属于名。因此，道只是气的从属性释意性别称。若依《周易》上"一阴一阳之谓道"来论，"道"的哲学内涵即为对立统一，或矛盾法则。此由《道德经》中"反者，道之动"亦可予以印证。对立统一、矛盾法则虽是近现代哲学概念，在古代，老子却显然早有所悟，并以有与无取代阴与阳，娴熟广泛地运用于世界观、人生观、价值观、社会历史观以及生活所及的方方面面，从而为近代对立统一或矛盾概念的提炼和形成，准备了思想资料，奠定了思想基础。其称有物混成，先天地生，字道名大，意思非常明确：宇宙的本源、本体是气，道在气中，气具有道（对立统一或矛盾）的根本属性、辩证本性。所谓"道生一，一生二，二生三，三生万物。万物负阴抱阳，充气以为和"，即依循对立统一辩证本性而诞生出一（元气），并按统一—分—统、合—分—合、和—分—和、肯定—否定—肯定的节律、节奏，而生二、生三乃至生万物。如是，老子确以极为深邃的目光、无与伦比的直觉辩证思维，从本质上揭示了物质世界对立统一根本规律、矛盾法则，揭示了物质世界运动发展的根源和动力，天才猜测、初步破解了宇宙演化、万物生成之谜。当然，以近、现

---

　　① 辞源 [M]. 商务印书馆，1915 旧版，第一部丑集大部第 195 页、寅集子部第 7 页。另见辞源 [M]. 商务印书馆，1979 年版，第 660 页，第 1422 页。

代自然科学的常识来看，元气仅是物质在宇宙中观层面的一种朴素形态，所以老子《道德经》"天人合一"哲学体系，尽管博大精深，却只应定性为朴素辩证唯物论（或古代辩证唯物论）。老子辩证法没有范畴王国，不做逻辑推演，却直觉思辨、转识成智，从而将辩证法建构成中国特色、体系开放的大道和生学与大道智慧学。

第二，黑格尔不可能读懂"字道名大"，却因袭中国古代学者和西方传教士严重忽视"大"（太）的真实含义，割裂"字道名大"内在联系，舍其大而将道独立化为本体、本源，以对道加以唯心主义解读，与上帝、逻各斯、绝对精神相比拟，并明着贬低老子的有、无概念内涵空疏，无能力建立起范畴王国[①]，却又暗度陈仓，借鉴吸收老子赋有对立统一内涵的矛盾法则和有、无概念以及周行循环之圆圈思想，将老子朴素辩证唯物论，扬弃而为他本人唯心辩证法之所用，按正—反—合、肯定—否定—否定之否定的三段论，构建起包罗万象却又自我封闭的客观唯心主义大厦。后经费尔巴哈机械唯物主义为中介，马克思吸取黑格尔辩证法合理内核，和费尔巴哈唯物主义基本内核，创立现代辩证唯物主义，实现哲学史上划时代革命。若从老子古代辩证唯物论算起，到黑格尔客观辩证唯心论，再到马克思现代辩证唯物论发展过程看，正是一个合乎文明循环史实，合乎历史逻辑辩证否定的发展过程。

第三，马克思曾在 1858 年写信给恩格斯指出："我又把黑格尔的《逻辑学》浏览了一遍……如果以后再有工夫的话，我很愿意用两三个印张把黑格尔所发现，但同时又加以神秘化的方法中所存在的合理的东西阐述一遍，使一般人都能够理解。"即是说，马克思曾有意愿重写《逻辑学》。万分遗憾的是，马克思始终没有时间和精力实现他的心愿，以给我们留下辩证唯物主义（唯物辩证法）的原创文本。我们现在熟知和践行的辩证唯物主义，最早来自苏联的教科书（是否合于马克思所愿，似可存疑）。截至于今，辩证唯物主义教科书中的辩证法部分，仍然是黑格尔逻辑范畴的理性思辨知识形态，且撇开黑格尔《逻辑学》第三部分"概念论"（至今未能通俗化而无以普及）。而老子辩证法，则具有中国特色中国气派，是转识成智、经世致用的直觉思辨智慧形态。两种形态辩证法擘划出中西方哲学思维和文化的分野和差异，应完全可以相得益彰，而绝不能厚此薄彼妄自菲薄。黑格尔曾在未做区分中西文化差异情况下，武断地以没有能力建立起范畴王国而贬低中国哲学和老子，我们则应理直气壮地宣传老子直觉思辨智慧形态辩证法的优势——贴近生活、智德合一、经世实用、至简至凡、直觉颖悟。要一改我国学术界长时期言必称希腊、黑格尔的畸形状况，整理和弘扬老子辩证法形态，希冀能早日成

---

① 黑格尔. 哲学史讲演录 [M]. 上海：商务印书馆，1983 年版，第一卷第 131—132 页。

教材进课堂，以培植和提升国民赋有东方特色转识成智的理论思维和素养。

（二）老子—魁奈、斯密—马克思

马克思政治经济学理论的直接来源，是十七八世纪英法古典经济学。这与老子也有关联？不错。

《道德经》中涉及经济的倒是有几处：一是"为腹不为目"，算是重视民生问题；二是倡啬崇俭，主张精打细算、勤俭节俭；三是从社会经济根源上，抨击统治者残酷的政治压迫和经济剥削，如："民之饥，以其上食税之多，是以饥。民之难治，以其上之有为，是以难治。民之轻死，以其上求生之厚，是以轻死。"① 四是老子以"天之道，损有余奉不足"为根据，谴责"人之道，损不足以奉有余"②，借此为民请命仗义执言，发出"民不畏死，奈何以死惧之"③ 的时代呐喊。这些，即使算得上经济学思想，恐亦不足以影响到英法古典经济学④。影响到英法古典经济学的，应确实不是老子关于经济的见解，而是体现其哲学思想的治国之道与执政理念——无为与自然（自化、自正、自富、自朴，见《道德经》第57章）。2016年6月，国家林业局退耕办的陈应发，赫然以"老子是自由经济的鼻祖"为题发文，明确指出"道家无为的治国思想，不仅与西方自由经济是相通的，而且也是西方自由经济的重要渊源"。文章援引一批西方学者（英国学者克拉克、霍布森，美国学者郑正莱等）和上海财经大学谈敏教授《法国重农学派学说的中国渊源》⑤研究成果，阐述了道家无为的治国思想，对被马克思称为"现代政治经济学真正的鼻祖"魁奈重农经济学派的影响，并通过魁奈对斯密创立《国富论》的影响，论证了道家无为思想与哈耶克自发秩序理论的关系。最后，探讨了"自由放任原则"（即魁奈所译"无为"）与道家文化的渊源⑥。在十七八世纪中国传统文化及丰富物产传入欧洲，刮起轰动一时的"中国风"的大背景下，老子思想深深影响英法德思想界，乃至影响到英法古典经济学家们的学术研究，不足为奇。无论是重农学派，还是重商学派，无论是魁奈，还是亚当·斯密和约翰·洛克，其关于"自由放任"（魁奈自称译老子"无为"为"自由放任"），"看不见的手"（亚当·斯密

---

① 道德经（通行本）[M]. 第12、59、67、75章。
② 同上，第77章。
③ 同上，第74章。
④ 注：笔者注意到有人直言老子"经济政治学"的提法，如参见叶培盛. 读懂《老子》千古之政治经济学！何谓：我无事而民自富？[J/OL]. 百家号:http://blog.sina.com.cn/s/blog_611eae100101mwhu.html, 2017年6月24。
⑤ 谈敏. 法国重农学派学说的中国渊源 [M]. 上海人民出版社, 1992。
⑥ 北京编号100714论文，收入香港天马出版社出版《人龙论道文萃》一书，见百度文库。

理解市场、价值规律的无形作用即"无为"），"有限政府"、"守夜人"（由无为而治引出主张政府少干预不干扰，仅承担国防和个人安全、公共事务等有限职能）①等重要政治经济学基础概念和思想，不过是老子无为和自然观念的经济学转述和表达、衍生和发挥而已，对于古典自由经济学思想的形成和提炼，至少起到孵化和催化作用，并成其为哲学基础。不管对于老子无为和自然的理解是否准确，运用得是否恰当，英法古典经济学家们的如此作为，不能不说确是把马克思经济学理论的源头，前移到了老子。马克思也曾批评过国家是"累赘""毒瘤"，预想未来的共产主义社会，在消灭剥削和压迫，消除战争等基础上，国家终将不复存在。在高度文明下的高度自治社会，将是"自由人联合体"②的社会。这些难道不可以说是老子无为与自然之境界和精神的光辉显现？

（三）老子—摩莱里—马克思

至于说到马克思的科学社会主义理论源头，西方学者已从法国空想社会主义，前溯至十六世纪英国莫尔《乌托邦》、康帕内拉《太阳城》，又进一步前溯至古希腊柏拉图的《理想国》。而东方，特别是中国，所诞生过的关于未来社会的理想，所形成的有本土特色的空想社会主义，似乎很难走出国门，很难引起西方人，更别说西方学者的共鸣，以给予重视和研究。那么，老子思想中的空想社会主义因素，特别是早于《理想国》近两百年"小国寡民"③理想社会的梦想和蓝图，是否可以与马克思科学社会主义理论相接相续而能成为理论源头？答案是肯定的。

其一，有中介性代表人物。这个中介性代表人物，就是 18 世纪中叶法国空想社会主义思想家摩莱里。恩格斯在《社会主义者》一书中，曾把摩莱里排在法国空想社会主义首位，在《社会主义从空想到科学的发展》一书中，称摩莱里"有直接共产主义理论"④。《自然法典》⑤是其代表作。这部法典，以自然理性为思想基础，推崇血缘关系家长制民主的原始氏族社会，揭露批判"万恶之根"的私有制，主张消除私有制，建立自然法制下（类似原始氏族）家长制民主、公有制和计划经济、各尽其能按需分配的平等平均共产主义现代社会⑥。这些思想，后启马克思，其思想基础——自然理性却前承于老子。

---

① 同上。

② 分别参见卡尔·马克思和弗里得里希·恩格斯. 共产党宣言 [M]. 卡尔·马克思. 资本论 [M].

③ 道德经（通行本）[M]. 第 80 章。

④ 中共中央马克思、恩格斯、列宁、斯大林著作编译局. 马克思恩格斯选集 [M]. 人民出版社，1972 年版，第三卷第 406 页。

⑤ 摩莱里. 自然法典 [M]. 商务印书馆，1982 年出版。

⑥ 赵红旗. 从《自然法典》看摩莱里自然法思想 [J]. 社科纵横，2001 年第 3 期。

摩莱里，同时又是一位法国启蒙运动思想家，受到老子思想的影响十分自然。"摩莱里受到老子的一定影响。一是中国传统思想是法国启蒙运动汲取精神力量的源泉；二是老子思想对莱布尼茨和魁奈都有相当影响，也不能不影响与其思想倾向一致的摩莱里；再次，其他启蒙思想家的战斗精神也比较强，但都没有采用摩莱里的斗争方式。这说明他在某种程度上有意模仿了老子。"①

马国钧在《老子与摩莱里空想社会主义思想比较研究》中，分别从"相同的社会地位：两位思想家所处的时代背景""相同的斗争方式：老子的隐逸与摩莱里的隐匿""相同的批判武器：老子的自然秩序论和摩莱里的自然理性论""相同的理想蓝图：摩莱里的法治国家与老子的小国寡民"四个方面，较为深入地论证出摩莱里与老子的渊源关系。

若结合下文内容，我们将不难看出，对于人类社会初始阶段——原始部落社会的眷顾，从老子到摩莱里，乃至于马克思，可谓一脉相承。而对于原始社会的反思，三人虽前后相续却又很不相同，反映出三者之间在不同时代条件下源远流长的继承和发展关系。

其二，有本质上相同的哲学基础。这一哲学基础，就是唯物辩证法。尽管唯物辩证法在老子与马克思那里有古代与现代之别，却不谋而合地揭示出理想社会必然复归于原始自然状态共产主义的相同结论。当然，也正是因其唯物辩证法有古代与现代之别，老子与马克思关于理想社会的预想特征、如何实现之社会物质基础和历史条件、依靠力量与现实道路等方面，才显示出空想与科学的巨大反差。

我国学术界业已出现过对老子的"道"及其与马克思科学社会主义关系的相关研究。比如，1.1986 年第 6 期《理论探讨》刊发马国钧《老子空想社会主义思想初探》，1992 年第 4 期《理论探讨》刊出马国钧的《再论》；2.2007 年 10 月 3 日"中国孔子网"黄灿章《老子的大道之邦与科学社会主义》；3.2012 年 9 月 5 日"百度文库"曾维兵《浅析小国寡民思想》；4.2018 年 2 月 5 日百度"360DOC"上"百科知识博览"的《老子和马克思的社会主义之道》等。而本文仅专就老子更典型更集中地赋有空想社会主义色彩的"小国寡民"做一粗浅分析。

老子作为周王朝一位守藏史（典籍管理官），有资格和条件洞察社会的古往今来，了解原始部落的自然状态。"大道废，有仁义"②，其实就是对原始社会公天下转变为夏王朝家天下，而出现私有制社会变迁的洞察。老子面对周王朝东迁后出现的礼崩乐坏、诸侯争霸、战乱频仍、民生凋敝的现实，痛心疾首，为稷下学派

---

① 转引自马国钧. 老子与摩莱里空想社会主义思想比较研究 [J]. 理论探讨，1990 年第 1 期。
② 道德经（通行本）[M]. 第 18 章；

开启了抨击时政、描绘理想社会蓝图回首看的时代大潮，高瞻远瞩地状写了"小国寡民"的精彩华章。有人认为老子这是倒退，非也。老子是托古指路，"执古之道，以御今之有。知古之始，是谓道纪"（意思是把握原古之大道法则，用以驾驭当今社会之治。明白洞察原古之初，即是大道的法则、纲纪。用今天的话来说，即不忘初心，方得始终）①。在儒家倡周礼、墨家尚夏初之"尚同""非攻"的众多效仿老子回首看的时尚潮流中，老子走得最远最彻底。正是走得最彻底的老子，才最符合历史的辩证法。《道德经》第80章"小国寡民"中，有"复结绳而用之"一句，明显是打上原始社会结绳记事的烙印。但是，若以为老子面对诸侯争霸、广土众民、礼崩乐坏局面，真的主张社会的出路必须退回原始社会，那就大错特错了。若果真如此，为何"小国寡民"中出现有什佰而不用，有舟舆而不乘，有兵甲而不陈？原始社会怎么可能不用、不乘、不陈？显然，如何真切地理解老子"小国寡民"思想，似应转换思路另作思考。卑以为，依老子通天彻地之大智慧，揭示宇宙万物对立统一根本规律，揭示"大曰逝，逝曰远，远曰反"、"反者，道之动"、"含德之厚，比之赤子"、"复归婴孩"、归根复命等辩证否定重要原理来看，老子并不是主张退回原始社会。"小国寡民"虽有原始社会的影子，却明显高于原始社会，只能意味着社会经由曰逝曰远曰返的运动而复归，是更高阶段的复归，即归根复命之谓也。在老子看来，大道之行天下为公，人世社会的出路和理想归宿，必然要遵循"天之道，损有余而补不足"②，取代当下残酷的政治压迫和经济剥削的"人之道…损不足以奉有余"③，终究会消除战争，过上"甘其食，美其服，安其居，乐其俗""复结绳而用之""邻国相望，鸡犬之声相闻，民至老死不相往来"的和平安宁生活，以归根复命于原始（共产主义）社会、公天下，进入合于"天之道"的自化、自正、自富、自朴之高度自治的自然无为之理想境界。而且，依老子之"道"，这将一定是一个顺应自然（不是听天由命随波逐流，而是波浪式有损有补的沧桑之变）的必然历史进程。

老子这种关于人世未来的理想社会，必然会顺应自然地复归人类初始社会的天才猜测，与马克思科学社会主义天才预见何等惊人地相似。马克思主义也告诉我们，复归没有剥削没有压迫、共同劳动共同消费的原始公有制（共产主义）社会具有历史必然性。马克思科学社会主义，是基于辩证唯物论和历史唯物论，批判继承法国空想社会主义，深入地分析资本主义不可克服的内在矛盾，揭示人类历史上最后一个业已发达的私有制的资本主义社会，必然地终将要被能够满足社

---

① 同上，第14章；
② 同上，第77章；
③ 同上，第77章；

会生产力更高程度发展，实现人的自由而全面发展和人类彻底解放的共产主义公有社会制度所取代的学说；是揭示人类社会（主要是欧洲大陆社会，以考察亚细亚生产方式为补充）基于生产力和生产关系、经济基础和上层建筑两大类社会矛盾运动，依次从原始（共产主义）社会→奴隶社会→封建社会→资本主义社会→（科学）共产主义社会（初级阶段为社会主义社会）更迭发展一般规律的科学。国外曾有学者责难马克思关于人类社会必然发展出复归原始（共产主义）社会的科学共产主义社会论断，是照搬照套黑格尔三段论否定之否定的结果。这是只看现象不看实质的奇谈怪论。马克思不是照搬黑格尔机械教条的三段论和两次否定，而是基于人类社会实际出现的生产力和生产关系、经济基础和上层建筑矛盾运动的客观实在，提出四次否定的五种社会形态理论。

马克思从批判空想社会主义的哲学基础——历史唯心论出发，十分强调他所理解的未来科学共产主义，不是高蹈于资本主义社会现实之外，君临天下要人们顶礼膜拜予以接受的教条教义，而是在资本主义现实历史条件下，基于生产力得以发展的、克服其不可克服的内在矛盾的"消灭现存状况的现实运动"①，是在资本主义社会有机体内孕育而待一朝分娩（例如通过无产阶级和劳苦大众联合起来进行阶级斗争和革命）的更高阶段的社会形态——消灭私有制，消灭阶级剥削和压迫，消除三大差别，国家最终消亡，消除战争，生产力高度发达，各尽所能按需分配，高度文明和繁荣，高度自治和自然状态下的"自由人联合体"的理想社会。尽管在特定条件下，历史发展会有偶然性，会有跳跃，甚至巨大的跳跃，但总体而言，仍不过是基于现实社会经济根源运动的"一种自然历史过程"②。完全可以说，千年之后不谋而合的思想交汇，使得马克思的社会理想可以在中国老子那里找到历史先声，而中国老子却在马克思那里得到了巨大的历史回声。

不应苛求于前人。老子所处的时代，根本不具备创立历史唯物主义并进而创立科学社会主义的历史条件。在当时社会生产力极为低下，奴隶制向封建制过渡的小农经济刚刚兴起的社会条件下，企求实现"小国寡民"的理想境界，只能是空想。然而，老子那虽带有神话色彩的"小国寡民"空想，却如同古之神话中的千里眼、顺风耳在今天早已变为现实一样，科学昌明和文明进步的当今智能时代，甘其食美其服安其居（如现代人生活水准），邻国相望，鸡犬之声相闻（如现代网络视频），以及复结绳以记事（如电脑、4G 手机、智能数据库）等，居然或已不同程度地显现出来，或已露出种种端倪（详见本人拙作《道：用无利有智德合一

_____

①　中共中央马克思、恩格斯、列宁、斯大林著作编译局 . 马克思恩格斯选集 [M]. 人民出版社，1972 年版，第一卷第 75 页；

②　同上，第二卷第 208 页；

顺其自然——论老子哲学形成主旨和价值》续"第三部分，已发百家号/复兴之路上的沉思）。可见，当年的老子虽然无可避免存在历史局限（比如称"小国"、仅寄望于明"道"的圣人、触及社会经济根源却未猜测理想社会的经济特征等），却已达到了历史所能达到的高度。老子和马克思关于理想社会的思想，虽然相隔两千多年，相距万里之遥，亦有空想和科学之别，却因两人学说具有的人民性而心相连；因其共同的对社会理想的追求而梦相续；因其本质上相同的世界观而脉相通。

想当初，马克思主义传入中国时，受到"舶来品""不合国情"的非难和排斥。究其实，马克思主义传入中国，并在中国化进程中获得一个又一个胜利，真可谓是"少小离家老大回"。笔者如此放言，意在提出一个可供研究的方向。倘能获得共识，会有巨量基础工作要做，将是一个巨大工程。笔者不吝抛砖引玉，希冀各方仁人志士共同努力之。诚如此，这可是复兴中国传统优秀文化，坚定文化自信的基础工程，是巩固和发展马克思主义、推进马克思主义中国化的基础工程，是坚定和提升全民族马克思主义信仰的基础工程。亦当是促进世界文明循环，推进人类进步的基础工程。江山代有雄文出，功在当代利千秋！

《老子》"朴素的辩证法"的近代构建及其反思

付瑞珣　董朝胜*

内容提要:《老子》学说"含有朴素的辩证法思想"的观点为学界共识。然结合《老子》文本及其时代之思想,其说是难以成立的。《老子》所谓对立、量变、否定等思想的目的是解构西周以来形成的伦理观念,为其"小国寡民""无为而治"的政治主张奠基,其更与《庄子》的相对主义接近,而非辩证法。《老子》学说"含有朴素的辩证法思想"的观点是近代以来西学东渐背景下,以西方思想和话语体系生成的,值得反思。

主题词:《老子》思想　朴素的辩证法　相对主义　学术话语体系

资金资助:教育部哲学社会科学研究重大课题攻关项目"中华优秀传统文化的学理建构、价值认同与教育策略研究(17JZD044)"

《老子》学说"含有朴素的辩证法思想"的观点,自高中历史、政治教材至专门论著,几成学界共识。[①] 然而《老子》学说是辩证法吗? 如果是,何谓"朴素的"? 如果不是,这种常识性观念又是如何形成的?

辩证法(the dialectics)源于古希腊哲学,经过德国古典哲学的改造,为马克思所升华。相对的,西方哲学语境中的辩证法也有三层主要含义。第一,通过辩

---

*　付瑞珣(1990—),男,辽宁本溪人,东北师范大学历史文化学院博士生,研究方向:先秦史。董朝胜(1992—),男,内蒙古自治区呼伦贝尔人,东北师范大学历史文化学院硕士生,研究方向:先秦史。

①　大陆学者多持《老子》学说"含有朴素的辩证法思想"的说法,如许抗生先生认为:"老子确实是一位古代辩证法的大师,他具体考察了万有世界中的矛盾运动,天才地猜测到了矛盾双方的相互依存与相互转化,提出了许多富有辩证法思想的哲学命题。"详见许抗生. 帛书老子注释与研究 [M]. 杭州:浙江人民出版社,1985. 第151页。也有学者对此提出质疑,详见韩国良. 论老子具有辩证法思想是伪命题 [J]. 商丘师范学院学报,2017(4)。港台学者多认为《老子》思想是"相对论"。如严灵峰《老子达解》、周绍贤《老子要义》等,详见熊铁基、刘韶军、刘筱红、吴琦、刘固盛. 二十世纪中国老学 [M]. 福州:福建人民出版社,2002. 第322、327页。本文所用《老子》版本为楼宇烈校释. 老子道德经注校释 [M]. 北京:中华书局,2008.

论探讨真理的过程，代表人物如苏格拉底；第二，揭示宇宙之普遍规律，代表人物如黑格尔，他也提出了辩证法的三大规律，即对立统一、量变质变以及否定之否定；第三，马克思主义的唯物辩证法。据考，"辩证法"一词于 20 世纪 20 年代由日语翻译成汉语为国人渐知，[①] 这里的"辩证法"便专指黑格尔以来的辩证法了。[②]

一、《老子》"朴素辩证法"观点的近代生成

辩证法传入中国后，很快被中国学者关注，并与《老子》思想发生关联。1937 年吕振羽《中国政治思想史》刊布，他对"那些认为老子是'辩证唯物主义者'等的观点提出反对"，他先从阶级立场的角度判断老子不可能是"辩证唯物者"，说："一个代表初期没落封建贵族，其自身并附丽在不劳而食的封建统治者队伍中的老聃，是不能发明辩证唯物主义"的。吕氏进一步说："在他（老子）的全部著作中常常把事物的现象从对立的范畴方面去说明"，但是老子"虽曾把握了辩证法之反正对立的观点，但不能深入到矛盾对立斗争的统一的理解"。[③] 由此我们可以得出如下结论：第一，虽然难以考察出哪位中国学者最先将老子思想与辩证法相关联，但是从吕氏的反对来看，20 年代辩证法传入中国至 1937 年间，"老子思想是辩证法"的观点已经被部分学者广为接受了；第二，吕振羽否定了老子是"辩证唯物者"，却也肯定了《老子》思想中含有对立思想。吕氏受时代与阶级的影响对《老子》思想的评价有不尽客观之处，但是他的研究也指出了《老子》思想与黑格尔以降的辩证法有差距。而这一差距很快被另一位马克思主义史学家——范文澜所解释了。

《老子》中具有"朴素的辩证法"思想一观点为范文澜较早明确提出。范氏在其《中国通史简编》中评价了《老子》的思想，他认为古代的辩证法"必然是不完备的、自发的、朴素的"，不过"在马克思主义的唯物辩证法传入中国以前，古代哲学家中老子确是杰出的无与伦比的伟大哲学家"[④]。《中国通史简编》初版发行于 1942 年，1949 年后又刊布了修订本，前后论点几近相同。虽然没有直接的证

---

① 李博. 汉语中的马克思主义术语的起源与作用 [M]. 北京：中国社会科学出版社，2013. 第294 页。

② 辩证法一词传入日本后，日本学者是否将之与老子思想相关联，这是另一个值得思考的话题，学力所限，难以详尽，姑待进一步考察。

③ 吕振羽. 中国政治思想史 [M]. 北京：人民出版社，1963. 第 55—59 页。该书初版于 1937 年6 月，是第一部用唯物史观和阶级分析法著成的中国哲学史著作。转引自《二十世纪中国老学》[M]. 第 211—212 页。

④ 熊铁基、刘韶军、刘筱红、吴琦、刘固盛. 二十世纪中国老学 [M]. 福州：福建人民出版社，2002. 第 216 页。

据，但从此后"各个学者和各种观点对于老子的辩证法思想分歧不大"① 的现实来看，范说应为学界广泛接受，遂成为大陆学界之共识。然而，《老子》思想的本义果真是辩证法吗？只是因为时代及阶级性导致《老子》的辩证法思想具有"朴素性"？

二、《老子》思想不是辩证法

由上，辩证法有三大定律，即对立统一、量变质变以及否定之否定，持《老子》为辩证法之学者多将《老子》文句与之对应，着重聚焦于传世《老子》第二章等若干语句。下文逐一辨析。

首先，学界多认为《老子》第二章是对立统一的辩证法思想，详端其文，未必尽然。相关引文如下：

> 天下皆知美之为美，斯恶矣；皆知善之为善，斯不善矣。故有无相生，难易相成，长短相形，高下相倾，音声相和，前后相随……

《老子》虽然陈列了美与恶、善与不善、有与无、难与易、长与短、高与下、音与声、前与后这些对立的概念，其中却有扞格之处。其一，美与恶、善与不善、难与易、长与短、高与下、前与后确为对立，但音与声并不构成对立。先贤认为："声相应，故生变；变成方，谓之音。"②（《礼记·乐记》）意思是声变而成音，即音是由声衍生出来的，两者不是对立关系，而是派生关系。类似的，有与无也是派生关系而非对立关系。《老子》的宇宙生成模式是"无·一·万物"，其言"天下万物生于有，有生于无"（第四十章）。又言"道生一，一生二，二生三，三生万物"（第四十二章）。"无"乃"名天地之始"（第一章），象征宇宙生成之前的状态；"有"乃"名万物之母"（第一章），表示万物生成演化的一种状态。而"道"又是产生天地万物的总根源，故在道的影响下，从"无"中生出"一""二""三"以至万物。其二，该章当分两个层次理解，一方面，美恶、善与不善的对立是主观的道德价值判断；另一方面，长短、高下等是客观的事实判断，《老子》所列举的两个层次的对立，虽然有统一的倾向，但并未有相互转化的条件，这与辩证法的对立统一原则相左。故《老子》所言只是粗略地表达万事万物是相对的，而非表达矛盾对立。

其次，另一个为学界反复讨论的命题即"反者道之动"，其中亦不乏"否定"

---

① 熊铁基、刘韶军、刘筱红、吴琦、刘固盛.二十世纪中国老学[M].福州：福建人民出版社，2002.第223页。

② 郑玄、孔颖.礼记正义[M].北京：中华书局，1980.第2527页。

之思想。类似的文句还有"万物并作，吾以观其复。夫物芸芸，各复归其根。归根曰静，是曰复命。复命曰常，知常曰明。"（第十六章）"周行而不殆，可以为天下母。吾不知其名，字之曰道，强为之名，曰大。大曰逝，逝曰远，远曰反。"（第二十五章）"物壮则老，谓之不道，不道早已。"（第五十五章）这些均揭示出了物极必反的道理，具有否定的意味，但仍未上升到否定之否定的思维高度，亦未及动静之辩证关系。

再次，《老子》中确实有关量变的记载。如"合抱之木，生于毫末；九层之台，起于累土，千里之行，始于足下。"（第六十四章）"图难乎其易也，为大乎其细也，天下之难作于易，天下之大作于细。"（第六十三章）然细研其文，《老子》是在凸显认识与行动初始阶段之重要，即"其安易持，其未兆易谋；其脆易泮，其微易散。为之于未有，治之于未乱。"（第六十四章）虽注意到了量的积累，却缺少质变的诠释。辩证法认为事物的发展是量变与质变的相互结合，《老子》既关注到了事物发展之始，又关注到了"为大乎其细"的道理，但缺乏对质变的理解。综上，《老子》思想虽然有对立、否定、量变等辩证法的因子，却没有上升到辩证法的高度。

其实，从《老子》的思想体系看，其本义却是在"道"的角度，解构时人固有的知识体系、伦理思想与政治秩序，以此来推展其"无为而治"的政治主见。其言"我无为，而民自化；我好静，而民自正；我无事，而民自富；我无欲，而民自朴。"（第五十七章）"朴"指人之本性，亦即"常德不离，复归于婴儿"（第二十八章）的那种纯真，若统治者能够做到"无欲""无为"，则百姓自然就会遵守秩序，正所谓"以圣人处无为之事，行不言之教，万物作焉而不辞"（第二章）。"无为"不是"不为"，而是不要肆意妄为，更不要"为无为，事无事，味无味"（第六十三章）。如此才能让民众自化、自正、自富、自朴，这也正是"道常无为，而无不为"（第三十七章）的关键所在。

《老子》所提出的对立、量变以及否定思想之本义并非辩证法，而更接近于《庄子》的相对主义。《庄子》的主要思想之一便是"齐物论"，其谓"天地与我并生，万物与我为一。"（《齐物论》）"并"应释为"一并"，而非"并列"之意，则万物与人皆统一于永恒之道。从《齐物论》全篇来看，其重点除"齐一"外，也强调"物化"，即万物、自身以及相互之间的变化。由于万物都在不断的变化中，故彼可为此，此可为彼；是可为非，非可为是；物可为我，我可为物；生可为死，死可为生；庄周可为蝴蝶，蝴蝶可为庄周。[①]"彼此""是非""物我"以及"生死"，

---

① 罗凤华. 不齐之齐与无物之物——论《庄子》齐物思想的三个层次 [J]. 齐鲁学刊, 2012（2）.

在《庄子》这里已经不重要了，这样才能体现出"齐物""齐一"。此种"齐"是以事物间的差异性为前提的，既包括相同的方面，亦含有相异的方面。正所谓"自其异者视之，肝胆楚越也；自其同者视之，万物皆一也。"（《德充符》）此中已经展现出了相对主义的思想，而"天下莫大于秋毫之末，而大山为小；莫寿于殇子，而彭祖为夭"则进一步凸显了这种相对主义。连世俗的大小、寿夭的标准都被颠覆了，这意味着大也可以是小，小也可以是大；寿可以为夭，夭也可以为寿，大小、寿夭的差别以及万物之间的差别、界限都消失了，则万物自然连为一体。① 亦即"号物之数谓之万，人处一焉"（《秋水》）。

不唯如此，《庄子》甚至提出了"齐生死"的观点。《至乐》中载有两个故事，一是庄子之妻去世，惠子往吊，庄子则方箕踞鼓盆而歌，惠子便指责庄子："与人居，长子老身，死不哭亦足矣，又鼓盆而歌，不亦甚乎！"庄子则言："不然。是其始死也，我独何能无概然！察其始而本无生，非徒无生也而本无形，非徒无形也而本无气。杂乎芒芴之间，变而有气，气变而有形，形变而有生，今又变而之死，是相与为春秋冬夏四时行也。人且偃然寝于巨室，而我嗷嗷然随而哭之，自以为不通乎命，故止也。"第二则是庄子在去往楚国的途中，遇到了一具骷髅，便捡起来作为了枕头，半夜，骷髅给庄子显梦言："死，无君于上，无臣于下；亦无四时之事，从然以天地为春秋，虽南面王乐，不能过也。"然而庄子不相信，言道："吾使司命复生子形，为子骨肉肌肤，反子父母、妻子、闾里、知识，子欲之乎？"骷髅此时却皱眉蹙额，深感忧虑地回答道："吾安能弃南面王乐而复为人间之劳乎！"是则，在《庄子》看来，生死就如同四季变化一般自然，甚至认为死便是一种超脱，为"南面王乐"，其思想弥缝了生死。由此可见，《庄子》将《老子》思想的本义更直接地推进，并将物我、生死全部瓦解在一篇篇光怪陆离的散文中。

辩证法是通过对立统一、量变质变、否定之否定等原理构建对客观世界的认知，其意义是积极性的；相对主义是模糊客观、混同物我，导向不可知论的消极倾向。《老子》乃至黄老之学所构建"小国寡民""无为而治"的政治基础，正是对现实客观政治伦理的否定。从这个意义讲，《老子》思想更接近于庄子的相对主义，而非辩证法。

三、西学东渐背景下的《老子》诠释

《老子》学说"含有朴素的辩证法思想"的观点滥觞于近代以来西学东渐之际，

---

① 李凯.略述《庄子》"齐物"的四种思路 [J].哲学研究，2017（8）.

传统知识分子在学习西方器物、制度的同时也逐步接受了西方的学术思想与话语体系。在传统典籍中寻求与西方思想对应，以西方的学术语言重释传统思想，也是近代中国学术渐变之必然。就《老子》而言，以严复《老子评点》为例，即可窥见一斑。该书写于 1903 至 1904 年间，这一时期也是严氏集中翻译西方著作的时期。[①] 在严复的思想观念中，并不存在中国传统与西方近代之差别，而寻求两者的相通之处。比如，他认为《老子》的"道"是"西哲谓之第一因"，[②] 这便以西哲的第一哲学角度解释了老子"道"的本质。不唯如此，严复认为《老子》中还有民主思想。他解读《老子》第四十六章"天下有道，却走马以粪，天下无道，戎马生于郊"时，说其"纯是民主主义，读法儒孟德斯鸠《法意》一书，有以征吾言之不妄也"。[③] 对五十七章"以正治国，以奇用兵，以无事取天下"评价道："取天下者，民主之政也"[④] 等。当然严氏也认为："此古小国民主之治也，而非所论于今矣。"[⑤] 这也恰恰证明近代学者牵强"中国传统"与"西方近代"之无奈。

与之相似，随着辩证法思想传入中国，学者也要在中国传统文化中去寻找辩证法，而《老子》《易传》等文献多为近代学者关注。其实，在中国近代哲学话语体系中还有"朴素的唯物论"的说法，专指先哲以某具体之物为世界本源的宇宙观，比如泰勒斯之水、赫拉克利特之火、德谟克利特之原子等。以辩证唯物主义为标准，确实可将上举例子称为"朴素的唯物论"。然而，显见的问题是，德谟克利特与其老师留基伯的"原子论"绝不是一种"朴素的"本体论，他们以"原子"与"虚空"构建世界的思辨思维与泰勒斯等绝乎不同。单以"朴素的唯物论"概括显然不是客观的。同样，以唯物辩证法为标尺称《老子》思想为"朴素的辩证法"也并无不可，可是以"朴素的"形容词去修饰辩证法其实是一种含糊其词，是后人以近代以来形成的西方思想体系与学术话语对先哲思想的套用，当两者并不能完全吻合时，便以"朴素的"形容词去调和。这确实是值得反思的问题。更何况《老子》本义更倾近于相对主义了。

---

① 熊铁基、刘韶军、刘筱红、吴琦、刘固盛.二十世纪中国老学 [M].福州：福建人民出版社，2002.第 39 页注。
② 熊铁基、刘韶军、刘筱红、吴琦、刘固盛.二十世纪中国老学 [M].福州：福建人民出版社，2002.第 44 页。
③ 熊铁基、刘韶军、刘筱红、吴琦、刘固盛.二十世纪中国老学 [M].福州：福建人民出版社，2002.第 46 页。
④ 熊铁基、刘韶军、刘筱红、吴琦、刘固盛.二十世纪中国老学 [M].福州：福建人民出版社，2002.第 46 页。
⑤ 熊铁基、刘韶军、刘筱红、吴琦、刘固盛.二十世纪中国老学 [M].福州：福建人民出版社，2002.第 52 页。

四、结语

《老子》思想不是辩证法，其目的接近于《庄子》的相对主义，涤荡社会伦理纲常以论证其"小国寡民"的政治思想。在近代西学东渐的背景下，近代知识分子常在传统典籍中迎合西方学术体系，于是形成了"朴素辩证法"的含糊其词的观点。在特定的历史环境下，这一做法有其积极的意义，但是随着新时代的来临，我们应该在构建中国学术话语体系的背景中探究中华传统思想，这是中华民族伟大复兴的重要课题。

《老子》的价值观元素及其在新时代美好生活中的融入逻辑

江峰 陈君*

内容提要：《老子》作为中国传统文化经典蕴含优质的价值观元素。《老子》之"和"通过辩证哲理内蕴和诗性生存智慧促使和谐的观念根深叶茂；《老子》之"身"由"观身"说、"退身"说、"无身"说、"终身"说，彰显了人生"自由"价值；《老子》之"善"强调了主体间基于善德善性、善功善能、善道善行的情性沟通；《老子》之"信"从"信言""德信""忠信"等多个方面襃扬主体间的心灵交合，诸如此类。《老子》价值观元素在新时代美好生活的创造中存在着一种内在的融入逻辑：《老子》价值观元素从传统文化的深层为新时代美好生活的创造提供了丰富的母体养分；而新时代美好生活的创造也为《老子》价值观元素的阐扬拓展了全新的境域。

关键词：老子 价值观元素 新时代 美好生活

基金项目：本文系教育部人文社会科学规划一般项目"大别山红色文化资源在思想政治教育中的整合利用研究"（项目号 15YJA71001）、湖北省高等学校思想政治理论课教师择优资助项目"大别山红色文化资源在思想政治理论课教学中的整合运用研究"（项目号 15Z222）的基础性研究成果。

在中华民族深层文化的诸多传统经典中，都蕴含有极为丰富的价值观母体元素。这些母体元素作为中国传统文化的精华，散布在各种经典文本的字里行间，流转于中华文明的历史长河。正是由于这些中国传统文化母体元素丰厚的天然养分，使得中华民族具有了独特而强大的向心力、影响力和凝聚力。从这个意义上来看，在新时代中国特色社会主义的文化生态环境条件下，考察、透析中国传统

---

* 江峰（1965—）男，湖北赤壁人，湖北师范大学马克思主义学院教授、博士，研究方向：红色文化、中国哲学、马克思主义理论；陈君（1985—）女，湖北黄石人，湖北师范大学马克思主义学院研究生。

文化经典中所蕴含的价值观母体元素，对之予以契理契机的整合运用和价值发掘，在更大范围内、更深程度上促成其新时代的价值转换和充分实现，就显得尤为重要了。在此拟以《老子》为例，梳理、阐释其中的价值观母体元素，以期能够有助于揭示、拓展一条汲取中国传统文化经典的优秀价值观元素、创造新时代美好生活的人文理路。

对《老子》文本予以剖解、分析，即可以发现，《老子》这一中华民族传统文化经典所蕴含的价值观元素，丰富而且深刻。而《老子》价值观元素的深层内蕴，可以从其中的《老子》之"和"、《老子》之"身"、《老子》之"善"、《老子》之"信"四个突出的方面予以揭示。

一、《老子》之"和"——"和谐"的人文律动

《老子》所彰显的"和谐"观，缘大道运化而伴生，在天、地、人三才之间，闪耀着圣哲的智慧之光，给予中华民族以千古的人文关照。因而，它也就自然成为涵养当今中华民族"和谐"观的一种传统文化经典的母体元素。《老子》诗化的意象，映现的是"和谐"的人文底色；《老子》流逸的气质，涌动的是"和谐"的人文韵律；《老子》恢宏的境域，展示的是"和谐"的人文妙景；《老子》玄奥的寂照，幽隐的是"和谐"的人文哲思。

第一，《老子》之"和"的辩证哲理内蕴。《老子》凭借令人倾服的辩证思维，洞烛天地自然、社会人伦和个体情性，由此体察到"和谐"在不同层域的多元化、多形式的存在样态，传输出其辩证思想的强大能量。

《老子》从天地自然之中辩证地体悟自然之"和"。例如，其曰："故有无相生，难易相成，长短相形，高下相倾，音声相和，前后相随。"（《老子》第二章）这里，"有"与"无"相互化生，是从现象界对于存在与非存在的辩证揭示；"难"与"易"相互促成，是从目的状态中对于客观限约的辩证感悟；"长"与"短"相互显形，是从形相延展伸张中对于事物形态的辩证理解；"高"与"下"相倾相倚，是从处置势态中对于位相仗恃的辩证认知；"音"与"声"相应相和，是从因应调和中对人语之声与丝竹之音交响融会的辩证体察；"前"与"后"相继相随，则是从线性的时光之流中对于事物连续性的辩证把握。由这些对立统一的辩证范式，《老子》深切地领悟到"和谐"在天地自然之中的普遍存在，并对这种自然之"和"予以了充分的彰显。

《老子》也从社会人伦之中辩证地反照人伦之"和"。例如，《老子》曰："大道废，有仁义。智慧出，有大伪。六亲不和，有孝慈。国家昏乱，有忠臣。"（《老子》第十八章）在这里，《老子》对于"仁义""智慧""孝慈""忠诚"等有利于"和

谐"的品德予以辩证的反照，在《老子》看来，当大道普行，人心纯朴，人们顺天行事之时，"仁义"往往隐而不显，反之，当世风偏邪，大道难行之时，"仁义"便能显现出其重要价值来；机智的应用，既可以带来社会的安泰昌明，又可能导致人心的虚伪奸巧，造成投机取巧、欺诈攻讦之事的层出不穷，而在这种情形下，人们行事遵守仁义道德，也就反而会显得特别难得了；当天下的父子、兄弟、夫妇以至各种社会人伦关系亲密无间之时，因为六亲融洽，孝慈的可贵就不会显明，人人孝慈，也就不知道谁是孝慈的人了。反之，如果出现六亲不和的社会恶劣生态环境，却仍有人还能行孝慈之事，那就足以衬托这种孝慈价值的昂贵了。在天下太平之时，往往忠奸难辨，而一旦国有危难，便会忠奸立分了。由这种辩证的反照，《老子》深刻地分析了"和谐"在社会人伦中存在的方式和样态，并通过其理性的表达，阐明了这种人伦之"和"价值呈现的本质特征。

《老子》还注重辩证地发露自我情性之"和"。例如，《老子》曰："众人熙熙，如享太牢，如春登台。我独泊兮，其未兆，如婴儿之未孩，儡儡兮，若无所归！"（《老子》第二十章）那些凡俗之人贪得无厌的样子，就像去参加天子的丰盛筵席，又如春天登临奢华的楼台，唯有"我"心境是那样淡泊恬适，思清意定，独善其身，不为所动。仿佛婴儿在母体怀抱，无忧无虑，无烦无畏，天真无邪，而不像那些世间为贪欲所奴役而忙碌奔波的倦客，无所归依。正是通过这种辩证的反衬方式，《老子》突出了对于个体世俗化的情性染污的去离，迷恋"和谐"的"婴儿之未孩"状态，认为"圣人皆孩之"（《老子》第四十九章），主张见素抱朴，复归于婴儿，强调情性之"和"的个体逆修，应该说，这正是一种对于真情真性的人本"和谐"的辩证发露。

第二，《老子》之"和"的诗性生存智慧。《老子》所力图彰显的人的理想化生存状态，是充满诗意的"和谐"生存状态。可以说，"和谐"生存，是映现《老子》诗性生存智慧不可或缺的核心元素，是集结《老子》哲思理趣的活性因子。

《老子》崇尚无识无虑、大智若愚、"和"之于"道"的诗意生存。例如，其曰："我愚人之心也哉，沌沌兮！俗人昭昭，我独昏昏。俗人察察，我独闷闷。澹兮，其若海，飂兮，若无止。众人皆有以，而我独顽似鄙。我独异于人，而贵食母。"（《老子》第二十章）在这里，《老子》敞亮的就是"和"之于"道"的人的诗意生存。这样的人，生存于尘世间，往往笨拙愚顽，混混沌沌，无知无识，较之于那些谋虑多端、清醒精明的俗世之人，总显得昏昏昧昧，不谙世事；这样的人，生存于尘世间，往往混浊糊涂，不像俗世之人那样去分别与计较，其心宁静恬淡，仿佛浩瀚的大海，渺茫无边，宏阔无限；又似劲吹的长风，飘无定所，往来无形；这样的人，生存于尘世间，愚顽鄙陋，不会像俗世之人那样仗恃自己的聪明才智，而是一心以"道"为重，时刻不离"大道"；这样的人，一如幼小的婴儿不能离开母亲，要接受"道"的滋养，吮吸"道"的乳汁。因为只有"和"之于"道"，才有可能使自己获得真正生命的保全。

《老子》也崇尚高蹈于世而又"和"之于世的"道"隐式栖居。例如，其曰："道冲，而用之或不盈。渊兮，似万物之宗。（挫其锐，解其纷，和其光，同其尘。）湛兮，似或存。吾不知谁之子，象帝之先。"（《老子》第四章）"道体"虚空渺茫，然而所生能量，却让万物用之不尽，取之不竭；它深厚博大，就如万物的宗主；它不露锋芒，虚无弥漫，不与万物相争，因而便有解脱纷扰的宽宏大量。"道"的妙用广大而又变化无穷，"道体"又是如此玄通，在天地之间无迹可寻，那些凡俗之人，是难以观察到它的本原与真相的。一个崇尚"大道"的人，就应秉承"大道"的崇高品质，"和谐"、诗意地"道"隐于世。只有与"道"和谐融通，才能既可在光明处生辉，也可在尘埃间遁形；既可在清静处默寂，也可在纷扰中隐迹，如此，才能以自我生命的本真存在，领悟宇宙天地的无上"道"法，秉持到"道"化万物的无限能量。

二、《老子》之"身"——"自由"的人生领悟

《老子》所彰显的"自由"观，依其话语系统中的身体观而得以寄寓，以其对宇宙大道的参察而得到阐发。《老子》"观身"说，运用了"自由"的反顾之法；《老子》"退身"说，阐发了"自由"的"用常"之道；《老子》"无身"说，营造了"自由"的"忘我"之境；《老子》"终身"说，则开示了"自由"的"恒常"之理。

第一，《老子》"观身"说之"自由"。《老子》基于人本之"身"的生命本位，阐发其"观身"说，重视以"物"观"身"，以"身"观"身"，即借助于"他物"以反观"自身"，借助于"他身"反观"自身"，突出了一种基于自我修持而获得人的身心"自由"的反顾之法。《老子》以为，只有以"物"观"身"，才能做到"不辱""不殆"，获得更多身心"自由"。例如，其曰："名与身孰亲？身与货孰多？得与亡孰病？"（《老子》第四十四章）通过名声、货利等身外之"物"与人本之"身"得失存亡利害关系的分层比较，《老子》引导人们对人生"自由"予以自觉反顾，并突出了一种基于自我德性修持的"自由"体验与价值取向。《老子》告诫人们说："是故，甚爱必大费，多藏必厚亡。"（《老子》第四十四章）人一旦为名、物所累，就会失去生存的"自由"。因而只有反顾人本之"身"，超越一切物性贪念的束缚，才能"知足不辱，知止不殆"（《老子》第四十四章），在知足、知止的良好生存心态下，以自我身心的德性修持为根本，获得更多的人生"自由"。《老子》还以为，只有以"身"观"身"，才能体知真德，获取人生"自由"。如果

说以"物"观"身"，是以身外之"物"为参照，体知自我之"身"的"自由"的话，那么以"身"观"身"，则是以他者之"身"为参照，体知自我之"身"的"自由"。《老子》曰："善建者不拔，善抱者不脱，子孙以祭祀不辍。"（《老子》第五十四章）在宇宙天地之间，有形的东西终归要消失，只有"道德"才能长久存在，那些高德圣人之所以有社稷宗庙为子孙万代祭祀，崇高的德行相传不绝，就是由于他们注重自身的修养，能够以"身"观"身"，反观自照，真正做到"修之于身，其德乃真"（《老子》第五十四章）。"道德"起于人心，化于人心，运用"自由"的反顾之法，就能够体知世间真德，复归于自心自性，感受到长久的人生"自由"。

第二，《老子》"退身"说之"自由"。《老子》契合宇宙天地之"道"，强调"退"而复归。其"退身"说告诫人们，应善于"用常"，把握各种合乎"常道"的生存法式，"退"而复归，以实现自身的存世价值，达到真正的人生自由。《老子》以为，不可"以身轻天下"，而必须"退身"守本，正处尊位，重其"身"根。其曰："重为轻根，静为躁君。"（《老子》第二十六章）轻浮以稳重为根基，躁动以清静为主宰，"是以圣子终日行，不离辎重。虽有荣观，燕处超然"（《老子》第二十六章）。有崇高德行的人，行藏之间，自然会自心清静稳重，柔和安然，处世超然，不会轻浮妄为而为虚荣华美的生活所纷扰，这样才能达到真正的人生"自由"。《老子》告诫人们："奈何万乘之主，而以身轻天下？轻则失根，躁则失君。"（《老子》第二十六章）那些统治者轻浮妄动于声色货利之间，不知自重，因而失去"身"之本根，丧失本有的人的尊位，而这样，其人生的"自由"又从何而来？因此，只有"退身"守本，正处尊位，才能真正达到人生的"自由"之境。《老子》强调，不可"富贵而骄"，而要功遂"身"退。只有功遂"身"退，才能应合天道。其曰："功遂身退，天之道也。"（《老子》第九章）做人应进退有度，凡事不可过分，而要适可而止。应善于调适身心、修炼性命，珍惜身中金玉，蓄养"性命之真常"。一个人倘若贪恋富贵，又骄傲自得，那就是自取祸殃的开始。"知止可以不殆"（《老子》第三十二章），只有知道适可而止，懂得功遂"身"退，才能契合天道，解除各种世俗的束缚，消除种种危险与祸患，获得更多人生的"自由"。《老子》鲜活的辩证理念，使人领会到：要实现自身存世的自由和幸福，就要善于处下，把握退而重其"身"的生存智慧。

第三，《老子》"无身"说之"自由"。《老子》从人本之"身"出发，以生命为本位，创构其"无身"说，由此营造出"无身"忘我而宠辱不惊、"无身"无累而无忧无患的一种人生"自由"的"忘我"之境。"何谓宠辱若惊？宠为下，得之若惊，失之若惊，是谓宠辱若惊。"（《老子》第十三章）《老子》以为，人们之所以常常会"宠辱若惊"，就是因为过于计较"宠爱"与"羞辱"的差别。这样就有可能会陷入宠辱的自我困扰之中，难以超脱，以致"宠辱若惊"，心理杂乱烦忧，情感庸俗鄙陋，人格低级卑微，而自己的人生"自由"也就会变得虚无缥缈。因此，人要做到宠辱不惊，"无身"而忘我，就不能过分看重自我之"身"，不能使之成为一种物质与精神负累，这样才能消除因之而招致的种种祸患，与"道"契合，达到人生"自由"的"无身"而忘我之境；《老子》又以生命为本位，对人生"自由"进行深刻的反思，认为只有"无身"而无累，才能无忧无患。"何谓贵大患若身？吾所以有大患者，为吾有身，及吾无身，吾有何患？"（《老子》第十三章）人本之"身"，往往是种种祸患的本原根由，人活一世，自有生老病死，如果过重担忧，就会患得患失。反之，能入"无身"之境，就不会有生老病死的沉重负累。"故，贵以身为天下，若可寄天下；爱以身为天下，若可托天下。"（《老子》第十三章）具有高尚道德的圣人，虽然得到尊贵荣耀，但是他并不把这当作自身所有，而把自身的尊贵视为天下人的尊贵，把自身的荣耀视为天下人的荣耀。正是由于普爱天下，所以他能受托于天下。正是由于"无身"无累，所以他也就无忧无患。而人们只有效法圣人，做到不为名、物所累，才能达到这种人生"自由"的"无身"而忘我之境。

第四，《老子》"终身"说之"自由"。《老子》"终身"说为人们开示诸多人生的至理常道，其直接意指世人何以才能"殁身不殆""没身不殆""终身不勤""无遗身殃"等等，达到人生的"自由"。《老子》强调"知常""复命"而"殁身不殆"。其曰："夫物芸芸，各复归其根。归根曰静，是曰复命，复命曰常，知常曰明。"（《老子》第十六章）万物终会归于生命本根，达于自然纯净本性，只有回归真我，才能"知常"而明智，体悟宇宙法则，明辨真假是非，顺应至理常道，获得人生"自由"，"殁身不殆"而终其"身"。"不知常，妄作，凶。"（《老子》第十六章）不守宇宙法则，无知"妄作"，任意行事，必然会带来凶险，招来祸殃，而无以获得人生"自由"；《老子》又强调"复守其母"而"没身不殆"。其曰："天下有始，以为天下母。既得其母，以知其子。既知其子，复守其母。没身不殆。"（《老子》第五十二章）"道"是天地万物的本源、始基。"道"创生天地万物，也就是天地万物之母。一个人如果秉守宇宙天地之"道"而不失，即"复守其母"，那么即使身陷危境，也不会不安和恐惧，而能自由自在，因为他已复归于大"道"之母的怀抱；《老子》还强调塞闭"欲望之口""六贼之门"而"终身不勤"。其曰："塞其兑，闭其门，终身不勤；开其兑，济其事，终身不救。"（《老子》第五十二章）人皆有"欲望之口""六贼之门"，要使自身契合于宇宙天地之"道"，使"精、气、神"与其自然肉"身"和谐融洽，而不外驰，获得人生"自由"、幸福以至"终身"，就必须注意闭塞住自己的"欲望之口""六贼之门"。唯其如此，才能终其一生，受用不尽，不必劳心费力地勤苦，即能契合宇宙天地之"道"。反之，大开声色货利之门，争名逐利于滚滚红尘，那么，就会如《老子》所言，"五色令人目盲；五音令人耳聋；五味令人口爽；驰骋畋猎，令人心发狂；难得之货，令人行妨。"(《老子》第一十二章)终生不可救药，更不用说因循宇宙天地之"道"，获得长久的人生"自由"了；《老子》进一步强调，"复归""习常"而"无遗身殃"。其曰："见小曰明，守柔曰强。用其光，复归其明，无遗身殃，是为习常。"(《老子》第五十二章)若能够洞察精小细微事物，就能心地明静；能够通透、恪守柔弱法则，就能真正强胜。一个人不仅要重视"知常"，善于以光明的心性去体悟宇宙与人生的真谛，而且还要"习常"，善于契合宇宙天地之"道"，做到"终身"按照宇宙自然的法则行事，这样就能避免世间祸患，而获得真正的人生"自由"。

三、《老子》之"善"——"友善"的情性沟通

《老子》所称颂的"友善"观，通过对"善"的多个维度的比拟、观照、审察而得以阐发。它通过"善"的"水喻"，高扬善德善性；通过"善"的辩证思维，反照善功善能；通过"善"的"要妙"，揭示善道善行，而这些对于"善"的阐发，都明显地突出了基于主体间"友善"的情性沟通及其交往价值。由于《老子》"友善"观显示的是一种基于情性沟通的主体间交往的价值取向，因而能够为人们提供有效交往的一种传统道德范型。

第一，《老子》通过以水喻善，寓意善德善性之"友善"。《老子》崇尚水德，以水喻善，其曰："上善若水，水善利万物而不争。处众人之所恶，故几于道。居善地，心善渊，与善仁，言善信，正善治，事善能，动善时。夫唯不争，故无尤。"(《老子》第八章)在老子看来，最上等的善就如水一样。水具有一种崇高的善德，那就是扶持、滋润万物生长，而不争名、争利、争功、争大。卑下之处，众人都会厌恶，而水总是能自处安然，这是因为它最接近道的习性了。无论居于何地，水都能贞静自守，随处而安。水渊深的善德，难以估测。它既能自我沉静，又能和合万物。水施予万物皆出自仁爱之心，这是其仁慈的本性所然。水本无言，然而无言之言，方为真言、"信言"。例如"信言"，潮水适时而来，适时而去，这不正是水的信言吗？水能够滋润万物，遇热即升华而成为雨露，流入江河湖海，滔滔不绝，生生不息。水能尽其所长，家常日用也好，渡筏行舟也好，滋润万物也好，无不尽其善能。水合乎自然，遇方则方，遇圆则圆。氤氲即雨，晴则升腾，不与它物相争，这不就如高尚德性之人面对现实世界的"友善"象征吗？通过"水

喻"，《老子》比拟善德善性的"友善"，而人如果修习水的善德善性，就能够像水一样，不违背天道行事，不妄作、妄为、妄言，面对生活世界，实现"友善"的情性沟通。如果每个人都能习得水的涵养与和气，那么世间也就会充满"友善"，而不会有各种错误的纷争了。

第二，《老子》通过"善"的辩证反照，突出善功善能之"友善"。《老子》曰："天下皆知美之为美，斯恶矣；皆知善之为善，斯不善矣。"（《老子》第二章）天下之人都知道美为什么能够成其为美，这就意味着丑的观念的存在；天下之人都知道善为什么能够成其为善，这也就意味着恶的观念的存在。通过这种辩证的反照，《老子》揭示了善作为观念系统存在的反衬条件，由此也就突出包括"友善"在内的"善"与"恶"的辩证存在形态。《老子》又曰："绝学无忧，唯之与阿，相去几何？善之与恶，相去若何？"（《老子》第二十章）在老子看来，只要断绝伪智取巧的心思，就不会有分别计较的忧愁和疲累。一个人如果是以"友善"的态度待人接物，那么唯唯诺诺的回答与忿怒的斥责，有什么区分呢？世间的事物，美善与邪恶往往只有一念之差，却能产生极不相同的后果。世事茫茫，似乎没有尽头，而世人以善功善能的作为，"友善"相待，就必定会有良好的情性沟通。《老子》还曰："善者吾善之，不善者吾亦善之，德善。"（《老子》第四十九章）道德高尚的人不会从自我利益出发，以分别之心待人。因为没有"分别"的偏见，他如果遇到善良的人、良善的举动，必定报以"友善"的态度；看到不善的人、不善的举动，也一样以"友善"的态度去感召他，这样就是发扬善德，能够体现一个人的善功善能。《老子》进而曰："和大怨，必有余怨，安可以为善？是以圣人执左契，而不责于人。有德司契，无德司彻。天道无亲，常与善人。"（《老子》第七十九章）世人私欲过重，好胜心强，常常为了一些不如意的事情发生争执，或是结下仇恨，这都是交往的双方过于自负的结果。即使有人出面调解，双方仍有不良情绪隐在心中，难以消化，而勉强的和解，也不会有良善的结果。有德之人，虚静恬淡，不与世人争夺计较，有恩于世人，不会惦念于怀，更不思获得回报。那些俗世之人，则渴望回报，就如催讨债款，借出就要讨回，一点也不放松。而那些无德的人，也许会布施一些财物，却会如谷种一般，撒下一升，就期盼收回一石，其功利之心，庸俗不堪。只有"上天"的德性，最令人钦佩，其养育万物，施予恩惠，却毫不计较。"友善"之人，就应学习这样的德性，不分亲疏贵贱，助人为善。而如此的善功善能，怎能不形成"友善"的情性沟通呢？

四、《老子》之"信"——"诚信"的心灵交合

《老子》从"信言""德信""忠信"以及"信不足焉"的不同角度，呈现其心

灵交合的"诚信"观。通过"信言"之"信",审视"诚信"话语;通过"德信"之"信",褒扬"诚信"美德;通过"忠信"之"信",体察"诚信"乱象。由于《老子》的"诚信"观彰显的是一种主体间心灵交合的理想化交往形态,因而能够为新时代开放性的社会提供有效交往的又一种传统道德范型。

第一,《老子》通过"信言",审视心灵交合的"诚信"言行。《老子》曰:"信言不美,美言不信。"(《老子》第八十一章)这就是说,信实之言,发自肺腑,往往不事雕琢。既然不是花言巧语,那么听起来总不是那么美,恰如俗语所云"忠言逆耳"。"信言"先要"我信"。作为有德之人的语言,"信言"应是其主体表达真实思想和意愿的载体。言为心声,一个人所发之言,不应是虚伪的自我欺骗。只有不自欺,达到"我信"的基本信度,才会不欺人,达到"他信"的良好效果;"信言"还要"他信"。其必须传输给他人真我的信息,因而是以实现主体间有效交流与沟通的一种自我敞亮的言说,而不仅仅是为了自说自话;同时,"信言"也是避免造成一个人"真我"与"假我"矛盾冲突甚至双重人格分裂的语言符号元素,而不是一般性意指的言说。正因如此,"信言"只有通过表达自我诚实的心灵,才能使自心与他心互信而相通,最终有效地获取"他信"。相反,那些花言巧语的"美言",虽然动听,可是不一定是发自内心的真实。"美言"往往带有某些功利的目的,构成一种言说者对于言说对象有所图谋而虚伪造作的话语交往行为;由于许多"美言"出自虚假的心灵,因而总是不够实在,在主体间终归会丧失必要的信度而失去信用。由此可见,"信言不美,美言不信"所彰显的,实质上就是主体间在交往中所表现出来的一类有利于心灵交合的高尚的"诚信"言行。

第二,《老子》通过"德信",褒扬心灵交合的"诚信"美德。《老子》曰:"信者吾信之,不信者吾亦信之,德信。"(《老子》第四十九章)有高尚道德的人处世,总是将"诚信"的心灵呈现在人与人交往的生存世界。无论是守信的人,还是不守信的人,他都能够一样地以"诚信"相待。对于守信的人来说,有德之人以"诚信"相待,一方面可以使主体间交往能够达到双向的互信互通,使主体双方在交往中言行的可信度,获得良好效应的双重叠加;另一方面,也能够使守信的人对自己的"诚信"品德进一步认同,因"诚信"的高尚行为,而得到良好道德评价的鼓励,以至"诚信"能够实现可持续性的高扬;对于不守信的人来说,有德之人以"诚信"相待,一方面可使他们避免物质与精神的双重损失,降低其包括道德在内的各种风险,另一方面则可以使他们受到德性的感召,最终归之于"诚信"。这样,一个有高尚道德的人处世,总是以"诚信"待人,而"诚信"作为天下的一大美德,也就能够在交往主体间发扬光大了。

第三,《老子》通过"忠信",体察心灵阻隔的"诚信"乱象。《老子》曰:

"故，失道而后德，失德而后仁，失仁而后义，失义而后礼。夫礼者，忠信之薄而乱之首。"（《老子》第三十八章）老子以辩证的思维对"诚信"的尘世乱象进行了一种极为深刻的认知和体察，认为虚假的"先知先觉者"，实际上却是以自我的心灵阻隔"诚信"的虚幻愚昧的表率。从对各种不同程度世间乱象的认知与体察中，他反推而论之：只有当世间失"道"之后，才会有"德"的普遍讲求；只有当世间失"德"之后，才会有"仁"的普遍讲求；只有当世间失"仁"之后，才会有"义"的普遍讲究，只有当世间失"义"之后，才会有"礼"的普遍讲求。而如果世间连"礼"也不讲求的话，那么人与人之间的忠信之心也就全然丧失了。一旦到了这样的时候，人们就会互相争斗，社会就会混乱失序，各种邪恶势力就会争相涌现，病症怪胎诸事亦会危害四方。正因如此，老子以哲人的睿智，深刻地警醒人们，如果一个社会人与人之间连最基本的礼节都失去了的话，那么整个社会就必定会发生严重的"诚信"危机，人与人之间就必定会产生心灵的严重阻隔，而祸乱与灾变也就很快要发生了。

结语

作为涵养中华民族价值观念的原点，《老子》优秀的价值观元素在新时代美好生活的创造中，存在着一种内在的融入逻辑：

一方面，《老子》价值观元素从传统文化的深层为新时代美好生活的创造提供了丰富的母体养分。《老子》之"和"从多个层面、以多种样态涵养中华民族的"和谐"观，使"和谐"这一价值观元素得以根深叶茂，能够适应时宜地化育生成，持续不断地流迁演进，契理契机地推衍转换；《老子》之"身"由作为人的生命基础的身体出发，创构"观身"说、"退身"说、"无身"说、"终身"说等系统的身体观念，由此寓意丰富的人生"自由"思想，有利于人们从人本之身出发，消除各种陈腐观念的重重束缚，解除名、物造成的身心负累，获得恬淡宁静的心灵自由；《老子》之善从善德善性、善功善能、善道善行，阐发包含"友善"在内的"善"观念，寓意主体间交往的丰富的"友善"思想，这些"友善"思想，作为传统道德范型，有利于人们高扬"至善"的道德品格，消除主体间各种情性纠结，解决主体间基于各种利益的矛盾冲突，实现主体间的有效交往；《老子》之诚从"诚信"话语、"诚信"美德、"诚信"世象、"诚信"执政等诸多方面，呈现其"诚信"观。这些"诚信"观丰富的思想内涵，具体地表现出老子对于主体间心灵交合的理想化交往行为的褒扬，对于阻碍有效交往的多种因素的剖析，对于失信行为所带来的道德困境与生存风险的告诫。其深层文化精华，有利于新时代人的交往心智的健全和交往行为的矫正、社会交往伦理的整合和重构以至国家交往政治信度的全面提升。这些优秀的价值观元素，使得新时代的人们能够从思维模式上传袭到《老子》鲜活的辩证哲理内蕴，从生存论意义上秉承《老子》崇高的诗性生存智慧；从自我存在的体悟中获得"和谐""自由""友善""诚信"诸思想观念的人文涵养，从而将其有机地融入新时代的生活世界，在正确的价值取向之下，营建良好的生态环境，创造幸福自由的美好生活。

另一方面，新时代美好生活的创造也可以为发掘、阐扬《老子》的价值观元素拓展全新的境域。通过新时代美好生活的创造，能够面向现代化，面向世界，面向未来，将《老子》之"和"传输到其价值存在的更为宽宏的现代化、国际化的时空区间，从而构建起政治、经济、文化、社会、生态五位一体发展的全新且精妙的"和谐"价值观念形态；能够将《老子》人生"自由"的思想触须，从自我的人本之"身"延伸到更为宽广的外在生活世界，在现实的道德、法律等各种制度的更为宽广的社会化层面，把握"自由"的限度，发展"自由"的能力，拓展"自由"的空间，从而使《老子》由人本之"身"所寓含的"自由"思想实现新时代的价值转换、创新与超越；能够将《老子》这些"友善"思想，从圣人理想化人格的单向度社会教化的传统局限中解脱出来，赋予其一种社会普遍化的主体间交往的价值取向，从而使之得以进入到面向新时代现实生活世界的道德价值建构的更高境域；也可以使《老子》"诚信"观实现从内在的心灵交合到外在的规范、制度，从理想化的憧憬到普适化的常态，从个体具体品格、素质修养要求到社会核心价值目标建构的多重现代性跨越，这些表明，《老子》的价值观元素也可以在创造新时代美好生活的全新境域中得到与时俱进的发掘与阐扬。

子思对老子学的吸收与转化探析

陈成吒 [*]

内容提要：春秋晚期及战国初，儒道原本交融。子思幼时受教于孔子，此后受曾子等人指点，严格来说也是老子再传弟子。他对老学的研习主要源于儒家老学本身的一贯传统，及其与老莱子等道家传人的交往。他对老学思想的吸收与转化颇具特点，在修身上融通了本性明心中情思想，在治国上发展了明王道德论。

关键词：子思 儒家老学 老子 老莱子 道家 郭店楚简

基金项目：基金资助：国家社科基金后期资助项目"先秦老学史"（项目编号：18FZW062）的阶段性研究成果。

一、子思的老学渊源

在先秦时期的绝大多数时间里，儒道原本交融，没有分裂，更无对抗。老子传道孔子[①]，孔子传道其弟子。孔子弟子众多，有的曾随孔子亲见老子，有的耳闻老子事迹与思想。虽然对老子思想的理解因人而异——甚至可以说老子有老子之学，孔子学之，已自成体系，孔子弟子只是学孔子老学，又自成系统，相关老学思想与老子本人之学相去甚远，但他们依然深受相关思想影响，在精神最深处往往是儒道融通的，子思即为典范之一。

子思对老学的了解来自多方面。最直接的是孔子及其弟子的影响。子思为孔

---

　　* 陈成吒（1986—），男，浙江苍南人，笔名玄华。文学博士。现为上海财经大学人文学院讲师、硕士生导师，主要从事诸子学研究。在老子学研究领域，主持完成国家社科基金项目、教育部人文社科研究项目、上海市哲学社会科学规划课题等 3 项，参与完成国家级课题多项，出版专著《经典之旅：从〈老子〉到无尽的〈道德经〉》（广西师范大学出版社 2018 年），在《文艺理论研究》《诸子学刊》《中州学刊》《江淮论坛》《光明日报（国学版）》《解放日报（文史版）》等核心期刊与重要报纸上发表学术论文 20 余篇。

　　① 关于孔子师从老子且对老学有所研习转化一事，虽也有部分学者认为这是庄子之徒虚构的寓言，但实际上包括儒家在内，先秦各家文献对此传载甚详，此事难以否定。具体辨析请参见拙文，陈成吒 . 论孔子儒道融通的思想体系——以孔子对老子思想的"人道"转化为中心 [J]. 太原师范学院学报（社会科学版）,2018(3)。

子孙，幼时亲受教于孔子。《孔丛子》的诸多篇章记载相关内容，子思曾展示了好学之心以及不可估量的潜力，以致孔子欣慰叹曰"吾无忧矣，世不废业，其克昌乎"①（《孔丛子·记问》）。当然子思从学孔子日短，孔子卒后，受孔子弟子指点，其中曾子、子夏等对其影响甚大。老子曾传丧礼、修齐治平以及易道等思想于孔子，孔子将前两者传于曾子（参见《礼记·曾子问》《礼记·大学》），将后者传于子夏（参见《孔子家语·执辔》），子思则分别继承了相关思想。

除直接受教于孔子及其师兄弟外，子思与道家传人老莱子也为师友关系。公元前 409 年左右，鲁穆公欲任子思为相，当时老莱子已九十余，以柔舌存、刚齿亡等老子学之理喻事君之道。且从其二人对话的语气来看，为亦师亦友关系（参见《孔丛子·抗志》。庄子等讹误为老莱子告诫孔子）。同时，他与田子方也有过交往，辞谢后者所赠白狐之裘②（《子思子·无忧》）。田子方在先秦时也与老聃并举，以"听于无声，视于无形"著称③（《吕氏春秋·审应览·重言》），并获誉"轻爵禄而重其身，不以欲伤生，不以利累形"④（《淮南子·泰族》），可见也深谙老子之学。

师友皆谙老子之术，子思兼修此道，自在情理之中。且从子思传世著作考察，其引用化用《老子》原文者甚众，《子思子》中有如下材料：他曾将君子至诚之道比于天地之道，云"至诚无息，……不见而章，不动而变，无为而成"，并称大道至淡至简至微，君子以声色化民为末，以天道无声无臭而化成天下为贵⑤（《诚明》）；又曾劝诫齐王去贪利之心，"夫水之性清，而土壤汩之。人之性安，而嗜欲乱之。故能有天下者，必无以天下为者也。能有名誉者，必无以名誉为者也"⑥（《鲁缪公》）；授子上知足之理，唯有无欲者能成其志，"知以身取节者，则知足矣。苟知足，则不累志矣"⑦（《过齐》）；以"上德不德，是以无德"答县子圣人之问，并以此评价孔子之德⑧（《无忧》）。凡此种种皆合于老子称道言之无味、视之不足见、听之不足，但用之不可既以及"修之身，其德乃真。修之家，其德有余。修之乡，其德乃长。修之邦，其德乃丰。修之天下，其德乃博"的修身齐家治国平天下的基本思想，乃至无为、无名、无德为太上之治的最高理念。

除此之外，郭店楚简中子思弟子作品《忠信之道》《唐虞之道》也表现出较深

① 孔鲋.孔丛子 [M].王钧林、周海生译注.北京：中华书局,2009.第 64 页。
② 陈桐生.曾子·子思子 [M].北京：中华书局,2009.第 189 页。
③ 许维遹.吕氏春秋集释 [M].北京：中华书局,2009.第 481 页。
④ 何宁.淮南子集释 [M].北京：中华书局,1998.第 1411 页。
⑤ 陈桐生.曾子·子思子 [M].北京：中华书局,2009.第 170—179 页。
⑥ 陈桐生.曾子·子思子 [M].北京：中华书局,2009.第 226 页。
⑦ 陈桐生.曾子·子思子 [M].北京：中华书局,2009.第 248—249 页。
⑧ 陈桐生.曾子·子思子 [M].北京：中华书局,2009.第 186 页。

刻的老学思想影响痕迹。且郭店楚简里除了子思及其后学的作品外，就是《老子》的三组摘抄修编本，这已直接体现出子思学派内部对子思与老子之间的看法，他们也尊《老子》为经典，并深刻研习（详情参见拙文 ①、②、③、④）。总之，子思对老学深有研习，以下结合《子思子》以及郭店楚简中的子思学派作品系统论之。

二、四道下的人道转化与建构

老子曰域中四大，道、天、地、王。孔子、文子将"王"发展为"人"。并在老子"天之道"观念的影响下，形成了自然道、天道、地道、人道系统。子思对道的理解源自老子，但直接取于儒家老学，故曰"道者，群物之道。……道四术，唯人道为可道也。其三术者，道之而已"⑤（《性自命出》）。

关于自然道的本体，子思没有直接言之。或者说他深受公孙尼子、曾子的影响，称本源为天或天理。天命有常，但天时有变。曾说天道变化，故有夏商周之变、三统之义 ⑥（《过齐》）。自己行事之所以异于孔子，也在于各宜其时 ⑦（《胡母豹》）。同时，自然道与天地之道相近，基本特点也通过后者得以呈现。"天地之道，可一言而尽也。其为物不二，则其生物不测。天地之道博也、厚也、高也、明也、悠也、久也。"⑧（《诚明》）天地因不自生而能生化万物，且不息不止，它们厚德载物，高明覆物，悠久无疆，且不为主宰，不居其功，不有不名。

不过，子思与其他儒家老学一样，指以上三者只能高尊、称颂，唯有人道可以为人路与践行之法。《尊德义》亦云："圣人之治民，民之道也。禹之行水，水之道也。造父之御马，马之道也。后稷之艺地，地之道也。莫不有道焉，人道为近。是以君子人道之取先。"⑨至于其具体内容则与人性、人心、人行等相关。

老子曰："孰能浊之以静者？将徐清；孰能安之以动者？将徐生。葆此道不欲盈。夫唯不欲盈，是以能蔽而不成。"关于本段内涵，历来因不同版本文字迥异，议论不定。帛书《老子》出后，或以其为是，而郭店楚简《老子》一出，复知帛书亦失真。但今人虽据简本注解，亦多不确。老子在此处指道体虚静，但生发万

① 玄华.论郭店竹简《老子》性质 [J].江淮论坛,2011(1)。
② 玄华.从"太上"等章的差异论郭店竹简《老子》性质 [A].方勇.诸子学刊（第六辑）[C].上海：上海古籍出版社,2012.第68—78页。
③ 玄华.从"章节异同"看郭店楚简《老子》性质 [J].江淮论坛,2012(6)。
④ 陈成吒.郭店楚墓主人及其儒家化老学 [J].江淮论坛,2017(2)。
⑤ 荆门市博物馆.郭店楚墓竹简 [M].北京：文物出版社,1998.第179页。
⑥ 陈桐生.曾子·子思子 [M].北京：中华书局,2009.第253页。
⑦ 陈桐生.曾子·子思子 [M].北京：中华书局,2009.第201页。
⑧ 陈桐生.曾子·子思子 [M].北京：中华书局,2009.第170页。
⑨ 荆门市博物馆.郭店楚墓竹简 [M].北京：文物出版社,1998.第173页。

物，又使万物行归辅。虚静与归复虚静之动皆为内在属性。各安其性，自然化成。如静为清宁的内在因子，静者自清。归复虚静为变化的内在因子，动者自生。故静者，不能使之浊；动者，不能使之定而阻止它回归性。保有自虚之性，则外界无法填充，不能使之满溢，不会走到尽头而有伤及其身。

公孙尼子、曾子等对此有所转化，子思直接继承了后者的思想。他认为道（天）生气，气命万物之形，赋予其性。"性自命出，命自天降"①（《性自命出》），"天命之谓性"②（《天命》）。人由阴阳和合而成，本中和清静。如同水之性清，人之性安③（《鲁缪公》）；依凭本性，不动不发，自然澄清。同时，人拥有天心，宅于其中④（《成之闻之》）。它可以明道，但也与物相接相取而有情。心动而情发，发而有节以回归性，也是阴阳之和，最终也会澄清。但若情发而失天性，则浑浊昏乱。

在性、心、情之间：性，圣人、众人无别，皆清静、淡泊；心，圣人、众人皆本能地会与物接而形成情；情，是关键所在，在心动生情之后，圣人知节制，以致中和，众人不知，多放纵，迷失本性。性相近、习相远，两者各自积累其情，则前者为圣人，后者为中人，乃至为纵欲之徒。故《成之闻之》说圣人之性与中人之性生而无别，只是圣人喜好善道，博长之、厚大之，最终使中人望尘莫及⑤。

也就是说，圣人与众人的区别就在于心、知。老子强调性本清静，要发挥其性，则要虚其心。此后孔子、曾子等处老学对此多有发展。子思对此尤为重视，接受孔子"心之精神是谓圣区"的以心审物思想⑥（《无忧》）以及曾子格物致知理念，指"凡道，心术为主""人之虽有性，心弗取不出"⑦（《性自命出》），如同金石具有潜在的发声能力，但不扣不鸣。

以心出发形成道与教。"天命之谓性，率性之谓道，修道之谓教"⑧（《天命》），"道始于情，情生于性"，"四海之内，其性一也。其用心各异，教使然也"⑨（《性自命出》）。它们皆是遵从性而来。一个是发自本性，就是道。一个是在情动后去回归本性，即法道，亦即教。人道，教也，修道。以此具体化，则有六德、礼乐。

六德即圣智仁义忠信⑩（《六德》）。圣智是起始力量。圣即生而知之，知是学而

① 荆门市博物馆．郭店楚墓竹简 [M]．北京：文物出版社,1998．第 179 页。
② 陈桐生．曾子·子思子 [M]．北京：中华书局,2009．第 143 页。
③ 陈桐生．曾子·子思子 [M]．北京：中华书局,2009．第 226 页。
④ 荆门市博物馆．郭店楚墓竹简 [M]．北京：文物出版社,1998．第 168 页。
⑤ 荆门市博物馆．郭店楚墓竹简 [M]．北京：文物出版社,1998．第 168 页。
⑥ 陈桐生．曾子·子思子 [M]．北京：中华书局,2009．第 183—184 页。
⑦ 荆门市博物馆．郭店楚墓竹简 [M]．北京：文物出版社,1998．第 179 页。
⑧ 陈桐生．曾子·子思子 [M]．北京：中华书局,2009．第 143 页。
⑨ 荆门市博物馆．郭店楚墓竹简 [M]．北京：文物出版社,1998．第 179 页。
⑩ 荆门市博物馆．郭店楚墓竹简 [M]．北京：文物出版社,1998．第 187 页。

知之。圣人生而知道，自诚明①（《诚明》）。由天诚而自然明白，则"不勉而中，不思而得，从容中道"②（《鸢鱼》）。一般人学而知之，自明诚，择善为之。对于儒家而言，圣人稀有，孔子也不敢言生而知之，只是好学而已。子思也继承此点，强调"虽有本性，而加之以学，则无惑矣"③（《无忧》）。

以圣知为基础，知性明心，知晓性中有仁义，即是非认知能力，知万物之道与节。除此之外，还有相关的好恶、善恶。"好恶，性也。所好所恶，物也。善不善，性也。所善所不善，势也。"④（《性自命出》）人性本有好恶能力，好恶无所谓善恶，在未发之前是无意义的。如同金石本有发声的能力，外物不扣动，就不会有声音，那么它的声音与能力就不存在——没有从虚无中确立、呈现出来。但它们必是要发作的，且发作就在于物接，对具体事物占有与排斥的倾向性。好恶发动，在接物后产生的影响是善还是不善，由取物的差异造就。

"凡性为主，物取之也"⑤（《性自命出》），一切都是以本性为主体，自己的是非观、好恶、行动力都是主动的，物是被动的。在面对性时，要以性理性，"凡性，或动之，或逆之，或交之，或厉之，或出之，或养之，或长之"⑥（《性自命出》），不是一味地顺性，也不是一味地逆性，而是根据实际情况做出相应的行动，而其基本原则始终是用是非的知性来调节好恶的欲性，也就是从仁义出发做出判断与选择。

忠信则是对此的践行。子思说"自诚明谓之性，自明诚谓之教"⑦（《诚明》），"诚者，天之道也。诚之者，人之道也"⑧（《鸢鱼》）。天道，率性而诚，但只有圣人能为之，世所难见。人道，教也，诚之，即发动知，择善执之。诚则明，明则诚，至诚无息"能尽其性"，从而博厚载物，高明覆物，配地配天，"不见而章，不动而变，无为而成"⑨（《诚明》）。

六德的外化、具体化，便是礼乐。礼乐也是因情而制，方之序之节之。"礼乐，共也。内立父、子、夫也，外立君、臣、妇也"，使夫妇父子君臣等六位各行其德⑩（《性自命出》）——以此实现自我教化与教化他人，使天下各安其节。

---

① 陈桐生.曾子·子思子[M].北京：中华书局,2009.第 167 页。
② 陈桐生.曾子·子思子[M].北京：中华书局,2009.第 161 页。
③ 陈桐生.曾子·子思子[M].北京：中华书局,2009.第 185 页。
④ 荆门市博物馆.郭店楚墓竹简[M].北京：文物出版社,1998.第 179 页。
⑤ 荆门市博物馆.郭店楚墓竹简[M].北京：文物出版社,1998.第 179 页。
⑥ 荆门市博物馆.郭店楚墓竹简[M].北京：文物出版社,1998.第 179 页。
⑦ 陈桐生.曾子·子思子[M].北京：中华书局,2009.第 167 页。
⑧ 陈桐生.曾子·子思子[M].北京：中华书局,2009.第 161 页。
⑨ 陈桐生.曾子·子思子[M].北京：中华书局,2009.第 170 页。
⑩ 荆门市博物馆.郭店楚墓竹简[M].北京：文物出版社,1998.第 179 页。

三、儒道融通下的修齐治平

修身方面，老子从帝舜德行而来，强调虚其心，强其骨，闻道力行。孔子老学亦如是，曾子发挥之，形成求诸己理念。子思继承之，强调尊崇帝舜之德，基本理念则是"闻道反己"①（《性自命出》），即由赤诚而来的反求诸身。指君子上不怨天，下不尤人，皆在正己。"唯君子，道可近求，而不可远寻也。昔者君子有言曰'圣人天德曷'，言慎求之于己，而可以至顺天常矣"②（《成之闻之》）。具体践行有以下层面：

"君子慎其独也"③（《天命》），坚守由修心而来的慎独。心在接物,故接物慎重；继承知足理念，君子能实现其尊，在于有志，而成其志在于无欲知足④（《过齐》）。因此也常批判世俗的为士之道。老子曾说"利于饵，过客止"，如此则非真道士。子思见垂钓者得鳜鱼盈车，亦感慨江河浩瀚，鱼本可悠然自得，却贪一饵而脱于渊，即指士本怀大道，可全身保真，却贪一禄，背道而亡其身⑤（《过齐》）；声名方面，老学认为大道本无名，故圣人无名，强求之名虽可闻于一时，非恒名。子思亦指唯不为声名为者,才能有名誉⑥（《鲁缪公》）。同时盛赞"桥子良修实而不修名。为善而不为人知己。不撞不发，如大钟然，天下之深人也"⑦（《胡母豹》），以"上德不德"赞誉孔子⑧（《无忧》）；但同时，老子曾言圣人在天下，为天下浑其心。天下皆属耳目，圣人皆骇之（后人发挥为"孩之"）。本义指圣人在位战战兢兢，慎言慎行，以身作则，风化百姓。此后孔子也说非道能弘人，人能弘道。子思则以此注意到声名对弘道的作用，曾答鲁穆公"不欲人誉己"之问，说"臣之修善，欲人知之。知之而誉,是臣之为善有劝也"⑨（《过齐》）。当齐王曾因子思名高海内，天下士人皆瞩耳目，希望他能赞誉梁起以涨后者声名时，子思也断然拒绝。理由是君子是非得当，天下人才瞩耳目，如虚言不实，必改耳目，如此则两丧，有害无益⑩（《任贤》）。也就是说君子弘道，不为名而行，行而有名。声名之下，百姓皆注耳目，修养令名可以助教化。故君子行道不为名，但养声名以劝教化。这与老子主张声名既有，当损之又损的主张有所差异。

① 荆门市博物馆.郭店楚墓竹简[M].北京：文物出版社,1998.第181页。
② 荆门市博物馆.郭店楚墓竹简[M].北京：文物出版社,1998.第168页。
③ 陈桐生.曾子·子思子[M].北京：中华书局,2009.第143页。
④ 陈桐生.曾子·子思子[M].北京：中华书局,2009.第248—249页。
⑤ 陈桐生.曾子·子思子[M].北京：中华书局,2009.第248页。
⑥ 陈桐生.曾子·子思子[M].北京：中华书局,2009.第226页。
⑦ 陈桐生.曾子·子思子[M].北京：中华书局,2009.第199页。
⑧ 陈桐生.曾子·子思子[M].北京：中华书局,2009.第186页。
⑨ 陈桐生.曾子·子思子[M].北京：中华书局,2009.第245页。
⑩ 陈桐生.曾子·子思子[M].北京：中华书局,2009.第241页。

在任仕方面，老子强调自己是怀玉者，希望能济世，但不会苟且，如不能行大道，便退隐，可谓柔中带刚。这本是儒家老学转化的一个重点，子思亦强调"国有道，其言足以兴。国无道，其默足以容"①（《诚明》），一方面傲然入世，欲为帝王师，坚持以大道辅佐之，另一方面国无道，君王不听，也可隐退全身。

在治国理想方面，老子在君王为主导的前提下，强调太上之治尊奉帝舜无为之道。孔子继承之，发展为取法天地，"祖述尧舜，宪章文武"。子思亦然，并高尊尧舜，次敬文武，且从传世文献看，又稀言帝尧，多称帝舜。他以上德不德为最高境界，强调爱民如膏雨，"膏雨之所生也，广莫大焉，民之受赐也，普矣，莫识其由来者"②（《无忧》），即指君王治国当无为，润物无声而百姓以为我自然。

在此基础上以君王为核心、君—臣—民为架构，建构具体的治国之法，即九经体系，"凡为天下国家有九经，曰：修身也，尊贤也，亲亲也，敬大臣也，体群臣也，子庶民也，来百工也，柔远人也，怀诸侯也"③（《鸢鱼》）。老学治国论从君王修身开始。子思亦云"唯能不忧世之乱而患身之不治者，可与言道矣"④（《无忧》），"古之用民者，求之于己为恒"，"君子之莅民也，身服善以先之，敬慎以守之，其所在者入矣。上苟身服之，民必有甚焉者"⑤（《成之闻之》）。至于君王修身之法，除继承无私欲、知足外，又发展了君王无心、以百姓之心为心理念，强调以公义为本。如告鲁穆公曰"私情之细，不如公义之大"，应以利民、惠百姓之心为上⑥（《鲁缪公》）；君臣关系方面，老子强调天子新立，必设三公，以为辅佐。且大制无割，无弃财，朽木也可为栋梁。子思告卫君，亦曰"夫圣人之官人，犹大匠之用木也，取其所长，弃其所短。故杞梓连抱而有数尺之朽，良工不弃，何也？知其所妨者细也，卒成不訾之器"⑦（《任贤》），两者所言，如出一辙；至于对待臣民的原则，老学强调君王"不尚贤"，即不可自贤，否则群臣阿谀。子思指君本臣枝，本美末茂，本枯叶凋，"不以所能者病人，不以人之不能者愧人"⑧（《过齐》）。且他进一步发展为君臣皆不可自贤，君王自是，大臣不敢矫其非。大臣自是，士庶不敢矫其非。如此上下称贤，却人人伪诈，昏乱已潜伏其中⑨（《任贤》）。

当然，子思虽然始终强调君王当怀明德，效法自然，无为而治，以声色化民

① 陈桐生.曾子·子思子[M].北京：中华书局,2009.第172页。
② 陈桐生.曾子·子思子[M].北京：中华书局,2009.第186页。
③ 陈桐生.曾子·子思子[M].北京：中华书局,2009.第160—161页。
④ 陈桐生.曾子·子思子[M].北京：中华书局,2009.第190页。
⑤ 荆门市博物馆.郭店楚墓竹简[M].北京：文物出版社,1998.第167页。
⑥ 陈桐生：《曾子·子思子》,北京：中华书局,2009年,第213页。
⑦ 陈桐生：《曾子·子思子》,北京：中华书局,2009年,第238页。
⑧ 陈桐生：《曾子·子思子》,北京：中华书局,2009年,第257页。
⑨ 陈桐生：《曾子·子思子》,北京：中华书局,2009年,第232页。

为末①（《诚明》），但还是不认同老子后期否定礼乐的主张。如《尊德义》称"率民向方者，唯德可。……德者，且莫大乎礼乐"②。他在人道下，坚守礼乐之德，强调克己践礼，使夫妇父子君臣六位各行其德，从而上下和谐，实现大治。

总之，子思虽然生活于春秋末代霸主勾践已死、战国并争已然开启的时代，但他仍未完全脱离尊王霸道思想的影响，还是希望君主遵从天道本性，发明明德，仁爱天下，从而实现天下平和的理想。也正因此，对老学的吸收与转化在个人修为方面仍遵从本性明心中情，在治国理念上仍具备明王道德论的基本特点。

① 陈桐生：《曾子·子思子》，中华书局 2009 年版，第 170-179 页。
② 荆门市博物馆.郭店楚墓竹简 [M].北京：文物出版社,1998.第 174 页。

《道德经》的海外传播研究

"知足"以及《老子》与《内业》中"满足"的可体证特征

[美] Matthew Duperon 著 吴文文 廖月梅译*

内容提要："满足"或"知足"的概念是贯穿《老子》一书的重要主题，而西方对此的解读尤其强调了满足于物质上俭朴的生活状态。本文以《管子·内业》中描述的"炼气"与《老子》在形式与内容方面的紧密联系为基础，探讨了这两个文本是如何将"知足"或"充分"的概念作为一种可体证现象来对待，这一现象常常表现为心理－物理层面能量的平衡。文章认为，从这个角度解读《老子》关于"知足"的论述，可以使我们更全面地了解老子思想中这一概念是如何实现其作用的，并且这一解读将更有助于思考物质主义和占有欲等更广泛的伦理问题。

关键词：《老子》内业 满足 充足 体证

一、导言

西方读者尤其是美国读者，常常被《老子》一书中这样一些段落所吸引：这些文句批判物质主义和占有欲，并由此激起人们对简单而快乐生活的渴慕。此现象应该并不奇怪，因为《老子》呼应了一个对现代美国人很重要的主题，即如何过一种"省察"或"明智"的生活。在西方精英教育的环境下，文科教育的一项任务就是着眼于学生的终身发展，教育他们去欣赏生活中有道德价值和审美价值的事物，尽管这些事物缺乏物质层面或实用层面的价值。基于此，许多受过教育的美国人想以此方式来品读《老子》也就不足为奇了。

《老子》的确包含了对占有欲的明确批评，而且确实颂扬生活简朴的美德，但

---

* Matthew Duperon，美国萨斯奎汉纳大学宗教研究系教授，原刊于《Dao》2017 年第 16 期第205—219 页。吴文文（1976—），男，江西省鹰潭市人，文学博士，闽南师范大学闽南文化研究院副教授，硕士生导师，研究方向：文字学、先秦道家哲学。廖月梅（1995—），女，福建省泰宁县人，苏州大学文学院 2017 级学科教学（语文）教育专业硕士生。

是作者们是如何得出这一结论的？他们当时对如何实现这种生活的设想是什么？我们通常认为这种评估涉及判断力或智力，例如，《老子》中关于满足和简单性的最重要的一段，位于正文第 46 章：

> 天下有道，却走马以粪，天下无道，戎马生于郊。祸莫大于不知足；咎莫憯于欲得。故知足之足，常足矣。①

在这篇译文的最后一行的注释中，艾芬豪解释说，他认为《老子》中"满足"的含义类似于"满意"的概念。这源自一个理性个体的判断："总是为了追求最大化的满足而付出的努力往往会极大地降低回报，实际上并不符合该个体的整体最佳利益。"因此决定接受一个并非最优却相对容易达到的结果②。这种解释很好地描述了"知道满足"（即"知足"）对特定个体在追求或不追求占有物质时行为方式的影响，但似乎也假定"知道满足"是一个关键的智力过程，因为它涉及判断和评估。

在这篇文章中，我将指出，生活幸福的人生理想中所具有的满足感和满意度超越了判断和评估，反而包括了一种可感受到的、具体可现的平衡感或充足感，这可能有助于我们从能量流动的角度来理解它。虽然在《老子》中并不总是明确提到这一点，但另一篇涉及这些问题的文章——即管子的《内业》篇——确实以相关词语来解释这个问题。由于《老子》中有足够的证据表明，《老子》的内容影响了、同时也受到《内业》中贯彻的古典道家"炼气"实践传统的影响，因此，注意这一传统有关的见解有助于阐明《老子》中的"满足"是如何起作用的。③

这并不是说，我们必须把《老子》作为一个以调息炼气为主要内容的文本来阅读，才能"正确地"阅读它，而是说，评估"调息炼气"传统的影响是阐明文本中"满足"这个重要主题的一种方式。《老子》因其多义性、其内容的广泛性和多样性而成为世界文献史上的传奇。从早期炼气传统角度来解读它，只是一种方

---

① 若无特别说明，本文中《老子》引文全部依据 Ivanhoe,P.J. The Daodejing of Laozi, Indianapolis: Hackett Publishing Company, 2002，今据王弼本《老子》转译为中文，下文同。

② Ivanhoe,P.J. The Daodejing of Laozi, Indianapolis: Hackett Publishing Company, 2002, 91-92.

③ 罗斯·哈罗德（中文名罗浩）已经集中且令人信服地论证了两者之间的联系（可参考 Roth, Harold D. 1992. "Evidence for Stages of Meditation in Early Taoism." Bulletin of the School of Oriental and African Studies, University of London, 1992. "The Laozi in the Context of Early Daoist Mystical Praxis." In Religious and Philosophical Aspects of the Laozi, edited by Csikszentmihalyi, M&Ivanhoe, P.J. Religious and Philosophical Aspects of the Laozi, Albany :SUNY Press,1999. ）拉法尔格在其分析中对这一联系也提供了有帮助的材料。（可参考 Lafargue, M. The Tao of the Tao Te Ching: A Translation and Commentary , Albany: SUNY Press, 1992.）

法，而且在审视《老子》伦理实践问题时，是一种特别有成效的方法。如果我们要从实践的角度来理解其"满足"概念，从某种程度上讲，这对文化比较学研究而言，是有用且适用的——那么这将有助于从可体证实践的角度来理解这一主题。从这个角度看待文本并不会使其他阅读无效，但如果我们想更多地了解《老子》的作者所说的关于过至上生活的内容，那么阅读文本时不妨参考一下其作者和古代那些早期读者都熟悉的一些具体做法，这些做法甚至可能在其写作中起到了指导作用。因此，如果我们想复原《老子》有关的规范伦理主张的话，从炼气实践角度去解读《老子》，虽只是阅读文本的一种方式，但也是一种特别好的方式。

在参与中国早期伦理思想中关于"满足"的跨文化对话方面，我选择将重点放在对《老子》的分析上，这或许是相对武断的。《老子》绝不是一个内聚型"道家"传统的核心文本，在那些我们回溯为道家的文本中，也不能够对"满足"这个概念给出最详尽的解释。然而，在这个问题上，《老子》在象征和文化意义上是具有核心地位的，因为东亚和西方历代的读者和评论者都认为，关于此问题，《老子》中简朴和满足的美德有着强大的表现力。因此，我首先分析了《老子》中涉及"满足"主题的最重要章节，以说明这些章节与罗浩和拉法格确认为和炼气实践相关的《老子》章节有什么关系。然后，我继续思考《内业》中的相关段落，以帮助明白这些实践的某些含义，特别是在关于满足感的描述中，将其描述为平衡身体中的"能量流"。最后，笔者就这种理解对我们解读古典道家伦理学的意义，对更为开阔地理解比较伦理学中的知足思想，提出一些简单的建议。

二、《老子》中的满足

在《老子》中有三章出现了"知足"这一词语：第46、33和44章。在《老子》英译中，似乎有令人惊讶的一致性，把这个词语译成"知道满足"。[①] 当然，这一译法并不是表达限制欲望和达到简单的想法的唯一方式，但这一词语和这三章可以作为不错的分析起点。

首先，在上文引用的第46章中，"知足"这个短语出现了两次。首先，在排比诗行中，"不知足"与"欲得"联系在一起，这两者都被认为是最糟糕的不幸或灾难。这出现在另一对相反的情境之后：天下有道时，战马只用于最平常的农事；天下无道时，马匹在战场被养大。我们可以假设第二种情况描述了这样一种情况：政府和/或统治者全神贯注于战争的准备工作——可能是为了获得更多的土地和资源，或者是为了保护已经拥有的东西不受贪婪的邻居的侵害——却忽视或低估了

---

① 例如，Mair1990, Lau2001, Ivanhoe 2002, Henricks 1992, Waley 1994, LaFargue 1992, 全部都用类似于"满足"的意义来翻译这个词。

更基本的关切。言外之意是，确实存在着一种常见的平衡，如果这个世界，尤其是个体，"知道知足"而避免"欲得"，那么这一平衡是可以实现的。事实上，在最后一句中，"知足之足，此常足矣"总结了这一点，但要用恰当的英语来表达这个意思是相当困难的。

短语"知足之足，此常足矣"可以有两种解释。前半句的"知足之足"可以这样理解："知"作为"足之足"为宾语的谓语动词，如艾芬豪的翻译"知 / 足之足"。还可以这样理解：第二个"足"被前面的"知足"所修饰，使之更像是"知足 / 之足"。要值得注意的是，无论哪种方式，这里的"足"带有某些"足够"或者"满足于"的意思。因此，这两种表述的意思要么是"知道什么时候是真正足够的"[①]，要么是"有足够的判断能力知道什么时候（某些事物）是足够的"。同样，在两种情况下，更重要的一点是，一个人具备一种感觉，借助这种感觉可以判断什么情况下足够而非缺乏。如果一个人错误地察觉到不足，那么，他大概就会生成通过占有来解决这个不足的愿望——从而引起"欲得"。

这篇文章用了一个鲜明的例子来说明自己的观点，但仔细研究，若是在更为模糊的背景下，一个人应该如何判断何时足够以及何时不足的机制并不完全清晰。也就是说，在军事和农业资源严重失衡的情况下，任何人都应该清楚，理想的平衡尚未实现。甚至可以说，《老子》的作者可以从这个例子中制定出"如果 X 然后Y"的一般规则，这样，如果人们看到情况是，在不适当的地方（战场）养马，而忽视基本的农业任务，那么这就不能被视为"充足"。然而，在不那么对比鲜明的情况下，这种规则是否适用尚不清楚。不过，看来很清楚的是，《老子》的作者显然认为"知足"本身就是一个可普遍适用的指南，即"知足"在一般情况可以被定性为具有达到"充足"的一些规范性参数，并且个人可以知道这些参数是什么。

如果是这样，那么个人如何获得这种知识呢？当我们在研究第 33 章有关"知足"的下一个例子时，可以获得更多的细节：

> 知人者智，自知者明。胜人者有力，自胜者强。知足者富，强行者有志。不失其所者久，死而不亡者寿。

在这个例子中，包含"知足"的句子"知足者富"，也可以解释为一个相对明确的判断。也就是说，那些"懂得满足"的人被定义为"富"，"富"明确地指物

---

① 郭店楚简《老子》中对应的表述为"知足之为足"，但我不认为这一异文改变了这段话的意思。亨里克将其释读为"一个人知道足够时，所拥有的满足感。"（Henricks 2000: 34）

质财富，因此"知足者富"的含义要么是"那些懂得满足——'知足之足'的人，将是那些在经济上最有能力繁荣的人"，要么是"物质富有的人是由于他们认为自己已经足够满足"。这两种解释都意味着对物质方面充足的一种相对简单的理性判断。然而，在文章的上下文中，"知足者富"是一个更大、更复杂的评论的组成部分，并得到了整个文本的支持。

所有 8 句话构成排比，但前 4 句由两个对偶句组成。这两个对偶句把对他人的行动和对自己的行动形成对比，其含义是，自我认识（自知）和自我征服（自胜）在某种程度上是更根本的，并因此可分别产生更有保障的智慧和力量。[①] 这种通过关注内部（自我）而不是外部（其他）来达到安全的理念，可以从以下 4 个句子来加以说明。每一个句子都描述了个体不能超越或偏离自身限制的状态：物质上，个体认识到自己是充足的（知足）；行为上，个体保持行为的完整性或一致性（强行）；不偏离、失去其本位（不失其所）；身死道犹存（死而不亡）。假定一个人对上天赋予的生命本位和寿命保持一定的遵循，由此，我们可以看到，在《老子》中，"知足"是如何与更大的主题联系在一起的：即保持内在一致性，并且不过度放大自己的能力或责任，这样的话，将可以指示出一个人在特定情况下是如何知道"满足"的各项正常参数的。第 44 章更突出地阐述了这一主题。

第 44 章再次将知足和自我克制视为免于灾难的最佳措施：

名与身孰亲？身与货孰多？得与亡孰病？甚爱必大费，多藏必厚亡。故知足不辱，知止不殆，可以长久。

在这里，有两个重要的观点与"知足"的能力相联系。首先，开篇的句首确立了这段文句的主题：作为个体，"身（生命）"是尤其重要的。开篇设问的修辞方式所隐含的答案是：一个人的生命必然比"名（名誉）"和"货（物质占有）"都更有价值。接下来，"知足"和"知止"搭配在一起，两者都与"持久"相关的能力联系在一起。"知足"和"知止"在此被定义为一个人可以保持生命安全、抵御可能导致其过早死亡的威胁的手段。如果"知足"的直接结果是生命的长久，

---

① 应该指出的是，这些文句中没有任何明确的内容表明存在这种对比。上述对比是根据《老子》作者的修辞立场这一更大的语境来理解。并且，章节的结构，比如平行的对偶句等，确实意味着应该对每个对偶句的前半部分和后半部分做出对比。

那么要了解"充足"具有某种身体层面的表达是合理的。①

而且，"知止（知道在哪里停止）"这个紧密相关的短语也出现在第 32 章中，这一章的背景是开始探讨有关调息炼气以实现生理 - 心理功用的更为清晰的应对方法：

> 道常无名，朴。虽小，天下莫能臣。侯王若能守之，万物将自宾。天地相合，以降甘露，民莫之令而自均。始制有名，名亦既有，夫亦将知止，知止可以不殆。譬道之在天下，犹川谷之于江海。

在这一段中，原初简朴的"道"或宁静的人类心灵，以著名的"朴（未经雕琢的原木）"为标志，"朴"被认为是实现天地合一、恢复和谐与秩序的有效手段。然而，这一段也警告说，当"原木被雕琢"时——也就是当"道"或者人的初始淳朴状态被应用于特定的情境时——因为"始制有名"而导致了区分。然后作者警告说，在这一点上必须做到"知止，"并断言这是避免危险的手段。这里的含义是，如果不停止（这大概意味着继续做出更进一步的区分），使之越来越远离道或者人内心的初始淳朴状态，这将使个体陷入受威胁的境地。这和第 44 章中的说法非常相似。由上可知，我们现在有了可供探讨的相关心理现象的情景——即倾向于过分地"命名"事物，或区别对待、复杂化处理，最终会打乱一个人内心初始的简单和平静的。

拉法尔格指出这一章与《内业》中的一段甚为相似，关于这一点，我将在下面讨论，但也将指出它与《老子》其他章节的联系。他认为这些段落与调息炼气直接相关。② 例如，第 12 章：

> 五色令人目盲，五音令人耳聋，五味令人口爽，驰骋田猎令人心发狂，难得之货令人行妨。是以圣人为腹不为目，故去彼取此。

这篇文章直截了当地告诫人们，不要陷入令人兴奋的、但最终短暂的外部刺激之中，而是要在自己的生活中强调什么是最实质性和最充实的。相似地，"去彼

---

① 需要指出的是，这不是对这段话的唯一可能的解读。在这里以及其他地方，"知足"这个词语也可理解为对外物的重视。在这种理解下，一个人在追求外在事物的过程中如果能避免贪婪无度，那么他就不太可能遭遇夭亡。贪得无厌通常对一个人的身体是有害健康的——在中国古代的较早时期尤其是这么认为。然而，我在本文中的全部讨论集中在更具体、更具体证性的内在经验上。

② Lafargue, M. The Tao of the *Tao Te Ching*: A Translation and Commentary , Albany: SUNY Press, 1992，137.

取此"这个词语在《老子》第 38 章和 72 章的最后一句话都出现了，因此，艾芬豪用这个短语来指代前述两种相对的现象，对这两种相对的现象，圣人们也同样"去除"或"采纳"。但是，拉法尔格指出，他翻译为离开"那个"，并投入"这个"，作为《老子》作者使用的一个专门的词组，用于在充实和滋养生命（这个）和有吸引力但最终对生命无意义且具破坏性（那个）之间做出对比。[①] 在炼气背景下，"此"所指的不外 A、B 两种情况：(A) 面对具体事实，你根据日常的思维可自动地理解和评估；(B) 你的头脑处于一种修行的境界，在此境界，能够通过直觉正确地理解事物。[②] 由此可以推出，圣人境界得以实现，基于短暂的享乐不能优先于具体体验背景下的个人洞察力。事实上，本文甚至用圣人强调"腹（肚子）"而不是"目（眼睛）"的说法，来说明这里的对比——用借代来说明应重视直接的身体体验而不是外在的视觉印象。

罗浩对上述段落的解释更进一步，他认为圣人"为腹不为目"似乎是指限制感官知觉，把注意力集中在呼吸的规律循环上，呼吸集中在腹部[③]。这种解释似乎特别有道理，因为感官知觉在这里被认为特别有害于特定的人类机能。

《老子》第 12 章的内容和语言也与《老子》第 3 章有联系，第 3 章对这里所代表的观点做了更明显的政治意味解释[④]：

> 不尚贤，使民不争；不贵难得之货，使民不为盗；不见可欲，使民心不乱。是以圣人之治，虚其心，实其腹，弱其志，强其骨。常使民无知无欲。使夫智者不敢为也。为无为，则无不治。

在此章，《老子》作者对"简单原则"在政府政策中的意义做了具体的评论，但《老子》第 12 章中的一些关键主题依然存在。这两节都强调，过度的心念、意欲，特别是欲望，会破坏人们因克制过度行为而获得的平衡。《老子》第 12 章从个体心理因素的角度提出了这一概念，《老子》第 3 章则从为政的圣人在实施"简单原则"时所获得的整体积极效应的角度提出了这一概念。

---

① Lafargue, M. The Tao of the *Tao Te Ching*: A Translation and Commentary , Albany: SUNY Press, 1992, 116.

② Lafargue, M. The Tao of the *Tao Te Ching*: A Translation and Commentary , Albany: SUNY Press, 1992, 249.

③ "The Laozi in the Context of Early Daoist Mystical Praxis." In Religious and Philosophical Aspects of the Laozi, edited by Csikszentmihalyi, M&Ivanhoe, P.J. Religious and Philosophical Aspects of the Laozi, Albany :SUNY Press,1999,73.

④ 非常感谢《Dao》的匿名评审专家指出了这个重要的联系。

值得注意的是，即使在如此明显是关于为政思想的段落中，《老子》作者仍然从可体验因素的角度来看待大同理想。为政的圣人们通过使百姓"填饱肚子"（"实其腹"）和"强骨"（强其骨），通过"虚心"（"虚其心"）和"弱化其意欲"（"弱其志"）来引导人们达到平衡和满足。无论就个人生活领域而言，或是就整体政治生活而言，关于"充分"的一般性指南似乎都关乎内在体验。值得注意的是，在前面引用"去彼取此"的另外两章（第38、72章）中，"去彼取此"上文中的相对现象似乎也提到了内在的经验。在第38章，"大丈夫处其实，不居其华"①这里，用来对比的是"实"和"华"。"实"指的是实在的实际结果，"华"指的是单纯的花——也许是诱人的，但最终只是滋养果实的预备。这里所选择的隐喻似乎意味着，两者的对比至少在某种程度上是指内在的、可体证的经验（比如由实际的食物而获得）与更具诱惑然而脆弱的感官感知（比如欣赏一朵花的美丽）之间的对比。同样，在第72章，圣人"自知而不自现"，"自爱而不自贵"。在这两种情况下，对比的都是强调自我与强调他人的交替性状态。即圣人实现专门指向内部的"自知"；但不寻求专门指向外在的自我展示（"自见"）或他人的认可。同样，他们关心自己（自爱），但不认为自己对其他人是有价值的（自贵）。这意味着外部指向标准不会影响到他们的内在标准。

这一切都说明，当《老子》的作者使用"知足"这个词时，其所涉及的人类经验的范围，比简单凭智力判断物质上是否充分这一范围要广得多。事实上，正如我们在上述详细的例子中所看到的，"充分"的概念虽然确实意味着满足，但也带有身体上的"充分感"或内在的自我完整感。因此，《老子》中的"知足"与一个人知道什么时候满足的能力有关，这样才不会过度盈满或失衡，因为强调内在的自足，而不是依赖外在的物质来保持满足并获得"充分感"。这些方面在其他早期道家文献中也有所体现。特别地，《内业》使用与《老子》相似的语言来对待这些主题，但在将"充分"视为平衡体内能量流的问题上，它体现得更加明确。

三、《内业》中"满足"和"享受"的心理 – 生理背景

罗浩认为《内业》不仅是古典道家传统中关于"炼气"（调养精气）的最早文献，并且在整个东亚地区也是如此。②掩藏于长篇巨幅的《管子》文集中，《内业》

---

① 参考 Lau, D. C., trans. *Tao Te Ching*: A Bilingual Edition. Hong Kong: The Chinese University Press, 2001, 57. 我避免使用艾芬豪（Ivanhoe）的翻译，因为他似乎认为"花"而非通行的"华"，显然这会导致不同的释读。所以我选择使用刘殿爵更标准的翻译来避免争议。我感谢《Dao》的匿名评审专家指出了这个重要的细节。

② 罗浩（Roth，H. D）. Original Tao: Inward Training (Nei-Yeh) and the Foundations of Taoist Mysticism. New York: Columbia University Press, 1999, 2.

被"主流"学者忽略了几个世纪，但已经显示出它与早期的调养精气传统有着明显的联系。《内业》正文由二十六节韵诗组成，罗浩借鉴了迈克尔·拉法格的著作的说法，称之为"早期道家智慧诗"①。这与《老子》文本形式相似，它在德行上自我修行切身实践的联系，将有助于说明在这种背景下"知足"和"充分"的概念是如何被构思生成出来的。

首先，《内业》作者将思维和感觉描述为基于能量流系统的功能，这种能量流体即是"气"和"精"。关于"精"的本质，《内业》的作者们断言，"精"是"给事物带来生命"，当它"储存在人类的内在，我们称它们为圣人"。② 因此，它被认为是与人类的卓越精神相关联。正是这种"精"导致了生命本身，也正是这种"精"注入了那些充分实现生命的人们，我们可以认为他们达到了人类的理想境界：圣人。另外，在更一般的层面上，"精"也被认为是"心"得以正常运转的本质：

> 凡心之刑，自充自盈，自生自成。其所以失之，必以忧乐喜怒欲利。能去忧乐喜怒欲利，心乃反济。彼心之情，利安以宁，勿烦勿乱，和乃自成。③

在这里，我们看到第一个重要的论断，是什么构成了一个健全的"心"，又是什么破坏了它的正常秩序。首先，我们发现《内业》作者将心的自然的、适当的状态理解为"平静"（济）和"和谐"（和），并且认为这种状态有利于人的生活。第二，我们发现，就像上文中的《老子》一样，某些精神状态不利于人们享受这些好处——即强烈的情感以及"欲望""利益追求"。和上文中的《老子》类似，《内业》的作者建议，如果一个人能"摆脱"（去）这些状态，那么一个人就会回归到有益的平静境界。因此，我们开始把理想的人的内心描述为一种不承受过度负担的状态，从而表现为某种内在的一致性、平衡性和完整性。

《内业》作者对理想内心状态的这种认同，比《老子》作者更深入地体现了心理－生理平衡或和谐的状态，在两者在效用上是相似的。例如，我们后来了解到，"把握你内在的神性"是指"不要用外部事物来干扰你的感官"和"不要让感官干扰了你的心智"④。因此，存在一个规范的内心境界，但它的参数完全在个人内部，因此，它很容易被不适当的外部影响所扰乱，要么是通过"外在事物"（物）扭曲感官，要么是过分强调感官本身。值得注意的是，理想的内心状态被认为受与切

---

① 同上，第 17 页。
② 同上，第 46 页。
③ 同上，第 50 页。
④ 同时，第 68 页。

身事实接触时的本性所影响。

以下几句话进一步阐述了这一观点：

> 有神自在身，一往一来，莫之能思。失之必乱，得之必治。敬除其舍，精将自来。……得之而勿舍，耳目不淫，心无他图。正心在中，万物得度。①

在这里，我们看到的特征，在《内业》中很普遍，理想的精神状态似乎是不固定的，而通常的经验表明，它似乎是随意出现和消失的。然而，作者认为，如果一个人"敬除其舍（虔敬地清理其精气住所）"，那么他的"能量流"（精气）的充满状态就会实现。罗浩将"清理精气的住所"确定为《内业》文本的中心隐喻之一，并认为它描述了一种"气息"的修炼，修炼者通过系统地清空意识的日常内容，并涉及身体姿势和呼吸的调节过程②。结果，正如上面引文所看到的，是一个人达到了一个"心无他图"的内心状态，并且从而能以其本然的方式洞察万物。这与我们在上文《老子》中的描述非常相似，在《老子》中，修身之人能够辨析生活中真正重要的东西，并只给予那些通常被证明会使人分心和迷失方向的各种外物以适当的注意力。

在《内业》的其他段落中，我们了解到，这种令人分心和迷失方向的影响的根本问题在于，它们往往会扰乱人类平静的基本属性，使一个人的注意力偏离了固有的宁静。例如：

> 天主正，地主平，人主安静。春秋冬夏，天之时也；山陵川谷，地之枝也；喜怒取予，人之谋也。是故圣人与时变而不化，从物而不移。③

在这里，人类共同的心理现象被称为"谋"——即与世界互动的基本方式——对于人类来说，就像"天"的自然季节和"地"的自然特征一样。但这些方法的理想运用，正如圣人所体现的那样，表现出一种类似于天地的冷静。就像季节的变化不会改变天本身一样，快乐和愤怒、被接受和被拒绝并不影响修行者内在核心的宁静。圣人若能"从物而不移"，她就不会离开理想内在的静止状态，这一状态的特征是身体充满了高能流体。

事实上，《内业》的作者把在外物上的过度放纵，乃至欲望的疲乏都描述为精

---

① 同上，第50页。
② 同上，第109—115页。
③ 同上，第58页。

神和情感方面的能量流问题。例如，在食物消费方面，《内业》作者警告说：

> 凡食之道：大充伤而形不臧；大摄骨枯而血沍。充摄之间，此谓和成，精之所舍，而知之所生，饥饱之失度，乃为之图。①

保持适当的平衡是维持一个良好运转的能量系统的关键，但是保持平衡本身是通过允许能量流自动聚集来实现的，人们仅仅是为它们提供一个宁静的"栖身之所"。此外，这种宁静被干扰的主要原因是受制于或过分强调某些心理和情绪状态。例如：

> 思索生知，慢易生忧，暴傲生怨，忧郁生疾，疾困乃死。思之而不舍，内困外薄，不早为图，生将异舍。食莫若无饱，思莫若勿致，节适之齐，彼将自至。②

在这里，作者明确地指出，过度思考或情绪方面的过度反应，如同暴饮暴食，在对身体和精力方面具有类似的影响。这就说明了，对于《内业》的作者来说，思维和情感在人类的身体能量网中是如何发挥作用的，它们的调节应该像我们所认为的食物的摄入一样，被看成更为直接的物质输入调节。

这也意味着，那种思想和情感上的充分感平衡状态以及由此达到的身心最佳健康状态，能够并且应该从物质和能量两方面加以考量。对于《内业》作者来说，对内在的精神和情感的理想化管理不仅仅是清晰思考或培养健康的情绪反应问题，而且实际上，或许主要是一种调节体内能量流体的问题，而这主要是通过呼吸来影响的。下面这段文字最清楚地描述了这一点，它也将成为我们回到《老子》关于"知足"的论述中最重要的一环：

> 定心在中，耳目聪明，四肢坚固，可以为精舍。精也者，气之精者也。气，道乃生，生乃思，思乃知，知乃止矣。凡心之形，过知失生。③

这里，我们看到的是，罗浩将上述炼气方面的概括确定为《内业》和一般古典道家的核心。在这一问题上，有两点对我的研究目的至关重要。首先，在将意识与"精气"的生成联系起来时，这种有关"炼气"的描述意味着，相关的意念

---

① 同上，第90页。
② 同上，第84页。
③ 同上，第60页。

因素可以而且应该被设想为类似于一个物理－能量过程，其作用至少可以用准物理的方式观察到。因而显然可以假设，一个炼气实践者会以某种特定的具体化的方式觉察到内心的意识和精神现象。第二，《内业》作者描述了在这一过程中出现的一种危险——即"思"自然导致"知"，以至于"精气"的产生很容易导致过度的"知"，因此，颇为矛盾的是，这过度的"知"又导致一个人失去了他曾经拥有的"精气"。正因为如此，一旦"知"产生，对当事人来说"停止"非常重要。这意味着过程中有一个适足点，修炼者应学会不要超越这个点。在指导和开发一个人的内在能量的过程中，一个人似乎必须获得一种何时"适可而止"的内在感觉。这就把我们带回到《老子》第 32 章和第 44 章中有关"知止"的明确警告中去。《老子》中的这一指导不一定是来自于《内业》的直接影响，但是两者密切的平行性有助于在概念层面了解《老子》作者曾经是如何接近这个主题的。

根据《内业》作者所言，有可能获得一种心理－物理技能，使一个人能够在各种不同环境中平衡自己的能量。这一技能所包含的似乎是直觉地控制一个人如何使用他的精神能量的能力，这种能量使用被设想为一种准物理过程——或者至少是身体能感觉到的某种东西。考虑到它有身体相关方面的内容（比如肢体导引，规则呼吸，等等），当一个人能做到这一点时，满足、健康和好运自然就会到来。所以在这里，《老子》的作者所说的知足之足，就是一个人的身体拥有足够的"精"，这种状态本身就是一个人的利益所在——而不是一个人拥有足够的财货来满足自己的欲望，或者他可以调节自己的欲望从而与比较容易获得的外在物质相匹配。因此，这种满足感可能通往看起来像是涉及满足感的智力实践行为，但却是建立在更广泛的理智和情感体验作为其内在组成部分的基础之上的。

如果罗浩和拉法尔格正确地认为《内业》中描述的炼气方法对我们通常称之为古典道家的传统的发展产生过影响，那么我们可以得出这样的结论：《内业》中不但强调"简朴"，也强调与占有欲如影随形的祸患，是理解《老子》中有关"简朴"的可体证实践的一个重要资源。因此，两篇文章所共有的简朴、寡欲和知足的精神气质，似乎植根于后天获得的"知道何为充足"的能力，而这一能力又和身体内部能量流体的平衡密切相关。

四、结论

我们可以从《内业》和《老子》中关于满足的更为细微的观点中得出一个结论，即这两个文本的作者对知足或满足的理解与我们 21 世纪的西方对这些概念的理解有着根本的不同。在这一更尖锐或明确的释读中，我们可以看到这些文本的作者已经身处于——或者至少正在体验——与其现代阐释者不同的现实中。根据这种观点，在体内操纵高能流体是一个自然的和可以观察到的现实，这意味着，美国人把《老子》解读为对简单生活乐趣的赞歌，将是对文本的严重误读——或者是严重不完整的文本解读，并将使人们对我们当初理解这些文本的确切能力产生怀疑。

然而，我想说，上述文本的作者，在将"知足"定义为一种平衡能量流体的问题上，不是强调"知足"作为一种不同的事实或生活经验，更像是一种关于人们日常"满足"现象的实体化描述。也就是说，一方面，例如，当《老子》的作者提到"足够"时，他们或他们的最初阐释者可能不仅将此解释为一个人拥有的物品与自己的愿望成正比，还在于他的"精气"也得到了适当的平衡和协调——这一点是正确的。这些"精气"足以充实和激发身体，确保良好的身心健康，不过度亦不枯竭。另一方面，仍然提到西方人更熟悉的观点，即感知或判断自己所拥有的物品是否足以满足自己的欲望的说法，这一点也在文本中得到了体现。人们在实现两种情形中的一种——平衡能量流和判断是否足够——实际上是在做不同的事情。并且如果我们要充分理解它们，那么这些差异就需要被评价，但这两种理解都会让我们对占有欲的危害和简朴生活的吸引力持有类似的伦理立场。古典道家的作者们只是根据这些伦理立场对个体身心的影响，简单地用一个扩展的词汇来使之具体化。

然而，这就意味着，在阿拉代尔·麦金太尔 (Aladair MacIntyre) 看来，现代美国思想中的反消费主义倾向和传统的古典道家立场，这两个即使是比较相投的道德主张，都是不可通约的。然而，由于两者的具体结论如此一致，也存在反对麦金太尔结论的说法。像梭罗这样的美国现代作家，可能永远也不会同意《老子》"为什么简朴是重要的"这一观点，这是因为两者所声称的"真理"的主张有着不同的基础。但是，传统道家关于简朴和知足的理想化境界中的可实践因素，意味着我们仍然可以从这个传统中学到很多东西。

特别地，我想建议我们可以从古典道学的文本中学习到，通过达到"满足"来抑制占有欲实际上确实表现为一种心理—物理现象，而不仅仅是一种智力现象。随着我们对认知性质的进一步具体了解，当代道德追问将可以更好地关切那些与自我道德修行模式紧密结合的传统。在一个与不断变化的气候做斗争的全球化世界中，这将是一个特别紧迫的问题。在这个世界上，对攫取资源的贪婪、过度消费行为进行遏制变得至关重要。在这种情况下，仅仅思考这一问题并提出合理的论点，说明为什么减少消费最终符合个体的最大利益，可能是不够的，我们还应该用切实的、可体证的实践作为补充来论证这个问题。此外，这种更具体的论证方式有助于我们了解，满足感与其说是实现某种积极状态的问题，不如说是避免消极状态的问题。也就是说，我们倾向于认为"满足"在于达到某种类似于美德的状态，在这一状态，我们在恰当的事物、或一组平衡的事物中获得愉悦，但是《内业》和《老子》似乎表明，实现"满足"，更多的是通过克制，避免以某种司空见惯的方式过度使用自己的能量。从这个意义上说，"满足"仅仅是我们生活中系统性的不满状态的消解，而并非在性格上有了积极的收获。上述两个问题的探索将是西方进一步研究伦理学的一个富有成果的途径。

他者的"中国眼":《道德经》与医学

[美] 辛西娅·凡等著　杨玉英选译[*]

在全球化日益加深的今天，中国和西方都需要从自身的传统和对方的视角来客观、全面地认识自己。异质文化、异质文明间只有通过互相不断的交流、对话，才能真正做到了解与沟通。作为中国古代文化经典代表的《道德经》，在英语世界的传播始于19世纪下半期，为1868年在英国伦敦出版的约翰·查莫斯（John Chalmers）的英译研究成果《对古代哲学家老子关于形而上学、政体及道德的思考》[①]。20和21世纪,英语世界的学者将《道德经》中的教义运用到人类生活的各个方面的应用研究范围不断增加，涉及领导才能、经营管理、教育、医学、社会和谐与日常生活，研究成果也日渐丰富。

中国眼：

该视角源自国际著名记者、作家爱泼斯坦（艾培，Israel Epstein）的 *My China Eye*：*Memoirs of a Jew and a Journalist*[②]（《见证中国：爱泼斯坦回忆录》）[③]。作为中国文化的"他者"，海外学者常常是从一个有别于中国学者的独特视角来观察、记录和研究其所见所闻的。其次，他们的记录与研究方法也异于中国学者。尽管中国的学术研究不可能完全将海外学者的研究经验作为自身学术观照的基本模式，但他们不同的文化背景、不同的价值理念以及不同的审美立场必然会带来与中国学者不一样的认知与诠释。

---

[*]　杨玉英（1969—），长江师范学院外国语学院教授，文学博士。主要从事"中国经典在海外的传播与接受"系列研究。

[①]　John Chalmers trans. *The Speculations on Metaphysics, Polity and Morality of the Old Philosopher Lao Tsze*. London: Trubner & Co., 1868.

[②]　Israel Epstein. *My China Eye: Memoirs of a Jew and a Journalist*. San Francisco: Long River press, 2005.

[③]　伊斯雷尔·爱泼斯坦著. 见证中国：爱泼斯坦回忆录 [M]. 沈苏儒、贾宗谊、钱雨润译，北京：新星出版社，2015年版。

他山石：

在异质文化"他者"的眼中，可将中国古代文化经典如《道德经》和《孙子兵法》作为可为其用的"他山石"；而我们，也可把异质文化的"他者"将《道德经》和《孙子兵法》的应用研究成果借用来作为可资借鉴可给予我们启示的"他山石"。此为研究的再研究，亦为影响的循环。

《道德经》与医学

将《道德经》中的教义应用到医学中的成果可为医生和普通读者提供参考，以助心灵与精神之放松与康复。有的成果为全文译介，有的为选译。

一、《道德经》：一种没有副作用的抗精神抑郁剂

辛西娅·凡 (Cynthia Vann) 的文章《〈道德经〉：一种没有副作用的抗精神抑郁剂》于 2011 年发表在《今日长寿》上①。除"导论"外，作者分 6 个部分对《道德经》做了解读。

导论

我对阅读《道德经》满怀热情。这是一种冒险，因为它谈论的是一个不断变化的世界。同时，由于我们生活在一个喧嚣的世界中，它也是寻求平安宁静之所在。

有些人是把《道德经》作为读书讨论小组的巨著系列之选择来读的。我曾经参加了一次在 2 个小时内读完整本《道德经》的小组活动。另一方面，我的小组每周聚一次，每周读 2 个小时，用 3 年的时间读完了《道德经》81 章。

可以对《道德经》做漫长而深入的研究。卡尔·艾伯特（Carl Abbott）的网上"道学"中心 (CenterTao) 已经对《道德经》研究了 40 年。"松本论道"视频网站 (Tao by Matsumoto" on You Tube) 是一个日本人经营的，对《道德经》进行了令人愉悦的日本式解读。

许多人会在第 1 章首句"道可道，非常道"面前踟蹰犹豫。对该句的解读确实有难度。如《道德经》说"无为"，但其表达的观点在我们这种具有多重使命的文化中并不太受欢迎。 这些观点怎样呢？："致虚极"（《道德经》第 16 章），或"上善若水"（《道德经》第 8 章），或"水善利万物而不争，处众人之所恶，故几于道"（《道德经》第 8 章）。当《道德经》说："天下皆知美之为美，斯恶也"（《道

---

① Cynthia Vann. "*Tao Te Ching*: A Mental Antidepressant with No Side Effect." *Macrobiotics Today*, Vol.51, No.6, 2011, pp.14-16.

德经》第 2 章）或"皆知善之为善，斯不善已"（《道德经》第 2 章），这些观点可能很难被接受。这就是为什么人们会在遭遇周遭的对立极性之前有可能会停止阅读《道德经》的原因。什么是对立极性呢？是"阴阳"。

1991 年，赫尔曼·艾哈拉 (Herman Aihara) 写了一篇关于《道德经》的文章发表在《今日长寿》上。但是没有哪位老师直接说："你应该读《道德经》以便更好地理解养生法则。"实际上，当我对人们说我正在研究《道德经》的时候，他们问我是不是证券市场的投资者。由此我明白，有理由写这篇文章，一篇关于《道德经》与养生法之间的关系的文章。

为什么要读"道"？

你对养生感兴趣吗？你对养生的平衡本性和樱沢如一（George Ohsawa）以及其后的老师们所教的东西感兴趣吗？所有这些都是从哪来的呢？养生并非是从樱沢如一开始的，甚至不是从影响他的贝原益轩 (Ekken Kaibara) 和石塚左玄 (Sagen Ishizuka) 开始的。养生始于中国古代皇帝伏羲。

《道德经》是一副没有副作用的抗精神抑郁剂，是一面能够找见我们自己精神的镜子。《道德经》有助于你理解周遭的各种极性对立并帮助你进行反思。如果你研究过帮助你平衡的养生、食物以及保健的方式，但却不了解阴与阳，那么《道德经》能作为一种变化和如何在所有情况下找到和谐的研究来帮助你看清万事万物。我祝贺并尊重那些将这种智慧馈赠给我们的先人们。

樱沢如一之前发生了什么？"道"是宇宙之秩序吗？

从历史的观点来说，樱沢如一的养生法则源自古代中国的智慧，即伏羲，如后来在老子的《道德经》中所表达的那样。久司道夫 (Michio Kushi) 说"道"乃宇宙之秩序。

罗伊·柯林斯 (Roy Collins) 说仔细研究樱沢如一的 12 条法则的话会显示出所有的东西根本就没什么独特之处，但是在《易经》的口传文本中伏羲对早期天体序列所绘卦符的线形被描绘出来了。

伏羲生活在公元前 3000 年。据说，撰写《道德经》的老子生活在公元前 600 年。1975 年，在一次对久司道夫的采访中，采访者问他："那么'道'是解释我们生活其中的整个宇宙的法则吗？"他回答道："是的，而且我们也可以将这个阐释为'上帝在七天里创造了宇宙。''道'也是这样的。比如说，植物生长，结果，然后又把果实送回土壤，然后再继续生长。'道'也是这样的。"他进一步阐释说："'道'是秩序，是无名的，我们不能指出'道'究竟是什么。'道'是全部的变化和过程，是秩序。那个创造这些植物和我们的生命的力量，那个从'道'中生发出来的力量，我们把它称之为'阴'和'阳'。这就是老子谈论的东西。"①

对《道德经》第 1 章的评论

《道德经》第 1 章说："道可道，非常道。"对此，赫尔曼·艾哈拉说："樱沢如一有可能是受到这一章的启发而解释'宇宙秩序'的。""第 1 章是所有章节中最难解读的。'无名'是七重天，是极乐世界，而'可名'是通过前面五重天之后的第六重天。当你达到这个目标时，你会对这一章有更深的理解。"②

当你读《道德经》的时候，可以同时选取多个译本。拉尔夫·阿兰·戴尔（Ralph Alan Dale）是这么评价《道德经》第 1 章的："'无名'是我们的直觉，'有名'是我们的推理。对'无名'进行命名是将我们的推理注入我们的直觉意识中，而去掉'有名'之物的'名'则是将异化从我们的推理意识中解散。"戴尔说我们正处在一个需要从过度依赖推理的位置移开以了解我们的直觉能力③。另一本关于《道德经》的非常不错的书是温的带评论性的《力量之道：老子经典对领导能力、影响和卓越的引导》④。

《道德经》成书的时间及其现在

在公元前 600 年《道德经》成书时，中国处于一片混乱的状态。不仅有国与国之间的战争，还有家庭之间的纷争。《道德经》意在用一种强调女性谦卑之力量的哲学带来和平。尽管那时中国处于一个残酷的时期，但我们自己的时代却可被看成更加的极端。因而，重新对《道德经》产生的兴趣可以被看成《道德经》现代译本的流行以及那些希望人与人之间能和平与和谐共处的人鼓动游说的结果。

史蒂芬·米切尔（Stephen Mitchell）、凯蒂·拜伦（Katie Byron）和韦恩·戴尔博士（Dr. Wayne Dyer）都是非常著名的现代《道德经》英译者。

史蒂芬·米切尔是一位著名的学者和作家，以其对古代经典的翻译和对已存译本的阐释而出名。他的《带前言和注释的〈道德经〉》⑤是我喜欢的新译本中的一

---

① Michio Kushi. Interview. *Order of the Universe*, Vol.5, No.4, 1975. Print.

② Herman Aihara. "The Tao of the *Tao Te Ching*". *Macrobiotics Today*, January/February, 1991. Print.

③ Ralph Alan Dale. *Tao Te Ching, A New Translation and Commentary*. 3rd edition. New York: Barnes & Noble Inc., 2004. Print.

④ R. L. Wing. *The Tao of Power: Lao Tzu's Classic Guide to Leadership, Influence and Excellence*. London: Thorson, 1988.

⑤ Stephen Mitchell. *Tao Te Ching: A New English Version with Foreword and Notes*. New York: Harper & Row, 1988.

本。他的妻子凯蒂·拜伦的《一千种快乐的理由：与当如本是的万物和谐共处》（*A Thousand Names for Joy：Living in Harmony with the Way Things Are*）极度地鼓舞人心。

尽管韦恩·戴尔的演说和著作极具鼓动性，但是对他仍存争议。即便这样，我还是特别喜欢他的建议，即将《道德经》的每一章浓缩成对你来说有意义的一个句子，然后把这 81 个句子思考 81 次，这将会使你深深陷入"道"中。在我把《道德经》读了 3 年之后，我把这 81 个句子写了出来。每次沉思的时候我都将这 81 个句子读一遍，两年来我一共读了 58 遍。《道德经》教导我们的一件事就是要有足够的耐心，并将生活节奏放慢到一个令人欣慰的程度。

"道"：不含化学成分的药

我组织了一个小组一起来对"道"进行特别的研究。下面是一些参与者的评论："它帮助我找到了宁静。""它有助于我与家人和朋友更加和谐地相处。""我明白了我是如何归属于所有生命并如何与其相联系的。""我现在能接受当如本是的万事万物了。""我将生活的节奏放慢了。""通过深思后我现在很少犯错了。""购物曾经对我相当重要。现在，我不再无休止地往商店跑，不再需要商品的目录信息，也不再需要那么多物质的东西了。""我明白了我是如何不断地在发生着变化。每一次阅读，我都会对自己新的变化进行反思。""每次阅读都是对似乎无休止的问题的缓解，其效果比镇静剂还要好。"

如何研究"道"

在我们的研究团队中，我们每次讨论《道德经》一章的内容，并阅读包括文中提及的那些译本在内的好几个《道德经》译本。每一次，我们会以写一首俳句来结束了我们的研究，并常常在读后画一幅简单的水墨画。这教会我们要自然。自然可缓解紧张。

如果你没有研究团队可参与，那就去道教中心网站。这个网站是由卡尔·艾伯特经营的，是他建立了这个道教中心，而且网站上的许多文章都是他写的。在上面你可以读别人对《道德经》许多章节的评论以及成千上万的讨论。这是一种不用自己独自研究的方式。

不管你如何研究"道"，你都可从中获益。对《道德经》的每一章的每一次阅读都会为你提供关于生活和养生实践的洞见。

二、内科医师的压力与希望的幻灭（二）：《道德经》给内科医师的教训

2017 年，美国得克萨斯大学克莱·科克雷尔（Clay J. Cockerell）的文章《内科医师的压力与希望的幻灭：〈道德经〉给内科医师的教训》发表在《临床皮肤医学》杂志上 [1]。作者在文章摘要中强调，今天，内科医师面临着太多的紧张、刺激，这些刺激使他们处于幻灭、沮丧和"精疲力尽"的危险之中。尽管这个问题对个体的内科医生来说是要付出高昂代价的，但它对社会而言也是一样的，因为内科医生的压力会导致其判断力变差和发生医疗失误。同时，它也会使内科医生变得更加短缺，因为更多的内科医生有退休或在某些情况下完全改变自己职业的倾向。文章就如何处理、应对这些紧张性刺激提出了建议。如果能运用这些建议的话，希望至少能在一定程度上改善这种状况。《道德经》这本中国的精神文本，将被用来作为进行深层探索的另一个工具，内科医生可将其作为不那么有压力地生存的一种向导。

导论

在另一篇题为《内科医师的压力与希望的幻灭（一）：发展一种重新连接医学之高尚的方法》的文章中 [2]，我讨论了内科医生今日饱受压力的状况，并提出了一些应对的策略。对我个人而言，另一种有价值的可资利用的工具是阅读中国的精神文本《道德经》。在该文中，我将探讨《道德经》中的教义。

我喜欢的是威特·宾纳 (Witter Bynner) 的《道德经》英译本，因为他使用的语言简单易懂甚至有些地方很幽默。在这篇文章中，我选择了《道德经》的一些章节来加以讨论。在对这些章节进行实际的深入探讨之前，我们来简要了解一下《道德经》的历史。

《道德经》的作者是谁？

有许多关于《道德经》的作者老子的传说。尽管他的早期生活仍然是个谜，但我们知道他出生于公元前 604 年，是今河南首府洛阳的收藏室史。下面的文字摘自威特·宾纳的《老子的生活之道》 [3]。

① Clay J. Cockerell. "Pressure and Disenchantment in Physicians–Part II: Lessons for Physicians from the *Tao Te Ching.*" *Cinics in Dermatology*, Vol.35, 2017, pp.100-104.

② Clay J. Cockerell. "Pressure and Disenchantment in Physicians–Part I: Developing an Approach to Reconnect with What Is Noble about Medicine." *Cinics in Dermatology*, Vol.34, 2016, pp.650-653.

③ Witter Bynner trans. *The Way of Life according to Lao Tzu*. New York: Perigree, 1944.

老子的哲学

说到吸引追随者们的智慧，他拒绝在自己离开这个世界之前将他的教义记载下来。他明白一个人可以是个不用表演的行动者。他因说过"道常无为而无不为"而出名。

孔子的拜访

不知道是传说还是真的，据说孔子因为老子对百姓的影响有一次去拜访他向他问礼。孔子对老子的回答感到困惑，因为在老子看来礼意味着虚伪和荒谬胡说，孔子回去后告诉他的门徒："鸟，吾知其能飞；鱼，吾知其能游；兽，吾知其能走。走者可以为罔，游者可以为纶，飞者可以为矰。至于龙，吾不知。其乘风而上天。吾今日见老子，其犹龙邪！"

老子生命的结束和《道德经》的开始

传说中，在老子生命的尽头，他对人类悲剧性的邪恶感到悲伤，他独自骑着一头青牛进入沙漠。当他到达函谷关的时候，一个名叫尹喜的关吏认出了老子并说服他将其哲学思想写下来，其结果便是这本《道德经》。"道"意为"所有生活之道"，"经"意为"经典文本"。这本关于人在宇宙间恰当为人行事的著作历经数个世纪后流传了下来。

内科医生如何使用《道德经》？

这篇文章的剩余部分将讨论《道德经》如何被用来引导我们的日常生活并在实践中对我们有所帮助。我提出了一些问题并增加了一些论坛参与者给出的评论，这些参与者都是内科医生。文中讨论所用文本为宾纳1944年出版的《道德经》英译文本。译文中，他用"man"而非"one"，用"his"而非"one's"。在其英译《道德经》的那个时代，语言的"政治准确性"（politically correct speech）这个概念还没有出现。出于对其译文的尊重，我保留了宾纳的用词，尽管读者在阅读时可能希望用更中性的甚至更女性的词去替代它们。

选取章节及相关问题和讨论

《道德经》第2章

"天下皆知美之为美，斯恶已。皆知善之为善，斯不善已。故有无相生，难易相成，长短相形，高下相倾，音声相和，前后相随。是以圣人处无为之事，行不言之教。万物作焉而不辞，为而不恃，功成而弗居。夫惟弗居，是以不去。"

思考：

一、我们常常用一种方式去判断一件事。但是，如果我们从另一个角度去看它，有可能会得到一个完全不同的意思或阐释。当我们面对一种形势时或许会对我们有所帮助的是思考下面的问题：已经发生的与我想让它是怎样的。

二、接受所发生的。我们是与自然互动的，而不是要试图去控制它。

三、我们应该认识到我们是获得，而非拥有。我们是有幸被赋予特权，而非拥有这样的权利。

四、绝不要假设自我的重要性。"骄者必败。"

五、万物不是与生俱来就有意义的。其原本没有意义，是我们赋予万物以意义。

《道德经》第 3 章

"不尚贤，使民不争。不贵难得之货，使民不为盗。不见可欲，使心不乱。是以圣人治，虚其心，实其腹，弱其志，强其骨。常使民无知无欲，使夫知者不敢为也。为无为，则无不治。"

思考：

一、当我们奖赏成就（尚贤）的时候会发生什么？什么时候自我驱动的奖赏会变得非常重要？

二、管理一件事最好的方式是什么？管理一个政府呢？管理一个国家呢？

三、在医疗保险中心和医疗补足服务之间存在着一种报销削减与零和博弈的猫捉老鼠的医疗游戏，彼此间是互相竞争的。

四、我们现如今生活在一个更多名人更多官僚机构的社会。我们的社会在对美德进行奖赏并创造了一种"永远不够"的语境。

五、如果少些官僚机构并将能运用这些法则而非假定每件事都出了问题需要更多的律法和机构来"修复弥补"它们，那管理将会变得更好。

《道德经》第 4 章

"道冲而用之，或不盈。渊乎似万物之宗。挫其锐，解其纷，和其光，同其尘。湛兮，似若存。吾不知谁之子，象帝之先。"

思考：

一、宇宙是如何成就万物的？我们又是如何完成或试图完成事情的呢？

二、来讨论歌曲《摇，摇，摇，摇你的船》。韦恩·戴尔博士做了"解构"这首歌曲的练习，指出歌曲中的每一个字和短语都有其深意，暗示着最有效的生存之道是"顺其自然"和"划你自己的船,别去多管闲事。"

《道德经》第 8 章

"上善若水。水善利万物而不争,处众人之所恶,故几于道。居善地,心善渊,与善仁,言善信,正善治,事善能,动善时。夫唯不争,故无尤。"

思考:

一、该章是如何谈服务的?

二、在你的实践中你服务的使命是什么?

三、另有一个在场的人表达了她想要通过花更多时间更好地为其病人服务但没有经济的刺激让她付诸行动的困惑。

《道德经》第 9 章

"持而盈之,不如其已。揣而锐之,不可长保。金玉满堂,莫之能守。富贵而骄,自遗其咎。功成名遂身退,天之道。"

思考:

一、该章是如何谈成就、代价、压力与阻力的?

《道德经》第 11 章

"三十辐,共一毂,当其无有车之用。埏埴以为器,当其无有器之用。凿户牖以为室,当其无有室之用。故有之以为利,无之以为用。"

思考:

一、该章是如何说"强迫"和"允许"的?

一)我们应当坚持我们抵制的东西。

二)通过抵制的美德来使原本生活中存在的东西继续存在。自然的力量对于万事万物来说是消失、流逝、终止。

三)"道"强调了区别正直与善意的重要性。

二、"无"是可能性出现的空间:"故无之以为用。"

《道德经》第 12 章

"五色令人目盲;五音令人耳聋;五味令人口爽;驰骋田猎,令人心发狂。难得之货,令人行妨。是以圣人为腹不为目,故去彼取此。"

思考:

一、该章是如何谈唯物主义的?

二、又是如何谈忠于自我的？

《道德经》第 17 章

"太上，下知有之；其次，亲而誉之。其次，畏之。其次，侮之。信不足焉。犹兮其贵言。功成事遂，百姓皆谓：'我自然'。"

思考：

一、该章是如何谈论自我的？又是如何谈论无私的领导的？

二、"还"，是一个用得很泛的词，但它暗示着我们"欠"某人某样东西。"还"是一种行动而非一种存在的方式。"还"的更好方式是"一直给予"。

《道德经》第 22 章

"曲则全，枉则直，洼则盈，敝则新，少则得，多则惑。是以圣人抱以为天下式。不自见，故明；不自是，故彰；不自伐，故有功；不自矜，故长。夫唯不争，故天下莫能与之争。古之所谓'曲则全'者，岂虚言哉！诚全而归之。"

思考：

一、对于与世界和社会之间的互动，该章说了什么？

二、对于自我？竞争呢？

《道德经》第 31 章

"夫佳兵，不祥之器，物或恶之，故有道者不处。君子居则贵左，用兵则贵右。兵者，不祥之器，非君子之器，不得已而用之，恬惔为上。胜而不美，而美之者，是乐杀人。夫乐杀人者，则不可得志于天下矣。吉事尚左，凶事尚右。偏将军居左，上将军居右，言以丧礼处之。杀人之乐，以悲哀泣之，战胜，以丧礼处之。"

思考：

一、这一章是如何谈冲突的？又是如何谈胜利的？

二、当我们能控他人或形势时，我们大部分人认为这种关系是有效的。

结语

有许多优秀的资源可为内科医生用来应对那些在医学实践中不得不承受的压力。尽管有变得幻灭和沮丧的危险，但我们的思想可以针对那些积极的令人抚慰的事。我的目的在于与你们分享那些对我来说有帮助的东西，并希望它们对你们也有所帮助。我鼓励你们"关掉"那些轰炸我们的无休止的负面言论并花时间来反思和接受这些积极的信息。

三、优雅绽放：本着《道德经》精神的心理治疗

1991 年，格雷格·约翰逊和罗恩·库尔兹合著的《优雅绽放：本着〈道德经〉精神的心理治疗》在纽约出版①。除"引论：大道"和"结论：无败"之外，作者分 33 个部分以《道德经》相关章节所讨论的主题为标题对将这些理念运用于人之心理治疗的可行性与效果进行了阐释。这 33 个部分为：一）有名；二）玄；三）无欲；四）无为；五）为无为；六）和光同尘；七）仁；八）虚；九）无私；十）不争；十一）功成身退；十二）抱一；十三）圣人；十四）身；十五）信；十六）大伪；十七）弃智；十八）曲；十九）自然；二十）超然；二十一）袭明；二十二）归于朴；二十三）勿强；二十四）哀者胜；二十五）江海；二十六）自知；二十七）不自为大；二十八）居其实；二十九）静；三十）知足；三十一）玄德；三十二）非道；三十三）家。书中涉及的《道德经》译文选自英语世界的 7 种《道德经》英译本：一）1963 年版陈荣捷译本②；二）1975 年版张中元译本③；三）1988 年版米切尔译本④；四）1972 年版冯家富译本⑤；五）1989 年版韩禄伯译本⑥；六）1985 年版奥斯特瓦尔德英译自卫礼贤德语本《〈道德经〉:意义与生活之书》⑦；七）1961 年版吴经熊译本⑧。

正文前作者引了《道德经》第 8 章和第 11 章的内容："上善若水。水善利万物而不争。处众人之所恶，故几于道。"（第 8 章）"三十辐，共一毂，当其无有车之用。埏埴以为器，当其无有器之用。凿户牖以为室，当其无有室之用。故有之以为利，无之以为用。"（第 11 章）

正文后作者引了《道德经》第 81 章的内容："天之道利而不害，圣人之道为而不争。"

① Greg Johanson & Ron Kurtz. *Grace Unfolding: Psychotherapy in the Spirit of the Tao-te Ching.* New York: Bell Tower Press, 2005.

② Chan, Wing-tsit trans. *The Way of Lao Tzu (Tao-te Ching)*, with introductory essays, comments and notes. Indianapolis: Bobbs-Merrill, 1963.

③ Chang, Chung-yuan trans. *Tao: A New Way of Thinking: A Translation of the Tao Te Ching*, with an introduction and commentaries. New York: Harper & Row Pub., 1975.

④ Stephen Mitchell. *Tao Te Ching*, with foreword and notes. New York: Harper Collins Publishers, Inc., 1988.

⑤ Gia-Fu Feng and Jane English trans. *Tao Te Ching*, with an introduction and notes by Jacob Needleman. New York: Vintage Books, 1972.

⑥ Robert G. Henricks. *Te-Tao Ching: A New Translation Based on the Recent Discovered Ma-wang-tui Texts/ Lao Tzu*, with an introduction and commentary. New York: Ballentine Books, 1989.

⑦ H. G. Ostwald. *Tao Te Ching*: The Book of Meaning and Life, translated into English from German edition by Richard Wihelm (1911). London and New York: Routledge &Kegan Paul, 1985.

⑧ John C. H. Wu (Wu Jingxiong) trans. *Tao Teh Ching/ Lao Tzu*. New York: St. John's University Press, 1961.

35 个部分中，作者对《道德经》各章节的直接引用共达 119 处，具体情况如下：

"引论：大道"对《道德经》的直接引用有 3 处，具体如下：

"大道甚夷，而民好径。"（吴经熊《道德经》译本，第 53 章）

"天下皆谓我道大，似不肖。夫唯大，故似不肖。"（米切尔《道德经》译本，第 67 章）

"知者不言，言者不知。"（冯家富《道德经》译本，第 6 章）

一、"有名"对《道德经》的直接引用有 1 处，具体如下：

"道可道，非常道。名可名，非常名。"（陈荣捷《道德经》译本，第 1 章）

二、"玄"对《道德经》的直接引用有 3 处，具体如下：

"此两者，同出而异名，同谓之玄。"（米切尔《道德经》译本，第 1 章）

"朴虽小，天下不敢臣。始制有名，名亦既有。"（陈荣捷《道德经》译本，第 32 章）

"玄之又玄，众妙之门。"（米切尔《道德经》译本，第 1 章）

三、"无欲"对《道德经》的直接引用有 1 处，具体如下：

"故常无欲，以观其妙。常有欲，以观其徼。"（冯家富《道德经》译本，第 1 章）

四、"无为"对《道德经》的直接引用有 2 处，具体如下：

"是以圣人处无为之事，行不言之教。万物作焉而不辞。"（米切尔《道德经》译本，第 2 章）

"生而不有，为而不恃。功成而弗居。夫惟弗居，是以不去。"（米切尔《道德经》译本，第 2 章）

五、"为无为"对《道德经》的直接引用有 3 处，具体如下：

"是以圣人治，虚其心，实其腹，弱其志，强其骨。常使民无知无欲。使夫知者不敢为也。为无为，则无不治。"（韩禄伯《道德经》译本，第 3 章）

"为学日益，为道日损。"（吴经熊《道德经》译本，第 48 章）

"民之难治，以其智多。……常知稽式，是谓'玄德'。"（米切尔《道德经》译本，第 65 章）

六、"和光同尘"对《道德经》的直接引用有 3 处，具体如下：

"道冲而用之，或不盈。渊乎似万物之宗。"（陈荣捷《道德经》译本，第 4 章）

"三十辐，共一毂，当其无有车之用。埏埴以为器，当其无有器之用。"（吴经熊《道德经》译本，第 11 章）

"道生一，一生二，二生三，三生万物。万物负阴而抱阳，冲气以为和。"（陈

荣捷《道德经》译本，第 42 章）

七、"仁"对《道德经》的直接引用有 1 处，具体如下：

"天地不仁，以万物为刍狗。圣人不仁。"（陈荣捷《道德经》译本，第 5 章）

八、"虚"对《道德经》的直接引用有 2 处，具体如下：

"谷神不死，是谓玄牝。玄牝之门，是谓天地根。绵绵之门，用之不勤。"（米切尔《道德经》译本，第 6 章）

"是谓玄牝。"（陈荣捷《道德经》译本，第 6 章）

九、"无私"对《道德经》的直接引用有 3 处，具体如下：

"天地所以能长且久者，以其不自生，故能长生。"（韩禄伯《道德经》译本，第 7 章）

"圣人无常心，以百姓心为心。"（陈荣捷《道德经》译本，第 49 章）

"非以其无私邪？故能成其私。"（韩禄伯《道德经》译本，第 7 章）

十、"不争"对《道德经》的直接引用有 2 处，具体如下：

"上善若水。水善利万物而不争。处众人之所恶，故几于道。"（吴经熊《道德经》译本，第 8 章）

"夫唯不争，故无尤。"（米切尔《道德经》译本，第 8 章）

十一、"功成身退"对《道德经》的直接引用有 3 处，具体如下：

"功成名遂身退，天之道。"（陈荣捷《道德经》译本，第 9 章）

"功成不名有。"（陈荣捷《道德经》译本，第 34 章）

"故几于道也。曰：余食赘形。"（米切尔《道德经》译本，第 24 章）

十二、"抱一"对《道德经》的直接引用有 17 处，具体如下：

"专气致柔，能婴儿乎？"（陈荣捷《道德经》译本，第 10 章）

"爱国治民，能无知乎？明白四达，能无知乎？"（米切尔《道德经》译本，第 10 章）

"天下莫柔弱于水，而攻坚强者莫之能胜。"（米切尔《道德经》译本，第 78 章）

"以道佐人主者，不以兵强天下。其事好还。"（米切尔《道德经》译本，第 30 章）

"曲则全，枉则直。"（陈荣捷《道德经》译本，第 22 章）

"为无为，事无事。"（吴经熊《道德经》译本，第 63 章）

"是以圣人……以辅万物之自然而不敢为。"（陈荣捷《道德经》译本，第 64 章）

"吾不敢进寸，而退尺。是谓行无行，攘无臂，捉无敌。"（吴经熊《道德经》

译本，第 69 章）

"损之又损，以致于无为。"（米切尔《道德经》译本，第 48 章）

"反者，道之动。弱者，道之用。"（吴经熊《道德经》译本，第 40 章）

"将欲噏之，必固张之；将欲废之，必固兴之；将欲夺之，必固与之。是谓微明。"（米切尔《道德经》译本，第 36 章）

"牝常以静胜牡。"（陈荣捷《道德经》译本，第 61 章）

"道常无为而无不为。"（陈荣捷《道德经》译本，第 37 章）

"侯王若能守，万物将自化。"（陈荣捷《道德经》译本，第 37 章）

"道常无为而无不为。侯王若能守，万物将自化。"（吴经熊《道德经》译本，第 37 章）

"江海之所以能为百谷王者，以其善下之。……是以圣人欲上民，必以言下之。欲先民，必以身后之，是以圣人处上而民不重。"（吴经熊《道德经》译本，第 66 章）

"是以圣人处前而民不害。是以天下乐推而不厌。"（米切尔《道德经》译本，第 66 章）

十三、"圣人"对《道德经》的直接引用有 3 处，具体如下：

"难得之货，令人行妨是以圣人为腹不为目，故去彼取此。"（冯家富《道德经》译本，第 12 章）

"同于道者，道亦乐得之。"（米切尔《道德经》译本，第 23 章）

"是以圣人欲上民，必以言下之；欲先民，必以身后之。"（冯家富《道德经》译本，第 66 章）

十四、"身"对《道德经》的直接引用有 1 处，具体如下：

"吾所以有大患者，为吾有身。……故贵以身为天下者，则若可寄于天下；爱以身为天下者，乃可以托于天下。"（陈荣捷《道德经》译本，第 13 章）

十五、"信"对《道德经》的直接引用有 3 处，具体如下：

"孰能浊以静之？孰能安以动之？"（冯家富《道德经》译本，第 15 章）

"信不足焉，犹兮其贵言。"（韩禄伯《道德经》译本，第 17 章）

"治大国，若烹小鲜。以道莅天下。"（米切尔《道德经》译本，第 60 章）

十六、"大伪"对《道德经》的直接引用有 2 处，具体如下：

"六亲不和，有孝慈；国家昏乱，有忠臣。"（冯家富《道德经》译本，第 18 章）

"大道废，有仁义。智惠出，有大伪。"（冯家富《道德经》译本，第 18 章）

十七、"弃智"对《道德经》的直接引用有 3 处，具体如下：

"绝圣弃智，民利百倍。"（陈荣捷《道德经》译本，第 19 章）

"故道大，天大，地大，人亦大。城中有四大。"（张中元《道德经》译本，第 25 章）

"绝仁弃义，民复孝慈。"（吴经熊《道德经》译本，第 19 章）

十八、"曲"对《道德经》的直接引用有 2 处，具体如下：

"曲则全，枉则直。"（米切尔《道德经》译本，第 22 章）

"洼则盈，敝则新。"（米切尔《道德经》译本，第 22 章）

十九、"自然"对《道德经》的直接引用有 1 处，具体如下：

"人法地，地法天，天法道，道法自然。"（陈荣捷《道德经》译本，第 25 章）

二十、"超然"对《道德经》的直接引用有 2 处，具体如下：

"虽有荣观，燕处超然。"（冯家富《道德经》译本，第 26 章）

"轻则失根，躁则失君。"（米切尔《道德经》译本，第 26 章）

二十一、"袭明"对《道德经》的直接引用有 5 处，具体如下：

"善行无辙迹，善言无瑕谪，善计不用筹策。常善救物，故无弃物。"（米切尔《道德经》译本，第 27 章）

"是谓'袭明'。"（冯家富《道德经》译本，第 27 章）

"出生入死。"（米切尔《道德经》译本，第 50 章）

"是谓深根固柢，长生久视之道。"（米切尔《道德经》译本，第 59 章）

"治人、事天，莫若啬。夫为啬，是谓早服。早服谓之重积德，重积德则无不克。"（冯家富《道德经》译本，第 59 章）

二十二、"归于朴"对《道德经》的直接引用有 5 处，具体如下：

"为天下式，常德不忒，复归于无极。……为天下谷，常德乃足，复归于朴。"（米切尔《道德经》译本，第 28 章）

"将欲取而为之，吾则不得已。天下神器，不可为也。为者败之，执者失之。"（冯家富《道德经》译本，第 29 章）

"天下有始，以为天下母。既知其母，以知其子。既知其子，复守其母，没身不殆。"（米切尔《道德经》译本，第 52 章）

"含德之厚，比于赤子。赤知牝牡之合而脧作，精之至也。终日号而不哑，和之至也，……益生曰祥，必使气曰强。"（吴经熊《道德经》译本，第 55 章）

"为天下溪。为天下溪，常德不离，复归于婴儿。"（冯家富《道德经》译本，第 28 章）

二十三、"勿强"对《道德经》的直接引用有 2 处，具体如下：

"善者果而已，不敢以取强。……是谓不道，不道早已。"（米切尔《道德经》

译本，第 30 章）

"夫代司杀者杀，是谓代大匠斲。夫代大匠斲者，稀有不伤其手矣。"（米切尔《道德经》译本，第 74 章）

二十四、"哀者胜"对《道德经》的直接引用有 8 处，具体如下：

"夫佳兵，不祥之器，物或恶之，故有道者不处。……兵者，不祥之器。非君子之器，不得已而用之，恬惔为上。胜而不美。"（吴经熊《道德经》译本，第 31 章）

"不得已而用之，恬惔为上。……杀人之众，以悲哀泣之。"（米切尔《道德经》译本，第 31 章）

"夫慈，以战则胜，以守则固。"（米切尔《道德经》译本，第 67 章）

"夫慈，以战则胜。……天将救之，以慈卫之。"（吴经熊《道德经》译本，第 67 章）

"祸莫大于轻敌，轻敌几丧吾宝。故抗兵相若，哀者胜矣。"（张中元《道德经》译本，第 69 章）

"道者，万物之奥。善人之宝，不善人之所不保。"（吴经熊《道德经》译本，第 62 章）

"以道莅天下，其鬼不神。非其鬼不神，其神不伤人。非其神不伤人，圣人亦不伤人。夫两不相伤，故德交归焉。"（张中元《道德经》译本，第 60 章）

"善者，吾善之；不善者，吾亦善之，德善。信者，吾信之；不信者，吾亦信之，德信。……圣人皆孩之。"（奥斯特瓦尔德英译自卫礼贤《道德经》德译本，第 49 章）

二十五、"江海"对《道德经》的直接引用有 2 处，具体如下：

"譬道之在天下，犹川谷之于江海。"（冯家富《道德经》译本，第 32 章）

"古之所以贵此道者何？不曰：求以得，有罪以免邪？故为天下贵。"（吴经熊《道德经》译本，第 62 章）

二十六、"自知"对《道德经》的直接引用有 5 处，具体如下：

"知人者智，自知者明。胜人者有力，自胜者强。知足者富。……死而不亡者寿。"（吴经熊《道德经》译本，第 33 章）

"上士闻道，动而行之。"（米切尔《道德经》译本，第 41 章）

"以其生生之厚。"（米切尔《道德经》译本，第 50 章）

"不出户，知天下。"（陈荣捷《道德经》译本，第 47 章）

"知足不辱，知止不殆，可以长久。"（米切尔《道德经》译本，第 44 章）

二十七、"不自为大"对《道德经》的直接引用有 3 处，具体如下：

"大道氾兮，……万物恃之而生而不辞，功成不名有。爱养万物而不为主，……是以圣人终不为大，故能成其大。"（张中元《道德经》译本，第 34 章）

"执大象，天下往。往而不害，安平太。"（陈荣捷《道德经》译本，第 35 章）

"圣人终不为大，故能成其大。"（陈荣捷《道德经》译本，第 63 章）

二十八、"居其实"对《道德经》的直接引用有 2 处，具体如下：

"故贵以贱为本，高必以下为基。是以侯王自谓孤、寡不榖。"（米切尔《道德经》译本，第 39 章）

"是以大丈夫处其厚，不居其薄；处其实，不居其华。"（冯家富《道德经》译本，第 38 章）

二十九、"静"对《道德经》的直接引用有 3 处，具体如下：

"大成若缺，……大巧若拙，大辩若讷。"（陈荣捷《道德经》译本，第 45 章）

"不欲碌碌如玉，落落如石。"（米切尔《道德经》译本，第 39 章）

"大巧若拙，……大赢若绌。"（米切尔《道德经》译本，第 45 章）

三十、"知足"对《道德经》的直接引用有 6 处，具体如下：

"名与身孰亲？身与货孰多？得与亡孰病？甚爱必大费，多藏必厚亡。知足不辱，知止不殆，可以长久。"（吴经熊《道德经》译本，第 44 章）

"故知足之足，常足矣。"（韩禄伯《道德经》译本，第 46 章）

"至治之极，……甘其食，美其服，安其居，乐其俗。"（米切尔《道德经》译本，第 80 章）

"乐其俗。邻里相望，鸡犬之声相闻，民至老死，不相往来。"（冯家富《道德经》译本，第 80 章）

"大邦不过欲兼畜人，小邦不过欲入事人。夫两者各得所欲。"（米切尔《道德经》译本，第 61 章）

"天下有道，却走马以粪。天下无道，戎马生于郊。罪莫大于可欲，咎莫大于欲得。"（张中元《道德经》译本，第 46 章）

三十一、"玄德"对《道德经》的直接引用有 6 处，具体如下：

"道生之，德畜之，物形之，势成之。是以万物莫不尊道而贵德。夫莫之命而常自然。"（冯家富《道德经》译本，第 51 章）

"是以万物莫不尊道而贵德。"（米切尔《道德经》译本，第 51 章）

"天下多忌讳，而民弥贫；民多利器，国家滋昏；法令滋彰，盗贼多有。"（吴经熊《道德经》译本，第 57 章）

"其政察察，而民缺缺。"（张中元《道德经》译本，第 58 章）

"民不畏威，则大威至。夫唯不厌，是以不厌。"（米切尔《道德经》译本，第

72 章）

"故道生之，德畜之，长之育之，成之孰之，养之覆之。生而不有，为而不恃，长而不宰，是谓玄德。"（冯家富《道德经》译本，第 51 章）

三十二、"非道"对《道德经》的直接引用有 2 处，具体如下：

"大道甚夷，而民好径。朝甚除，田甚芜，仓甚虚，服文采，带利刃，厌饮食，财货有余，是为盗夸。非道哉！"（张中元《道德经》译本，第 53 章）

"使我介然有知，行于大道，唯施是畏。"（张中元《道德经》译本，第 53 章）

三十三、"家"对《道德经》的直接引用有 2 处，具体如下：

"善建者不拔，……修之于身，其德乃真；修之于家，其德乃余；修之于乡，其德乃丰；修之于天下，其德乃普。"（吴经熊《道德经》译本，第 54 章）

"天之道，利而不害；圣人之道，为而不争。"（陈荣捷《道德经》译本，第 81 章）

"结语：无败"对《道德经》的直接引用有 7 处，具体如下：

"执者失之。……是以圣人以辅万物之自然而不敢为。"（吴经熊《道德经》译本，第 64 章）

"以辅万物之自然而不敢为。"（米切尔《道德经》译本，第 64 章）

"受国不祥，是为天下王。"（米切尔《道德经》译本，第 78 章）

"心使气曰强。物壮则老，谓之不道。不道早已。"（米切尔《道德经》译本，第 55 章）

"牝常以静胜牡，以静为下。"（米切尔《道德经》译本，第 61 章）

"大慈，以战则胜，以守则固。天将救之，以慈卫之。"（米切尔《道德经》译本，第 67 章）

"何以知天下之然哉？以此。"（吴经熊《道德经》译本，第 54 章）

要指出的是，作者对标题的英译并不准确。如果不是其直接用汉语标示在各部分题首的中文和附在文后的英文，有些很难对上。如："supporting defenses"（抱一）；"affirming creation"（弃智）；"wandering"（袭明）。

2007 年第 18 期的《哈科米论坛》对该书的"哀者胜"（Dealing with Enemies）中对《道德经》文本 8 处中的 7 处做了引用①。未引用的一处为"道者，万物之奥。善人之宝，不善人之所不保。"（吴经熊《道德经》译本，第 62 章）

---

① "Quotes from Lao Tzu's Tao-te Ching: Found in the chapter 'Dealing with Enemies' in Greg Johanson & Ron Kurtz's Grace Unfolding: Psychotherapy in the Spirit of the *Tao-te ching*." *Hakomi Forum*, Issue 18, Summer 2007.

四、老子《道德经》在心理治疗理论与技巧中的应用

1990 年，西密歇根大学 Thomas E. Hranilovich 的博士论文《老子〈道德经〉在心理治疗理论与技巧中的应用》[①] 发表。文章分 5 个部分对《道德经》及其在心理治疗和技巧中的应用进行了讨论：导论、研究综述、老子的《道德经》：阐释及其意义与神秘主义、作为一种心理学理论的《道德经》：其在心理治疗理论和技巧中的应用、概述与结语。该节选译了其中的 5 处：一）将心理学知识与《道德经》相结合：一种综合的心理治疗体系（1、2）；三）作为一种心理学理论的《道德经》：其在心理治疗中的应用；四）其在心理治疗及其理论中的应用：作为一种综合心理治疗体系的一部分；五）概述与结语。

一）将心理学知识与《道德经》相结合：一种综合的心理治疗体系

现存的心理治疗体系是从以假设 – 演绎的科学传统为基础的心理学思想中派生出来的。这种假设 – 演绎的科学传统的局限正是这些心理治疗体系的局限。在该文中，作者试图尽力提高心理治疗的适用性、效果和效能，将对《道德经》中那些概念的心理学意义进行思考并对这些概念被应用到心理治疗中的方式进行考察。为了达到这个目的，作者首先对即存的《道德经》的应用成果做了综述并对《道德经》中这些概念的表意文字的派生词源、其在《道德经》中所含的意思及其心理学意义进行了考察。作者最后将考察其在心理治疗理论与技巧中的应用。

在该章中，作者致力于两个任务：一是建议将《道德经》中所蕴含的信息与心理治疗体系中即存的信息进行综合以形成一种心理治疗的综合体系；二是建议将《道德经》中的概念和技巧应用到即存的心理治疗体系中。前者让作者通过在以假设 – 演绎的科学传统为基础的信息中添加以《道德经》的世界观为基础的信息得以扩展心理治疗的理论基础和技巧，即存的心理治疗体系正是在这些传统的信息基础上建立的。后者让作者得以扩展即存心理治疗体系的技巧而不必对其根本的哲学基础做激进的改变。

在其后一章中，作者考察了道家思想和《道德经》在心理治疗理论和技巧、循环变化、科学范式、"自我"概念、组织关系等领域的应用以及道家思想在现代中国应用的总体情况。

[①]　Thomas E. Hranilovich. "Applications of the *Tao Te Ching* of Lao Tzu to Psychotherapy Theory and Technique." Ph. D. Thesis, Western Michigan University, 1990.

二）心理学与《道德经》相结合：一种综合的心理治疗体系

在该章作者致力于两个任务：一是建议将《道德经》中所蕴含的信息与心理治疗体系中即存的信息进行综合以形成一种心理治疗的综合体系。一种综合的心理治疗体系将通过在以假设－演绎的科学传统为基础的信息中添加以《道德经》的世界观为基础的信息得以扩展心理治疗的理论基础和技巧。作者并不意在取代即存的心理治疗体系及其理论和技巧而是将在其基础上添加《道德经》的信息以扩展其在心理治疗方面的应用。即存的心理治疗体系只呈现了现实的多样性这个层面。当其被顾客的欲望和服务设置背景所决定的时候，一种综合的心理治疗体系将同时呈现现实的多样性层面和统一层面。即是说，一种综合的心理治疗体系将可应用于当前的心理治疗体系出现的所有问题中，同时也能处理当前的体系范围之外的问题。这样的体系或者作为一种实用的、受症状驱动的体系来服务，或者作为一种存在的总体系来服务。

二是，作者建议将《道德经》中的概念和技巧应用到即存的心理治疗体系中。这提供了一种扩展即存心理治疗体系的技巧而不必对其根本的哲学基础做激进改变的手段。这将允许通过使用旨在改善当前的心理治疗技巧效果的辅助技巧来达到更有效的服务传递。

在后一章作者考察了《道德经》在心理治疗理论和技巧中的应用。作者把文本看成一种心理学理论并通过科学的分类法对其进行了考察。作者考察了每一类别，因为它不仅会对一种综合的心理治疗体系产生影响，而且也会对《道德经》中的概念和技巧在即存的心理治疗体系中的应用效果产生影响。

三）作为一种心理学理论的《道德经》：其在心理治疗中的应用

现在将把《道德经》按科里（Gerald Corey）提出的 6 个类别来考察以对建议和心理治疗进行比较。《道德经》现在和过去都绝不意在成为一种心理学理论。然而，这样的考察将会在老子的教义和现代心理学理论之间建立起一些共同的基础。在每一类别中都将会给出将《道德经》中的教义应用到心理治疗理论和技巧中去的考察，一是从将《道德经》与即存的心理治疗体系相结合以形成一种新的心理治疗体系的角度，二是从在即存的心理治疗体系中补充《道德经》中的概念的角度。在最后一类即应用与贡献中，将归纳已经发现的各种应用。

基本哲学:《道德经》的核心教义

核心教义

陈荣捷(1963)在其著作中将道家思想看成一种深刻的哲学,认为它主要是通过不随波逐流和一种超验的精神来阐释个体生活和宁静的。其核心的教义是"存在"和"无"的再生繁殖,是反对"不变"和自然之恒常模式的"无为"的重要性。《道德经》对通常被认为是无知、谦卑、顺从、满足、柔弱等"消极的道德"做了特别的强调。

在其 1967 年出版的著作《苏非派与道家思想中的核心哲学概念比较研究》[①]中,井筒俊彦 (Toshihiko Izutsu) 强调他认为在道家思想与萨满教(shamanism)之间存在着相当密切的联系,他认为道教是"一种特别的哲学形式,它源自个体的存在经验,是被赋予了超验的洞察事物能力的个体所特有的"[②]。道家的哲学家们实践其智慧以便提升和详细阐释其原初的神秘观为一种形而上学的旨在解释"存在"之结构的概念。

韦利 (Arthur Waley) 在其 1958 年出版的著作《道与德》[③]中认为道家思想是一种寂静主义的哲学,这种哲学同时蕴含了"道"潜藏在一种变化着的多样性之下的不变的统一和引起每一种生活和见解的动力。在韦利看来,道家思想最重要的法则是所有属性的相对性:在"道"中,所有的对立面都是混合的,所有的对比都是和谐的。通向"道"的第一步是与宇宙的根本法则相和谐而非相悖。

吉拉尔多 (N. J. Girardot) 在其 1983 年出版的著作《早期道家思想中的神秘与意义》[④]中将"道"看成一种可改正、改善、治愈、挽救或使人类状态和谐的信息与方法。这是通过处理如何与涉及的如下主要的存在主义的问题的关系来完成的:与自然、自我、其他已死的和活着的男人女人、上下尊卑的关系,或最根本的,如何在这个过程中全面真实地变得人道。

林语堂在其 1948 年出版的著作《老子的智慧》中指出,老子的根本教义是谦卑。他对道家思想做了如下的定义:"是关于宇宙之根本统一、返、阴阳和永久的循环的哲学;是关于所有差异性的层级、所有标准的相对性的哲学;也是关于所有回归到原始的一、非凡的才能和万物之源的哲学。"[⑤]

[①] Toshihiko Izutsu. *A Comparative Study of the Key Philosophical Concepts in Sufism and Taoism.* Tokyo: Keio University Press, 1967.

[②] Ibid., p.15.

[③] Arthur Waley. *Tao and its Power.* New York: Grove, 1958.

[④] N. J. Girardot. *Myth and Meaning in Early Taoism.* Bwekeley: University of California, 1983.

[⑤] Lin, Yutang. *The Wisdom of Laotse.* New York: Modern Library, 1948, p.14.

布洛菲尔德 (J. Blofeld) 在其 1978 年出版的著作《道家思想：通向不朽之路》（*Taoism: The Road to Immortality*）中相信，道家思想之所以受到关注是通过个体摆脱了其分离之最终幻想，而这引发了对这个事实的直接看法："死是没有意义的。…… 因而没有什么是以生开始以死结束的。真相时刻存在着。"[①] 那当这个幻想被摆脱后会发生什么呢？"回归到源的那个人的思维会由此而成为那个源。你自己的思维注定成为那个宇宙本身。"[②]

在其将道家思想比作一种体系理论的著作《自我身份与开放体系的自我：一种道家的体系／范式》（Self-identity and the Open-system Self: A Taoist Systems/Paradigm）中，科拉辛 (B. M. Colodzin) 强调了没有二元性或无差别的统一作为其中心这个概念："宇宙中的任何东西都是'道'之根本，'道'是潜藏在所有形式之下的最高本质。…… 宇宙是被当作一种有生命的、相关联的、相共鸣的东西来理解的。"[③]

巴姆 (A. J. Bahm) 认为《道德经》中的两段概括了整个道家思想。一是第 19 章，该章恳请读者保持其自我并自然地行事。二是第 67 章，该章建议读者追随 3 条宝贵的自然法则：慈、俭、不敢为天下先（谦卑）[④]。

在史密斯 (D. H. Smith) 看来："道家寻求的是个体的完善，是对自然之神秘的更深刻的洞见，是与其认为潜藏在所有存在之下的宇宙法则的统一。"[⑤] 他们相信："人，与其他所有的动物一样，必须遵照出生、成长、衰退、死亡这个自发的、自然的过程，并与宇宙的节奏相一致。自由、和平和幸福对所有人来说都只能通过与自然的而非认为制定的律法相一致才能获得。"[⑥]

四）其在心理治疗及其理论中的应用：作为一种综合心理治疗体系的一部分

现时的心理学理论和心理治疗理论只认识到了存在的多重层面。《道德经》的核心教义不仅认识了"道"而且还强调了"道"作为真实的现实存在之统一的层面，并倡导放弃或克服对物质分离的错误观念以便能获得"道"之实现。一种综合的心理治疗体系会研究人与统一和存在的多重层面之间的关系而非仅仅只研究多重层面。一些心理学知识将不得不重写以考虑物质的统一层面，因为在即存理

---

① J. Blofeld. *Taoism: The Road to Immortality*. Boulder: Shambhala, 1978, p.162.

② Ibid., p.164.

③ B. M. Colodzin. *Self-identity and the Open-system Self: A Taoist Systems/Paradigm*. Dissertation Abstracts International, 45, 1072A, 1983.

④ A. J. Bahm. *Tao Teh King by Lao Tzu*. New York: Frederick Ungar, 1958.

⑤ D. H. Smith. *The Wisdom of the Taoists*. New York: New Directions, 1980.

⑥ Ibid., p.4.

论的构成中是没有考虑统一层面的。这样综合的结果会改变什么或不改变什么还很难说。心理学知识的大范围将会保持不变,因为如果其受影响的话这种影响也是微乎其微的。例如,生理心理学有可能根本就不会受到影响,心理学的其他领域如,人格理论和精神病理学理论,将有可能发生实质性的改变。精神病理学将不得不根据个体认识以及能准确理解统一层面和多重层面而非仅仅如现时情况这样的多重层面本身的程度来决定。例如,对精神病的定义将不得不作为对现实的超过一个层面的认知结果而改变。

当前的心理治疗体系旨在更好地帮助个体发挥其作用并取得对现实之多重层面的更大的成就感。一种综合的心理治疗体系也将意在于此,但除此之外还将意在帮助个体更好地发挥其作用并获得现实之统一层面的更大的成就感。这样的体系将会认识到个体有选择仅仅只生活在多重层面的权利,但却会将此权利赠予那些选择试图获得对统一层面之实现的多种方法和克服分离和自体二分法的错误观念的人。

在即存的心理治疗体系中的应用

将《道德经》的核心教义应用到即存的心理治疗体系中可帮助促进对世界观和与顾客对其所呈现的问题之本质以及那些技巧可能对其有所帮助等相关问题的认识。心理分析体系很少关注顾客的世界观,认为顾客的行为是受其生物性所驱使的,根本上是一种现象学体系的以人为本的体系已经对顾客的世界观加以了考虑。但是由于各种各样的原因,像心理分析体系这样的行为体系在很大程度上忽略了顾客的世界观。对一个行为主义者来说,世界观是不存在的,世界观不是一种能被观察到的现象。认识到假设－演绎传统的局限性并对其根本的信仰加以重新考察并有可能将其扩展以使其适应存在于这种科学传统范围之外的因素对心理分析和行为体系来说是有益的。

其在心理治疗及其理论中的应用:作为一种综合心理治疗体系的一部分

"知"是洞见的突然"闪现",正如闪电之于天空。"恬"是自我的逐渐崩解,恰似被海浪冲击的岩石之消失。二者都是通向"明"的路径,都是老子在《道德经》中所应用的技巧。阅读《道德经》文本就是同时揭示"知"与"恬",经常读《道德经》会逐渐改变一个人的认知"地图",并同时为突然的直觉洞见创造条件。显而易见老子在《道德经》中倡导的冥想实践会逐渐磨掉一个人的自我,最终只留下空与顺从。在一种综合的心理治疗体系的"知"与"恬"中,冥想、相悖的状态以及其他的思想困惑将以思维的形式成为主要的技巧。那些正在寻求对绝对的实现之获得的人会使用二者，那些正在寻求更少目标如紧张生活环境之解决或关系之改善的人会应用二者。似乎在后一种情况下将会因通过"恬"而获得的结果之缓慢而更多强调"知"。

由于冥想主要是在宗教的背景下而心理治疗主要是在科学的背景下发展起来的，将二者综合的可能性几乎没有被考虑过。"恬"，或冥想的方法，是个体在其定期引导下主要听从自己内心的一个过程。而心理治疗则相反，涉及典型的人与人之间的互动，而且其促变因素是治疗师与其病人之间的人际关系。冥想的目标是为了帮助个体达到一个通常情况下达不到的层次，而治疗的目标则通常是为了恢复病人发病之前的功能水平。冥想主要关注的与个体意识的结构或经验相关，假设当结构被加强时其内容将会以一种更健康的方式自己重新组合，而心理治疗主要关注的是个性的内容，假设当内容被重新组合时其结构将会变得更加互相协调和平衡。基于此，在其综合成一种新的心理治疗体系之前，二者之间似乎不存在根本的矛盾。事实上，传授冥想的导师应该欢迎来自心理治疗的新技巧以探索和重新评价使结构变形扭曲的无意识的内容，使结构能够更容易被加强。而心理治疗大师应该欢迎来自冥想的新技巧以提升自我的力量和认知的灵活性，使内容能够更加容易被重新组合。就此而论，可以看出冥想和心理治疗都意在内在的成长和发展，而且目的都在于帮助人获得其最大的潜能。

实际上，冥想目前被一些综合东西方方法的心理治疗师应用到他们与其病人之间的工作中。

库茨（Ron Kutz）认为冥想是一种认知诊治技巧，能同时改变一个人对其世界的态度和信仰。冥想在东方是作为终身的追求来实践的[1]。其变化比较缓慢，而且其核心在于冥想的过程本身而非冥想的效果。传统的冥想被用作心理治疗的唯一技巧，而且所有的病人很快就对特别症状的减轻感兴趣是欠考虑的。然而，冥想对教导病人警觉是有用的，这种警觉能使他们变得与观察其心理活动的观察者相脱离，以至于他们能看清被否认和被曲解的模式。这种能力极大地有助于认知和旨在改变心理过程的、以洞见力为导向的心理治疗的成功。

五）概述与结语

《道德经》是一部有着 2500 年历史的关于形而上学的心理学著作，它将读者带到了这些现代心理学所主要关心的社会或生物因素之外。它有助于读者明白宇

---

① 　Ron Kutz, J. Z. Borysenko & H. Benson. "Meditation and Psychotherapy: A Rationale for the Integration of Dynamic Psychotherapy, the Response, and Mindfulness Meditation." *American Journal of Psychiatry*, Vol.142, No.1, 1985, pp.1-8.

宙的根本力量是如何在所有的存在中被反映出来的，但其尤其关注每个个体的内在结构。《道德经》邀请人们试着去过与那些因素直接相关的自己的生活，通过他们的真实所见与充实生活，成为真正的人。它以人们自己所能理解的话语与其交流，而同时又邀请他们去寻求洞见的不同层次并经历那些不一定在其理解范围之内的经验。《道德经》坚持不懈地传达时间的多重维度和文化的多样性，因为它论述的就是人的本性和人类的状态。它谈及人内在精神的伟大之可能，同样也谈及人内在精神的挫败之可能，二者都是我们人之为人所与生俱来的结构。正如梅德赫斯特（C. Spurgeon Medhurst）所指出的："这本书的思想是一种被埋没的思想，它关联的是其精神的而非语法的句子。"①

《道德经》向人们呈现了一种挑战，即真实的所见和充实的生活。这是一个有相当难度的挑战，其难度对现代人来说与《道德经》所针对的古代中国人相比有过之而无不及。现代人试图在没有理解《道德经》所意指的是什么的情况下徒劳地过一种充实的生活，在没有将自己向终极现实展现出来的情况下擅自行动、从事并创造。这种展现和体验它的方法恰是《道德经》所阐释的。

从形而上学的角度看，"道"指的是万物之道。从心理学的角度看，"道"指的是人类本性的深层的动态结构。从伦理上讲，"道"指的是人类该如何规范自己与他人之间的行为之道。而从精神上讲，"道"指的是寻求过去的圣人们传下来的真理的方法，即内在精神活动之道。"道"所有的这些意思最终都是一样的。《道德经》将宇宙流动的结构与个体的结构相关联，二者都体现在自身并表现在其每一个行动中。

蕴含在《道德经》中的形而上学的真理之实现与人们通常处理自己的生活之道是相反的。《道德经》形而上学的教义认为，有一条无形的、无法抓住的、无差别的、不可见的法则存在于万物的中心并在我们周围形成了一个可见的、有形的世界。生活的秘密对人们来说在这条法则中得以展示，要获得它只能通过达到一种内在开放的能使得人在其自身被展示时对这条法则愿意接受的状态。这要求一种努力，这种努力不同于我们从"道"这个词所理解的其他任何东西。

《道德经》呈现了一种形而上学的世界观，这种世界包含了不止一个现实层面：既有普通意识的多层面，也有超意识的统一层面。即存的心理学知识产生了一种完整的心理学体系，这种体系被应用到人类存在与经验的各个领域。

综上所述我们将得出如下结论和建议。一是，努力使心理学家和其他的心理治疗师熟悉《道德经》以及其他需要继续阅读的神秘作品。笔者现在的这篇文章，

① C. Spurgeon Medhurst. *The Tao-teh-king, Sayings of Lao Tzu*. Wheaton: Theosophical, 1972, p.9.

与之前蒋（1971）、多吉尔（1978）、芬利（1981）、洛布洛克（1982）和科拉辛（1983）的论文一样，都是在为此而努力并将如所希望的那样，有助于他人的进一步研究。二是，心理学需要扩宽其世界观以便包括假设 – 演绎的科学传统的根本信念之下无效的那些概念。任何思想领域的成长都只能在当那些侵犯或与那些已经在其他领域已经建立起来的信念相矛盾时才会发生。三是，把冥想作为一种心理治疗的技巧需要努力加以继续研究。这些努力应该采用真实的体验设计和迄今为止已经被使用的准体验设计。四是，研究修辞语言和象征语言以及需要作为心理治疗技巧之反论的努力。这种研究，现在首先是出现在自然界的传闻中并主要在家庭治疗中完成，应该被扩展到包括私人和团体的范围，而且也应该采用真实的体验设计和迄今为止已经被使用的准体验设计。

本文作者集中论述了 3 种心理学体系：西格蒙德·弗洛伊德（Sigmund Freud）的心理分析心理学、斯金纳 (Burrhus Frederic Skinner) 的激进行为主义和卡尔·罗杰斯 (Carl Rogers) 的人本主义心理学，它们分别代表了心理学思想的 3 个主要学派：动力心理学、行为主义心理学、人本主义心理学。多吉尔（1978）和加加林（1976）将《道德经》与格式塔治疗进行了比较，科拉辛（1983）将道家思想与体系理论做了比较。有必要将《道德经》与其他的心理学思想学派及其相关的心理学治疗理论和技巧做比较研究。比如，家庭治疗的策略和问题解决体系就很像《道德经》，比其他的体系使用了更多的象征手法、比喻和悖论。

最好莫过于该文开始将《道德经》的概念与即存的心理学知识进行全面的综合。笔者意在朝这个目标继续努力，并希望能有其他的研究者加入这种努力中来。通过努力，将会同时在心理学知识的扩展和带给全人类更大的启示和满足方面取得很多成就。

听别人说，走自己的路

艾丽西娅·亨尼希：《将〈老子〉应用到经营管理中》的开头和结尾处都强调："第一眼看，并非所有这些美德都能在经营管理中起到作用，而且尤其不能从纯粹的'西方'视角去看。""道家思想不仅是一种与复杂的历史相关而且也与复杂的世界观相关的哲学，它与西方的思维方式是完全不同的。可以说《道德经》中所呈现的美德可实际用于商业中，然而，有些美德背离了其原本的意思和文化历史语境。"①

鲁迅先生在《拿来主义》一文中如是说:"要运用脑髓,放出眼光,自己来拿!""他占有,挑选""总之,我们要拿来。我们要或使用,或存放,或毁灭。那么,主人是新主人,宅子也就会成为新宅子。然而首先要这人沉着,勇猛,有辨别,不自私。没有拿来的,人不能自成为新人,没有拿来的,文艺不能自成为新文艺。"② 该文涉及了在将"他者"的宝贝"拿来"时应该本着"取其精华,去其糟粕"的精神,尽管鲁迅先生并没有明确地使用这个词语。

二者都告诫我们,在将他山之石拿来为己所用时,不可不加甄别照搬全取,而是应该"听别人说,走自己的路",即根据自己现时的实际情况,选取那些适合自己的精华,作为可资借鉴可为自己所用的攻玉之石。

---

① Alicia Hennig. "Applying Laozi's *Dao De Jing* in Business". *Philosophy of Management*, Vol.16, 2017, p.29 & p.33. "The virtues of DDJ may serve as a good and reasonable guidance in business. At first sight, not all of these make sense in a business context, and particularly not from a purely 'Western perspective'." "The virtues presented in the DDJ are indeed appicable in a business context, however, with some deviation from the original meaning and cultural and historical context."

② 鲁迅 . 且介亭杂文 [M]. 北京:人民文学出版社,1973 年版,第 26 页。

变亦有"道"的海外《道德经》畅销译本

——以冯家福、米歇尔、勒瑰恩译本为例

蔡觉敏[*]

内容提要： 近几十年来，《道德经》在西方大众中的影响越来越大，这离不开一些畅销译本的传播。学界对这些译本态度各异，有的严厉抨击，认为其缺少中国的思想和文化内涵，是对"道"的扭曲；有的则是有所保留的肯定，认为其虽然与真正的《道德经》有差距，但是传播效果好。通过研究其中几个有代表性的《道德经》译本，我们可以发现这些译本的内容或者是会因客观原因而变，如难以翻译的抽象概念多有"缺位"，难以理解的章节会有所调整；或是因为主观原因而变，如将字词改成适应时代的词语，或是与作者的个人体验融合在一起。但不管怎样，他们在力争使得"道"的精神大众化。以此，我们可以将通俗译本与严谨的学界研究相结合，促成中国的道文化传播。

自 20 世纪以来，《道德经》在海外的影响越来越大，仅英译本就达数百本之多，据芝加哥大学博士 Lucas Carmichael 2017 年的统计，过去几年中，《道德经》译本在以每年十八本的速度增长，且还在继续更快增长中；译者也从早年的传教士、外交官以及精通汉语的汉学家扩展至普通大众。与之相关的《道德经》译本与接受研究也成为相关学界的研究热点，但是，这些研究都集中于经典和严肃译本，而译本中发行量最大、受众最多的译本，研究却相对较冷，有所关注者，也以批评居多。但不可否认的是，正是以这些译本为基础，"dao"才深入了美国大众心中，引起了广泛的反响，产生了大量的 the tao of (doing)sth 的读物；这也给我们提供了一个审视这些译本的新维度，即从大众译本中所传播内容与"道"的

---

* 蔡觉敏（1975—），女，湖南岳阳人，天津外国语大学国际传媒学院副教授，主要从事中国古代文学研究。

关系角度理解它们。以此，本文将结合前人的《道德经》畅销译本印象，分析中国道文化视野下的译本。

一、学界视野中尴尬的畅销译本

在《道德经》大众译本出现之前，《道德经》在欧美西方世界已经有广泛影响，作为"道"传播的重要途径，《道德经》翻译也受到了学者关注，A. HSIA 编辑的 *TAO Reception in East and West* 就收录了若干篇《道德经》译本研究的文章，他们或者是分析有影响力的学界译本，或者是分析"道"之流行的社会背景，但是，通俗译本并没有成为这些道教学者或者哲学学者的特定主题。在对它们的零星关注中，有认为这只是出版社出于商业目的而哗众取宠，是一种文化殖民；亦有认为这些"不懂汉语的人"翻译的《道德经》不够精确，只是对哲学的误解；但也有认为，它们是不好的翻译，却产生了好的宗教。学者对此见解各异，从他们的评述中，我们可以侧面看到这些畅销译本的特点。

已故汉学家许理和（Erik Zürcher）的《东西方的老子观》和卜松山（Karl-Heinz Pohl）的《对西方道家思想接受的述评》均没有提到这些译本。但是，他们在深入分析"道"之流行的现状和时代背景之时，自然地谈到流行的道的通俗读物，对这些读物，许理和先生称其为"荒谬"，卜松山先生认为 20 世纪的道家接受是"时代精神的玩偶"。我们可以合理推测，通俗译本无疑也是他们宏观评述的当代道家接受的表现之一，自然也当是"荒谬"和"玩偶"之类。

如果说，许理和和卜松山对畅销译本的观点，只是侧面表明其否定态度；以这些译本为专题研究对象的哲学学者和宗教学者，则多是直接否定它们。例如 PAUL R. GOLDIN 在篇名即透着贬斥的《那些不知道如何说的人：不懂中文的人翻译的〈道德经〉》（Those Who Don't Know Speak：translations of the Daode jing by people who do not know Chinese）一文中，作者直言这些连汉语都不懂的译者们，如宾纳（Witter Bynner）、米歇尔（Stephen Mitchell）、勒瑰恩（Ursula K. Le Guin）等的译本，他们翻译时多参考前人，用词不够准确，歪曲或者简化了原著思想。他提出米歇尔由禅入道、宾纳仅有两年在华经历，他们并不熟悉"道"，并结合具体译文以证明这些通俗译本之错。此外，还有否定这类型译本的 Louis Komjathy，他在《道教传统的常见误解》（Common misconceptions concerning Daoism）一文中，明确指出这样的翻译是西方通俗文化的产物。

更尖锐的批评者从译本之畅销这一结果上推断其写作动机只是赚钱，进而否认其意义。批评者多认为，译者为迎合市场与大众而篡改了《道德经》。Russell Kirkland 甚至提出，这与《道德经》在古代之大行其道如出一辙（他认为《道德经》的作者故意去掉了特定的人名地名等以得到更多认同）。但笔者认为，这中间并不存在必然的因果关系，赚钱与"篡改"之间没有必然因果。这些译者之所以翻译《道德经》，仍是有一定思想基础的，例如冯家福本身就爱好道家，米歇尔有着与道家相通的禅宗体验，而勒瑰恩更是明言喜欢道家，她不满意那些学者的翻译，认为："《道德经》的学术译本用的是适合统治阶层的语言，强调道家'圣人'的独特性、他的力量、他的权威。在众多通俗译本中，这种译本也会长期存在，但是不会被推崇。但那些并不聪明、也不那么有力量的读者，还有那些女性读者应该也有自己可以接触的'道'，（我的译本）现在想给他们这些，我不是猎奇，而是聆听与心灵的对话。我希望读者看到两千五百年来人们一直喜欢它的原因。"①

　　尽管这些译本受到了尖锐的抨击，但其巨大的影响力使得更多学者会以此引导学生进入道家道教的学习，由此注意到了这些译本的客观效果。例如吉瑞德（N. J. Girardot），他认为老子是"前期道教"，更强调《道德经》的宗教意义而不是哲学意义，这与米歇尔的更强调老子"智慧"明显并不一致。吉瑞德自己也提出，他开始研究《道德经》的时候，认为感受到"道"了；经历了几十年的教学后，他认为对"道"的体悟也是需要多年努力的（这更近于强调道教的严格修炼），但他也不否认这些通俗译本的作用："如果不是指纯粹神秘的'道教'或者其本质，而只是就其早期文本而言的话，米歇尔是将与早期文本一致的内容以有趣的方式很好地表达出来了。不可忽视的是，即使道教研究者开拓了新的领域，还出现了众多新的译本，那些汉学家和比较哲学家们出发点也良好，有更多文献学知识和研究方法，但在传达道教传统的文本或精神（思想和实践，神话和仪式）方面，他们仍是远远不够的。"②认为这些译本适合于作为道教的入门读物；不仅如此，他也不像其他学者一样因米歇尔是从禅宗接近道家就否定他："米歇尔认为他的禅修经历使他能够理解古代道教文本中的哲学思想，这引起了别人的争议。值得注意的是，并非只有精通哲学的汉学家才能产生优秀译本。"③

　　除此之外，还有些学者虽然自身很重视也了解《道德经》原义，但对这些译本报以比较客观的态度，如著名学者拉法格（Lafargue M）注意到宾纳和米歇尔的不足，认为学生并不能满足于米歇尔的译本："我建议学生不要用米歇尔和宾纳的译本，因为它们虽然有助于灵性启发，但对我的课程（笔者注，指拉法格的道

————————

　　①　Le Guin U K , Seaton J P . *Tao te ching* : a book about the way and the power of the way[M]. Shambhala Publications: Boulder, Colorado, 1998,11.

　　②　Deangelis G D, Frisina W G, Girardot N J. My Way: Teaching the Daode Jing at the Beginning of a New Millenium[M] Teaching the Daode Jing. 2008.111.

　　③　Deangelis G D, Frisina W G, Girardot N J. My Way: Teaching the Daode Jing at the Beginning of a New Millenium[M]Teaching the Daode Jing. 2008.126-127.

教课程）不太合适，因为其作者并不具备必需的语言和历史知识。"① 但他并不像别的学者一样，以不符合原著否定米歇尔和 Benjamin Hoff（*the tao of pooh* 的作者），他认为《道德经》并非只有一个"合法"的解释，不仅如此，和吉瑞德一样，他跳出学者学术视角的局限，认识到米歇尔译本的传播效果："有些学者更强调那些通俗译本的译者的语言和历史知识有误，抱怨那些非学者的译者如米歇尔和宾纳缺少这些知识，认为并非所有译本都是《道德经》的合法解释——但是，接下来他们又宣称《道德经》是一个'开放'文本，因此，就他们所言，《道德经》应该是可以有不同解释的，这样，所谓重构其原初意义这一说法本身就是错的……Hoff 和米歇尔不能因这而受到指责。相反，我们才是失败的一方，我们（指中国传统和宗教比较研究方面的专家）没有能够创造性地融合学界研究成果并有效地传播它们。"②

    还有一些学者从道家道教之外的其他角度审视米歇尔等人的译本，例如 Damian J. Bebell 和 Shannon M. Fera 的《对〈道德经〉部分译本的比较和分析》（Comparison and Analysis of Selected English Interpretations of the *Tao Te Ching*）一文，作者并没有预定一个"原本"的《道德经》以去"校正"译本，只是比较不同《道德经》译本的特定章节。该篇中提及了宾纳和米歇尔的译本，并将它们与学术译本进行比较，这本身是一种对通俗译本影响力的认可。还有些学者，甚至肯定米歇尔译本中应和时代的译法，例如米歇尔将"神人"译为女性的"她（she）"，有学者就认为这可以引导学生进入当代性别问题的讨论。

    对通俗译本的观点还引发了一些论争，例如 Paul R. Goldin 的观点即受到了某位读者 Alan Baumler 的猛烈抨击，Alan Baumler 说 Paul 是嫉妒米歇尔巨大的销量，对勒瑰恩的译本，他则说："那么，是和 Ursula K. LeGuin 一起展开想象的翅膀，还是记住学者的僵死注解？ 我认为这是自由教育中的主要问题——教育是发现自己，还是发现其他人？ 如果它完全是关于自己的，那么你是否在文本中找到'正确'的词语并不重要，因为你已经知道它对你意味着什么。事实上，你根本不需要看这本书，你也不需要老师或任何'学术'。对我而言，自由教育就是与其他人的相遇，有时对方可能是其他非常不同的人，甚至于他们彼此也有不同。这并不容易，我需要帮助，这并不是学生上课时要做的，米歇尔、勒瑰恩的译本能起

① Deangelis G D, Frisina W G, Lafargue M. Hermeneutics and Pedagogy: Gimme That Old Time Historicism[M] Teaching the Daode Jing. 2008.172.

② Deangelis G D, Frisina W G, Lafargue M. Hermeneutics and Pedagogy: Gimme That Old Time Historicism[M] Teaching the Daode Jing. 2008.169.

到交流的作用，当然更好。"① 严厉的批评使得 Paul R. Goldin 在其留言后重申自己的观点。

从对这类译本的不同评价中，我们可以看到矛盾的态度，人们或者可能以哲学的、语言的、历史的原因说它们不合乎"原本"，或是以其入门不"正"否定它们；但都无法否认其吸引力，而且也在教学中采用它们作为引导学生进入道家道教的桥梁。但是，这些都并非由其内容而否定，就其内容的是是非非，我们可以更多地审视。米歇尔本人说，自己对这些译本进行了简化、省略等，可见，他们自己就承认并不"完整""高深"，但是，是否就可以认为它们"虚假"？本文以三个影响很大的流行译本来看这些"简化""省略"甚至于调整。这些流行译本中，一是"不懂汉语"的米歇尔、勒瑰恩的译本，还有一个是华人冯家福的译本，该译本虽然同样受欢迎，但是并没受到学界的抨击，大概与其译者冯家福并非"不懂汉语"有关；值得注意的是，这篇译作之所以成功，很大程度上是因为以英语为母语的编辑对它进行了修改，在某种程度上，甚至可以说是——以英语为母语者对华人译本的"再翻译"，这已经类似于米歇尔和勒瑰恩的"翻译"了，这些译本如下文说的，是并不"真实"的《道德经》。

二、不得已的"扭曲"：抽象概念的缺失与章句内含的调整

这些通俗译本，不管是它们与原文间，还是它们彼此之间，都表现得相当不同。和《道德经》相比，它们会选择性地过滤掉比较抽象的概念，但并不一定就是不符合"道"的思想；其次，它们的每一篇章多有自定的鲜明的主题，但这些主题服从于它们对"道"的整体认知。

首先，这些译本都是以英语为母语者所译（或是有合作），对这些译者来说，那些在英语中没有对应概念而难以翻译的抽象概念，会被译者有意无意地省略或改变，如："与其他语言相比，译者在翻译'道'的时候，更有可能将他自己的思想或理解注入其抽象概念中。"② 他们在翻译之初，实际并不是从《道德经》文本出发，而是从《道德经》接受者的角度，选择了自己作为接受者时最喜欢的语言和概念。就冯家福译本的写作过程而言，"冯家福有古代的和现代的《道德经》版本，开始时，他逐字逐句地比较这两个版本。然后每天与他的学生分享，每个早上，一群人把研读文本当作精神修行，发掘其中的思想，提炼语言，Jane 则将冯

---

① Alan Baumler.Introducing Daoism[EB/OL]. http://www.froginawell.net/frog/2016/10/books-with-laozi-on-the-cover/#rf2-6851.-2018.12.31.

② Walf, Knut. Fascination and Misunderstanding the Ambivalent Western Recption of Daoism [J]. Monumenta Serica, 2005, 53(1):285.

家福的'中国式'英语转化成为标准的美式英语"①。在交到编辑部之后,编辑"会琢磨十二个译本中对某个特定句子的翻译,然后回到冯家福的译本中去查它的意思,再用简单自然的方式和其他译者没有用过的词语表达出来。这和机械的照抄刚好是不同的。然后我把每一页都大声读给一位年轻的墨西哥朋友听,如果读起来不流畅,或者意义显得晦涩,我会调整词语或节奏,直到意义很明确。修改后的文本会返还给冯家福,他表示认可或否定,他可能认为编辑工作都是这样,但其实一般的编辑工作不是这样的。"②参与了这个过程的学生和编辑,一方面是其译本的读者,另一方面又成为其最终译本的作者。在这个过程中,他们将自己觉得难以理解的进行了调整,"提炼语言"和选择"简单自然"的方式,就会从语言上去掉难于理解的字词,这样可能会牺牲掉《道德经》原文中高度形而上学的概念。

以"德"字为例,它的意义与"道德"的"德"不同,实际表示的是万物从"道"那里所"得"到的"道"。在中国文化和汉语的语境中,"德"与"得"相通,其意义也很好理解,但是,在英语中则难以找到对应的词。对此,冯家福译本是在序言中提出,该词语使人们的注意力转向日常生活中"道"的体现,虽然他的译本和其他文本一样用 virtue 翻译"德",但读者应注意到它是植根于形而上学中的道家之"德",是宇宙的核心的、创造性的力量通过人类行为表现出来的特性,并非是和文化、民族、时代、阶层密切相关的社会道德规则,因而不能从伦理道德维度去理解。可见,作者从开始就说明这个"德"与普通的"德"不同,但真正能够用什么词来翻译,作者也没有答案。对"道生之,德畜之,物形之,势成之,是以万物莫不尊道而贵德"一句,冯家福本译为"All things arise from Tao. They are nourished by Virtue. They are formed from matter. They are shaped by environment. Thus the ten thousand things all respect Tao and honor Virtue." 这里,出现的是"Virtue"。而这个"德"字,在米歇尔译本中消失了:Every being in the universe is an expression of the Tao. It springs into existence, unconscious perfect, free, takes on a physical body, lets circumstances complete it. That is why every being spontaneously honors the Tao. 这里,"德畜之……贵德"被删除了,但是,删减了"德"之后的译文,可能没有了"德"对万物作用的说明,但并无妨于表达"道"之自然滋养万物的特点。勒瑰恩则是将它翻译成 power:"The Way bears them; power nurtures them; their own being shapes them; their own energy completes them.

① Gia-Fu Feng, Jane English, Toinette Lippe. Tao Te Ching: Text Only Edition [M]. vintage books: Vancouver.

② Gia-Fu Feng, Jane English, Toinette Lippe. Tao Te Ching: Text Only Edition [M]. vintage books: Vancouver.1989, xi.

And not one of the ten thousand things fails to hold the Way sacred or to obey its power." "德" 对应 "power"，但是，其源于 "道" 的特性在这里仍无法体现。

精确的数据统计也证明了抽象术语在译本中的减少。如《对〈道德经〉部分译本的比较和分析》一文中，作者发现，《道德经》及其哲学被与西方生活的主流结合起来，这一现象表现在大量将东方哲学与西方文化相结合的通俗读物上。他分析了宾纳和米歇尔的译本，发现他们在有的词汇上与别的译本有所区别。例如宾纳的译本提到 "Nature of the Tao"（道之自然）的仅有 21%，比其他样本的平均值低 12%；宾纳在提到 "Government/sage's actions"（政府 / 圣人）和 "阴 / 阳" 的次数也是最少的，仅有 1%，而其他的比较对象分别是 9% 和 6%。米歇尔 1988 年译本只有 20% 提到了 "道的自然"。①

这种对某些抽象语词的省略或改变，往往成为被学者诟病的原因之一。从研究的角度讲，要了解《道德经》，自然不能擅自省略掉其中任何一个部分。但是，如只是从《道德经》中感悟某些自己所需要的 "道" 的角度讲，则无妨于此。他们本身要的是不是整个的中国文化？或者说，西方受众有没有可能从《道德经》中就理解与其自身文化区别很大的文化？很显然，宇宙观、价值观、人生观这些不可能是他们完全能够理解和接受的，思维方式、宇宙观这些《道德经》中附载的中国文化因子，不是一本《道德经》就能说明的。当它们成为受众无法理解甚至引起混乱的阅读障碍时，让受众理解所能理解的，比让他们完全无知要好。

其次，这些通俗译本服从于他们对 "道" 的整体认知，这表现在他们多根据自己所认为的章节主题而改变原文字句上。《道德经》全书结构比较复杂，至今尚无一定之论；章节内部的关系也有模糊不清处，对读者来说，同一章节中一些隐喻、思想的跳跃都会形成阅读障碍，使他们难以将每一章节作为内部结构严密的整体把握。而《道德经》译者在此之前，他们已经是各种译本的 "读者"，已经形成了 "道" "无为" "自然" 等《道德经》的核心概念。当他们转换身份成为表现 "道" 的作者时，他们会尽可能地以一些核心概念为中心，通过思考加工使在他们看来原本内部关系松散且含混的章节变成结构紧凑、章意明显、中心明确的段落；他们各自对每一章章义的理解，就成为该章的核心内容，其译文所追求的，是每句均与这些核心内容有着联系。由于根据同一文本各自所生发的思想和感受都有不同，他们对同样章节的核心内容的定义也可能有所不同，其译文也会产生明显区别。

---

① Damian J. Bebell & Shannon M. Fera. Comparison and Analysis of Selected English Interpretations of the *Tao Te Ching*, Asian Philosophy: An International Journal of the Philosophical Traditions of the East, 10:2, 2000, 133-147.

　　以第二节的翻译为例，原文主要是强调对立面的相辅相成，同时主张圣人无为，不居功，而米歇尔译本和勒瑰恩出现了明显区别。米歇尔强调三点，一是"create/support/difine/depend on each other（意为有无相生，难易相成，长短相形，高下相倾，音声相和）；二是 Things arise and she lets them come; things disappear and she lets them go（意为无为而无不为）；三是 when her work is done, she forgets it. That is why it last forever（意为功成而不居）。勒瑰恩则一是强调对立双方的互相依赖，例如 complete/shape/depend on each other（意为有无相生等）；二是 letting it go（意为顺其自然）。二者译文的内容有重叠之处，但在各自的注解中，则可看出其强调重点并不相同，米歇尔的译本中，他强调的是"acts without doing anything"（行动时不带主观欲望），即按自身的意愿自然随性地行为是最真实也最成功的，但对"万物作焉而不辞，生而不有，为而不恃，功成而弗居。夫惟弗居，是以不去。"的解释则偏离了原文，他解释持久的原因是"不是指时空上，而是指质量上"（not in time and space, but in quality）。可见，米歇尔强调的是无为而无不为，甚至将其理解为器物，因为无为而质量更好，更能持久。与他不同，勒瑰恩强调的是价值观和信仰的建构不仅与文化有关，还是阴阳互相作用的结果，阴阳的互相作用是保持现象世界处于平衡的力量；事物总是相对立存在的，坚信自己永远真实正确的做法是一种傲慢的自信。二者比较，米歇尔强调的是自然无为而无不为，勒瑰恩看到的则是中国宇宙观中的平衡和整体性，强调的是整体中对立面的"平衡"和互相依赖和转化。

　　如此可见，这两人的译文与原文都不是很严格地吻合，但是，我们似乎并不能否定这种思想与"道"确实有关系。笔者窃以为，这是因为他们在"翻译"的时候，其着重点本身就不在于语言上的严谨与章句意义的严格重合，他们更多的是在《道德经》的文本中遨游。他们各自已经形成自身所认为的《道德经》核心概念，又多方参考其他译文，其在"翻译"之时，则是试图将自己看到的文本译文与他们心目中欣赏的道的核心概念相结合，从某章节生发的思想可能超出了该章原文的语境和意义，但却不会跳出《道德经》核心概念所形成的圈子——因为他们对"道"形成的所有认识都不会超过所根据的译本的范围。如米歇尔对第七十章的解释："如果意识到万物的变化，就不会执着于任何事物；如果你害怕死亡，则你无所实现；想掌握未来，就像要控制大匠的斧子一样，当你想像大匠的工具那样砍时，你很可能砍伤你自己。"很明显，在这里，我们看到译文与原文字面意思相差极大。原文中对潜在的阅读者的告诫在米歇尔笔下成了认识到万事万物的变化不息，成为对生死的超脱，成了不过分执着的那种淡然。因此，我们可以说它不是《道德经》第七十四章的翻译，但我们却不能认为它与中国传统的"道"

完全无关。1994 年的版本中，他还引用塞翁失马的故事对"力图掌控世界（Trying to control the future）"做了进一步的解释，以此说明未来是祸是福的无法预料和掌控欲的危险所在。

如此可见，在具体译文对"道"的思想的表达上，经常会有歪打正着的情况，之所以如此，笔者认为，诚如德国汉学家汉斯·格奥尔格·梅勒 (Hans-Georg Moeller) 所说，《道德经》是一种网络状结构，其中的核心概念就是网络上的节点，读者很容易从《道德经》的这一点"漂流"至另一点，以此，《道德经》不同章节的释读都可能"漂移"向那些核心概念。勒瑰恩幼年时期即从其父亲那里看到了《道德经》，翻译之前也阅读过大量其他版本，例如韦利的、刘殿爵的、卡鲁斯（Carus）的、宾纳的、还曾想参考米歇尔和张钟元的，但最终放弃。她声称："我的版本离不开学者的判断，但是，我希望我的文本是美学的、智识的和灵性的，我觉得加入其他东西会破坏它的整体性。但是，我会在后面的注解中予以标明。"①她翻译的时候，更多的不是忠实于《道德经》某一章节这些局部，而是将《道德经》作为一个整体表现，她认为某些章节中的一些句子与全文不是那么紧凑时，就会有意识地去掉。如第五章中的最后两句，在正文中她没翻译，而是将其置于全书的注释说明中，以至于她自己在前言中都说她的《道德经》是比较随意的，不是一个翻译，只是一个演绎。

如果说，对抽象术语的处理、对篇章内容的变动是作者在无法应对《道德经》的复杂情况时不得已的选择，那么，更能体现出他们"篡改"意向的，则是作者为了追求当代接受而主动做出的改变。

三、主动的改变：适应时代变化和主观倾向的需要

这些通俗译本，从宏观层面的思想潮流到微观的字词，都表现出其"善变"的一面。它们或是适应外界潮流而改，或是体现主观自我而改，值得注意的是，万变不离其"宗"，这种变化仍旧是在力图传达出他们认为的"道"。

就宏观层面而言，米歇尔和勒瑰恩的译本都体现出女性主义的影响。如刘笑敢先生所言，《道德经》本身应该是没有女性主义思想的。但是，《道德经》强调"道"的守雌和母性的特点，使得它可以被女性主义者当作理论支撑。适应这种女性主义的潮流，我们可以看到，通俗译本中，"道"有了"女性"特点。在冯家福本中，作者提出女性在《道德经》中的特殊地位，"老子中的'雌'在当代文化中很有意思。尽管如此，它与当代的社会或女权运动之类没有直接关系。它

① Le Guin UK. Tao te ching: a book about the way and the power of the way [M]. Shambhala Publication: Boulder, Colorado, 1998. 106.

只是一个纯粹人性的问题。"①但他们已经注意到《道德经》中女性的特点,"阴不一定就与历史定义中的雌性概念一致,而阳则不一定与历史定义中的雄性概念一致。"②只是在译文上并没出现这一点。这种对女性的关注在米歇尔的译本中得到了进一步的强调,其译本提到"femininity"的频次高于其他译本的平均频度,"圣人(Master)"明确成为女性(she,her)了,如第 77 章,"the Master can keep giving because there is no end to her wealth. She acts without expectation, succeeds without credit, and doesn't think that she is better than anyone else." 79 章是 "Therefore the Master fulfills her own obligations and corrects her own mistake. She does what she needs to do and demands nothing of others。"诸如此类,不胜枚举。

在字词上,追求的不是精准的原义,而是适合当代读者的理解,这也是贯穿于他们整个翻译过程中的,表现为具体字词的时代化。美国道教学者科恩(Livia Kohn)曾将众多译本大致归为三种,一种是逐字翻译,一种是会解释历史语境和当时的社会现实,不保存名词和介词等,而以注解的形式澄清语义,如韦利和陈荣捷(Wing-tsit Chan)以及拉法格,第三类是将文本与当代关联起来,他们会将意象和概念翻译成当代现实生活之物,例如陈荣捷翻译 46 章时,翻译成"When Dao prevails in the world, galloping steeds are turned back to the felds.When Dao does not prevail, war horses thrive in the suburbs。"米歇尔的翻译也就是这一类。如第四十六章的原文是"天下有道,却走马以粪。天下无道,戎马生于郊"。米歇尔译文的前两句文意上更为贴近现实,"When a country is in harmony with the Tao, the factories make trucks and tractor. When a country goes counter to the Tao, warheads are stockpiled out side the cities。"以工厂、卡车等当代意象来如此翻译。勒瑰恩中也是如此,对"故贵以身为天下,若可寄天下;爱以身为天下,若可托天下",勒瑰恩的翻译是:"So people who set their bodily good before the public good could be entrusted with the commonwealth,and people who treated the body politic as gently as their own body would be worthy to govern the commonwealth。"这里,作者用了几个不同的词来表明"天下",即 the public good,the commonwealth,the body politic,她引用 J. P. Seaton 的话说,当老子用"天下"时候,他是假定了其读者都是知道"天下"是一个共同体的。她意识到她的读者并不能理解当时"天

---

① Gia-Fu Feng, Jane English, Toinette Lippe. Tao Te Ching: Text Only Edition [M]. Vintage books: Vancouver. 1989, xxx.

② Gia-Fu Feng, Jane English, Toinette Lippe. Tao Te Ching: Text Only Edition [M]. Vintage books: Vancouver. 1989, xxxi-xxxii.

下"的意义，故根据语境的不同，选用了不同的词义。在第 17、18、19 章的注解中，她提出对"素"和"朴"概念的处理，"素"和"朴"这样的概念，多是翻译成 simple 和 natural，虽然"朴"这一概念被大家所熟知，但隐喻可能会使意义产生距离感，削弱陈述；但在语境非常明确、"朴"的意义非常清晰的时候，则可能沿用原词。第 29 章中，作者仅在第一段用"the world"翻译"天下"，第二段则用文学手法翻译成"under heaven"（强调"在天下"）之所以如此，是因为作者希望以此短语提醒人们充满了凉与热、弱与强、得与失等的世界，它们都处于"天（heaven）"这一神圣之物下。

对于时代背景比较复杂的社会规则或现象，这些译本可能还会省去。例如勒瑰恩的 31 章译文中，原文是"君子居则贵左，用兵则贵右。……吉事尚左，凶事尚右。偏将军居左，上将军居右。言以丧礼处之。"作者均省略掉了，之所以如此，是认为这些礼仪是过去的历史，以这些礼仪来说明观点也了无益处，只能引起混乱，因此，在她的翻译中，她直接省去了这些，只是保留了一些表达反战的句子，以平实的语言表达出来。她对原文的意思也做了适应时代性的变动，例如 80 章，原本是典型的小国寡民思想，但勒瑰恩不愿意这被人当成简单的还原主义或者反科技思想，因此，她翻译成"他们（有道者）不愿意被它们（指机械）所奴役。我们则被奴役，我们的生命被我们的机器、卡车、飞机、武器、推土机、电脑控制"。在这里，勒瑰恩表达了工业社会下人的状态，对现代病的当代人有所启发。

译者对这些字句的改变，多是为想更好传播概念全部而修正局部词语，其效果各异。原意比较晦涩时，作者可能会因要改成自己想象中的文意曲解原文。例如第 24 章原文中的"其在道也，曰余食赘形。"勒瑰恩翻译为"Such stuff is to the Tao as garbage is to food or a tumor to the body,hateful.The follower of the Way avoids it"，意为"这样的东西对道来说，就像垃圾之对食物，肿瘤之对身体一样"，具体的语言上有错误。但在很多时候，倒可能得到更好的效果。例如对"居"的翻译，Paul R. Goldin 认为米歇尔是不对的，因为米歇尔明显是受前人陈荣捷译本的影响，将"功成而弗居"中的"居"没有翻译为 dwell on(指居住) 而是翻译成为 take credit（取得荣誉）。但是，在汉语中，"居功"中的"居"翻译为"居住"并不合适，米歇尔出于文意而采取的前人的译法明显更好。

另一方面，这些译本的变化中，都带有作者自己"求道"之路的痕迹。也因此，这些通俗译本的译者还因为其入道之门不"正"而被人诟病。他们与《道德经》的接触，往往可能与别的宗教有关，最常见的是禅宗。禅宗与冯家福的翻译就有密切关系，其翻译过程的参与者就说："要了解《道德经》中自然观念的实践意义，特别其中的自然理想，最好的办法就是听禅宗大师铃木俊隆和他的美国学生之间的交流……铃木俊隆进一步引导我们思考'无'和'无为'这些《道德经》中的核心概念。"①它也与米歇尔的翻译有着密切的关系，米歇尔声言，在翻译《道德经》之前，他就接触到禅。在他自己翻译的注解中，我们可以明显地看到这一痕迹，例如对第一章"道可道，非常道"的注解，他就从禅宗中的以手指月这一公案引起，认为《道德经》第一章对言语的否定就是当情况更为复杂时候所应该的办法。再如他对"罪莫大于可欲，祸莫大于不知足，咎莫大于欲得。故知足之足，常足。"但后面则将"罪"换成了"illusion(幻象)"，"欲"换成了"fear（恐惧）"：There is no greater illusion than fear, no greater wrong than preparing to defend yourself, no greater misfortune than having an enemy.Whoever can see through all fear will always be safe. 中文意思则成了"恐惧是最大的幻觉，想长保自身是最大的错误，自以为有敌人是最大的不幸。能看透所有恐惧的人才是安全的。"这里，更多的是一切皆幻象的佛教之空。

就勒瑰恩而言，她对西方工业文明的反思也影响了她的译本。例如她反感被欲望所奴役，其四十六章为"Wanting less"，在标题上凸显无欲的主题，后面两句比冯本和米歇尔本都更为简单，直接表达出无欲的主题："The greatest evil：wanting more.The worst luck：discontent.Greed's the curse of life. To know enough's enough is enough to know。"（最大的恶：要得更多。最坏的运气：不满。贪污是对生命的诅咒，知足本身就是足。）勒瑰恩对第七十章"吾言甚易知，甚易行。天下莫能知，莫能行。言有宗，事有君，夫唯无知，是以不我知。知我者希，则我者贵。是以圣人被褐而怀玉。"其译文是：My teachings are easy to understand and easy to put into practice.Yet your intellect will never grasp them, and if you try to practice them, you'll fail. My teachings are older than the world.How can you grasp the meaning? If you want to know me, look inside your heart. 可以明显地看出，这里原文被大量删减，但是，其中"吾言甚易知，甚易行。天下莫能知，莫能行"的意义仍在；后面描述如何能知"道"的方法，"look inside your heart"有着强烈的内省色彩，但它与对"道"的体悟可以说并不是矛盾对立的。

如上可见，这些通俗译本，似乎有着种种不足，但是，对"道"的传递，它们则不可缺少。和精英研究相比，它们成为"道"通往大众的不可或缺的桥梁。精英学者所关注者，是《道德经》中隐藏的中国深层的宇宙观、世界观和中国式思维方式等，如比较哲学和比较宗教学者都着力挖掘和构建他们认为的《道德经》

① Gia-Fu Feng, Jane English, Toinette Lippe. Tao Te Ching: Text Only Edition [M], Vintage books: Vancouver, 1989, xxvi-xxvii.

中的深层内涵；其与生活切实相关的《道德经》中那些"弱""俭"等的通俗文句，则以其一目了然而并不在学者的研究热点之中。因此，学者们虽然认为《道德经》是古代生活箴言的合集，但在研究之时，他们最为关注的仍旧是形而上学的思想或者其隐藏的道教救赎观，而不是作为"箴言"所应有的与现实生活的相关之处。但是，于常人来说，《道德经》之引人注意之处，则并非抽象古奥的哲学思辨，恰恰在于可能是学者们不屑一顾的形下生活智慧。葛兆光先生在论及其思想史的研究方法时曾提出："和依赖著述而传播的经典思想不同，这些一般知识、思想与信仰的传播并不在精英之间，而是通过各种最普通的途径，比如……大众阅读（如小说、选本、善书及口头文学）等等……所以它可以成为精英与经典思想发生的真正的直接的土壤与背景。"① 可以说，"大众阅读"才是承载着民间的"一般知识、思想与信仰"之物；而这些"一般"的知识和信仰，也不需要以深奥的哲学术语表达出来，而只需要以与这些形上哲思相应的形下之事物表现出来。柯恩则认为它提供了一种观察世界的不同方式，提出了新的生活原则，并鼓励改变对世界的态度，其所以能够传播其他者，正在于其实践性。其实，这种趋势，早在宾纳的译本中就已经表现出来。作为林语堂之后的受欢迎的流行译本，宾纳本将其诗性置于哲学性之上，在思想方面，则是将爱默生的思想注入了《道德经》。可以说，通俗译本将"道"从精英的殿堂引至民间，成为民间可行之理，这既与"道"在中国的体现是一致的，也是承袭了"道"之在美国的大众传播趋势。

值得注意的是，大众译本与精英译本，又似阴阳之两极。本文重在区别其"对立"面，但实际上二者是相辅相成的。大众译本在以其大众化吸引读者的同时，也在取精英译本之长。例如米歇尔的译本，以其通俗而广受欢迎，但他在后来的版本中就参考了陈鼓应的翻译。这也是趋势之一，笔者在近日收到了美国刚刚出版的 Jeff Pepper 先生翻译的《道德经》，和以往通俗译本的作者一样，他并非汉学家，是和一个中国人一起翻译了这一本书，该译本在追求大众接受的同时，和以往只翻译章句不同，该书在给出章句翻译之外，每章都有与该章对应的中文文句，作者还逐字注音逐句释意，这种在大众与学界之间的平衡，也可能是《道德经》的精英传播与大众传播间自然形成的和谐发展。

① 葛兆光：思想史的写法：中国思想史导论 [M]. 上海：复旦大学出版社，2004. 第 14 页。

研究论评

《老子想尔注》研究述评

赵佳佳[*]

内容提要： 自 1956 年以来，学界对《老子想尔注》（下称《想尔注》）的研究取得了一定成果，其关注点主要集中在三个方面，一是考证《想尔注》的成书年代、作者、书名等问题；二是关于《想尔注》的思想研究（道论、术论、养生思想、政治思想、神仙思想等）；三是关于《想尔注》的解老方法。总体而言，有关《想尔注》的研究呈现多元化趋势，但还有进一步挖掘和探索的空间。

关键词：《老子想尔注》道教 述评

　　《老子想尔注》是一部道教解《老》经典，不知于何时失传。清末于敦煌莫高窟被发现，之后被英国人斯坦因带往伦敦，现藏于伦敦大英博物馆，编号为 S.6825。《想尔注》不分章次，且经注相连、不别字体。饶宗颐率先对《想尔注》进行了整理与校勘，并于 1956 年出版《老子想尔注校笺》一书，[①] 自此该写卷正式进入了学术研究的视野。[②] 自 1956 年至今，国内学术界对《想尔注》的研究取得了一定的成果。本文拟对此做一番梳理与总结，以期对《想尔注》的进一步研究有所裨益。

一、有关《想尔注》的研究成果

　　目前关于《想尔注》的专著，多是文本整理与校勘训释方面的成果。对《想

---

　　* 赵佳佳（1990—），女，山西长治人，山东大学哲学与社会发展学院博士研究生。
　　① 该书于 1956 年出版时全名为《敦煌六朝写本张天师道陵著老子想尔注校笺》，1991 年由上海古籍出版社再版名为《老子想尔注校证》。
　　② 在饶宗颐之前，已经有两位学者注意到该写卷。向达 1939 年在其所写的《伦敦所藏敦煌卷子经眼目录》中提到该写卷（六八二五《老子道经》），王重民也在 1939 年为该写卷（《老子道德经》想尔注 斯六八二五）做过简单题记。详可参见向达. 伦敦所藏敦煌卷子经眼目录 .[A]. 唐代长安与西域文明 [M]. 石家庄：河北教育出版社，2001；王重民 . 敦煌古籍叙录 [M]. 北京：中华书局，1979. 第 234—235 页。

尔注》的思想研究，主要散落于相关的道教史、宗教史、思想史等方面的论著中，而较少专著。

文本整理与校勘训释方面的研究成果主要有：饶宗颐的《老子想尔注校证》（上海古籍出版社 1991 年）、顾宝田和张忠利注译的《新译老子想尔注》（台湾三民书局 1997 年）以及刘光义的《张道陵的想尔注》（松慧有限公司 2003 年）。饶宗颐的《老子想尔注校证》以《老子河上公章句》的分章为依照，对《想尔注》的章次、经文、注文进行了整理。在该书中，饶宗颐还对《想尔注》的相关字词进行了疏说，并就《想尔注》与道教的一些早期文献进行了对比。文后附录了饶宗颐自 1956 年之后对《想尔注》的相关研究；顾宝田、张忠利注译的《新译老子想尔注》以饶氏的《老子想尔注校笺》为基础，并依影印原件对其做了校勘。该书以章为单位，每章由五个部分组成：题解（简要阐述《老子》与《想尔注》的基本内容）、原文、注释、语译（直译《老子》原文与《想尔注》注语）、说明（说明与本章相关的问题）；刘光义《张道陵的想尔注》，该书每章由三个部分组成：三家注（《想尔注》《河上注》、《王弼注》）的《道德经》原文；三家注解；比较析释。这些成果是研究《想尔注》思想必不可缺的基础文献。

其他研究专著有：刘昭瑞的《〈老子想尔注〉导读与译注》（江西人民出版社 2012 年）是少有的以《想尔注》为对象的研究成果。该书试图对《想尔注》做一整体研究，它对《想尔注》的基本面貌、文字变化、解老方法、"道"、"术"等问题做了全面的探究，并附录了《想尔注》原文及白话翻译；那薇的《汉代道家的政治思想和直觉体悟》（齐鲁书社 1992 年）最后一部分以《想尔注》为研究对象，从信道、长生、辩道三方面来探究东汉后期道家向道教的演变。首先，她以"道"为契入点，论述了"道"由哲学概念向信仰和崇拜的至上神的转变；其次，她论述了老子的"长生久视之道"向肉体长生不死的转变；最后，她论述了《想尔注》对自身"真道"的辩护以及对其他异端的排斥。陈丽桂的《汉代道家思想》（中华书局 2015 年）中关于《想尔注》的部分，主要探讨了《想尔注》的养生观、道家向道教思想的转变以及解老方法等问题。她认为《想尔注》以《老子》虚无的道论和清静自然的修养论为基础，将道家的理论转化为道教一系的守诫长生说。在解老方法上，她认为《想尔注》主要是以宗教解老，解老的模式主要有四种：经验层的说解与应用型的诠释；删改字词，以便教众；标断异常，仍归宗教；以实解虚，望文生义。最后，她指出《想尔注》其实是在用老，而不是在解老。

相关学位论文主要有：（韩）吴相武博士的《〈老子〉河上公、想尔、王弼三家注比较研究》（北京大学 1996 年）从宇宙论、修养论、政治论三方面对三家《老子》注进行了比较研究。他认为三家注的思维模式分别是黄老模式、道教模式和玄学模式；郑信平博士的《天师道哲学思想研究》（四川大学 2005 年）第三章《天师道哲学思想的发生——〈老子想尔注〉》考察了它的亡佚年代与作者、哲学思想以及与《太平经》的关系；余平博士的《汉晋神仙信仰的现象学诠释》（四川大学 2006 年）第三章《〈老子想尔注〉的宗教性建构》从《想尔注》的现象学定位、"道"之宗教性位格的生成和"道诫"的生存论意境三方面来研究；台湾陈政雄博士的《天师道与〈老子想尔注〉研究》（高雄师范大学 2016 年）侧重于从"史"的角度来研究自老庄、黄老、方仙道到天师道的演变以及它们之间的关联与继承，而对天师道核心思想的研究就是以《想尔注》为依据；朱大星博士的《敦煌本老子研究》（浙江大学 2005 年）第五章第二节从"想尔"的释义、作者及成书年代、与五千文及《河上公注》的关系、思想特色四个方面展开研究。此外，刘玲娣的《汉魏六朝老学研究》（华中师范大学博士论文 2005 年）、台湾林宣佑的《两汉〈老子〉注中之"道论"研究：以〈河上公注〉、〈指归〉、〈想尔注〉为论》（辅仁大学哲学研究所硕士论文，2005 年）、项运良《〈老子想尔注〉与〈河上公章句〉之道论比较研究——兼论对早期道教的影响》（西南大学硕士学位论文 2008 年）等对《想尔注》的相关问题也有所涉及。

二、关于《想尔注》的考证问题

《想尔注》的作者是谁？产生于何时？"想尔"的含义是什么？这是研究《想尔注》的前提和基础，因此自它进入学术研究的视野后，这些问题一直受到关注。尤其是五十到八十年代前后，学者们围绕这些问题展开了激烈的争论。

（一）成书年代及作者

历史上，提到《想尔注》的成书年代及作者的相关著录有五种：一、陆德明《经典释文·序录》记载有《想余注》二卷，并云："不详何人，一云张鲁，或云刘表。鲁字公旗，沛国丰人，汉镇南将军，关内侯。"二、《唐玄宗御制道德真经疏外传》（《正统道藏·洞神部·玉诀类》）和杜光庭《道德真经广圣义》（《正统道藏·洞神部·玉诀类》）所列历代笺注《老子》的著作目录中，有"《想尔》二卷"记载，云："三天法师张道陵所注。"三、《传授经戒仪注诀》（《正统道藏·正一部》）记载："老君《道经》上，《想尔训》"，"老君《德经》下，《想尔训》"，并云："系师得道，化道西蜀，蜀风浅末，未晓深言，托构想尔，以训初回。"四、《洞真太上太霄琅书》（《正统道藏·正一部》）有"系师《想尔》"的记载。

由于相关史料中《想尔注》的成书年代和作者不是很明确，因此现代学者对这一问题众说纷纭。从成书年代看，主要有三种观点：

第一种观点主张成书于东汉末期，以饶宗颐、陈世骧、任继愈、汤一介等为代表。

饶宗颐对《想尔注》的历代著录进行了考证，他说："陆氏（陆德明）谓一云'张鲁'，与《注决》称'系师'同，而玄宗杜光庭则云张道陵，当是陵之说而鲁述之，或鲁所作而托始于陵。要为天师道一家之学。"①

陈世骧亦持此观点。他认为根据初唐以来的传说，《想尔注》的作者"为张鲁抑张道陵"，属于汉末道教创始时期之作。在张鲁和张道陵之间，他比较偏向于张鲁，并认为《想尔注》所注《老子》是张鲁继承张修的五千文，而注文或为张鲁所作而托言于张道陵。②

任继愈认为唐玄宗和杜光庭迷信道教，因此作者为张道陵的说法不足为信。他据《经典释文·序录》推断，张鲁是《想尔注》作者的可能性最大，并且明确认为此书完成于建安十三年（公元208年）。③

汤一介依据《传授经戒仪注决》《洞真太上太霄琅书》《张鲁传》④以及《茅山志》⑤中的记载，将《想尔注》的作者指向张鲁。他指出《想尔注》的作者之所以有张道陵之说，乃由于唐玄宗、杜光庭以及释法琳之言，他否定了释法琳《辩正论》⑥中所引的所谓张道陵关于《道德经》第一章的注文，而偏向于认为这是释法琳所伪造的。⑦

钟肇鹏认为《想尔注》是张道陵原注，张鲁增订或增补、补订。古书简略，也没有什么著作权之争，同是一家之学，故或题张陵，或题张鲁。⑧

第二种观点主张成书于南北朝时期。柳存仁认为早期天师道经卷"陋劣幼稚"、"文不雅训"，充满了迷信与神秘气氛，与后来道教经典迥然不同。《想尔注》中虽

①　饶宗颐.老子想尔注校证（题解）[M].上海：上海古籍出版社，1991.第4页。

②　陈世骧."想尔"老子《道德经》敦煌残卷论证[A].陈世骧文存[M].沈阳：辽宁教育出版社，1998。

③　任继愈.中国道教史[M].上海：上海人民出版社，1990.第38—39、744页。

④　《三国志》卷八《张鲁传》注引《典略》云："熹平中，妖贼大起，三辅有骆曜。光和中，东方有张角，汉中有张修。骆曜教民缅匿法，角为太平道，修为五斗米道。……修法略与角同，加施静室，使病者处其中思过。又使人为奸令祭酒，祭酒主以老子五千文，使都习，号为奸令。……后角被诛，修亦亡。及鲁在汉中，因其民信行修业，遂增饰之。"

⑤　《茅山志》卷九《道山册》言："按《登真隐诀》隐居云：老子道德经有玄师杨真人手书张镇南古本。镇南即汉天师第三代系师鲁，魏武表为镇南将军者也。其所谓为五千文者，有五千字也……"

⑥　《辩正论》云："道士张陵分别《黄书》云，男女有和合之法三五七九交接之道，其道真诀在于丹田。丹田者玉门也，唯以禁秘为急，不许泄于道路。道路溺孔也，呼为师友父母臭根之名。又云，女儿未嫁者，十四已上有决别之道，故注五千文云：道可道谓朝食美也，非常道者谓暮成屎也。两者同出而异名，谓人根生溺，溺出精也。玄之又玄者，谓鼻与口也。陵美此术，子孙三世相继行之。"

⑦　汤一介.早期道教史[M].北京：中国人民大学出版社，2014.第77—80页。

⑧　钟肇鹏.《老子想尔注》及其思想[J].世界宗教研究，1995(2).

有若干异文异解，其义也不符合《老子》经义，但其思想比早期天师道经卷的思想进步很大。因此他认为《想尔注》应该是"张鲁以后、南北朝期间诵读五千文某一派之撰人，依托张系师甚至张陵而撰述之可能性或较大。"①

第三种观点主张的成书年代不是很明确。严灵峰认为想尔残卷为何人所注，尚未可定，他怀疑现存的《想尔注》乃是"好事者故弄玄虚，采伪河上公注、太平经，乃至王弼注，并嵌入汉魏碑文异字，作伪而成者也。"他的主要观点是：(1)怀疑张鲁校定《河上公章句》，然后葛玄删去张鲁校定本助词而成"五千文"本，并由郑思远流传后世，且怀疑《茅山志》所说的"系师内经，有四千九百九十九字"本就是郑思远所传的"葛本"。(2)据天师道家传本——张嗣成《道德真经章句训颂》，可证明天师道世传之本与一般传本无大异，因此，删去助词的《想尔注》本非天师道世传之本。(3)饶宗颐所说的释法琳《辩正论》中所存张道陵之残注，与《想尔注》残注的体例不一致，因此"《想尔注》是否张陵之书，殊难断定，纵为陵注，今所藏残卷，恐亦非故书矣"②。

目前，大多数学者倾向于第一种观点，认为《想尔注》成书于东汉末期，是张鲁或张道陵之作。

（二）《想尔注》与《想尔训》《想尔戒》

《想尔训》出自《传授经戒仪注诀》（《正统道藏·正一部》）："老君《道经》上，《想尔训》"，"老君《德经》下，《想尔训》"。

《想尔戒》出自《太上老君经律》（《正统道藏·洞神部·戒律类》）。《太上老君经律》言："《道德尊经戒》九行二十七戒"，此"九行"即指"道德尊经想尔戒"，言："行无为，行柔弱，行守雌，勿先动。此上最三行。行无名，行清静，行诸善。此中最三行。行无欲，行知止足，行推让。此下最三行。此九行，二篇八十一章，集会为道舍，尊卑同科。备上行者，神仙；六行者，倍寿；三行者，增年不横夭。""二十七戒"指"道德尊经戒"，言"戒勿喜邪，……此上最九戒。戒勿学邪文……此中最九戒。戒勿以贫贱强求富贵……此下最九戒。此二十七戒，二篇共合为道渊，尊卑通行。上备者，神仙；持十八戒，倍寿；九戒者，增年不横夭。"

另外，《太上经戒》（《正统道藏·洞神部·戒律类》）中亦有"九行"和"二十七戒"，但统称为"老君二十七戒"。

由于《太上老君经律》和《太上经戒》中俱言"九行""二十七戒"，且"九

① 柳存仁. 想尔注与道教 [A]. 汉学研究中心. 第二届敦煌学国际研讨会论文集 [C], 1991。
② 严灵峰. 读《老子想尔注校笺》书后 [A]. 老庄研究 [M]. 台北：台湾中华书局，1979。

行"又在《太上老君经律》中被称为"道德尊经想尔戒"，而在《道教义枢》和《传授三洞经戒法箓略说》中又分别有"想尔九戒"和"想尔二十七戒"的记载，《道教义枢》云："戒之为义，又有详略。详者，太清道本无量法门百二十九条……略者，道民三戒，录生五戒，祭酒八戒，想尔九戒……"张万福的《传授三洞经戒法箓略说》（《正统道藏·正一部》）所列"戒目"中有"想尔二十七戒"的记载。因此这里的"九行"和"二十七戒"又被称作"想尔九戒"和"想尔二十七戒"。

一般认为《想尔训》与《想尔注》乃同书异称。因此学者的关注点主要集中在《想尔注》与《想尔戒》孰先孰后的问题上。大体有三种观点：

第一种观点主张"戒"与"注"俱出于《道德经》，饶宗颐以《想尔注》屡言"奉道诫""守道诫"为由，认为"道诫自是另一事"。他借用佛教的经、律、论三藏之说，认为《道经》是经，《想尔（训）》是论，而《想尔戒》则是律也。[①]

第二种观点主张"戒"自"经""注"出，陈世骧认为"九行""二十七戒"与"想尔注"语意同且措辞亦相同，且"'行戒'词句简质，时有所指不明，寓意难通者，今与写卷相较按，亦俱了然。则此'行戒'与'想尔'经注当俱为一事"，而"'想尔'经注为戒之所出"。且陈世骧认为"九行"之所以冠以"行"字，"盖亦出于'想尔'注中所称'造行'"。[②]

第三种观点主张"注"是阐发"戒"的，柳存仁认为《想尔注》中有许多所谓"道戒"实为抽象的、哲学性的言论，而不是可以示为生活准则的具体文字，因此"与其谓戒出于注，不如谓注之一部分作用即为阐发戒之训迪，而戒之来源，或为道教传布过程中累积之果实"。随后，他对部分"想尔戒"（戒勿喜邪喜与怒同条，戒勿食含血之物条，戒勿伤王气条）的来源进行考证，得出了结论："想尔诸戒虽非一时能完成，至其成定型，则后出转胜，又必有人以当时流行之观点、熏习，为之诠释，《想尔注》盖即其一也"。[③]

此外，汤一介推测《想尔戒》应该是在东晋时期据《想尔注》而构成。他认为张鲁时期的早期道教并无戒律的形式，仅有尚未形成系统的若干规则，而完备的道教戒律之出现，应当与东晋以后佛教的大盛有关。[④]

① 饶宗颐.想尔九戒与三合义 [A].老子想尔注校证 [M].上海：上海古籍出版社，1991。
② 陈世骧."想尔"老子《道德经》敦煌残卷论证 [A].陈世骧文存 [M].沈阳：辽宁教育出版社，1998。
③ 柳存仁.想尔注与道教 [A].汉学研究中心.第二届敦煌学国际研讨会论文集 [C]，1991。
④ 汤一介.早期道教史 [M].北京：中国人民大学出版社，2014.第84—86页。

（三）"想尔"的含义

关于"想尔"的含义，概括起来有以下几种观点：

第一，"想尔"与道教"存想"之意有关。

饶宗颐认为《正一法文天师教戒科经》（《正统道藏·洞神部·戒律类》）将《想尔》与《妙真》《三灵》相提并论，而《妙真》即《妙真经》《三灵》即《黄庭经》，因此"想尔"亦当为书名。[①] 但他又认为"想尔"为人名的说法亦是自有所承。"想尔"为人名的说法，来自孙思邈的《摄养枕中方》（《云笈七签》卷三十三），书中于《想尔》下注云"想尔盖仙人名"。因此，他认为"'想尔'假托为仙人名，自属寻常之事。陆德明似视'想尔'为人名，其说实远有所承。"[②] 至于"想尔"的含义，饶宗颐认为《想尔》与《老君存思图》有密切关系，"存思"亦作"存想"，而《想尔》的命名，就本于"存想"之意。因此他说："朝夕行戒，存想内视，须臾不离，修道正轨，端在乎此。是以知《大存图》配《想尔注》及《戒》，意义颇为深远，《戒》以立本，《训》以述义，《图》则指示实践之方。"[③]

严灵峰认为"想尔"与道教典籍中的"存思"一词有关，"存思"即心存一定意念，"尔"字应当作"此"解，乃指示代词，可泛指此人、此物、此事，俱无不可。所以"想尔"乃心想此人、此物、此事，亦即"想此"。[④]

陈世骧认为"想尔"是否是人名，尚难确定。由于《登真隐诀》和《真诰》中分别言"入静法"和"静室法"，《登真隐诀》又云此是"汉中法"，因此他认为这是源自张修所传的"静室"，而在"静室"中，"存想"具有特殊的意义。因此，他说："或张鲁托言入静室，'存想'见神，以注老子，而名其注曰'想尔'也。"不过他也申明"此是臆度，姑备一说"。[⑤]

汤一介认为："或'想尔'本为书名，后因系师张鲁用'想尔''道化西蜀'，故而'想尔'或为张鲁之代名，而成人名。"至于"想尔"之意，则多与道教"存想"有关。[⑥]

第二，"想尔"与佛教《四十二章经》有关。

马承玉认为"想尔"一词出自佛教《四十二章经》。该经云："欲，吾知尔本，意以思想生，吾不思想尔，即尔而不生。"作者以为该经"主张断欲……'想

---

① 饶宗颐．想尔九戒与三合义 [A].老子想尔注校证 [M].上海：上海古籍出版社，1991．

② 饶宗颐．老子想尔注续论 [A].老子想尔注校证 [M].上海：上海古籍出版社，1991．

③ 饶宗颐．老子想尔注续论 [A].老子想尔注校证 [M].上海：上海古籍出版社，1991．

④ 严灵峰．老子"想尔注"写本残卷质疑 [A].老庄研究 [M].台北：台湾中华书局，1979 年．

⑤ 陈世骧．"想尔"老子《道德经》敦煌残卷论证 [A].陈世骧文存 [M].沈阳：辽宁教育出版社，1998．

⑥ 汤一介．早期道教史 [M].北京：中国人民大学出版社，2014．第 80—83 页．

尔'即思想爱欲，'不思想尔'即'断欲守空'。"同样，在《太上经戒》（《正统道藏·洞神部·戒律类》）中亦有"色者是想尔，想悉是空，何有色耶"之言，且《太上经戒》载有《想尔》"九行二十七戒"。因此，他认为"想尔"之名出于《四十二章经》应无疑义。但不同于佛教的"思想爱欲"之意，《想尔注》之"想尔"是守一、守诚、存想大道的意思，"尔"代指一、戒、道。最后他指出"想尔"或为当时佛教习语，三张取"想尔"为名，可能是为了博取民众之心。①

蒋振华亦认为"想尔"即"色者是想尔，想尔是空"之意，后又受"太平道"的"入室存思"之影响，故而又有"存想"的含义。②

第三，冯广宏认为"'想尔'两字的含义，就是想必如此、想当然尔，不敢说注解得百分之百正确，此乃作者一种谦虚的说法，并无特别难解之处。"③

第四，"想尔"与儒家思想有关。连劭名把"尔"读作"迩"，进而将"想尔"等同于孟子的"道在尔而求诸远"思想，并由此又引出儒家的"思诚""仁义""敬"等观念，并以为"'想尔'的主要意义与儒家思想相同"。④

三、关于《想尔注》的思想研究

自 1956 年至今，关于《想尔注》的思想研究呈现多元化趋势，下面根据笔者搜集的相关成果，分为以下几个主题进行概述：

（1）以道为主题。如梁宗华的《道家哲学向宗教神学理论的切换》（《哲学研究》1999 年第 8 期）探讨了《想尔注》中"道"的属性变化。他指出《想尔注》建立了以"道"为最高信仰，以"长生"为最终目的，以"守道诚"为关键的宗教神学理论体系；钟肇鹏的《〈老子想尔注〉及其思想》（《世界宗教研究》1995年第 2 期）探讨了《想尔注》对老子之"道"的神化以及其宣扬长生成仙、重视道戒的问题。作者认为："该书在《老子》哲学思想的阐述上价值不大，但在道教史上，特别是研究早期天师道上则具有重要性。"刘玲娣的《〈老子想尔注〉中的"道戒"》（《湖北师范学院学报》2007 年第 2 期）特别关注"道戒"问题；此外，还有艾力农的《东汉张陵的〈老子想尔注〉》（《齐鲁学刊》1985 年第 4 期）；唐明邦的《〈老子想尔注〉——道教祖师宣道的金科玉律》（《宗教学研究》1995 年 Z1期）；郑信平的《早期天师道的神学化"道论"》（《江西社会科学》2001 年第 10

① 马承玉．"想尔"释义——《老子想尔注》与《四十二章经》之关系 [J]．世界宗教研究，1998(4)．

② 蒋振华．早期道教"文"的阐释的多维视角 [J]．中州学刊，2005(6)．

③ 冯广宏．最早的异端蜀学——《老子想尔》[J]．西华大学学报，2004(2)．

④ 连劭名．"想尔"考 [J]．北京教育学院学报，2012(3)．

期）；伍成泉的《〈老子想尔注〉的"道"和"道诫"》（《上海道教》2005 年第 1 期）等文章。

（2）以术为主题。这里的"术"主要是指《想尔注》所批判的邪文伪伎之术和所利用的谶纬学说等。如刘昭瑞的《论〈老子想尔注〉中的黄容"伪伎"与天师道"合气"说》（《道家文化研究》1997 年，第 7 辑）指出《想尔注》反对黄、容之术的理由有两点：一是其与早期天师道的"合气"说虽然形式略同，但过程和目的上却有着根本区别；二是出于维护教团存在及其纯洁性的需要；刘昭瑞的《〈老子想尔注〉杂考》（《敦煌研究》2004 年第 5 期）释读了《想尔注》的练形"伪伎"，并指出它违背了《老子》之道是"无状之状，无物之象"的原则，并且该文对《想尔注》以谶纬之说注解《老子》的地方也做了解读。蒋振华的《早期道教"文"的阐释的多维视角》（《中州学刊》2005 年第 6 期）指出《想尔注》的传道语体追求质朴自然之风，这与东汉以来繁琐章句之学的奢丽华靡形成了鲜明对比，并且《想尔注》对道教自身存在的邪道伪伎也进行了批判，这构成了其"邪文观"的独特内容。此外，还有赵玉玲、方司蕾的《〈老子想尔注〉所批评的"伪伎"考》（《中国道教》2006 年第 1 期）等文章。

（3）以养生为主题，如李远国的《论〈老子想尔注〉中的养生思想》（《中国道教》2005 年第 6 期）探讨了"结精""养神""炼气"等成仙的修养方法；曹剑波的《〈老子想尔注〉养生智慧管窥》（《宗教学研究》2004 年第 2 期）探讨了《想尔注》的养生理论基础（以"道"为养生本体，以"信道守诫"为养生原理）、方法（内修养气宝精，外修行善守戒），并指出《想尔注》的养生特色就在于反对存思和祭祀、没有复杂的外丹炼养术、没有符箓养生；陈丽桂的《汉代道家养生观在汉代的演变与转化——以〈淮南子〉、〈老子指归〉、〈老子河上公章句〉、〈老子想尔注〉为核心》（《国文学报》第 39 期 2006 年）主要是从"史"的角度探讨汉代道家养生观的变化。她认为《想尔注》与各道家之作一样，都是从"道"的"气"化创生中开启养生说。该文从清静结精、行善积德等方面探讨《想尔注》的养生观。此外，台湾学者罗因的《战国秦汉几种〈老子〉注养生思想的递变——从全身保身、精神境界、技术化导向宗教教训的发展》（《东吴中文学报》2010 年第 19 期），和王璿的《〈老子想尔注〉生命伦理观探究》（《东吴中文学报》2012 年第 23 期），等亦涉及此问题。

（4）以政治思想为主题，如李刚的《道教老学的诞生——〈老子想尔注〉》（《安徽大学学报》1993 年第 1 期）探讨了《想尔注》的宇宙发生之道、治身之道以及治国之道；台湾学者林俊宏的《〈老子想尔注〉之政治思想试论》（《政治科学论丛》2005 年第 26 期）从道与道戒、理身理国与统治论、道的人格形式三部分探讨了《想尔注》中宗教与政治生活合一的问题；吴方基、熊铁基的《〈老子想尔注〉治国思想论析》（《宗教学研究》2014 年第 4 期））指出，《想尔注》改造了汉代以来黄老道家和儒家治国理念，把"道"塑造成为至上天神，利用人的畏惧心理，设立"道戒"治人理国，这些既符合其政教合一的实际，又是针对时弊提出的新主张，具有一定的历史意义；台湾学者陈政雄的《张鲁天师道政权与〈老子想尔注〉之关连探讨》（《慈惠学报》第 12 期 2016 年）探讨了《想尔注》的政治思想与天师道政权实际教化民众之举的相结合。此外，李养正的《〈老子想尔注〉与五斗米道》（《道协会刊》1983 年第 2 期）、李刚的《道教老学的诞生——〈老子想尔注〉》（《安徽大学学报》1993 年第 1 期）等亦涉及此问题。

（5）以神仙思想为主题。如陈辉的《〈老子想尔注〉与〈列仙传〉神仙思想之比较》（《南阳理工学院学报》2015 年第 5 期）从有无神仙、神仙的特殊能力、神仙生活、成仙之法、仙界秩序五个方面比较了《想尔注》与《列仙传》的神仙思想；曾维加的《从〈太平经〉与〈老子想尔注〉看早期道教神仙思想的形成》（《求索》2003 年第 5 期）以《太平经》和《想尔注》为研究对象，探讨了早期道教神仙思想的形成。

（6）以《想尔注》的美学思想为主题。潘显一的《"道美大之"：〈想尔注〉美学史价值探讨》（《社会科学研究》2000 年第 6 期）、《"道美"：妙不可言？——论道教美学思想从〈河上公章句〉到〈想尔注〉的转变》（《四川大学学报》2000 年第 4 期）、《审美：从美学判断到宗教判断——论道家道教美学思想之嬗变》（《文艺研究》2000 年第 5 期）从不同角度探讨了《想尔注》的美学思想。主要观点是：《想尔注》提出了宗教美学的最高范畴"道美"；《想尔注》崇尚"朴素""清静"之美，反对浮华；《想尔注》以"善"为"美"，在"美"中融入了伦理的标准。另外，潘显一的《道家人格美到道教"仙格"美的嬗变——〈河上公章句〉与〈想尔注〉美学思想综论之一》（《宗教学研究》2000 年第 2 期）主要是以《河上公章句》和《想尔注》为对象，从人（仙）格美的内在与外在、凡人仙人人格对比、神仙审美心理及其人格修炼等方面探讨了人格美向神仙品格美、人性准则向神仙性准则的转变。苏宁的《〈老子想尔注〉中的大爱美学思想研究》（《社会科学研究》2010 年第 3 期）以"道"为大爱之美的本体论依据，并认为从信道守戒的戒律之美到仁于诸善的伦理之美，都表达了道教文化中的大爱观。

此外，还有学者从校勘（马承玉的《〈老子想尔注〉与〈老子指归〉之关系》，《宗教学研究》2008 年第 4 期。该文比勘了《想尔注》与《老子指归》中的《道经》佚文，作者认为《老子指归》对《想尔注》有重要影响，并进而认为《想尔注》出于三张之手。刘昭瑞的《〈老子想尔注〉杂考》，《敦煌研究》2005 年第 5

期。该文对《想尔注》中若干语例的释读与校勘提出了自己的看法）、教育（瀚青《〈老子想尔注〉教育思想简论》,《世界宗教研究》1996 年第 1 期）、诚信（宋晶《道家道教诚信观初探》,《江西社会科学》2002 年第 11 期）、性文化（钟来茵《华夏性文化史上的两块里程碑——〈老子〉与〈老子想尔注〉》,《东南文化》2000 年第 7 期）、思想渊源（贺绍恩《从〈想尔注〉看汉儒对早期道教的影响》,《江西社会科学》1987 年第 4 期；薛明生《试论〈太平经〉及〈老子想尔注〉有关持戒在得道过程之作用的思想渊源》,《东方论坛》2005 年第 5 期）、理想人格（尹志华《试论〈老子想尔注〉的理想人格》,《宗教学研究》1995 年第 4 期）、师道（卿希泰、孙瑞雪《试论〈老子想尔注〉的师道思想》,《西南民族大学学报》2014 年第 10 期）等方面进行研究。

四、关于《想尔注》的解老方法

关于《想尔注》的解老方法，学界大体是从两个角度进行讨论的：

一是从《想尔注》中《老子》文本的变化角度：谢祥荣的《〈想尔注〉怎样解〈老子〉为宗教神学》（《宗教学研究》1982 年第 1 期）探讨了《想尔注》对《老子》一书的篡改，不过他认为篡改虽然在一定程度上达到了曲解《老子》原旨以附会道教之说的目的，但它的作用是有限的；台湾学者李宗定的《〈老子想尔注〉诠释老子方法析论》（《台北大学中文学报》2006 年创刊号）认为，《想尔注》不同于一般为阐明经文的注疏学，它似乎有"利用"《老子》之嫌。首先，作者讨论了几处饶宗颐所列的"改字"之例，他认为就《想尔注》的异文而言，难以直接论断何者才是"改字"，因此他主张以"选字"代替"改字"更为恰当，并视之为释老方法之一。其次，作者讨论了《想尔注》的"减字""增字""断句"情况，并认为这些也构成了诠释老子的方法。但他又指出上述"选字""减字""增字""断句"等方式对《老子》经文的改动并不大。故而最后他又从注文的内容上提出了"移义"的解老之法。

二是从《想尔注》的思想变化角度，探讨《想尔注》如何改造《老子》思想，使其从道家思想向道教思想转变。台湾学者陈福滨的《〈老子想尔注〉"道"思想之探究》（《哲学与文化》第 10 期 2010 年）认为《想尔注》中的"道"继承了老子思想中"道"的形上意义，但是《想尔注》在以"一""气""精""自然"等概念诠释"道"时，逐步将"道"推向了人格化、具象化、实体化的方向，并最终将"道"神格化，由此"道"的思想由哲学意涵走向了宗教的境界。谢祥荣的《〈想尔注〉怎样解〈老子〉为宗教神学》（《宗教学研究》1982 年第 1 期）在探讨了《想尔注》的文本变化对老子思想的影响时，又探讨了《想尔注》如何将"道"

人格化、神灵化；如何将"道"本体论转变为"一"本体论；如何解"长生久视之道"为神仙世界。

综观 1956 年以来的《想尔注》研究，其视角确实呈现多元化趋势。但是目前的研究仍存在以下问题：一、对《想尔注》中的《老子》文本缺少足够的重视，研究者多关注其存在的异文对《老子》原旨由哲学思想向宗教思想转变的影响上，忽视了想尔本在《老子》流传过程中的价值。二、对《想尔注》具体诠释方法的研究还没有充分的自觉性。目前的研究，多是通过对《老子》中特有范畴的内涵变化来探究老子思想性质发生的转变，而把《想尔注》作为一种经典诠释文本，以揭示它是如何通过诠释而建构了迥异于老子思想体系的宗教神学式的思想理论还比较少，还有待进一步挖掘和完善。

试向天心寻道心

——《百年道学精华集成》述评

范靖宜[*]

近百年以来，东西方文化交流日益频繁，道学越来越受到海内外学术界的重视。然而，由于研究著述与论文发表的刊物众多，分布广泛，即便是专业人士也难以较全面地掌握资料，遑论各界有心钻研道学的读者想要实时了解研究动态。

有鉴于此，大型丛书《百年道学精华集成》（精装本五十卷）应缘而成。作为国家社会科学基金特别委托重大项目、教育部哲学社会科学重大课题攻关项目、国家"985工程"四川大学哲学宗教与社会研究创新基地重大项目、国家教育部人文社会科学重点研究基地四川大学道教与宗教文化研究所重大项目、厦门大学道学

与传统文化研究中心重大项目以及中国福清石竹山道院文化建设支持项目，《百年道学精华集成》于2018年3月由上海科学技术文献出版社、上海图书馆付梓。自2009年批准立项以来，四川大学老子研究院院长詹石窗教授担任首席专家，偕学界同仁，费心劳力近十载寒暑，终于圆满完成使命。《百年道学精华集成》着眼于

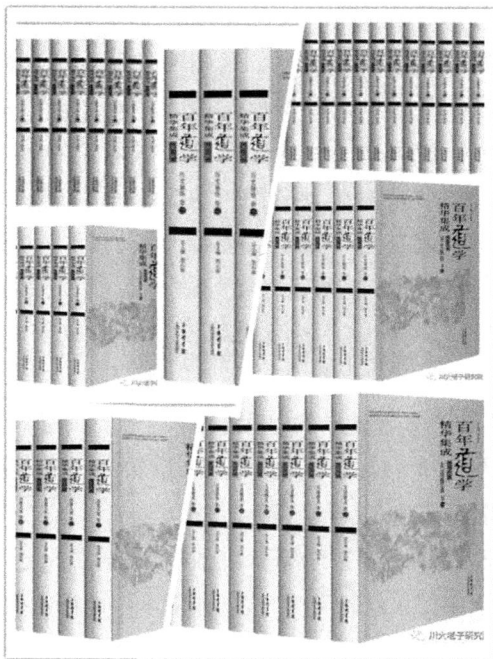

---

* 作者范靖宜，四川大学公共管理学院中国哲学专业博士研究生

对近一个世纪以来发表在不同时期与不同学术期刊上的道学研究论文加以搜集、筛选和编辑，以展示道学研究发展的脉络与最新动态，可谓 20 世纪初至 2010 年间道学研究的缩影。

一、回归传统，高屋建瓴

《百年道学精华集成》以"道学"为主题词，既有新意，又有深意。明清以来，"道学"一词的使用与儒家——尤其与"理学"密切相关。唐代儒家学者柳宗元于《送从弟谋归江陵序》中以"道学"来指称儒门之理，谓"圣人之道学焉，而必至谋之业良矣"①。及至宋代，程朱理学兴起，"道学"之名常见于儒家学者的文集中。因此，元代脱脱在编纂《宋史》时专门设立了《道学传》，将二程、朱熹等侧重于阐释道德义理的儒家人物备列其中。明代因皇室的大力推行，程朱理学成为官学，"道学"之名亦在社会上广为传播。与此同时，以陆九渊、王守仁为代表的"心学"因与程朱理学"理"出同源而又分庭抗礼，也被视作理学的分支。这些宋、明时代的儒家代表人物，因阐发道德伦理之说，故而被冠以"道学家"的头衔。但遗憾的是，后期理学思想的发展水平参差不齐，更有不少人假道学之名而足一己之私，使"道学"的名目日渐掺杂了荒谬之言，背离了正统的儒家思想。"假道学"一词便是对此现象的抨击。然而在隋唐之前，"道学"的概念主要流行于道家学派与道教之中，指以黄帝、老子等为代表的黄老学派、制度道教及一脉相承的以"道"为核心的后世衍生之学。如《晋书》卷五十五《夏侯湛传》谓："夫道学之贵游，闾邑之缙绅，皆高门之子，世臣之胤。"②此之"道学"意指"玄学"。清代学者在抨击"假道学"的同时又明确指出"道学"实为道家之学。清初毛奇龄道："惟道家者流，自《鬻子》、《老子》而下，凡书七十八部，合三百二十五卷。虽传布在世，而官不立学，不能群萃州处，朝夕肄业，以成其学事。只私相授受，以阴行其教，谓之'道学'。道学者，虽曰'以道为学'，实道家之学也。"③詹石窗教授在《百年道学精华集成》前言中指出，明清两代，众多儒家学者出于保护儒家学说的正统性而对"宋明理学"进行尖锐批评，在某种层面使"道学"之名回归于道家传统。詹石窗教授经过稽古考源后，决定择"道学"为题编纂《百年道学精华集成》，旨在综扩道家与道教的文化传统，使二者之间继承与发展的脉络更为清晰。在编纂过程中，《百年道学精华集成》遵循"把握全局，抓住重点，突显特色，

① 柳宗元著，黄贺白选注. 柳柳州文 [M]. 上海：上海东方文学社，1936. 第 39 页。
② 唐房玄龄等. 晋书 [M] 第 5 册. 北京：中华书局，1974. 第 1494 页。
③ 王云五主编，毛奇龄著. 万有文库第二集七百种西河文集 [M]. 上海：商务印书馆，1937. 第 1569 页。

制作精品"的方针，对学术框架的建构从"道学"整体出发，整理基本线索，对百年来道学研究的诸学科领域的研究成果进行全盘把握。

二、整合有序，体大思精

从传承角度来看，"道学"之"体"植根于历代原典，"道学"之用则在于对原典作者、时代与内涵的研究，亦有对解读原典的研究成果进行再分析的研究。詹石窗教授认为除了"体"与"用"，"理"与"术"也是道学研究的重要构成。所以，《百年道学精华集成》每辑内容的选编也围绕着"体""用""理""术"四大支柱，除了道家与道教原著经典与文学艺术本体的研究成果，该大型丛书也对道学中礼仪行止、修身养性、科学技术等"术"方面的研究成果精心整理，使之前较为被忽视的领域的零散文献得到了秩序化的再现。

此外，该大型丛书所涵摄的十辑内容对"理"与"术"的内容编选也力求平衡，各有所重：首辑《历史脉络》选编论述道家与道教发展历史的文献，明了道家与道教在中国社会中根深蒂固的影响；第二辑《神仙信仰》选编论述神仙理念、神明谱系的文献，涉及了中国社会神仙信仰的各个维度；第三辑《人物门派》选编论述道家与道教人物的文献，所谓"门派"既包括老庄与黄老学派，也包括东汉以来的制度道教组织；第四辑《大道修真》选编论述道家与道教在传统医学养生理论与实践领域的文章，囊括养生思想及各种具体的养生技术；第五辑《思想大要》选编了有关道家与道教基本思想的研究成果，从生命理论、哲学思考、伦理道德、社会政治多个层面展示各个时代学者对道学思想的探究以及道家与道教在思想上的密切传承关系；第六辑《经籍考古》选编道家与道教经典以及考古资料的研究成果，包括各地收藏或者地下发掘的道教文物分析；第七辑《道门科技》选编论述道家与道教的科学记述成就方面的文章，旨在展现道学对中国乃至世界科技文明的积极贡献；第八辑《礼仪法术》选编道家与道教关于仪式典礼、生活仪式以及法术方面的文献；第九辑《文艺审美》选编论述道家与道教在文学艺术方面的文献，包括先秦时期老子、庄子、列子等诸子学起至东汉以降道门中人所创作的不同文学体裁的研究；第十辑《道学旁通》选编论述道学与中国文化各个层面相互关系的文献，诸如道学与诸子百家的关系、道学与中国古代政治、经济、军事、教育等领域的关系。这十辑内容的编选将百年以来卷帙浩繁的研究成果进行有序化地排列整合，以研究内容分类、以考察对象系文、以时代先后排序，将"道学"视作统一的整体，根据文献内容划出自然的文献模块，彰显整体中相异的子系统。其后，将"子系统"中规划出次一级的子系统，再以时代先后排序，使纵向和横向建构成系统化的"集成框架"。

　　《百年道学精华集成》是海内外首部百余年道学文化研究的学术集成，在道学文献史上具有标志性的意义。它的付梓不仅可以为海内外道学学者提供百科全书式的文献库作用，也可以为有志于道学文化的各界人士提供性命修养的参考，是具有多层次意义的重要成果。

编后记

《中华老学》所以能够在老子诞辰 2590 周年面世，是众多善缘合力作用的结果。其原因介绍如下：

其一，老子作为一个世界级历史文化名人，他所著的《道德经》对中华民族乃至世界都产生了深远的影响，当今人类依然需要从《道德经》中汲取智慧，方能行稳致远。

其二，今年是四川大学老子研究院创办十周年，为感恩四川大学领导的远见卓识，为研究与传播老子思想提供了一个不可多得的平台，成为海内外学者开展学术交流的平台。

其三，今年将是我们筹备已久的"华夏老学研究会"成立的年份，研究会挂靠"华夏文化促进会"，成为其下"华夏老学研究专业委员会"的简称，以促进老子思想的传播与研究为方向，从而双方共同推动中华优秀传统文化的传播。因此，创办《中华老学》以成为本会的学术交流平台。

其四，研究与传播老子思想是两位主编的共同心愿。两位主编是师生关系，师生同心，共利断金，当然这种平台搭建方式也是学术传帮带的良好模式。詹石窗老师曾为厦门大学人文学院副院长，厦门大学道学与传统文化研究中心主任，亦是《道学研究》《老子学刊》主编，并且多次再版过《道德经通解》。谢清果老师是詹石窗教授 2015 年前在厦门大学指导的第二届博士研究生，毕业留校后，开创将老子与传播学相结合的崭新模式，出版了《和老子学传播——老子的沟通智慧》《和老子学管理——老子的组织传播智慧》《和老子学养生——老子的健康传播智慧》《大道上的老子——道德经与大众传播学》《生活中的老子——道德经与人际沟通》等系列著作，并且还主持福建省精品线上课程——《道德经》，在中国大学 MOOC 上开《道德经》课程，在厦门大学连续十来年开设《道德经》核心通识课程，决心将传播与老子研究的事业进行到底。

其五，在多年的学术活动中，我们深感还缺乏一个交流平台来专门发表老子思想的研究成果，这样不利于提升老子研究的显示度。正因如此，我们在原来创办的《老子学刊》的经验基础上，再次创立《中华老学》，其显著的定位就在于全心全意以老子与《道德经》为研究对象，从而集中精力把其打造成为海内外专做老子思想研究与传播的学术系列。而《老子学刊》的定位则在于刊载秉承老子思想，涵盖道家、道教乃至受老子思想影响的中华优秀文化诸方面的学术研究成果。一句话，前者是专门性的，后者是综合性的，两者彼此呼应，力争以二者为抓手，推动老子思想研究更上一层楼。

其六，进一步推广老子思想是时代的需要，此举乃顺势而为。在长期的教学科研实践和社会服务过程中，许多学界朋友和民间朋友，他们都爱好钻研老子的《道德经》，都深刻地体会到学习《道德经》对于实现修身齐家治国平天下的人生理想来说，都是基础性的功夫。他们从内心深处渴望有个平台，以方便交流思想，砥砺智慧，共探道源，丰富人生。而我们也深感老子《道德经》乃是中外文化交流的桥梁，希望借助这个平台，为推动中华文化"走出去"练好内功，因为一个民族要站在世界的高峰，必然需要思想上要有极高的理论素养，而《道德经》正是磨炼民族性格，涵养尊道贵德情怀的捷径。因为以道德浸润的心灵，必定是"以百姓心为心"的高尚心灵，如此心传天下，以道相通，以德相交，共创美好未来。

为了办好这个研究系列，我们早于一年多前就开始筹备，筹备过程得到了许多老学界朋友的大力支持，例如，在北京创办老子元经学院的李健博士，不辞辛劳，亲赴许抗生家中请益，许老欣然为本书题写了书名与首辑贺词，并接受了顾问聘书。此外，我们也礼聘在老学界享有盛誉的熊铁基和陈鼓应两位前辈为顾问，还有著名汉学家安乐哲先生欣然应允为编委会顾问，更有许多研老学者和民间老学爱好者都积极地赐稿和约稿。在此，我们一并表达我们纯真素朴的敬意。

再者，我们为了持续推动研究的稳健发展，我们着力团结一批老学研究的中青年学者，以他们作为编辑部的骨干力量，从而力求在前辈学者和同行的关心与帮助下，本着共商、共建、共享的开放研究精神，以《老学研究》为平台，聚集海内外的专家学者和热心人士，期待他们以各自的方式支持《老学研究》"可久可大"。

众人搭柴火焰高，老子大道智慧必当如同阳光一般，让"行于大道"的道友们能够"求以得，有罪以免"，共同履践老子的"深根固柢，长生久视之道"，在服务社会中，成就自己的人生价值，此谓老子"无私而成其私"之教！

与诸君共勉！

编者
2019 年元旦